iHuman

成
为
更
好
的
人

简 体 版

中國法史導論

Zhongguo Fashi Daolun

黄源盛 ⊙ 著

GUANGXI NORMAL UNIVERSITY PRESS
广西师范大学出版社

·桂林·

图书在版编目（CIP）数据

中国法史导论 / 黄源盛著. 一桂林：广西师范大学出版社，2014.9（2021.3 重印）

ISBN 978-7-5495-5663-2

Ⅰ．①中… Ⅱ．①黄… Ⅲ．①法制史－研究－中国 Ⅳ．①D929

中国版本图书馆 CIP 数据核字（2014）第 147292 号

广西师范大学出版社出版发行

（广西桂林市五里店路 9 号　邮政编码：541004）

网址：http://www.bbtpress.com

出版人：黄轩庄

全国新华书店经销

湛江南华印务有限公司印刷

（广东省湛江市霞山区绿塘路 61 号　邮政编码：524002）

开本：787 mm × 1 092 mm　1/16

印张：31.5　　字数：450 千字

2014 年 9 月第 1 版　　2021 年 3 月第 5 次印刷

印数：12 001~15 000 册　　定价：68.00 元

如发现印装质量问题，影响阅读，请与出版社发行部门联系调换。

黄 源 盛

　　1955年生于台湾云林。台湾大学法学博士，日本京都大学法学部研究。政治大学法学院前特聘教授，现专任辅仁大学法律学系教授，"中研院"历史语言研究所兼任研究员。先后兼职于台北大学、台湾大学、东吴大学等校，讲授法制史、中国法律思想史、刑法。专长法史学、刑法学，著有《中国传统法制与思想》（1998，五南）、《民初法律变迁与裁判》(2000，台湾政治大学法学丛书47)、《法律继受与近代中国法》（2007，台湾政治大学法学丛书55）、《汉唐法制与儒家传统》（2009，元照）、《民初大理院与裁判》（2011，元照）以及《中国法史导论》（2013，犁斋社）等书，另有法史学相关学术论文多篇。

　　近二十年，致力于"民初司法档案"与"晚清民国立法史料"的整编与研究，纂辑有《平政院裁决录存》（2007，五南）、《景印大理院民事判例百选》（2009，五南）、《晚清民国刑法史料辑注》（2010，元照）、《大理院民事判例辑存》（2012，犁斋社）、《大理院刑事判例辑存》（2013，犁斋社）、国民政府时期《最高法院民事判例辑存（1928—1934）》（2014，犁斋社）、国民政府时期《最高法院刑事判例辑存（1928—1934）》（2014，犁斋社）、《晚清民国民法史料辑注》（2014，犁斋社）等法制史料数十册。主编《法制史研究》，推动各项法史学术研究计划。

序

　　凡事讲求实效的当代人，每逢学校新开一门课，总喜欢问：为什么要学？学什么？怎么学？

　　传统中国，明代以前，法制史的研究乃属史学的一部分，自清代开始，专门从事斯学的研究者才姗姗来到。从某种意义上说，一门学科要在学术界确立地位，为世人所承认，必须在大学里正规系统地讲课。而"法制史"课程列为大学法律系所必修者，可远溯自清光绪三十二年（1906）修律大臣沈家本所筹办的"京师法律学堂"，当时所开列的科目为"大清律例及唐明律"、"现行法制及历代法制沿革"；可以说，沈氏是中国法史学科的奠基人。后历经民初北京政府颁布的《大学令》和《大学规程》，其中所订法科课程中均列有"法制史"一科；到了20世纪40年代初，几经修定后，"中国法制史"列为必修课，已趋于定型。

　　时移势迁，近些年，时人常将法史视为"冷僻之物"，学生对于修习法史课程的意义与价值，多少有些疑惑，甚至有畏难和排斥的情绪；法律学研究所更少有人选修这方面的课程，每多以为"学而不能求现，所学何用？"时也！势也！早在数十年前，论者对于法制史教育就有"办学者既轻其事，教学者益懈其责，修学者至于虚应故事！"的感叹，至今仍未多改善，何以致之？

　　现实如此这般，法史学教育究竟该如何重新定位？要如何避免这门学科被极端"边缘化"？这须要认清真相，也要勇于承担与善加应对。多年来，我一直以为，一门学科进步的迟速，往往视其修习的兴趣以为衡；兴趣浓厚，无须鞭策，水到渠成；兴趣淡然，勉强督促，也难有功。

　　或许要问：怎么样才能提升年轻人对法史修学的兴致？首要之务，或在于师资的适才适所；其次，是教材内容的脱俗中肯以及教学方式的生动深刻；尤其重要的，恐怕是观念的改变，要让学子能意识到，过去的法律制度或法律思想，对于眼前的法文化仍有抽刀断水的关联性；历史告诉我们，传统与当代并非那么地泾渭分明，也没有所谓的楚河汉界；传统既是一宗包袱，也是一笔资产。如果，我们不对过去的法文化作一番深入的考察与评价，便无法理解中华法系是如何从传统过渡到近现代，也就不能从中得到一些有益的借镜与启示，更不能为未来的法制改革获得机先。

　　青春最是留不住，年少时爱好文史的初衷犹在，而今发已苍苍，生命悄悄地来到了秋天的季节，"秋者，天之别调"；和往常一样，喜欢悠游于山林之间。宁心静观万物，一粒种子，从大树上掉下来，不到三秒钟，就被小鸟吃了；一粒种子，从大树上掉下来，落在石头上，过了三天就被烈日晒干了；一粒种子，从大树上掉下来，刚好掉在温沃的土壤里，数月之后，长出幼苗，幸得有心人士的呵护，逾三五十年之后，又是一棵耸秀大树！同样是一粒种子，"因"相同，"果"何以如此不一样？或许，这就是我年轻时不太能体悟的所谓"万般因缘"吧！

　　"飞花坠叶当中，可作因缘观。"这些年来，经常引用这句话。三不五时，漫步于居家附近的内双溪畔，空山素月，水自潺潺，遥想起当年孔夫子在川上的感叹："逝者如斯夫，不舍昼夜！"也想起李白《把酒问月》的片段："今人不见古时月，今月曾经照古人。古人今人若流水，共看明月皆如此。"自出入海内外各大学法史讲堂以来，流光也似水，忽忽已历三十个年头，一直想写一本既能通达也能扼要的教科书，无奈心长手短，蹉跎迄今！前年岁杪，忽觉众缘和谐，乃翻检过去积稿盈尺的讲义，而当面对两三千年漫漫中国法文化长河，到底该如何拣择？思量者再。

作为一本大学教课用书，当然无法纵横深论，也不可能面面俱到；既要避免陷于断烂朝报式的堆砌，也要不落入天马行空式的议论，尤要顾及讲教时数的局限；古今多少事，欲说还休；最后，只能"轻其所轻、重其所重"，有选择性地集中讲述其中几个核心课题而已；自先秦以迄民国，以"历史时期"区分为经，从法律规范、法律制度到法律思想、法律意识乃至司法实践，以"问题导向"解析为纬，兼采"变"与"不变"的静态与动态书写方式，删简修并既有讲稿，勉以成编；不求完整，但求"阙"中有料，如此足矣！希望有助于年轻学子人文素养的提升；也至盼有缘人，能提供高见，以利来日的正谬补阙。是为序！

2014（甲午），初春
于台北外双溪，犁斋

目　录

1　导言：法史学的第一堂课 ……………………………… 1

　1.1　法史学的名称、性质及其定位/3

　　1.1.1　法史学的各种名称及其含义

　　1.1.2　法史学的学科性质及其在法学体系中的定位

　1.2　法史学研究的对象与范围/11

　　1.2.1　法律规范

　　1.2.2　法律制度

　　1.2.3　法律思想

　　1.2.4　法律意识

　　1.2.5　司法实践

　　1.2.6　其他领域

　1.3　研究中国法史的目的和方法/21

　　1.3.1　关于研究目的

　　1.3.2　关于研究方法

绪编　路漫修远　上下求索

2　规范的源流与法系的形成 ……………………………… 39

2.1　人类社会规范的起源及其衍化/40

    2.1.1　由图腾崇拜到答布禁忌

    2.1.2　从灋、律、刑的解诂看中国法规范的原型

    2.1.3　从复仇到私力公权力化

2.2　传统中国社会中的习惯与习惯法/53

    2.2.1　从习惯（俗）到习惯法

    2.2.2　习惯与制定法的关系

2.3　历史中的罗马法系与中华法系/60

    2.3.1　西方的罗马法系

    2.3.2　中华法系的形成与发展特色

    2.3.3　中华法系对东亚诸国的影响

3　传统中国法文化的内涵及其特征 …………………………… 73

3.1　天人感通的法理论基础/74

    3.1.1　法理思想层面

    3.1.2　立法与司法方面

3.2　以刑为主的规范混同编纂体例/81

    3.2.1　关于法典编纂体例

    3.2.2　关于民事法不发达的原因

    3.2.3　采客观具体的立法技术

3.3　以家族伦理义务为本位的法律实质精神/89

    3.3.1　关于家族本位

    3.3.2　关于伦理本位

    3.3.3　关于义务本位

3.4　司法与行政合中有分/98

    3.4.1　关于中央司法机关

    3.4.2　关于地方司法机关

3.5　法的世界与现实的世界/105

    3.5.1　无讼乎？惧讼乎？

    3.5.2　民间规范乎？国法乎？

3.5.3　比附援引乎？罪刑法定乎？

上古篇　古典法文化的原型

4　先秦时期的封建社会与法理思想…………………………… 119

4.1　西周的封建体制与法理念/119

4.1.1　宗法制度的社会

4.1.2　周公的法理思想

4.1.3　德、礼与刑的关系

4.2　先秦诸子的法理论/127

4.2.1　对于天道的观念

4.2.2　对于人性的看法

4.2.3　对于"法"地位的态度

4.3　春秋晚期成文法公布的争议/148

4.3.1　从习惯法到成文法

4.3.2　成文法的公布

4.4　中国体系化成文法典的始原/158

4.4.1　李悝其人及其时代

4.4.2　《法经》的主要内容和特点

4.4.3　《法经》对后世的影响及其历史意义

5　秦汉法制与两汉春秋折狱………………………………… 166

5.1　《睡虎地秦墓竹简》与秦律/166

5.1.1　《睡虎地秦墓竹简》的出土

5.1.2　从秦简管窥秦律的形式与内容

5.2　汉初法制的规制与运作/171

5.2.1　刘邦与民"约法三章"

5.2.2　萧何制定《九章律》

5.2.3　汉代的法规范形式

5.3 《张家山汉墓竹简》与汉初法制/181

 5.3.1 《二年律令》

 5.3.2 《奏谳书》

5.4 春秋折狱与儒家传统/185

 5.4.1 "春秋折狱"的义涵及其盛行的时代背景

 5.4.2 董仲舒春秋折狱案例探微

 5.4.3 董仲舒以外的"春秋折狱"案例

 5.4.4 春秋折狱平议

中古篇 成文法典的成熟与因袭

6 唐律中的礼刑思想 …………………………………………… 217

6.1 唐律的前世今生/218

 6.1.1 唐律的渊源

 6.1.2 唐朝的法规范形式

 6.1.3 律和律疏

6.2 唐律立法思想的理论基础/228

 6.2.1 源于天道的人文秩序精神

 6.2.2 儒家思想法律化的支配

 6.2.3 外儒内法与泛道德思想现实政术的运作

6.3 唐律礼本刑用观的具体内容/234

 6.3.1 罪刑因身份而异

 6.3.2 据礼以释律之例

 6.3.3 不应得为条的运用

6.4 唐律礼本刑用观评述/246

 6.4.1 道德·礼与刑的纠葛

 6.4.2 积极面与再反思

7 宋元时代的法律文化 …………………………………… 257

7.1 宋代的立法与司法/258

　　7.1.1 《宋刑统》的制定

　　7.1.2 司法诉讼制度的转化

7.2 宋朝法制的变与不变/264

　　7.2.1 皇权与司法

　　7.2.2 刑制变化

　　7.2.3 婚姻继承的法制

7.3 宋朝的司法考试及案牍判语/268

　　7.3.1 宋代的司法考试

　　7.3.2 宋代的案牍判语——《名公书判清明集》

7.4 元朝法制的变化及其特点/275

　　7.4.1 元朝的立法活动

　　7.4.2 元朝法律的基本特点

7.5 元代的刑制与司法机构/283

　　7.5.1 元朝刑制的变化

　　7.5.2 元朝的司法机构

近世篇　中国法文化的盘整与转化

8 明清社会与法制的发展……………………………………… 291

8.1 明朝法律的基本内容与特色/292

　　8.1.1 《大明律》与《明大诰》

　　8.1.2 唐、明律的比较

　　8.1.3 《问刑条例》与《大明律》的关系

8.2 明朝的司法制度/298

　　8.2.1 中央司法机构

　　8.2.2 诉讼制度

　　8.2.3 申明亭与民间调处

8.3 清朝的立法素描/303

8.3.1 《大清律例》中的律与例

8.3.2 会典和则例

8.3.3 清朝的民族异法和五刑之制

8.4 清朝的司法制度/312

8.4.1 司法机关——中央三法司

8.4.2 刑名幕吏与司法审判

8.4.3 诉讼审判制度

现代篇 西潮冲击与新旧法文化的交替

9 晚清社会变迁与中国法律近代化……………………… 325

9.1 从固有法到继受法/326

9.1.1 法律继受的含义及其理论基础

9.1.2 晚清继受外国法的动机与时代背景

9.2 法律西化过程中的配套措施/340

9.2.1 修订法律大臣沈家本衔命修律

9.2.2 修订法律馆的成立

9.2.3 外国法律法学文献的编译

9.2.4 新式法律学堂的创设

9.2.5 日本法学专家的延聘

9.3 晚清变法修律中的礼法争议/358

9.3.1 争辩之一：采用陪审制、律师辩护制可行乎？

9.3.2 争辩之二："准礼制刑"的立法原则可变乎？

9.3.3 争辩之三：罪刑法定主义可采乎？

9.3.4 争辩之四：无夫奸存乎？废乎？

9.3.5 争议之五：子孙违犯教令入律乎？删除乎？

9.3.6 争议之六：卑幼对尊长能否适用正当防卫？

9.4 晚清西法东渐中国法律的重大转折/385

9.4.1 从中华法系到欧陆法系

　　　9.4.2　由刑律为主到六法分列的法典编纂体例

　　　9.4.3　由家族伦理义务本位到个人自由权利本位

　　9.5　晚清继受外国法的历史与时代意义/397

　　　9.5.1　从法律继受的观点

　　　9.5.2　从体制内改革的局限性观点

　　　9.5.3　从社会变迁与法律变革的观点

10　民国法制的继承与新创 ·· 406

　　10.1　民初北京政府时期的过渡性法制（1912—1928）/407

　　　10.1.1　晚清法律近代化的承接与整合

　　　10.1.2　法制不备下的司法运作实况

　　　10.1.3　民初"百姓告官"可乎？

　　10.2　南京国民政府时期"六法全书"的成形与实际（1928—
　　　　　　1949）/423

　　　10.2.1　"六法全书"法典编纂事业的全面开展

　　　10.2.2　党国训政体制下的立法特征

　　10.3　民国法律文化的几点省思/434

　　　10.3.1　政权转替与法统的"变动性"问题

　　　10.3.2　超前立法与"法教"问题

　　　10.3.3　传统法律文化与近代法律思潮的"调和"问题

　　　10.3.4　法治社会乖常现象与法律"在地化"问题

11　结语 ··· 445

　　附录

　　　附录一　帝制中国法文化纪事/453

　　　附录二　晚清民初法制要事年表/465

　　　附录三　关键词索引/475

　　　附录四　黄源盛作品一览表/480

1

导言： 法史学的第一堂课

虽说，法学是一门以"法律"为探讨对象的人文社会科学，应以"人"为本来作研究。其实，人类在浩瀚无垠的宇宙中，实在非常渺小。不仅时间方面如此、空间方面如此，各种万千流变的史事也是如此。可以这么讲，世间万象，林林总总，而其成住坏空不离时间、空间与事实三个面向[1]。图示如下：

具体说来，每一个别特殊的法规范事件，均有其三度，统摄"法"的诸象，构成一个"预测法的坐标"。我们探讨法的历史，实不可不准

---

1 "成、住、坏、空"是佛家用语，乃指世界从形成到毁灭的四个阶段；宇宙有成、住、坏、空，人类则有生、老、病、死。

诸时、地、事物的蕃变[1]。

（一）时间度：人事有代谢，往来成古今；法规范依时为乘除，本非一成不变。所有的法规范均存续于一定时间之中，都具有时间的属性，时间会"吞食"一切存在的事物，因此，具体存在的法规范，也终将难逃流光所侵蚀的命运。

（二）空间度：所有的法规范，均在一定的领域，或对一定的人民发生效力，没有一种法规范，它的效力范围是普天下的；也没有一种法规范，它的统辖范围是毫无限制的。而如果我们用"中国"来界定法史研究的空间范围，不能仅限于"帝王所都"，更不能拘于"中原""中土"的范围，还应包括"中原"之外的其他地区。

（三）事实度：人类文化的演进，需要乃理想的根源；理想者，事实之母，而事实又为典章制度的先导。法规范的产生，亦必先有事实；所有的法规范都与事实有关，每一法规范均统制一定的事件或某一类的情事而已，不可能无所不包。可以说，事实度即为"人间事"，它不但讲你我的关系，还讲群我的关系。

从古今中外"法"的历史演进看来，法规范并非纯为民族历史、民族精神与民族确信的反映[2]，而仍须顾虑到人类理性的创造，具有发展性与可变性。历史的演进，根源于时势的形成与变动，时势不断衍化，历史也就不断变异；因此，顺势而变与因革损益，自是自然之理。一代之法，缘一代之政体而生，事为昔人所无者，不妨自我而创。

1　吴经熊曾说："抽象的法律，从未在时空任何一点上存在过；抽象的法律系属本质的范围，并非存在于真实的世界。……每一个特殊的法律均有其三度，无时间、无效力范围和无事实争点之法律是不存在的。"参阅氏著《法律的三度论》，收于中华学术院编辑《法学论集》（台北：中国文化大学出版部，1983 年 8 月），第 1—4 页。另参阅小林直树《法の人間学的考察》（东京：岩波书店，2003 年 12 月），其中第三章《法の時間論》，第 131—198 页，第四章，《法の空間論》，第 199—264 页。

2　德国历史法学派的创始人萨维尼（Friedrich Carl von Savigny，1779—1861），强调法的民族性，主张习惯法优越；认为法律现象的研究应根据历史的事实，重视时间的因素。申言之，要立法之前，须由法学家先整理已经存在的法素材，并以此为基础来建立法体系，不是单纯由立法者抽象地订定。

1.1 法史学的名称、性质及其定位

为了言顺，必也正名乎！学习本课程之前，有必要先回答，什么是"法史学"？向来，有关"法"的历史研究，人们最为熟悉的名词可能是"法制史"、"法律史"与"法文化史"等。关于这些名词之间的区别与关联性要先予厘清，因为它牵涉到法史学研究的对象、范围、目的乃至方法的问题。

1.1.1 法史学的各种名称及其含义

凡物皆有其名称，是一种"名目"与"称谓"；它本来只是一种事物的"符号"而已，并无深义，但有时却左右着该事物所指涉的内涵。如单以中国法史来说，如何正名的背后，其实是一个研究基本问题的投射，也就是中国法史的研究对象到底为何？

1.1.1.1 法制史

中国向有律学传统，但近代意义上的"法制史"乃晚清民初继受西学并糅合固有学术的产物。考其来源，"法制史"课程之为名，始见于日本[1]。晚清实施近代法学教育以来，光绪二十九年（1903）的"癸卯学制"，清政府颁行的《大学堂章程》，规定在四年制法政科法学门中开设"中国历代刑律考"和"中国古今历代法制考"两门课程；1906年《京师法律学堂章程》在法律门教学科目中正式确立了"中国法制史"课程。民国肇建以后，民元北京政府颁布的《大学令》以及1913年的《大学规程》所订法科课程中，均列有"法制史""比较法制史"等科目，此后至20世纪40年代初，大学法律系科目表里，几乎都以"中国法制史"为名，而列为必修课。陈顾远（1896—1981）对于"中国法制史"曾下过这么一个定义：

1　引自陈顾远《中国法制史概要》（台北：三民书局，1977年），第8页。

为社会生活之轨范，经国家权力之认定，并具有强制性质者曰法；为社会生活之形象，经国家公众之维持，并具有规律之基础者曰制。条其本末，系其终始，阐明其因袭变革之关系者，是为中国法制之史的观察。[1]

依陈氏的说法，显然对于"法制"解为"法律与制度的历史"，是采广义说[2]。不过，也有认为"法制"是以律与刑为主，所涉的范围只以法律上的制度为限，凡与讼狱律例无关的制度，皆在排除之列，此为狭义说[3]。换个说法，"法制"如果解为"法律的制度"，则法制史的研究范围仅指刑律及与讼狱有关的制度，这个层次一般称为狭义的法制史；但是，倘将"法制"分别解为"法律"与"制度"二事，则法制史的研究，除了对刑事以及民事、行政等具体的法律规范作探讨，兼指对"法律制度"以及"其他一切典章制度"，例如经济制度、王制、官职制度、兵制，甚至及于制度背后的法理思想等诸象作历史的探究，此为广义的法制史。

向来所习称的"中国法制史"，顾名思义，当然只以传统中国社会的"法制"为主要研究对象，但是，还要进一步追问："法制"与"法律"到底有怎么样的关系？"法制"与"法律"的内涵是否一致？传统认为，法制就是法律，尤其是指刑律；中国法制史的研究对象就是过去的法律，而之所以会普遍使用"法制史"这个名称，或许只是一个传统上的惯用说法，并没有内在的、理论的、必然的原因[4]。

1　参阅陈顾远《中国法制史》（台北：台湾"商务印书馆"，1973年8月），《自序》及首章。

2　与之相同说法者，有林咏荣、李甲孚等，彼等均认为所谓"法制"，包含"法律"与"制度"。详参林咏荣《中国法制史》（台北：作者印行，1997年8月），第1—2页。另参阅李甲孚《中国法制史》（台北：联经出版社，1988年10月），第5页。

3　采此说者有程树德、董康、徐道邻、朱方等人。参阅同上注，林咏荣，《中国法制史》，陈顾远为林著该书所作的《序》，第1页。

4　参阅颜厥安《中国法制史与其他法学课程的关系——以法理学为检讨中国法制史的研究对象》，收于《中国法制史课程教学研讨会论文集》（台北：台湾政治大学法律学系、中国法制史学会主编，1993年11月），第184页。

1.1.1.2 法律史

如同前面所说，"法制"一词如采狭义解，"法制史"易被等同仅以"法律制度"作为研究对象的制度史，它能否包括"法律思想"？能否兼指"法律思想史"？恐都将成为争议问题；因此，乃出现另一种看法，以"法律"代替"法制"而称之为"法律史"[1]。杨鸿烈（1903—1977）为"中国法律思想史"阐明其义：

> 中国法律思想史，是研究中国几千年以来，各时代所有支配法律内容全体的根本原理，同时，并阐明此等根本原理在时间上的"变迁"与"发达"，及其在当时和后代法律制度上所产生的影响。[2]

虽然，中国法制史一词有广狭二义，主要是因为对于"法""制"二字的解释不同。不过，无论采狭义说，认为法制以刑律及讼狱制度为限；或采广义说，而认为法制兼指法律诸象及其他典章制度甚至法律思想，究其实，"法制"在字面上，均不出"法律"、"制度"或"法律与制度"的范围。而任何制度，包括法律制度在内，莫不有思想上的基础以为其导引。如此说来，法律既已用于"法律制度"以替代"法制"，又已用于"法律思想"，何妨以"法律"用于"法律史"[3]，使兼指"法律制度史"与"法律思想史"，而统称其为"法律史"？换言之，"法律史"实际上是包含了"法制史"和"法律思想史"二个分支学科的一个集合性概念。

1　例如杨鸿烈于民国十九年（1930）即以"中国法律发达史"为名，刊行著作（台北：台湾"商务印书馆"，1988 年）。近来，王泰升亦主张以"法律史"一词取代"法制史"。王氏认为，法律史的研究对象主要为"形成法律的原因"、"法律的规范内容"、"法律的社会效应"以及三者之间的相联关系，参阅氏著《台湾法律史概论》（台北：元照出版社，2009 年 12 月），第 12 页。
2　引自杨鸿烈《中国法律思想史》（台北：台湾"商务印书馆"，1993 年 3 月），第 1 页。
3　参阅马汉宝《中国法制史之名称与研究范围》，收于刘增贵主编，第三届国际汉学会议论文集《法制与礼俗》（台北："中研院"历史语言研究所，2002 年 6 月），第 1—16 页。

1.1.1.3 法文化史

"文化"是什么？似乎也是一个人言言殊的问题[1]；约言之，它可能指涉的是一种生活方式。至于所谓"法文化"，不外是指法律各个部门的整体综合有机文化。张国华（1922—1995）曾指出：

> 在法律史上我们有个习以为常的传统，就是将思想史和制度史截然分开，形成两张皮，即使是联系很密切的问题也各说各的，不越雷池一步；……近年来，不少学者已感到……只谈静态，不谈动态；只谈论点，不谈实践；殊不合理。……不应当把思想史和法制史看成两个孤立的世袭领地。因此，有人索性主张将二者结合起来改写成法律史或法律文化史。[2]

这里提出了一个"法律文化史"的概念，当然要问，其义涵为何？如果，我们将叙述人类全部生活的发达变迁的历史，称之为"文化史"；那么，叙述其中一部分"法"生活变迁的历史，即"法律文化史"，或简称为"法文化史"，它是关于法的历史学，并非纯为古代的律学。它既属于文化史之一，主要目的乃在阐明历史洪流中，法文化的内涵功能；俾能了解已往"法"的流变，以及过去社会法制实行"法"的真相，进而了解传统法与现行法的脉络关系。

综上看来，"法制史""法律史""法文化史"，这三个不同的专有名词，虽各有其内涵与指涉范围，却也相互重叠。本书为了扩增涵盖面，也为了避免陷于名词之争，凡有所论述，概括地以"法史"称之；时而也与其他用语交相混用，至于有关这方面的学术探讨则以"法史学"为名。

1　"文化"是近代以来人类学和社会学普遍使用的一个核心概念。据学者考证，"文化"（culture）一词源于拉丁文中的"耕耘"（cultivating）或"开垦"（tilling）土地，后来西塞罗用"cultura mentis"（耕耘智慧）一词使 culture 一词具有"为增进某种东西的质量所作的审慎的努力"之意。一般说来，"文化"一词，泛指人类生活的形式，是人类为适应与克服生活环境所创造出来的产物。参阅［美］约翰·R. 霍尔、玛丽·乔·尼兹《文化：社会学的视野》，周晓虹、徐彬译，（北京：商务印书馆，2002 年），第 19 页。

2　参阅张国华《中国法律思想史新编·前言》（北京：北京大学出版社，1998 年 3 月）。

1.1.2 法史学的学科性质及其在法学体系中的定位

凡有所学，均有其学习的动机，为什么要学"法史学"？它究竟该如何定位？向来，法史学在法学体系中一直被界定为基础法学的一环，问题是，"基础法学"一词，本身即一种搜罗式的概念，并无法精确反映法史学在当今法学体系中的性质与地位。先表列如下，再逐一说明其性质于后。

【表解】

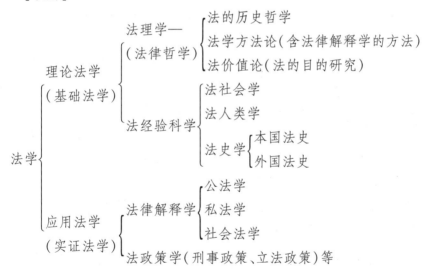

1.1.2.1 史学乎？法学乎？

关于法史学的性质，以中国法史为例，我们可以从史学与法学这两个角度来谈。首先，就史学的观点，在当代的人文社会科学领域中，"史学"占了相当重要的位置。而"法史学"作为一个历史概念的分支学科，正如同政治史、经济史、社会史、科技史、文化史、宗教史、艺术史、文学史、医疗史等一般，是历史的一个组成部分，是一门专史、部门史。

　　法史学所涉及的素材，如《秦律》、汉《九章律》、《唐律》、《宋刑统》、《大元通制》、《大明律》、《大清律例》、清末的《钦定大清刑律》、民初的《暂行新刑律》、民国的"六法全书"等，以及历朝历代的法制与司法档案，乃至各家各派的法理思想言论，都是历史的材料；研究这些史料与其他史料并无本质上的太大差异，无疑地，法史学是隶属于史学的一支。

　　再从法学的观点，有关中国法史研究的材料固然是历史的素材，但它们同时也是法学的素材，上面所提到的历代律典规范、法律制度以及司法实践、法理哲思等无非也都是传统中国社会的法文化现象；所以，法史学也是法学的一支。

　　实际上，法史学既然主要在探讨过去的法律现象与法律文化，不能不依靠有关的历史材料，包括文献史籍、历史档案、地下文物等。此外，法史研究也与考古发掘的文物密切相关；例如：大陆考古学家在河南孟津小潘沟龙山文化遗址中，发现颇多人类骨架，根据此类骨架，可以证实商周之前已有斩首、腰斩、活埋与刖刑等刑罚种类[1]。又例如：1975 年湖北省云梦大泽《睡虎地秦墓竹简》，以及 80 年代湖北省江陵县《张家山汉墓竹简》的出土，使得世人对秦汉律能一窥大致轮廓。因此，依据考古而得的地下资料，以当代科学方法探讨古代法制的概况，值得重视。换言之，史料的发现，尤其出土文物的整理，足以开拓研究的范围，既可证实也可推翻既有的研究成果。

　　如此说来，法史学既兼具史学与法学的双重性格，就历史的面向言，法史学无可避免的，必须面对证据取舍与文本诠释的问题；就法学的面向说，则必须涉入规范与价值的领域；而不可忽视的是，从学科研究内容本身的特性以及研究目的来看，法史学明显偏重于法学的属性；因为它涉及法的概念、法的本质、法的作用以及法规范、法制度、司法裁判等范畴，而这些都必须置于当时的时空背景中来加以理解，才具有

1　参阅洛阳博物馆《孟津小潘沟遗址试掘简报》，载洛阳师范学院、河洛文化国际研究中心编《洛阳考古集成·原始社会卷》（北京：北京图书馆出版社，2006 年），第 60—73 页。另参阅方燕明《河南龙山文化和二里头文化碳十四测年的若干问题讨论》，载《中原文物》，2005 年第 2 期，第 18—32 页。

特殊的社会、历史与法学的脉络意义。

　　在史学所涉及的证据资料中，一般将历史证据大别为两类："硬性证据"与"软性证据"。前者，所使用的乃数字与符号，经由统计予以整次，这种历史证据通常具有较强的权威性；相对地，后者，重在使用文字，其所表述者多为理念而非计量，例如对于风俗、习惯、制度的描绘等均属之。由于并非所有的历史证据均可量化，软性证据的质性使用自属无可避免，而这种历史证据又往往凝合成为观念史。讲穿了，法史学大致就是建立在这种诠释上具有争议性、修饰性以及变易性的历史证据上的一门学科。因此，对于法史学专业性的质疑，事实上，也往往伴随着对其方法论上的挑战。

　　要言之，法史学本质上系科际整合之学，它既是史学，也是法学。法史学的研究既离不开历史资料，其有赖于历史学之处，不言可喻。史学与法学须兼顾得宜，盖史学重史实，在客观地详其本末；而法史学讲过去的法律现象，贵在能借重史料，运用主观的价值判断，去发现、分析问题，然后归纳经验，论断得失。法学者与史学者在此一领域的探讨，其关注的重点与研究方法或有不同，倘能彼此互通有无，当可收相辅相成之效。

1.1.2.2 理论认识乎？实践经验乎？

　　前已提及，法学粗略而分，其范围可大别为二：一为理论法学，一为应用法学。就理论法学言，主要有法理学及法经验科学两大领域；法理学通常论及法的历史哲学、法学方法论以及法价值论（法的目的研究）等诸大课题，比较偏重于纯理论认识的探讨。至于经验法学则包含有法社会学及法史学等，法社会学，在理论探求阶段，明白区分理论与实践目的，以纯粹理论认识方法研究实际社会生活与法律目的之文化价值的关联关系[1]，唯其最终之目的仍在于实践，仅于探求之际，须将

1　参阅杨日然《我国基础法学之现况与展望》，收于氏著《法理学论文集》（台北：月旦出版社，1997 年 1 月），第 671 页。

"理论"与"实践之目的"加以隔离，如此而已[1]。

而法史学，则是借着对传统法文化的考察，用来推究"法"的历史根源与变迁，以衡其得失，并求其因果关系，俾资现代法学工作者借镜。很明显，法史学虽兼含"理论认识"与"实践经验"的混合性格，但主要还是以"实践"为主，"理论"为从，是比较倾向于经验法学的一门学科。

1.1.2.3 实学乎？虚学乎？

如果，将法学简分为二，其领域与实用有关的称为"实学"；与司法实务无直接关联的谓之为"虚学"。无疑地，宪法学、民法学、刑法学、商事法学、诉讼法学等是所谓的"实学"。耐人寻思的是，法史学，其性质究竟何属？中国法制，自晚清沈家本（1840—1913）变法修律，经由日本间接继受欧陆法以来，传统法与现代法已截然两分。当今法律工作者遇到实务问题，绝少会说"这是法史学的问题！"，显然，"虚学"的性质已被认定。然而法史学与实定法学间的关系果真毫无牵联？研习法史学的意义又何在？

现下的法学教育，受制于"考试领导教学"的桎梏，法学院的必修与选修学分负担普遍偏重，加上能开授"法史学"这门课的专业师资青黄不接，以至于发生排挤效应，若干非国家司法考试科目的课程开设本就困难，吸引学生选课的诱因也极为有限，如此一来，基础法学类的学科势必面临形势上的严峻挑战，法史学的存在价值甚至受到质疑，研究风气低迷，开课状况逐渐被边缘化。质言之，由于受到司法考试等因素的影响，与各种实务界考试有关联的法律学问被视为"实学"；反之，与实务不甚关联的非考试科目，往往被视为"虚学"。

在我看来，若以法学的长远格局言，所谓的"实学"与"虚学"似宜重新赋予新义。简单说，若能为法学的命脉发展提供实质帮助者，即属"实学"，反之则归于"虚学"；而实中有虚，虚中有实，虚虚实

1　参阅杨仁寿《法学方法论》（台北：作者印行，2010年5月），第158—159页。

实本非绝对，不必过度执着。其中，真正的问题在于法学教育中究竟是否需要法史学的人文素养？将法史学科列为国家司法考试科目或能增加其"能见度"，却非对于法史学专业性质疑的治本之道，列入国家考试科目与法律人的人文素养陶育之间并无必然的关联，也无法根本解决法史学所面临的窘境；如果一门学科，必须透过实务界的考试来"认证"其价值，或许这才是法史学真正的危机！

无分古今，法规范源起于契应当时的社会问题。而针对过去的法文化现象进行研究，其中一个重要目的，乃寄望能为现行的法律秩序提供某种程度的省思；相较于法理学，法史学的实证性稍加明显，也较有利于对于现实议题的联结与深化。也因为任何史学的研究均无可避免地须面对时空的"距离感"问题，而如何克服这种"距离感"，在现实议题中寻求其联结点可说是一个方法。

对于史学界人士而言，学习法史自是理所当然，少有人加以质疑；而无须讳言，法学毕竟是一门经世之学，讲求功利实效；美国大法官霍姆斯（Oliver W. Holmes，1841—1935）曾说："当我们学习法律的时候，我们不是在学习玄学；如众所周知，是在学习一种职业。"[1] 在德国法学界也曾流行喜勒（Johann Christoph Von Schiller，1759—1805）的一句话："法学是面包之学（Brotwissenschaft）。"对于法律人而言，法学的本身乃带有浓厚实用性的一门学科；这也难怪，法史学为什么容易被归类为"奢侈的法学"。

1.2 法史学研究的对象与范围

凡学问，必有研究与传承的对象；而世间学术，不外"自然科学"与"人文社会科学"两大类；毫无疑问，法史学自属后者之列。困扰的是，一部二三千年来的中国法史，该从哪里谈起？要谈什么？怎么

1　Oliver W. Holmes，*The Path of the Law*，10 Harvard Law Review 457（1987）.

谈？的确让这门学科的教学者煞费苦心。尤其，有哪些课题须列入讲授的核心部分？迄今海内外同行似乎仍未有明确的共识。

历史告诉我们，法文化的变迁，本身就是法律规范、法律制度、法律思想、法律意识乃至司法实践等因素同步发展的过程。以"中国法史"一科为例，论者指出：

> 法制史的领域，绝不只限于礼刑两端，凡是社会生活的规范，经国家权力认定，公众力量维持的，都可以作为法制史研究的对象。因此，我们研究中国法制史，除了当时所定的成文法、礼仪之外，诸凡当时承认采用的道德、习惯、法理、学说、判例、敕令、法律思想都应包括在内。从而中国法制史的著述，除了民、刑部分以外，必须兼及各种典章经制。而法制史的范畴，更而扩充到财产、官制、商事、租税、行政、选试等等。[1]

严格说来，法史学的研究与教学必须结合"动态"与"静态"两方面，从特定的经济关系、社会文化结构以及国家的政治营运作等为其出发点，方能确切掌握法制历史"变"与"不变"的脉动。为此，本书以为完整的法史研究与教学的对象与范围，最好尽可能涉及下面所述的几个面向。先图示如下：

【图标】法史学研究与教学的对象

---

[1] 参阅陆啸钊《为研究中国法制史开几条路》，载于《文星》（台北：文星杂志社，1965 年 11 月），第 97 期，第 51 页。

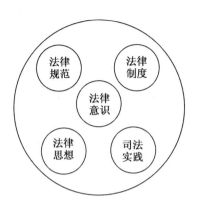

1.2.1 法律规范

自有人类社会以来，"规范"即随之而生，社会不断进化，规范的类型与职能也在变化当中；其中影响最重大者，要属"法律规范"，它是由社会权威机构确认并保障实施的一套客观存在的准则，是从道德、礼俗、习惯等规范逐渐分离而来，具有强制性。

在悠远的传统中国法制长河里，"律"虽为历代刑书的正统，居于主导地位，而为较具稳定性的国家基本法；不过，"律"并非"规范"的唯一法源形式，在不同的历史时期，尚有其他多种法源与之并存。因为"律"常不足以适应变异无穷的社会情事，立法者或司法者为弥补形式律典的缺失，除诉诸高阶规范外，往往另以其他的措施补充；例如，唐于律之外，另有令、格、式，宋有编敕，明有大诰、会典、问刑条例，清则律例合而为一，借以顾全社会变迁的实际需要。因此，所谓"法律规范"，除由权威机关加以认可，系统地表现出来者，如各朝历代所颁的国家律典外，尚包含正式律典以外之其他具有法规范效力的"律外之法"。

有人说过："法律发展史的第一页，必定是属于刑法。"此话是否当真？或尚存有争辩余地。回顾历来的中国法史研究，刑律一向是法史研究的重心，与其他领域相较，可说一直不成比例地占了绝大篇幅，个中原因主要与过去所遗留下来的法规范史料，绝大多数都是有关于罪与罚方面的记载有关，这本无可厚非。不过，法史学的研究与教学固然必须包含刑法史的部分，但却也不能以此为已足。

实际上，现实生活里，任何一个社会组织当中，都不可能只有刑事规范，只因为它是一种最具激烈性与痛苦性的强制性惩罚规范，自古以来就被当成重要的"治民之具"。其实，任何社会都必须在刑法之外另预设一些特定的法规范，以作为一般日常生活当中的行为准则；从过去法的发展历程看，也的确如此，所以，近一二十年来法史的研究与教学触角也逐渐扩展及于身份法史、财产法史、行政法史、诉讼法史等诸大面向。

1.2.2 法律制度

各别的法律规范组合成一个国家或一个政权的"法律制度"，可以说，制度存在于人类社会，是从各式各样的社会生活方式中经过验证而拣择出来的，所以，它是人类社会生活的一种架构，自应力求健全实用与稳定发展。

传统中国的政治体制，它本身是借由制度的形式来建立的，是一种由上而下的"专制皇权制"；而当今所谓的"民主法治"，则是一种由下而上的多数民意的制度设计。揆诸历史，任何一种制度，不但早经存在，且已有运作的经历；但时代的巨轮是不断向前的，社会每向前跨迈进一步，制度在形式上或实质上都要随着调整或推移，也必须导入许多新的思潮和新的作法。否则，就会降低制度的功能，甚至僵化；所以，法律制度如同法律规范一样，都是随着社会的变迁而有所调整的。

前面提过，"法制"一词实包括"法律"与"制度"两方面。其中，典章制度是各个机关在行政、立法及司法各方面的作为上所必须依据的准则，这就是所谓的"依法行政"或"依法审判"。典章就是规范，制度是实行"法治"必须具备的种种结构或架构；而制度与规范之间联系密切，相依互存以交相为用；一个良好制度的实施，必须化为规范去实践。同时，法律和制度同是社会的产物，法律规范和法律制度，都是从当时社会中孕育出来的，也都是为促使社会的进步、健全、发展与福祉而存在的[1]。

为此，研究中国法史自宜包括历史上各个时期全国性政权所制定的法律制度，时而也要顾及在局部地区实行过较长时间，实际统治的政治实体所建立的法律制度。其中包含立法体制、立法活动、立法根据以及立法技术等，甚至还涵括立法与司法的关系、法律的实际运作情况、法律的社会效益等。

1.2.3 法律思想

法律规范、法律制度与法律思想三者间的关系如影随形，法律思想是研究"法"的根本原理，为了解法规范与法制度的形成与变迁所不可或缺。一般而言，法律制度是具象的、是现实的；而任何制度，其所以产生、所以存在、所以发展，可说都有某种思想或理论为其后盾，而思想也因制度而获得落实，两者相成为用。研究中国法制，当知其背后思想上的根据，如此，规范与法制才不致被认为是偶然之举；探讨思想，也须知其对规范与制度的影响，否则，容易沦为空泛之谈。或许可以这么认为，思想家把法律思想的种子，散布在人间，使各种理念透过制度，经由规范而得以在世间实现。

不过，也须留意，法律思想与法律制度、法律规范并非完全同步发展。在传统中国社会，常会发现，有时法律思想已走在前头，法律规范、法律制度却远远未能跟上；反之，有时法律规范、法律制度已向前迈进，但法律思想仍停留原地。所以，同时针对法律思想和法律制度、法律规范分别进行探究，以反映其各自的内容、特点和发展规律等是有其必要的。

1　参阅李甲孚《中国法制史》，第2—4页。

值得一提的是，法律思想并不完全等同于所谓的"法理学"或"法律哲学"；除法理学外，法律思想还可以包括法律的某一部门或某些具体问题带全局性的基本观点或主张。所以，法律思想史的范围相当广泛，法律思想的产生，不但有其政治、经济、社会和历史等方面的因素，而且它与政治思想、经济思想、哲学理念、伦理道德观念等都有或深或浅的交相关联，甚至具有某种内在地难以分割的联系；对各个历史时期法律规范、法律制度产生过重要影响的哲学思想、法律思维、法理学说，都是我们所要关注的对象。

1.2.4 法律意识

"法律意识"（legal consciousness）一词，简单说，即指"人们理解法律及使用法律的方式"。在此含义下，我们可以发现，它不仅包含心理层面的"理解"，也包括身体外在行动的"使用方式"。申言之，凡使人民对"法"产生某种"认知"和"态度"，并根据这些认知和态度去决定"行动"，而行动影响国家和社会发展者，均可归诸法律意识的作用。例如，当我们参访中外各式法院时，或许会发现，它们的建造颇多"仿古"的设计，目的或许是要借着庄严肃穆的外观来树立人们对"法"的敬畏，进而增强守法的意识。

问题是，这里所指称的"法律"对象到底为何，是实定法，自然法，抑或其他？此外，它还提醒我们要如何去"理解法律"，受到什么影响去理解法律，以及在"理解法律"之后又要如何去"使用法律"。前者，是属于意识形成面的问题；后者，则是意识形成之后的实践问题。依此理解，虽有对象上的开放性，却已将研究法律意识的方向勾画出来，即在"形成"与"实践"两者之间。

传统中国，各个历史时期内社会各阶层的法律观念、价值倾向、风俗习惯以及宗教文化传统等，均多多少少左右着人民的法律意识。研究和了解各个时期内各阶层的社会观念以及文化传统，或将有利于对当时的法律制度与法律规范作更深入的认识。

如果说，"守法"也是一种法律意识的体现，留学德国且对法史有颇深造诣的徐道邻（1906—1973），在他的一篇文章里，曾以"守法"为例，比较东西方法律观念的差异。他说：

> 谈到守法，凡是到西洋留过学的人，第一感觉到的，就是他们一般人民的普遍的守法的精神。这种对于公共规律和秩序的尊敬，在他们认为理所当然的，在我们却实在不容易看到。中国人是不太守法的，过于守法的人，往往被认为谄媚、软弱、没有出息。奉公守法而不顾亲友情面的，不但不受尊敬，反而不免被人唾骂。注意私谊，厚待其亲戚邻里者，虽然大家明知其不免贪污舞弊，但大半都肯予以原谅，而使之在社会上留得一个美名。至于劫富济贫，梁山泊式的犯法行为，更是广泛群众最欣赏的幻想的对象。[1]

徐氏讲这段话已是半个世纪以前的事了，但仍有其参考价值。东方人的守法观念，特别对中国社会而言，是有其特殊一面。可以说，传统中国法制，社会秩序要靠诸多规范的协力运作，才能稳定地维持，但是从历史发展看，传统法文化的规范结构与实效结构却有着极大的差距。中国有独特的历史文化，也有独特的法文化，往往成文法典的颁订是一回事，实际的施行又是一回事。因此，探讨传统中国法文化，非但不能仅局限于各朝历代所颁订的成文法典，且须由律条本身、社会内部和民间实际的运作状况，以及人民的法律意识三者作统合的考察，如此方可深入传统法制的形式面与实质面，以避免脱离当时的真实的历史脉络。

---

[1] 参阅徐道邻《从法制史上看东方及西方法律观念之形成》，载社会科学论文集编辑委员会编《萨孟武先生六秩晋一华诞纪念社会科学论文集》，1957年，第28页。

1.2.5 司法实践

美国法学者庞德（Roscoe Pound，1870—1964），在他的《社会法学》（*Sociological Jursiprudence*）一书中，多次提到两组概念："书本中的法律"（law in books）与"实践中的法律"（law in action）[1]。这让我想到，我们在从事有关法史的研究与教学时，也不宜有所偏废，实际运作中的法律尤见其重要。

事实上，法典固然重要，但至多只是一个法制的设计大纲，就此所作的研究只能见到这法制静态的架构，那是一种"应然的观察"，倘未能辅以实证的判牍文书，往往局限于表层的泛泛之论；而审判记录则是一个法制的运作痕迹，它活生生的以司法判决解决人类现实生活中无穷无尽的纷争，就此所作的研究，可以见到这法制的动静两态的种种细节，它是一种"实然的观察"，较能得出"科学的"论证；相形之下，审判记录的研究价值当然是高得多[2]。而所谓"法律的实际运作面"，一般而言，包括法曹的养成、法司的构成、审判的程序、司法者的审判心理、形成判决过程中的各方力量交锋等，此或可说是属于"法律文化面"。瞿同祖（1910—2008）曾说过：

> 在中国，无论研究法律史或现行法的人，从不曾想到这严重的问题，只一味注重法典条文，从未想到这条文是否有效？推行的程度如何？于人民的生活有什么影响？只能说是条文的、形式的、表面的研究，而不是活动的、功能的研究。[3]

简单说，法规范重在实践，而不只是白纸黑字供人观览而已。研究

---

1 Roscoe Pound, *Law in Books and Law in Action*, 44 AM. L. REV. 12 (1910).
2 参阅张伟仁辑著《清代法制研究》（台北："中研院"历史语言研究所专刊之七十六，1983年9月），第62—63页。
3 参阅瞿同祖《中国法律与中国社会》（台北：里仁书局，1984年），第1页。

法文化，单单研究法规范、法制度、法思想还是不够的，我们也要注意它们被落实的现象，而其实践面，最可靠的莫如判牍文书。

历来判牍文书通常隐身在司法档案当中，而经验告诉我们，历史档案的整理为法史学研究的础石，前人积累经验的结晶更是鉴往知来的智慧之光。史料与法史学的关系密切，要探讨过往的法文化事件，依靠的是史料，而当中又以原始文件最为珍贵。从先秦以迄明代，除张家山汉墓出土的《奏谳书》、宋代《名公书判清明集》以及明代《四川地方司法档案》外，目前留存在世的判牍档案为数极少，清代以降则卷帙浩繁。目前在大陆，北京"中国第一历史档案馆"藏有大量的清代中央司法档案，南京"中国第二历史档案馆"则有民国元年以迄1949年的立法、司法档案。此外，四川的《清代乾嘉道巴县档案》[1]、上海的《会审公廨档案》、《浙江省龙泉的县衙门司法档案》、《江苏省北洋政府及南京国民政府时期的地方司法档案》，凡此虽属地方性审判文献，仍均为法制史料的珍璧。至于台湾方面，"故宫博物院"藏有清代《军机处档》、《宫中档》，其中有一小部分是审判档案；"中研院"历史语言研究所则保有少量的《清内阁大库法制档案》，台湾大学所典藏的《淡新档案》[2]以及各级法院所存的《日本殖民统治时期司法档案》，两者也都是司法史料的瑰宝。

霍姆斯（O. W. Holmes, 1841—1935）曾经说过："法律的生命不是逻辑，而是经验。"[3]如果赞同这种讲法，那么，法律的真实价值，一端在于实用，而法院的判决，即系实用法律的具体表现；举例来说，

1　详参四川大学历史系、四川省档案馆主编《清代乾嘉道巴县档案选编》（上、下）（成都：四川大学出版社，1996年11月）。

2　详参《淡新档案》，迄2010年为止，已出版《第一编行政》《第二编民事》《第三编刑事》，凡36册（台北：台湾大学出版）。戴炎辉先生曾率生门生多人，就《淡新档案》分别在台湾与美国西雅图华盛顿大学（University of Washinton）进行分类、整编与研究，其结果以中、日、英文发表。详参戴炎辉《清代臺湾における訴訟手續について-淡新檔案資料》，载日本《国家学会杂志》，第81卷第3、4号，1986年。另参戴炎辉 *Divorce in Traditional Chinese Law*（美国·Chinese Family Law and Social Change Edited by David C. Boxbaum. University of Washinton Press, Seattle and London）。另外，"中研院"历史语言研究所张伟仁先生曾致力于《清内阁大库法制档案》的整编与研究，业绩斐然。参阅张伟仁辑著《清代法制研究》。

3　Oliver Wendell Holmes, Jr. *The Common Law*（1881），P. 1. "The life of the law has not been logic; it has been experience."

民国初期（1912—1928）具有决定性的大理院裁判文书，乃司法机关对于民刑诉讼所作的最终审判，更具有权威性与重要性，下级法院往往受其拘束，感其影响。而另一端，判决（例）尤为研究法学的重要素材，考察其制作是否妥适，于正义的伸张、社会秩序的健全、公共福祉的建立与促进法律本身的进步影响极大；而其所持的见解更足以反映当时的法律接触社会生活后，发挥规范作用的实况。

此外，传统中国各个历史时期内的司法状况，包括各种类型政权的司法机关、体制、诉讼制度和原则、司法活动及相关的司法设施如监狱、配所、公堂等等，也是不宜轻忽的课题。

1.2.6 其他领域

"历史"到底是什么？在后现代主义的冲击下，如今更显得众家争鸣。单以史料言，政府档案能否再如以往仍保有"定于一尊"的地位，也越来越让人起疑。就法史来说，究竟研究的素材、范畴，是否仍需执着于历朝历代的律令规范以及官府的裁判档案，答案或许见仁见智，却也是当代法史研究者不能不去思考的另一个问题。

理想上，法史的研究与教学当然不必仅拘限于所谓的"正规素材"，因为它只不过是法文化探讨对象的一部分而已，仅凭它，显然无法还原历史社会的实相。因此，兴之所至，或许，可以将触角延伸到所谓的"非正规素材"，而这部分主要包括民间所保存的各种法律文件，特别是契约文书，如田契、地契、卖身契等。假如还有兴致，甚至可扩充到小说、戏曲、家训、稗官野史等方面，因为"史"的研究，不应只停留在"静态面"，它的"动态面"也应顾及。实际上，华人社会的法意识，受到非正式的文学、戏剧作品等影响甚深。普罗众生对司法的认知和态度取向，其实很少受到"正史式"的法律典籍和官方文件的影响，反而往往为文学作品、传统戏剧、宗教信仰以及约定俗成的习惯和价值观等所左右。

而在学科定位上，如果未能免俗，一定要着眼于法史学的实用性，以求对于当代法学提供一些省思的话，那么，法史的教学不妨考虑以个案议题的方式，针对各"部门法"的某些子题，例如民商法、刑法、行政法、诉讼法等个别领域的法律问题作源流式的思与辨。因为，要让法学界能够认同法史学这门学科的正面价值，徒高唱"为学问而学问"，恐怕是听不进去的；必也，从问题意识着手，虽然，并不必然要求所有的题材皆能与现下的法律议题发生关联；而其终也，最好能提供某些对于现行法制的取鉴作鹄的，方能有功。不过，要留意的倒是，问题意识切莫过于模糊，也勿焦点过于分散，否则，不易引起对传统法探讨的共鸣，也难以凸显法史的教学价值；倘能审慎界定教学与研究的主题，并对于当今实定法的某些问题，就其源流试图作出因果关系的诠释，相信法史学的教学价值将可大幅提升。

问题是，吾生也有涯，其学也无涯；受限于时间、精力，当然不可能期盼教学者一统全局、面面俱到，只能随顺因缘，轻其所轻，重其所重，有选择性地讲授其中某些核心课题而已！

1.3 研究中国法史的目的和方法

法史学所为何来？就法文化而言，中国自有其独特的一面，直到19、20世纪之交，西方的法制与法律因变法修律而大量输入时为止，两千多年来，传统中国法规范与法制度一脉相承，虽间有增损，然在基本精神与原则上始终一贯。因此，为了要真诚地探索现行法制，首先必须对固有法文化有恰如其分的了解。假如我们今天从法律史学或法律社会学的立场，关心到近代或现代法律的发展，那么，对于法律文化变迁中所遗留下来的许多问题，也就不能不抱慎重的态度，希望从传统法文化生活的叙述中，去寻找一些可供省察的据点。

在法史学的研究上最有意义者，当然是一些对于法文化上的重大问题的看法，例如社会权威的基础是什么？它与社会大众有怎样的关系？法规范是怎样产生的？它的功能是什么？它与其他规范（如伦理、道德、习惯、家训、族规等等）的关系如何[1]？在处理人间层出不穷的纠纷时，先贤先哲有哪些法学智慧？这些智慧与当代的"法"之间有无文化上的传承关系？此外，何以传统中华法文化绵延两三千年，却少有大变动？清末民初以来为何要改变祖制家法？如何变？变得如何？凡此，都是我们当代人所该关心的。

1.3.1　关于研究目的

从历史发展的轨迹看，或许要问：历代中国法规范适用于当时的中国社会，传统法的历史任务已成过去；晚清之季，为了要撤废领事裁判权等动因，进行了法制近代化的继受工程，造成现行法与传统法之间截然两断；当代法制十之八九皆继受自欧陆、日本乃至英美，我国社会正加速现代化，而旧传统已明显褪色，如果还过度重视法制历史，忽略当今环境，或致顾虑太多，不将趋于保守不前？有必要再为固有法制与传统规范多加费神吗？

再以功利现实的眼光看，向来，台湾的法学教育偏重于司法实务人才的培养，学生们基于利禄因素的考虑，多以考试为其生涯规划的首要目标。加上"中国法史"这门课的专业师资，有时未能适才适所，尤其授课教材与内容无法引发兴趣，吸引学生选课的诱因极为有限，如此一来，法史学的存在价值也频频受到质疑。

无须讳言，传统中国法中有许多不合理点，更有许多不合时宜处。而当今社会日益更化，因而与传统法也就渐行渐远，这是无可挡也不必挡的趋势。不过，"我们论断一件事或是一个制度，不能过重主观，而完全忘却它的时代性和空间性。我们要是纯粹用现代眼光来看，那么，

1　参阅张伟仁《传统观念与现行法制》，载于《台大法学论丛》（台北：台湾大学法律学系出版，1987年12月），第17卷1期，第2页。

无论哪一个国家过去的政治、法律、社会和其他一切制度，都有不少不合理的成分，而且有很多难以索解的地方"[1]。事实上，中国固有法系，在古老的世界五大法系中，独树一帜，垂两千余年之久；其特征果何在？德国学者柯勒（Joseph Kohler，1849—1919）曾说："历史并不是一种逻辑过程，它含有很多的不合理和过失之处；无理和野蛮永远伴随着智慧和驯良。"一个时代，有一个时代所认为的正义与合理；任何法系的法文化，并无绝对优劣之不同，所不同者，仅为时代及地域而已。所以，我们认为，基于下述几个原因，对传统法文化的了解不仅有其必要，而且还有它的用处。

其一，法学是一门"人间学"，不识"人性"，学法何益？法学研究的对象，不是物、不是自然现象；是人、是幽微的人性、是是非善恶的问题，甚至是价值抉择的问题[2]。而法文化并非只是一堆条文或成串的判决例，它是一套人群的活动，包括辨认社会规范的需要，制订规范和施行规范等项，所以研究法文化绝不可忽略了人的因素。而人也不只是一个生物体，他是一个文化的媒介体，在一个社会里出生、成长，自然就感染了这个社会的文化。虽然他在一生之中可能对于这个文化或多或少有些损益，但是他的主要功能乃在协助这个文化的传递。所以，任何一个人，无论智愚，都有意无意地承受了一部分传统文化，而又有意无意地将这部分传递给了下一代[3]。而在世代相传的文化因素中，最持久而普遍的是"观念"，尤其是经过特别聪慧之人将大众的经验和感受分析、结晶而成的观念，其传播的时间、空间十分深远广大。这类观念之中，最值得我们注意的，当然是一些对于法文化上重大问题的看法。

其二，法史研究有三个理想境界，既要通古今之变，进而能明中外之异，如果行有余力，还希望能究当世之法。古今中外法制上的共同问题相当多，这些问题已困扰了人类社会几千年，不同的时代、不同的环境里，人们曾经尝试透过种种不同的解决方法，这些思考模式值得再回

1　参阅居正《为什么要重建中华法系》（上海：大东书局，1946年），第60页。

2　参阅林东茂《法学不是科学》，载于《法学论丛》（高雄：高雄大学法学院出版，2010年9月），第4页。

3　参阅张伟仁《传统观念与现行法制》，第2页。

味、再推敲。而自晚清民初法制近代化以来已历百年，研究法史学，可以了解法规范、法制度与法思想的来龙去脉，既可以通古，也可以知今，免蹈历史覆辙，并可导引思考当前法制上若干缺失的改进之道。其实，不管时代怎么变，人总还是人，人性是不会变的；人间事有许多共通之处，研究传统法制对某些问题的处理，可供现代法制，甚至其他各国法制，在处理同类问题时，作为相互参考的依循。也可以这么说，为了真挚地了解现行法的实际，为找寻未来法创造转化的途径，就必须忠实地探索过去法的历史。

其三，法史研究的价值不在实用，而在于文化[1]。古今之间一线牵，现在乃过去所蜕化，又所以孳孕未来。法史的研究与教学，可以了解源远流长的历史中，法规范的实践力究竟如何？同时经由深刻地发掘史料、整理故旧、诠释意义，进而可以明白华人社会的法律制度感应力究竟有多少。尤其，法学可分为以理论为主轴的基础法学，以及以应用为导向的法释义学，历史虽然不可能再回到继受欧陆法前与释义学之间那种共生的、难分彼此的紧密关系，但仍可以对现行各个部门法的释义学产生影响，这种影响甚至是可以超越国界的。贴切地说，法史研究已不再是简单地搜罗排比已经成为历史的知识，也不是要特别强调"古为今用"，毋宁说，它重视的是法文化自身的历史性。

其四，观今宜鉴古，无古不成今。法史学的探讨，一方面，可以透过历史比较来发现法规范、法制度在不同发展阶段上的共性；另一方面，也可以经由冷澈观照的态度，以分辨法文化的发展究属历史的偶然，还是事理的必然。如果，我们不愿意让法学，尤其是部门法停留在肤浅的"器物"层面；如果，我们希望在理论与实务中多一些批判性，少一些盲从，那么，法史这门学问尽管不会成为主流学科，而是一门"奢侈的法学"，但仍有其研究与教学的价值。所谓"知今不知古，谓之盲瞽"，而"知古不知今，谓之陆沉"。每因往事推来事，假使我们

1　法学教育中，"文化"的训练是相当重要的，朱自清曾说过："经典训练的价值不在实用，而在于文化。"详见氏著《经典常谈》（上海：上海三联书店，1980年）《书序》，第1页。

能跳脱纯现实功利的思考，或可发现，学习法史，它是一门"养慧之学"，让人们关注法规范世界的同时，除了知识性地知其然，也能智能型地知其所以然，进而能到达知其所应然的悟境，应验了所谓"无用之用，谓之大用"的玄妙！

1.3.2 关于研究方法

"学问，始于方法，也终于方法。"[1] 一门学科的探讨，不单单只是"知识"或"知道"而已，它是一种持续实效性的积累，终能培养出"反思"的智慧，并将其形成理论，而使之体系化，乃至悟其得失之道。泛泛说来，"研究方法"仅为一种假设的处置程序，由历史经验而获得效益，它本身并非一成不变。如何研究法史？虽百家说法各陈，但总不离史料的利用、史实的建构与史观的诠释三部曲，也离不开时间、空间、事实的三度观察，论者曾提出所谓的"历史想象"：

> 史学家将自己放入历史，进入历史的情况，进入历史的时间，进入历史的空间，然后由此想象当时所可能发生的一切。[2]

我颇为赞同这种讲法，这也符合王夫之所说的"设身于古之时势，为己所躬逢；研虑于古之谋为，为己之所身任"[3]。法史学既为历史学的一支，又何独能例外？至于说到具体的研究方法，当然要强调所谓的"论从史出"与"史论结合"，而其实际运用面，不外乎如下三个面向：

（1）现象世界——当时的法文化事实是什么？
（2）根源世界——法文化的发展过程为什么是如此？
（3）意义世界——法的历史现象背后所蕴含的意义为何？

设法联结历史的过去、现在与未来，探寻其中奥妙之所在。

1　参阅中村宗雄《學問の方法と訴訟理論》（东京：成文堂，1976年8月），第1—3页。
2　参阅杜维运《史学方法论》（台北：三民书局，2001年10月），第471页。
3　引自王夫之《读资治通鉴》（北京：中华书局，1975年），卷末，《叙论四》，第1112页。

1.3.2.1 法律史料的选材问题

探讨历史事件犹如法官审判案件，最重材料，需有几分证据说几分话，注意史料的发掘，特别是源文件文献，避免逾越"经验法则"的"自由心证"。一般说来，在史学研究方法上有几个重要的阶段，一为搜集史料的阶段，二为辨证史料的阶段，三为消融史料的阶段。卓越的史识、客观的精神、浩阔的想象、细密的心思，与这几个阶段无法分开[1]。

史料是研究的基础，只有对基本史料有扎实的认识，才可能得出可靠的结论。而史家治史，有意无意间，起步的方法大都是用所谓的"归纳法"。尽量寻觅可能搜集到的史料，再往下作分析，以得出结论。在此方法下，开发史料、选择史料，是相当重要的。至于历史素材有所谓的"直接史料"与"间接史料"，受限于时空因素，一手的直接数据常常是可遇而不可求，但仍不妨尽力求之；退而求其次，二手的间接数据的完整性与可靠性，是万万不可轻忽的。

史料的缺乏势必影响研究的进一步深入，作为法学和历史学的一门科际整合学科，法史学的研究当然需要奠立在可靠史料的基础之上，尤其是对材料的发掘。陈寅恪（1890—1969）有言：

> 一时代之学术，必有其新材料与新问题。取用此材料，以研求问题，则为此时代学术之新潮流。治学之士，得预于此潮流者，谓之预流（借用佛教初果之名）。其未得预者，谓之未入流。此古今学术史之通义，非彼闭门造车之徒，所能同喻者也。[2]

旨哉斯言！没有新材料，难研新问题，更无学术新潮流。如此说来，法史研究第一个要面对的问题，就是如何"选题"和"取材"。困扰的是，关于古代中国法史的研究，史料不足是很普遍的窘境。所幸，

1　参阅杜维运《史学方法论》，第255页。
2　引自陈寅恪《金明馆丛稿二编》（北京：生活·读书·新知三联书店，2001年），《陈垣敦煌劫余录序》。

还可以透过历史的延续性，将古代与后世联系起来，运用后世材料以诠释古代法史，或许这也是值得尝试的方法之一。不过，人间得寿有限，而法史的材料却浩瀚无边；选择之时，以每个课题最好有助于我们对传统法制大架构、大导向的了解为主要考虑。至于取材的工作，可以区分为"有关主题的数据"、"有关背景的资料"以及"有关比较研究的数据"等三个层次。如果，不是为了高深的法史学术研究，只是为培养法史通识，也只能适可而止，视其是否为重要问题的发生和演变的决定因素而定取舍。至于搜集"比较研究"的资料虽要讲求精确，也只能在几个重点上下功夫，并且尽量利用前人研究的业绩，如此足矣！

1.3.2.2 法律史实的建构问题

有了史料之后，接下来，不单只是将史事罗列排比就已了事，更要紧的是，要努力恢复历史的原貌，最好还能归纳出法文化发展轨迹的原理原则来。实际上，历史研究，最重史实中所显现的学识精妙，而要达此目的，须将错综纷杂的史料，修整成有系统易了解的史实，这是一种探求其实然面的解说。

理论上，对于历史的"真实性"来讲，历史叙事的根本特征就是记载人类社会过去已经发生的事情，而非其他可能或应当发生的事情，这里没有假设存在的余地。就此而言，历史叙事是对在时间与空间中活动和展开的"真人实事"的"客观"记载，其中没有"虚构"和"想象"得以容身之处。蔡元培（1868—1940）说过：

> 有材料乃生问题，因问题而求旁证参考；资此旁证参考而置此问题于其正当之视线上。不以设定为决论，不以阙漏为补苴；这样的处置问题，乃真是求客观知识的态度。[1]

吊诡的是，历史往往有两类，一种是"本来面目的历史"，另一种

1　引自蔡元培《安阳发掘报告》，《第一期序》（国立中央研究院历史语言研究所专刊，1929 年），第 1—2 页。

是"写出来的历史"。虽然史家特别强调历史的客观性与真实性，但是实际上，历史叙事乃基于研究者的记载而"建构"起来的，因此，它的实际内容可能并非完全"符合"以往事实本身；个中原因，或是由于认知事物的局限，或是出于主观意识形态的制约，或是基于特定思想意图的束缚，等等。

就此而言，所谓历史"真实"，其实也是人为所"拼凑"出来的"故事"，故而，这种"真实"是历史叙事透过语言这个"中介"得以完成的；而对语言来说，往往无法对实际存在的客观事件予以纯明透彻的再现，所谓"言不尽意"乃人类语言的一个宿命。人们往往也是透过语言这个"中介"进入历史的，在"阅读"历史的过程中，语言的含义并非确定不变。这样一来，在作者与读者之间自然也会产生某种互动；与此同时，不仅历史的意义会有变异，而且历史的"真实"也会发生变化。

1.3.2.3 观点和研究取向问题

探讨一个时代的法文化问题，方法是必要的，而方法往往视其目的而定，假如只求表象，可以浅尝辄止，倘若想要彻底，就必须行深融豁；虽然，未必对于历代法制的各种动态、细节都加查考，但是对于若干重要问题的观念如何形成、如何演变，必须有所洞悉。而面对纷繁的人与事，构筑其史实之后，最好能提出价值判断，亦即对于历史的过去、现在与未来诠释其联想。

有关中国法史学的研究取向，向来诸家各有所偏，本书采取以"历史时代"区分为经，以"问题导向"为纬的探讨方法，兼采变与不变的"静态"与"动态"观察法；尽可能既"宏观"也"微观"，且能新旧课题包容并蓄并关注新的观点。

（1）历史的观察——历史中的"法学"

研究法史，最理想的境地是能"设其身而处其地，揣其情以度其变"[1]。马端临在《文献通考》"自序"中曾言："理乱与衰不相因者也。晋之得国异乎汉，隋之丧邦殊乎唐。……典章经制，实相因者也。殷因夏，周因殷。"法制的迭嬗，既各有其历史背景，我们研究时，不应忽略其嬗递蜕变之迹，否则将无以明其原委，观其会通；盖凡学术不考其源流，就不能通古今之变；不别其得失，也就无由获从人之途。论者曾说：

> 历史乃人类过去活动之总记录、总评价，最忌夸大附会、武断，以致历史失真失实，甚至被颠倒歪曲，无法使人获知其真相；法制史既为专史之一，自未可例外。[2]

因此，我们首先得视"法史"为一历史的产物，系文化传统、社会习俗、政治需求与时代思潮所累积下来的思想结晶。研究时，除了原始的档案文献外，另应以历代法制典籍为材料，尚须辅以史家探求出来的历史事实。亦即以历史中的法律事实为探讨对象，借之解明法规范与法制度，然后溯源寻流，研究传统中国法有何特征，对后世产生何种影响，其所代表的历史与时代意义各为何等等问题。

至于该如何重新建构法史学研究的态度，这攸关法史学理论的再建立。就法史学来说，"变迁"是研究工作的重点之一；所谓"变迁"，实际上，不外是"连续性"与"非连续性"的思考。而法史课程的提供，乃要探究不同历史时空脉络下的社会变迁与法律变迁，以求对于现今与过去的法律激发出种种新的思考模式。

(2) 法学的观察——法学中的"历史"

法学既是一门以"法规范"为主要研究对象的人文社会学科，就应该探究法规范的一般理则，借以明了社会生活中，法规范的发生、作用和蜕变；探讨其法理的、历史的及社会的基础，并对法规范的概念作

1　引自戴名世《南山集》，卷1，《史论》，收于《戴名世集》（北京：中华书局，1986年2月），第1—23页。

2　参阅林咏荣《中国法制史》，第2页。

分析。而法史学既属法律史论，自也应运用法学研究的态度，期能掌握历代法制全盘的法文化现象。学者有云：

> 中国法系之体躯，法家所创造也；中国法系之生命，儒家所赋与也。法家尚霸道，重刑治；刑之始也为兵，刑之变也为律，有其因焉，有其果焉。儒家尚王道，崇礼治；礼之始也为仪，礼之变也为法，有其源焉，有其流焉。儒法之争，王霸之争，实即礼刑之争；终因儒家法学获胜，奠定礼刑合一之局。……鉴往而知来，温故以求新，法律史学之研究，非为过去标榜，实为现在借鉴，并为将来取法。[1]

中华法系的特质果如其说？作为法文化主干的法律规范，传统律典是一个时代的法制与法思想的结晶，我们通常会以旧律条文及注疏、案例为研究材料，力求从条文文义及有关典章法制的记录，去发现乃至重建旧律的体系；而检讨历代所留存下来的律条或案例，其妥当性的程度如何？与当代法学理论有何牵连？从近现代法学思潮的观点，加以检讨，又该如何给予新的评价？

为防止陷于主观和偏见，应尽可能地把法思想的眼界扩大；对于所要探讨的该时代各种法制度与法思想的正谬，也应尽量抱持客观平和的态度，小心区辨历史的时空关系，避免厚今薄古或以古非今；就事实言，对法文化史的论述，一方面在表其所长，另一方面在明其所短，故不应掩其所长，也不应藏其所短，以期能通变古今。

美国法学者布迪（Derke Bodde，1909—2003）与莫里斯（Clarence Morris，1903—1985）在《中华帝国的法律》（Law in Imperial China）[2]一书中曾指出，20世纪初期，中国法律进行了近代化改革，修订法律大臣沈家本在这个过程中居于领导的地位，后来虽然也出现了一些法史

1　参阅陈顾远《中国法制史概要》，第3—4页。
2　Derk Bodde and Clarence Morris：*Law in Imperial China：exemplified by* 190*Ch'ing Dynasty cases*，Cambridge，Mass；Harvard University Press，1973. pp. 53—54.

学的研究者，然而这些研究者率多只是在一定程度上，重复沈家本的观点而已；仔细观察，沈氏之后的学者，其理论价值已微乎其微。这种见解，我们未必完全赞同，但值得警惕。可以这么说，法史学理论价值的贫乏，导致对于法史学专业性的质疑，这种专业性的质疑，也唯有透过法史学的教学、研究者，共同重新寻绎法史学所应扮演的角色与地位，才能有所改善。

（3）法社会学的观察——社会学中的"法律史"

法史学的研究除了法律规范史、法制学史、法理学说史之外，也应兼顾法制史实与当时社会结构、政治环境或经济状况相互间关系的探讨，亦即建立社会学与法律史学的科际整合研究方法，以解明传统法与当时社会的紧密结合的影响。

而社会学上有所谓"社会文化变迁"的问题，乃指社会文化随着时间的推移，社会关系与社会制度无不在变更发展中；同时，文化是从粗疏到文明的方向成长。从法社会学的角度看，也无非如此。法律变迁的过程，显然包括对内的革故鼎新与对外的选择继受两方面。

中国社会变迁与法制改革，其现象是多方面的，其成因是极复杂的。当然，我们可以从许多不同的角度，加以观察、分析与归纳。简单说，法律文化本身便是一种连续不断的变迁现象；其中有变化的速率问题，由于社会环境之不同，法律文化变迁的速度也不同。在其互动过程中，常发生社会变迁与法律变迁不协调或脱节的现象。这种现象在清末民初继受欧陆法系，而中国的社会、政治与经济结构，却仍停滞在原有的农业社会型态的时期，最为显著。

探讨法史学时，若能随时借助法社会学的相关概念和方法，对于传统中国旧律的常与变，以及旧律如何由传统迈向近代，分析其不变的原因以及变的动因及其发展。其中，尤应注重近代法制蜕变事实的独特性和个别性。申言之，法史学的研究，固不应只观其变与不变，尤应知其何以变与如何变，更宜推求其变的因果、变的轨迹。因此，探求历代中国法制的变革，不应只着眼于皮相的法律形式的观察，而应把传统中国社会秩序的内在结构及其精神渊源，列为讨论的重点。

可以这么说，法史学与法律社会学之间是处于一种互补的关系。一般而言，法史学较重视历史脉络的纵论，而法律社会学则重在特定时空中横向的普遍经验事实的探讨。但是，都比较偏于经验事实的研究，因之，仍有其共通性，也各自有其在法学教育中的独特地位。

值得留意的是，近几年来，中国法史的研究，已不再只是停留在空泛的文化传统与法律变迁的宏观叙事上，也能逐渐采用所谓的微观实证研究法，例如透过对契约的分类研究，解析明清时期传统社会的民事法律行为和民事法律规范；透过对诉讼档案的发掘和整理，研究明清及晚清民国的司法诉讼；透过旧惯的调查，以探析习惯法与实定法之间所生的差距等[1]。

（4）解释与评价的问题——描述性乎？诠释性乎？

如果，将科学分为"自然科学"与"人文社会科学"两大类，那么，前者是以现实世界为认识的对象，后者则以价值判断为其对象。研究一个法文化问题，免不了要考察其形成原因和后果影响。传统中国法持续发展了两三千年，虽然经过了晚清民国的大变革，但并未因而变成历史的陈迹，它的许多理论和观念，还深深烙印在我们的意识形态和行为模式当中，在目前的社会里还明显地发生作用。所以，研究传统中国法文化中的问题，有助于推测新法制中同类问题的发展趋向；反过来说，为了推测新法制中某一问题的发展趋向，除了研究为新法制所继受的西方法制中的同类问题，以及当前的社会、经济、政治等等因素外，还必须研究固有中国法文化中的这类问题才行。

"不知来，视诸往"，推测一个问题将来的趋势，不仅是为了弄清楚其来龙去脉，得以见其全貌；主要是为了帮助评断这问题现有的解答，并设计新的解答，提供给处理同类问题的参考。这两项工作是一般历史学者比较不常做的，而从事社会科学研究的人则一向感到有此种需

---

1 举例来说，有戴炎辉对清治时期台湾淡新档案的研究、田涛的契约研究和黄岩诉讼档案研究、里赞的中国西南地区档案材料中民事诉讼的研究、俞荣根的中国西南地区少数民族习惯法和清水江民间契约的收集整理、黄源盛对民国初期大理院及平政院司法档案的整编与研究等。

要。我们所要研究的传统中国法制并不是历史的陈迹，而是一直还在持续发展的社会现象。尤其，当前我国社会各方面犹在急速变化中，传统法制及晚清民初所继受而来的新法制都在蒙受重大考验之时，我们应该就研究所得，果真传统中国法制有甚多优异？抑或无多特殊法学上的价值？总须用现代眼光作重新评估[1]。

回首过去的法史学研究，明显倾向于史料的"考证"与史实的"建构"，而近来似乎不再只是满足于对既往法史状况的"描述"，而欲探寻诸种法史现象深层根源的"诠释"，以探求其实然面的"解说"（explanation），进而试图建立其所以然面的"阐释"（interpretaion）。其实，一切历史都在描述，也都在解释；而所有研究法史的人，在探讨传统法文化时，都有权根据某一种意识形态或某一种思想理论，加以诠释。但无论其所根据的理据为何，均应回归历史事实，以历史事实为基础来解释历史，中国法史自也不例外。

虽然法史研究，在描述上，我们总希望力求科学的、客观式的，但历史的解释却往往是主观的、哲学式的。美国历史学者葛隆斯基（Donald V. Gawronski，1936—）说过：

> 不论史学家有多诚实，他的著作必是自己环境、发育和价值结构的产物，而他对历史的解释就是个人信仰和人生观的结晶，若说这些因素未曾深深地影响其著作是不可能的。[2]

这是坦率中肯之言！而我们前面也一再提及，因为法史学同时具有法学与史学的双重属性，法学常牵涉的"价值观"与"伦理观"，以及面对历史文本的"诠释"问题，都须同时加以考虑。严格说来，法史学的诠释基点，并不全然是基于法学或是史学的观点，也可能形诸伦理、宗教、政治、经济，乃至于人类学的考察。杜维运（1928—2012）

1　参阅张伟仁《清代法制研究》，第 60 页。
2　转引自胡旭晟《"描述性的法史学"与"解释性的法史学"》，收于氏著《解释性的法史学——以中国传统法律文化的研究为侧重点》（北京：中国政法大学出版社，2005 年 1 月），第 3—12 页。

有言：

> 一个最高的叙事与解释的艺术，是冶两者于一炉，叙事时，不但叙述一件事，也叙述相关的事；不但叙述一事的外貌，也叙述一事的内蕴；叙述历史事实的渊源、原因、发展、影响；也叙述历史整个的演进以及以往、现在、未来三者之间的关系。叙事的范围扩大了，种种解释自然融会于其中了。[1]

当然，这其中涉及一个问题，那就是法史学的研究能否"以今论古"或"以古议今"？或许，受限于学术专攻的分野，世人研究法史学，在文史学界往往精于史事而疏于法律，并对社会科学之方法有所忽焉；在法学界则长于法律而短于史事，并对历史之修养不能备焉，此皆易流于偏而不全之象[2]。

于今看来，在研究方法上，法史学已从传统"国学"与"律学"的范畴进化到当代的"法律史学"。而一个时代有一个时代的学问风貌，为了通古今之变、为了明中外之异，也为了究当世之法，本书的书写，除了历史文本之外，尽可能期许"传统律学"与"当今法学"能兼筹并顾；至于行文间，偶会出现"以今释古"的情事，并非陷于今古不分的混淆意识，也不是要"以古艳今"或"以今断古"，只是，古事新探，是要写给当代人看的，借用现今法学上的一些基本观念，是亦行方便法门也！

（5）法史学与其他部门法的关连性

假如同意前面所提的法史学的研究对象，它涵盖了法律规范、法律制度、法律思想、法律意识乃至司法实践等，那么，在方法上，便不能完全弃现行的其他部门法领域于不顾，以避免陷于"自闭"的状态。为此，理应善加运用其他学科的研究概念、范畴、方法以及研究成果，

1　引自杜维运《史学方法论》，第 234 页。
2　类似说法，陈顾远先生早已说过，参阅陈顾远《中国文化与中国法系》（台北：三民书局，1977 年 2 月），第 100 页。

以当今各学门领域的发展趋势看来，更加突显历史研究无法全然孤立的事实。其次，也要用心导引法史学的研究成果"回归"给其他的部门法领域，回馈关系不仅仅是单纯地将成果应用于其他部门法领域的问题，较为理想的方式，乃在针对法史学研究的同时，也一并澄清了一些其他的问题，例如传统社会结构等[1]。

当今"科际整合"俨然已成为学术研究的主流趋势[2]，诠释观点的创新，必须参糅不同专业领域的视野。一般说来，"科际整合"有不同的层次界定；一方面，它可以指涉各种研究社群间的深度合作关系，例如教学与研究团队的合作默契，这是一种模式；在过去未臻成熟的学术氛围中，其空间上与时间上较为松散，可以预见的是，这种团体的合作关系将会越来越趋密切。另外一层意义，乃观点上的，也是实质意义的科际整合，其重心在因应问题的复杂化，未来任何仅囿于一隅的单一观点，势已无法全面观照问题的本质，这种科际整合的方式，有时也会补强不同观点间的局限性。

理论上，法律有其规范的一面，也有其价值的一面。以利益法学的观点来说，观察法律的规范面，着重的是法律的社会强制性、抽象与普遍性；同时，法律也包含了具体、个别性的利益；抽象与普遍的特性乃法律的形式特征，而具体、个别性的利益则是法律的实质内容。以科际整合的角度看，融通不同学科的诠释观点仍不失为有效提升法史学教学与研究水平之道，且科际整合的进程必须持续不断交流与探寻，如此才可能突破传统法史学的基调，而以新思维赋予法史学新的生命，消弭不同学门间的藩篱，并寻求于学术领域中重新定位此一学门的应有地位。

1　参阅颜厥安《中国法制史与其他法学课程的关系》，第79—80页。

2　事实上，早在十余年前，即有论者倡导应以法学与其他社会科学，乃至于自然科学的综合研究，以"科际整合"的方法建立综合法学，参阅杨日然《我国基础法学之现状与展望》，收于氏著《法理学论文集》（台北：月旦出版社，1997年），第682—683页。

【问题思考】

1. 为什么要学"法史学"？它的名称有何争议？这门学科的性质在整个当代法学体系中如何定位？中国法史的研究对象究应侧重哪一课题为宜？历来学界各领域的研究者，其研究与教学的重点有何偏好？

2. 法史学与其他现行的各部门法之间的关连性与回馈关系宜如何看待？试举一实例以明之。

3. 法史学教育与研究应如何超越意识形态的影响？有无可能超越？倘过度强调传统法制"古为今用"的价值与"应用价值"，是否很勉强？

【参考文献】

1. 张伟仁：《传统观念与现行法制》，载于《台大法学论丛》，第 17 卷 1 期（台北：台湾大学法律学系主编，1987 年 12 月）。

2. 黄源盛、张永铉：《近十年来台湾法史学教育的实证分析（1993—2002）》，载于《法制史研究》，第 3 期（台北：中国法制史学会主编，2002 年 12 月）。

3. 黄源盛：《从黄昏到黎明——台湾法律系学生对法史学教育的观感评析》，载于《法制史研究》，第 4 期（台北：中国法制史学会主编，2003 年 12 月）。

4. 颜厥安：《中国法制史与其他法学课程的关系——以法理学为例检讨中国法制史的研究对象》，收于氏著《法与实践理性》（台北：允晨出版社，1998 年）。

绪编：

路漫修远 上下求索

2　规范的源流与法系的形成

3　传统中国法文化的内涵及其特征

空手把锄头
步行骑水牛
人从桥上过
桥流水不流

梁·傅翁（497—569）《善慧偈》

2

规范的源流与法系的形成

问世间"法"为何物？直教人长相伴随！古希腊剧作家索福克勒斯（Sophocles，496 B.C. —406 B.C.）在他的悲剧作品《安蒂冈妮》（Antigone，440 B.C.）中写道：

> 不是现下，亦非昨日，法是亘久常在，而且无人知其何时出现。[1]

翻读古今中外的法制历史，凡有人类的地方，必存有人之"性"，而"性"流于"情"，"情"纵放而为"欲"，有欲不得其满足就有"争"，争则往往侵及他人的生活利益，为此，须有"规范"来加以定分止争；而所谓的"规范"，通俗地说，就是"法"，就是人间社会的游戏规则。图示如下：

【表解】争执与人的本性

---

[1] They are not of today and yesterday; they live forever; none knows when first they were. （Sophocles, *Sophocles* 1, Chicago：University of Chicago press, 1991, p. 178）

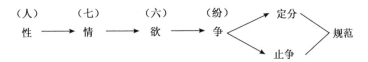

究其实，"规范"本来就是为论断和解决纷争而生，假如没有纷争，如果人类进入了桃花源或乌托邦（utopia）式的理想社会，规范也就不必存在了。可是，纷争通常源自人们利益与利益的对立、欲望与欲望的冲突，只要人的"欲望"一天不消失，纷争也就源源不绝。孔子在《礼记·礼运》中说："饮食男女，人之大欲存焉。"与孟子同时代的告子也说过："食色，性也。"看来，凡是人的生命，大致不离两件大事：饮食、男女，一个是"生活"的问题，一个是"性"的问题。此外，大概还有金钱、权力与名位的欲望等。

万般归元，人的本性，善乎？恶乎？不善不恶乎？趋利避害乎？羊乎？狼乎？这关系到七情六欲的流向。而世间之所以需要"规范"，归根究底，或许因为人类经常摆动于"神性"与"兽性"之间吧[1]？过去这样，现在这样，未来料当还是这样！

2.1 人类社会规范的起源及其衍化

"有社会，就有法"（Ubi Societas, ibi Jus），这是经常可以听得到的一句格言。事实上，人类之异于禽兽者，在于其能营群居生活，而人群聚处，必有所以维系之方，无分古今，不分中外，皆然也。群制既立，规范斯起，递衍弥进，以迄于今。

有关"法"起源的研究，自社会学兴起后，乃形发达。唯因对于"原始社会"或"初民社会"（Primitive Society）的理论，见解不一，其社会制度的结构，论述自也不同。泛而言之，初民社会的法规范，乃

1　"神性"与"兽性"之间尚有所谓的"感性"、"理性"、"悟性"等。详参长尾龙一著，陈才昆、黄源盛译注《人性观与法哲学——羊乎？狼乎？》（台北：商鼎文化出版社，1996年10月），第3—5页，"序"。

始自"图腾"与"答布";而后由习俗（惯）而习惯法；由恣意的复仇到复仇的限制，终以公力救济取代自力救济，刑事诉讼制度于焉产生；再由"赔偿制度"及"扣押制度"，而形成民事制裁与刑事制裁的分流。

2.1.1 由图腾崇拜到答布禁忌

在探寻人类社会规范的产生以及发展轨迹时，对于与原始人民息息相关的图腾与答布，有必要先予了解。

2.1.1.1 图腾

"图腾"一词源自北美印第安语"totem"的音译[1]，其意为"它的亲属"、"它的标志"。在原始社会人民的信仰中，认为本氏族人都源于某种特定的物种，在大多数的情况下，被认为与某种动物或植物具有亲缘关系，于是，图腾信仰便与祖先崇拜发生了关系。此外，图腾另具有某种标志的作用，它是最早的社会组织标志和象征，具有团结群体、密切血缘关系、维系社会组织和相互区别的功能；同时，透过图腾标志，得到图腾的认同，受到图腾的保护。

在许多图腾神话中，往往描述着某种动、植物是某个氏族最古老的祖先，例如《史记》上记载："天命玄鸟，降而生商。"玄鸟便成为商族的图腾[2]。古老中国的"龙"，尤具有图腾的基本特征，它是各民族共同崇奉的图腾神。在东汉许慎的《说文解字》中说："龙，鳞虫之长，能幽能明，能大能小，能长能短，春分而登天，秋分而入渊。"传说炎帝、黄帝、尧、舜和汉高祖刘邦的诞生及其形貌，都与龙有关，是龙神、龙子。直到今日，华人子孙后代还常说自己是"龙的传人"或"龙的子孙"，这些可以说都是图腾祖先观念的残存。至于龙图腾神观

---

1 图腾，系北美印第安人阿尔衮琴部落奥吉布瓦方言的译音。1903 年，严复将它译为"图腾"。观乎今日世界各国的国旗，实为"图腾"之遗迹迄仍保留者。

2 原文出自《诗经·商颂·玄鸟》。

念，更为普遍，大多数民族都曾把"龙"视为保护神。

当原始先民视某种图腾物象为亲属、祖先和神之后，希望得到它们的庇护，于是，也就产生了对图腾物象的一系列旨在尊重、保护的禁忌规则[1]。从中外大量的民族人类学资料，以及图腾文化研究的著述中，证实了古往今来各地区、各民族都存在着各式各样的"图腾禁忌"。原始先民受"万物有灵"观念的支配，在图生存而求安定的本能驱动下，出于对图腾物的敬畏，笃信并认图腾物为亲属、祖先和神灵。由此，也就产生了一系列禁瞧看、禁直呼、禁触摸、禁捕杀、禁内婚等等禁制。这些禁制在人们的潜意识中，犹如划定人们与图腾物的条条界线，成了警诫人们行为的警示线。对此，原始先民们奉若神明、恪守不移。人们在图腾禁忌面前，或规避、或屈从，而不能有丝毫的违反。这样，在人类早期社会，图腾禁忌实际上也就对人们的各种行为，产生了类似"习惯法"那种模式、指令的预警作用。

图腾组织的结构，以母系为重。经由母亲将图腾传诸其子，于是，不但同族人皆属同一图腾裔子，生命的延续也只是图腾精灵之再生。父系氏族中也表现了族群生共同性与同一性的特征，但以祖先取代了图腾，而且是以父传子、子以传孙。至此，图腾崇拜乃改为祖先崇拜，原先在图腾社会中画上图腾图象，建立图腾物以供崇拜的行为，也改为立神主、立祖庙。"庙，貌也，先祖形貌所在也"，宗庙于是起焉[2]。

人间社会何以会出现图腾禁忌？原因可能有二：一是，一个民族的图腾禁忌尽管形式各异，内容不一，但又必然源于该民族对某一图腾物的崇敬，即来源于该民族固有的、同一的图腾观念。二是，由这一图腾观念外化的名目繁多的图腾禁忌，形成了一个囊括原始先民物质生产、社会组织、群体标记、宗教生活、两性通婚等诸多方面的规则体系。而不同的民族，基于不同的图腾观念，规则体系又是不同的。可以说，图腾是一种血缘的组织与原始信仰的接合，在人类早期社会，图腾禁忌具

1　参阅周长龄《法律的起源》（北京：中国人民公安大学出版社，1997年），第120页。
2　参阅龚鹏程《中国传统文化十五讲》（台北：五南出版社，2009年7月），第75—77页。

有类似文明社会"法"的多方面的规制功能。

2.1.1.2 答布

　　"答布"是西太平洋群岛上的语言，由"Taboo"音译而来[1]，被视为人类社会最初期的一种生活规范。当时，虽然还没有宗教、礼仪、道德、法律等观念的存在，但是人们在生活中，已经隐隐约约混合这几种观念统一使用；为此，人类社会学者通称"答布"为"法律诞生前的公共规范"。

　　"答布"何以能有如此的效应呢？据社会心理学家分析，这是由于原始社会的科学知识有限，人们对于所谓的"神怪"或是"污秽"事物有一种禁忌心理，认为如果触犯禁忌，便要蒙受灾害，故而必须远远地闪避它们、畏敬它们，而由这种信念所形成的习俗，就是"答布"。同时，受限于文化发展水平，也使人们初步认识到，作为参加社会活动的个体，其行为必须要服从一定的法则、一定的行为规范，这便是"答布效应"的由来。

　　其实，探求原始社会的规范，应先了解社会初期集体生活的状况，原始社会称为"群"（horde），同群之中，由于性的关系发生"氏族"（gens, clan），数个氏族因通婚或共同御敌而结成"部落"，部落与部落之间又因征服或攻守同盟，互相通婚，而发生共同血统，于是广大的种族团体于焉形成。种族团体形成之后，仍继续其征服与并吞，因此，种族团体相互间的侵略，使原始人类不断处于杀戮、斗争的恐惧中，但原始人类生存的威胁不仅如此，天灾、地变、疫疠、猛兽等之威胁，更使人类时刻处于不安状态之中，在他们眼里，危害其生存的种种现象，尽属神秘，只是基于求生的本能，以逃避各种危害。及至人类智识稍开，渐渐意识到各种灾祸之可怖，对于自然界抱有种种"信仰"，其中尤以

1　"答布"原是西太平洋群岛中波利尼西亚群岛（Polynesia）之一的汤加岛人的土语"Tatoo"、"Tabu"的音译；意义为"禁忌"，一是指对受尊敬的神物不许任意侵犯，另一为对受鄙视的人和事物，不许随便接触。究其实，它既非宗教的戒律，亦非道德的训示，也不是法律的禁令，乃三者合一的"原始习惯"。此种"答布"，迄今尚有残迹存留者，如：对尊长不直呼其名。

"答布"与社会生活有密切的关联。

禁忌得以形成，其原因不一，有属偶然形成者，有因群体生活之必要而产生者，有由酋长或巫觋等所创设者。就时间的先后言，灾祸先于禁制而存在，因畏惧灾祸而形成禁制，认为灾祸为违反禁制的直接结果，亦即认为破戒为因，灾祸为果。就当今看来，其因果关系常属无稽，例如：酋长或祭司早晨见蛇，是日偶受重伤，遂认受伤为见蛇的后果，因酋长或祭司具有影响力，其恐惧心理渐渐传播于民众，在迷信与盲从之下，早晨见蛇终于成为一种禁忌。但禁忌亦非尽属荒谬，因社会生活的需要，有时也产生许多具有社会性、规范性质的禁忌，例如：近亲间之性关系为禁忌，形成为近亲不婚的习俗。又如任意占有他人之所有物为禁忌，因而形成所有权不可侵犯的观念。于是由神圣的观念，渐渐成为道德的观念；由污秽的观念，演变为罪恶的观念，禁忌可以说是近代规范观念的最原始形态。

在原始社会中，以种族为基本的组织团体，其团体意识异常巩固，他们认为，团体中某一个人违反禁忌的行为，将使全族同受罪过，因此，不独触犯禁忌者，个人须受神明的制裁，即整个团体及其居住的地区，也将同遭其殃，故禁忌之违反不仅系对神的亵渎，且为社会招至灾害的祸根；为避免灾祸，乃定期举行除灾的祈祷的仪式，并对该犯禁者予以团体的制裁，重者处死，轻者驱逐出境，以慰神怒。违反禁忌的行为当中，有直接侵犯他人者，不独应受神明的责罚，更应受被害人或其亲属的报复，于是触犯禁忌的制裁，已不仅受主观的恐惧心理的责备，且须受客观方式的制裁。换言之，由神秘的、不确定的制裁，改变为现实的、确定的刑罚，从而，触犯禁忌的制裁也渐渐具有公刑罚的性质。

此外，关于亲属系统的答布，形成了原始的"社会组织"；关于男女关系的答布，是为原始婚姻制度的规律；关于社会团体的答布，则形成社会阶级。而秘密社团，则为破坏血统纽带，分裂社会阶级，形成最初的封建国家的先声。至于氏族发达之后，初民社会渐渐倾向于崇拜亡灵；于是，乃由"拜物"而进入"祖先崇拜"。其崇拜祖先的祭仪，便是氏族社会行为规范之"礼制"的起源；"礼"发展的结果，在国家形成后，遂分化而为道德与法律等规范。

2.1.2 从灋、律、刑的解诂看中国法规范的原型

与世界其他古老法系，特别是印度法系与伊斯兰法系作比较，中华法系的法规范与宗教的关系相对淡薄许多，不易发现"律条来自神意"的痕迹。不过，在中国最早的法理思想中，也免不了有"鬼神"之说，甚至也脱离不了"神判法"思想这一阶段。

2.1.2.1 关于"灋"

回过头来，说一个古代中国的图腾——"灋"字。"灋"的含义，各家解法不一，许慎的《说文解字》上讲：

> 灋，刑也。平之如水，从水；廌，所以触不直者去之，从去。

由上述看来，古"灋"字是由三个部分所组成：

（1）一为"水"；即象征平之如水、公平正直、不偏不颇[1]。但也有认为"水"的原始功能是一种禁忌与流放[2]。

（2）一为"廌"，是一种独角灵兽，名曰"獬豸"，可以助狱为验。此物似山羊一角[3]，古者决讼，其罪疑者，令其触之，有罪则触，无罪则不触，据此，"廌"可能是传说时代世袭司法事务之氏族的图腾；由

1　桂氏义证云：桓子新论，治狱如水。习凿齿曰：夫水至平而邪者取法，镜至明而丑者忘怒。水镜之所以能窃物而无怨者，以其无私也。

2　在原始时代，河流是人们生活空间的终点，对违背部落行为规范的人常处以"流放"的惩罚，即赶到河对岸去，此无异宣告死刑。详参武树臣《"法"辨》，收于杨一凡总主编《中国法制史考证·历代法制考·夏商周法制考》（北京：中国社会科学出版社，2003年9月），第4—6页。

3　关于"廌"的图像，说法不一，有似牛说、似羊说、似鹿说、似麒麟说等。《汉书·司马相如》称："獬鹰似鹿而一角。"《山海经·神异志》及《隋书·礼仪》称为"獬豸"，前者谓"如牛一角"，后者谓"如麟一角"。王充《论衡·是应篇》称："鲑鹰者一角之羊也，性知有罪，皋陶治狱，其罪疑者，令羊触之，有罪则触，无罪则不触。"

图腾崇拜演化为氏族禁忌，这种禁忌即为最早的行为规范，它是法律的前身。

（3）另一为"去"：当动词用，或解为"弃去"，象征"廌"用独角触去不直；或解为"人相违也"。

有关"灋"字的图像甚多，仅举三个如下：

如果从上述的图像与解说看来，"灋"字已经融入了古代人们关于法规范活动的某些认识，展示了"法"的含义：

（1）"灋"是当人们发生纠纷时，由人与"廌"共同主持的一种裁判活动。

（2）"灋"是透过裁判而向人们宣布的一种公平正义的行为准则。

（3）"灋"是具有特殊强制力的行为准则，谁违反了"灋"，必将受到制裁。

影响所及，后代的御史台或刑部的官吏，都要戴起"獬豸冠"[1]。至于"獬豸"在远古时代是否真有其物，是否像传说中那样神乎其神，恐怕就见仁见智了。或许在神权政治时代，借一只罕见的珍兽来折狱，大致是可信的。而这种神兽裁判法的思想，在殷周时代，可能是当时社

---

1 《尚书》皋陶有"獬豸，独角，以触不平，辨是非曲折"。甲骨文中有"御廌"，是商代司法官吏的名称。《汉书·舆服志》释獬豸冠云：獬豸神羊能别曲直，故以为冠。又《汉官仪》云：御史服獬豸冠，古有獬豸兽，触不直者，故风宪以其形用为冠，令触人也。唐宋时代法冠皆名"獬豸冠"，御史服之。见《旧唐书·舆服志》；《宋史·舆服志》。明以獬豸为风宪官公服，见《明史·舆服志》；清以为补服，见《大清会典》。

会一个很普遍的想法，也是司法实务曾经出现过的一种裁判方式。在
《墨子·明鬼》篇里就有这样一段记事：

> 昔者齐庄君之臣，有所谓王里国、中里徼者，此二子者，讼三
> 年而狱不断。齐君由谦（欲兼）杀之，恐不辜；犹谦释之，恐失
> 有罪。乃使之（二）人共一羊，盟齐之神社，二子许诺，于是泏
> 洫，㓢（刉）羊而漉其血。读王里国之辞，既已终矣；读中里徼之
> 辞未半也，羊起而触之，折其脚，祧神之而槁之，殪之盟所。当是
> 时，齐人从者莫不见，远者莫不闻，著在齐之《春秋》。[1]

在这件案子里，独角兽是一只羊，"助狱为验"进而变成了实际执
行刑罚的刽子手了。

究其实，"灋"之所以具有强制力，就在于它是一种社会权威机构
的衍生物，这个机构被抽象为"廌"。从此，"廌"这个神奇的符号像
幽灵一样地在"灋"行进的路途上出没、徘徊；它既带有刑罚的强制
性，又带有超血缘的公平性。

2.1.2.2 关于"律"

其次，关于"律"的起源及其衍化也有它的阶段性：

（1）"律"字最初的解释为"律吕之律"，即"律起于黄钟"。它
的意思是说，用"手"拿着一根管，管的下面有个发音孔，这个"聿"
字的出现使所有的合奏乐器有了统一定音的参照，即"一律"，整齐划
一之意。此即所谓"黄钟之宫"，乃十二律之中声，以其极平均而正
确，故谓之"中声"，所以能为标准之标准者，以其中也。故"律"

---

1 这段话翻译成白话是说，从前齐庄公有两个臣子，一个名叫王里国，一个名叫中里徼，这两个人打了三年
的官司，讼案还没能确定。齐君想将他俩一起杀掉，恐累无辜；想将他二人一起释放，又恐失有罪。于是
命二人牵一头羊，往神祠里去发誓，二人都答应了，在神前掘了一个小坑，杀了羊，把血洒在里面。读王
里国的誓词已经完了，没有甚么；等读到中里徼的誓词，不到一半，那只死羊跳起来触他，把脚折断了，
祧神走上来敲他一下，死在他发誓的地方。那个时候，跟随来的齐人没有不看见的，远方的人没有没听说
的，这事记在齐国的《春秋》里。详参李渔叔注释《墨子今注今译》（台北：台湾"商务印书馆"，1974
年3月），第226—227页。

者，制裁万物之最严格者，凡平均、正确、固定可为事物之标准者，皆得锡以"律"之名。

（2）"律"的发展进入到第二个阶段，即"律历之律"，仍保留了原有"聿"的统一、一致、一律的含义。

（3）后来，进入了"律统之律"的第三个阶段。战国时期，各诸侯国相互征战，军事建设必然相应地发展，对于军队征战当然需要步调一致，进退之间，令行禁止。

关于"律"的古体字，图像如下：

甲骨文　　　　　　古篆体

至于律的实质含义，《易》曰："师出以律。"《尔雅·释诂》："律、常也，法也。"《说文解字》释为："律、均布也。"[1] 具有将不和谐、不规则的事物，规范为协调、统一的意思。《周语》："律，所以立均出度也。"《管子·七臣七主》篇说："夫法者，所以兴功除暴也；律者，所以定分止争也。令者，所以令人知事也。法律政令者，吏民规矩绳墨也。"此为"法律"二字运用之始。刘熙《释名》篇说："律者，累也，累人心使不得放肆也。"[2] 清晰地把握了初期国家社会规范的属性内容。

2.1.2.3 关于"刑"

最后，说到"刑"字的产生也是相当久远，而其真正的含义，说

---

1 据段玉裁《说文解字注》称："均律双声，均古音同匀也。""律者，所以范天下之不一而归于一，故曰均布也。"
2 参阅刘熙《释名》（北京：中华书局，1985年），卷六，《释典艺第二十》。

法纷纭。"刑"字的最早写法，一半像是一个"井"字，"井"字在西周是一个重要的法律术语，金文及传世文献中屡屡出现"作井（型）"、"明井（型）"的表述。据说，西周时期对当事人加以制裁时，依循先例，是为"井"。

在西周金文中已如此，在懿王器《牧簋铭》中也曾多次出现，如"不中不井（刑）"、"不用先王坐井（型）"、"先王作明井（型）用"等。与此同时，金文中还保留有大量的初形字样"井"。其原意或为模型，是铸器之范的象形，接近现代"型"之意。后来延伸为遵循，楷模的意思。不过，在甲骨文中，"井"并没有"刑"字的用法。《说文解字》说：

> 荆，罚罪也，从井，从刀。

"荆"是形声字，井声，刀旁，意表诛杀、征伐，这是"刑"字的本义。由"荆"的本义引申出专指残害肢体的肉刑，后来因为刑是铸在鼎上的法，所以法即带有常规罪罚之义。有关刑字的古体图像如下：

由上述的种种推测，传统中国，"法"的起源显然经过相当漫长的过程，早在传说的黄帝时代，由于部落战争而产生五种残酷的刑罚[1]，其名为"法"。它起初施之于族外，后来施之于族内，其过渡形态便是

1　"五刑"产生并确立于古代中国的传说时代。据文献记载，"五刑"由黄帝时东夷领袖蚩尤和苗民发明。《尚书·吕刑》："蚩尤惟始作乱，延及于平民……苗民弗用灵，制以刑，惟作五虐之刑曰法，杀戮无辜。爰始淫为劓、刵、椓、黥。"即指杀、割鼻、截耳、破坏生殖器（即宫刑）和刺面（即墨刑）等五种刑罚。而后至尧舜禹时，五刑沿而未改。

所谓的"象刑"[1]。

与此同时，在宗法制度的基础上形成了宗法等级规范，即"礼"。这种礼开始是由对祖先神的祭祀活动中产生的，其中许多内容本于原始宗教的禁忌。《左传》说："国之大事，在祀与戎。"正好从宗教禁忌（礼）和战争（戎）两个方面概括了国家与法律产生的途径。据《尚书·吕刑》上说，创造"法"的是蚩尤，蚩尤部落的图腾可能是"鹰"。该部落世世代代职掌司法事务，至尧舜时为皋陶，他在蚩尤五刑的基础上进一步确立了当时的刑罚制度。

夏代有了监狱，《竹书纪年》："夏帝芬三十六年作圜土。"用耻侮性象征性的手段制裁违法犯罪者。商代法官称"御鹰"，周代金文"法"字作"灋"，汉代简化为"法"。秦汉以"鹰冠"为法官之冠服。从"法"这个象形字本身我们可以窥测中国法起源的轨迹。至夏代，已经具备了由五刑、象刑、流刑、赎刑等组成的初具规模的法律制度。

古代中国，当国家组织形成，君权渐长以后，立法事业自然应运而兴，法典名称用语先称"法"，后称"律"，大都是就制定法的形式意义而言。例如：魏国李悝（455B.C.—395B.C.）以其所编纂的法典称为《法经》，自商鞅传习《法经》以相秦，改"法"为"律"后，中国历朝历代的主要法典，除《宋刑统》之外，几乎均命名为"律"，如汉《九章律》、曹魏《新律》、晋《泰始律》、隋《开皇律》，乃至《唐律》《明律》《清律》等等，都一以贯之。

2.1.3 从复仇到私力公权力化

初民社会，团体的组织功能并不健全，公权力也尚未发达，个人多无法得到社会的扶助与保护，故不得不谋求自给自卫；其自卫作用中最

1　"象刑"为传说时代尧舜时的一种惩罚制度。《尚书·舜典》："象以典刑。"《益稷》："方施象刑惟明。"《尚书大传》："唐虞象刑而民不敢犯，苗民用刑而民兴相渐。唐虞之象刑，上刑赭衣不纯，中刑杂屦，下刑墨幪，以居州里，而民耻之。"即以穿无下摆之衣、杂色之鞋、戴黑色巾以代替各种刑罚。

主要者乃为复仇。可以说，复仇是人类社会最古老的行为之一，是文明未开时人民的自助行为，即当生命、身体、自由、财产等生活利益受到侵害时，对加害者所为的一种报复行为。此种举动，显然合于人情的要求，隐含了一种正义与平等的价值观念，且对于以后的侵害，具有警示的作用。

实际上，如是作为对于原始社会秩序的维持，相当有效，复仇遂被认为是一种正当行为，甚至认为系被害者及其亲族的一种义务[1]。如此一来，它不仅为原始社会刑罚的起源，即使在现代文明国家的刑事立法当中，不论所采的刑罚理论为何，其刑罚的本质或多或少仍残留有复仇的痕迹在[2]。

复仇一事，在原始社会，对于个人的生存及种族的维持，虽有其不得不然的时代性，但如允许恣意复仇，冤冤相报，何时得了？对于社会整体的安宁秩序，哪堪设想？所以，当社会公权力渐次强化之时，行使复仇便由公许进而受有相当的限制[3]，包括对复仇的期间、对象、程度、复仇义务人的顺位等均有或深或浅的局限。

举例来说，在原始或古代社会，往往不问加害者的行为是故意或过失，均不免遭受对方的复仇，常生苛酷的结果，为此，有所谓"避难市"的设置。对于原无故意而侵害他人法益者，得逃入市内，以避免复仇；唯若系出于故意，逃入"避难市"时，由该市的长老讯问之，确认为无避难资格的犯罪者，则逐出市内，或交付复仇者，任其自由处置。故此种避难制度，一方面为对于复仇的限制，一方面又为刑事裁判的起源，乃有所谓"复仇系刑罚的前身"的说法，这种衍化过程，在

1　传统中国复仇之风的盛行，除了原始社会的遗风外，与儒家思想实有着密切的关系。儒家重视孝道，讲求"亲亲"和"尊尊"，当父母、兄弟、族人受到侵害，为之复仇是一种道德义务，也是一种责任。根据《礼记·檀弓上》的记载："子夏问于孔子曰：'居父母之仇如之何？'夫子曰：'寝苫枕干，不仕，弗与共天下也；遇诸市朝，不反兵而斗。'曰：'请问居昆弟之仇如之何？'曰：'仕弗与共国，衔君命而使，虽遇之不斗。'曰：'请问居从父昆弟之仇如之何？'曰：'不为魁，主人能则执兵而陪其后'。"《曲礼》上又说："父之仇，弗与共戴天；兄弟之仇，不反兵；交游之仇，不同国。"

2　参阅穗积陈重《復讎と法律》（东京：岩波书店，1931 年 3 月），第 82 页。

3　参阅杨鸿烈《中国法律思想史》（台北：台湾"商务印书馆"，1993 年 3 月，台一版），第 325—345 页。

法律进化史上具有重要意义[1]。

在社会的经济情况稍形发达以后，人类慢慢知悉：财物得作为慰借悲伤、消释怨恨之具；于是，设计出以赔偿来缓和复仇的制度。加害者为避免复仇，常愿对于被害者或其相关亲属为物质上的赔偿；此种制度，当其伊始，其领受或拒绝赔偿之权，操之于被害者一方，后因公共团体的权力渐次扩张，始有强制领受赔偿的倾向。其先，在故杀、谋杀或重大侵害的情形，被害者有选择领受赔偿或行使复仇的权利；在过失杀、误杀或其他较轻微侵害的情形，被害者方面不得拒绝领受赔偿；终则一切被害者皆不得拒绝领受赔偿，惟加害者不实行赔偿时，始有行使复仇的权利。

至于赔偿的数额，最初系由双方当事人自由协议，其次渐受公权力的干预，最后则由公共团体按照侵害的种类、程度及被害人的身份、能力等定其赔偿额。这种赔偿制度，其之初也，专为被害人而强制赔偿，迨君权发达，另由君主征收偿金，以加重侵权人的赔偿责任；前者乃成为民事上损害赔偿的起源，后者则为刑事上罚金的滥觞；民事裁判与刑事裁判的分立雏形，于焉萌芽。

以传统中国社会来说，复仇观念可谓深植人心。而国家律令，汉制对复仇，时禁时除；魏初为禁止互相残杀，对私复仇者，加以族刑。自晋至唐以前，大致上不承认复仇为正当行为，但实际上倾向于减罪或予赦免，而民间则传为"嘉行"。时至唐代，《唐律》被视为"一准乎礼"、"出入得古今之平"的一代大法，然其律文却规避了是否准许复仇的问题，仅有一条与之相关的"移乡避仇"的规范[2]。为了防止子孙复仇，杀人者若遇大赦而免罪，一律"移乡"，即将杀人者强制移居千里之外以避仇。如此看来，唐代明显是不容忍复仇的。只不过，"复

1　参阅杨大器《刑法总则释论》（台北：作者印行，1974年8月），第26页。另详参霍存福《复仇·报复刑·报应说——中国人法律规范观念的文化解说》（长春：吉林人民出版社，2005年1月），第48—118页。

2　参阅《唐律·贼盗》"杀人移乡"条（总265条）。

仇"此一课题，对于提倡忠孝节义的专制王朝而言，确实极端棘手[1]。从此以后，复仇行为基本上虽是王法所不容的，但从历朝历代不断发生的复仇案件中，职司审判的人员常陷于两难的窘境，仍可看出复仇之风的遗绪与强韧。

2.2 传统中国社会中的习惯与习惯法

从人类法制历史的进展上看，道德、习惯与法律，同是社会的行为规范，其间关系至为密切。论者尝谓："法律的前趋是习惯，而习惯又是肇端于道德；所以法律的最初发展，无不是道德意识经由习惯而成文化。"[2] 具体说来，一事的发生，必谋加以应付，几经折冲，久而久之，多数人都认以为可，遂以此方法相互应对，此种事实，即为习惯。当然，法律的产生，亦必先有事实，而应付此事实的法律，总也务求合于人情物理，于是，习惯就自然而然地成为制订法律的源泉。

初民社会中，无论刑事、民事几乎完全受习惯的规制，可以说习惯与法律为同一物。而随着社会文化的进展，习惯与制定法的地位时相并存，时而对立。

2.2.1 从习惯（俗）到习惯法

在悠远的传统中国法制中，习惯究竟居于何等地位？与制定法的关系为何？在司法实务上又是如何体现？

泛泛说来，《礼记》中有"入境而问禁，入国而问俗，入门而问讳"的说法；《淮南》文则有"入其国者，从其俗；入其家者，避其

1　参阅桂齐逊《礼法纠葛——唐律关于"复仇"的特殊处分》，收于氏著《国法与家礼之间——唐律有关家族伦理的立法规范》（台北：龙文出版社，2007年3月），第181—219页。
2　参阅王伯琦《习惯在法律上地位的演变》，收于氏著《王伯琦法学论著集》（台北：三民书局，1999年1月），第179—212页。

讳"的记载；孔子也曾说过："既入其国，先从其礼"。而此之所谓"礼俗"，就是广义的"习惯"，它是传统中国社会主要的行为规范之一。尤其，幅员辽广，一向以农立国，人民安土重迁的中国社会，各地习俗不同，典籍才有"随俗"、"问禁"的启示，先哲为遵守习惯乃教人"入前先问"。

事实上，自周代以来，由于大力提倡礼乐，礼俨然成为中国社会主要的规范。《礼记·曲礼》上说："礼从宜，使从俗。"显然，礼在该时期内是主要的社会规范，在日常生活中发挥重要的功能。因此，若将这个时期强称其为"广义的习惯法时期"，也未尝不可。

至于如何从单纯事实的"习惯"（俗）演变为具有规范效力的"习惯法"，一般认为，习惯法者，系社会惯行而无背于公序良俗并为一般公众心理所承认，且经国家公权力认许的不成文法[1]。

远古中国，成文法典尚未具备，依目前的文献看来，公元前406年李悝的《法经》被认为是成文法典粗具体系的编纂之始，不过，它是一部偏向罪与罚规范的法典。时至公元前201年汉萧何的《九章律》，始将民事规范《户婚》之事入于律，惟直迄清末，尽管朝代更迭，立法频仍，终未制颁过一部独立的民事法典。

而历来总将关于民事方面的事项，附于刑事法典之内。如此，司法关系或包括于礼制之中，或委之于习惯，或付之于私约者居多；官制的成文法仅限于与公益有关的事项，其内容又多是命令与服从的关系，如田土、钱债、婚姻、收养之类；也因为传统社会对民商事缺乏明文规范，即使发生纠纷，多半认为系属"民间细故"，或属家族、宗族之事，甚少进入衙门领域，反而相当依赖"调处"以解决纷争，而调处

1　习惯（custcom）与习惯法（law of custcom）有无区别？学说不一。德国学者谓其大有区别，即（1）一为事实，一为法律；（2）一为社会所通行，一为国家所承认；（3）一则须当事人自己援用，一则审判官有适用之义务。法国学者谓习惯法即习惯，二者并无区别。台湾地区不称"习惯法"而称"习惯"，似与法国学者相同，实则不然。盖在外国，如瑞士各邦原有习惯法之称谓，但确有一种成文的习惯法存在，为避免混淆起见，不称习惯法而称习惯，实则应与德国学者所称之"习惯法"，为同一之解释。如从中国法制史之发展而为观察，尤见其然。参阅胡长清《中国民法总论》（上海：商务印书馆，1934年4月），第29页。

的依凭，"情理"与"习惯"又居相当分量[1]。对此，论者曾说："各朝代的实定法偏重于刑事法，其关于民事法的部分甚少，大率委于民间习惯法。"[2] 也有认为"在中国，关于经济生活方面，成文而合理的法并不存在，其纷争的决定，委诸习惯以及实质的正义判断。"[3] 以上言之凿凿，不过，由于相关文献不足以征验，尽管有若干爪鳞的成文法可供参考，实际裁判史料则相当罕见。

由于传统中国社会的民事行为，无论户婚、田土、钱债、继承等或深或浅都与尊卑血缘相关，而无所逃于伦常秩序，因此，必然要受到"礼"的规范与调整。而依礼调整民事行为，解决民事纷争，较之单纯的依"法"裁决尤受信赖。

或许，要进一步追问，礼与刑的区别及其关系为何？用现今的语言来说，即民事规范与刑事规范的对象及其作用各为何？若就其发展进程言，论者简括地指出："法"的本义为"刑"，而源于"兵"；"法"的别义为"常"，而归于"律"。礼肇于"俗"，而生于"祭"，"礼"别于"仪"，而归于"法"。质言之，中国法规范自秦汉以降，乃从广义的习惯法时期而逐渐演进到以刑为主的成文法阶段。

在法学领域的认知上，"习惯"（custom）与"习惯法"（customary law）是有其个别的内涵，值得关注的是，从纯粹民间习惯演变成具有法效力的习惯法，究需经过何种程序？

如果，肯认习惯是一种社会生活的规范，它是不同阶层或各别族群社会所应一般遵守的行为模式，那么，习惯产生的原因，可能须就客观与主观两方面来加以观察[4]：在客观面，它可说是基于人类所具有的相同性质，在同一环境中，面对相同的刺激，会产生同一的反应与趋向；

1　对于此部分之相关论述，详参滋贺秀三《清代中国の法と裁判》（东京：创文社，1984 年），第 378 页。另参阅梁治平《清代习惯法：社会与国家》（北京：中国政法大学出版社，1996 年 6 月），第 34—43、114—116 页。

2　参阅戴炎辉《中国法制史》（台北：三民书局，1971 年），"自序"。

3　参阅田中耕太郎《法家の法實證主義》（东京：福村书店，1949 年），第 99 页。

4　参阅杨日然《"民法"第一条之研究》，载《法理学论文集》（台北：月旦出版社，1997 年 1 月），第 471 页。

就主观面看，则系渊源于人类的适应意识；因人类具模仿性，易受环境感染而跟随社会的惯行。

可以说，习惯是随着人类群体的发展，基于特定的需求，而在民间的共识下，经过长久的惯行，所逐渐形成共同遵守的准则。此种行为模式的形成，在古老社会中或早已存在。对某一族群而言，习惯是普遍被接受、具有确信，并因此而产生实质上的拘束力，它透过一种"社会心理上的力"，使社会大众对它加以肯认并予遵循，而具有"事实的规范力"[1]。也可以换个角度思考，在某种程度上，"习惯"也与所谓的"法律"极为类似。因为习惯是多数人意志的表现，经多数人的审查，认为适当便利，因此而能相沿不辍；而一般所习称的"法律"，也不过是经由代表民意的国会审查通过而制定。两者在形成的形式上或有不同，但皆源自人民，其权源皆操于人民手中，则并无大异[2]。

"习惯"既为一种被遵循的行为模式，而具有事实上的拘束力，唯究竟与所谓的"习惯法"不同之点何在？

就此，学说见解各陈，一般认为，习惯法系源于习惯，但又与习惯有所不同。习惯可认为系一单纯的事实，它只是生活的常规化，行为的模式化；而习惯法则具权利与义务的分配关系，牵涉彼此冲突利益的调整，具有法律的性质。简单地说，二者的主要差别，在于是否具有"法"的要素。如果说，"法"的要素可分为内容要素与基础要素，就内容要素言，二者同样是为达成社会共同生活的目的，皆系对人类意志表现于外的行为加以规范，且皆为实践社会某种利益，具有非来自国家实力的强制力，由这个角度看，两者并无太大的差异。但若就基础要素言，习惯于法之要素中的"权威"与"正义"基础显然较为欠缺，约言之，习惯在法的要素上并不充分，尚难认为其为"法律"。

这样看来，习惯与习惯法并不尽相同，但难以否认的，习惯实为习惯法的前身。若从历史的发展看，人类法律的起源，姑不论东西方法文

1　有认为在早期社会，习惯是自我执行的，因为人们需要善意以及他人的帮助。这些规则并不一定是靠与当今法律制裁相似的强制方式加以实施的，而需要受心理支配的相互遵守规则，其拘束力即源自于此。

2　参阅黄秩荣《习惯在法律上之地位》，载《法学季刊》，第2卷4期，1925年4月。

化发展的不同面向，基本上其衍进的轨迹，率由习惯而至习惯法，再进
而为成文法时代。而习惯在早期社会即已产生、累积，逐渐成为重要的
规范基础，进而导向习惯法的时代。当习惯法已不足以适应人类社会的
需求时，又进入到成文法时期。此时，习惯虽不直接提供法律规范的基
础，但在整个法律历史洪流下，其实仍水流相通。

2.2.2 习惯与制定法的关系

中国正式法典的发展，到了李唐一代可说已达成熟阶段，而成于公
元 651 年间的《唐律》，其中有关法律与习惯（法）的关系规定，可从
两方面加以观察：

其一，《唐律》内的犯罪类型中，有因违背习惯而加以处罚者，此
多见于《户婚律》内，例如：居父母夫丧嫁娶条（总 179 条）、妻无七
出而出之条（总 189 条）、义绝离之条（总 190 条）等。

其二，犯罪构成要件的内容，有时需依"习惯"来加以阐释，例
如：失时不修堤防条（总 424 条）中之所谓"失时"，宜参酌习惯而为
认定。又如非时烧田野条（总 430 条），据《杂律》规定："诸失火及
非时烧田野者，笞五十。"[1] 何时可以烧田野？各地的习惯可能不同，
法律作了一般性的规定，而以"乡法"为补充。此外，虽未见诸律文，
但《疏议》内也有认为应适用习惯之情形者，例如《贼盗律》盗官私
马牛而杀条（总 279 条）："诸盗私马牛而杀者，徒二年半。"《疏议》
曰："马牛军国所用，故与余畜不同，若盗而杀者徒二年半；若准赃，
重于徒二年半者，以凡盗论加一等，其有盗杀牦牛之类，乡俗不用耕驾
者，计赃以盗论。"准此，本条系根据习惯，以定其应负的罪责。

自古以来，中国就是一个多民族融合而成的国家，少数民族的习惯
法呈现多样的状态，而其正式为中央王朝的法律所认可，始建于《唐

---

[1]　注曰："非时，谓二月一日以后，十月三十日以前。若乡土异宜者，依乡法。"《疏议》曰："北地霜早，南
土晚寒，风土亦既异宜，各须收获总了，放火时节不可一准令文，故云：各依乡法。"

律·名例》的规定："诸化外人同类自相犯者，各依本俗法；异类相犯者，以法律论。"另外，在传统中国社会的许多朝代，特别是少数民族入主中原的元、清等朝，习惯法具有较高的效力。如元朝成吉思汗帝国作为国家机构及社会各种关系的基础，具有头等重要作用的是《大札撒》。"札撒"这个词，包含着以民族习惯为基础的法律的意义；其他如以契约文记载的《决狱法》，老傣文记录的《芒莱法典》，以及20世纪出土，用西夏文记载的《西夏法典》，云南西双版纳留存下来的一些傣族法规，均保留了许多原始氏族部落时期的习惯法规范。

此外，中国人种复杂，各地民族各有其身份法规，而此乃该各种族的反影，其中各仍保有其种族特性，例如西藏部分地区的婚姻习惯一妻多夫；又如云南少数民族，佤族婚姻家庭习惯法虽规定同姓七代之内不得结婚，但并不排斥姨表之间的婚姻关系。迪庆藏族允许三代内的旁系血亲结婚；而云南一些少数民族的习惯亦允许一夫多妻或一妻多夫。至于中国各地民间的习惯法，则更为纷陈，在不少文献中都有记载。

约言之，中国历代以来，由于版图辽阔，区域性的政治、经济发展极不平衡，因此，民事习惯法的内容丰富，种类多样，其中包括地方习惯、乡规民约、家法族规[1]、行会规约、礼俗惯例等。有些是成文的，有些具有自治法规的性质；而其适用范围，或全国，或地域性，或部分民族、家族，各自形成独树一帜的体系。

至于习惯体现于司法实践中者，以清代言，有关"乡例"等习惯经常出现在判牍中。例如，在乾隆三十二年（1767）间，"福建彰化县李裕昌佃垦业主田园因欠债将佃权转卖"一案中，即言：

> 据原任福建巡抚庄有恭疏称：李摘与钟枢各庄居住，并无嫌怨。缘李摘与堂侄李裕昌同居。李裕昌祖父费用工本，向业主徐正芳承垦田园五坵，每年业主照"乡例"加一五抽分。如佃户收粟

1　有关家法族规综合性的考察，可参阅费成康主编《中国的家法族规》（上海：上海社会科学院出版社，1998年8月）。

一百石，业主抽得十五石。[1]

虽然很难把"习惯"或"习惯法"明显肯定为清代审判中的一种法源，但有心的地方官及其幕友为了精确地进行审判，总是努力地了解在任地的风俗习惯，这也是事实。清季名幕汪辉祖（1730—1807）曾说：

> 人情俗尚，各处不同，入国问禁，为吏亦然，初到官时，不可师心判事，盖所判不协舆情，即滋议论。持之于后，用力较杂，每听一事，须于堂下稠人广众中，择传老成数人，体问风俗，然后折中、剖断，自然情法兼到。一日解一事，百日可解百事，不数月，诸事了然，不惟理事中肯，亦令下如流水矣。[2]

可见，有清一代，官吏断案，仍注重制定法与习惯的糅合并用。一般而言，传统中国的习惯与国家制定法的关系，法律就是情理被实定化的部分，法律也是情理发挥作用的一种媒介，不仅法律本身的解释依据情理，而且法律也可因情理而被变通。换种说法，法律与情理本质上是相互亲和的。而揆诸实际，习惯与情理并非各别之物，显而易见地，习惯与法律也应同样具有相互的亲和性。吊诡的是，何以对中国人来讲，传统习惯地位相当受重视，而国家的法律却常遭到轻忽，甚至缺乏实效性？颇耐人寻思。

由于民事纷争，有司断案可资以援引的国家制定法，条文极其有限；因此，历代以来，习惯乃至情理之物就不期然而然地，成为重要的

1　详参《清代地租剥削型态》，乾隆三十二年七月，刑部等衙门、管理刑部事务刘统勋等题本，第572—573页。

2　参阅汪辉祖《学治臆说》，上卷，《出任须体问风俗》。另外，日本法史学者滋贺秀三，在其《清代中国の法と裁判》一书中，花了相当篇幅，广泛利用清代判牍，如《府判录存》、《判语录存》、《徐雨峰中丞勘语》以及民初《民商事习惯调查报告录》等文献，对清代乃至民初时期"习惯与法源"间的关系，作了深入的探讨，其中，特别针对"判语"中不时出现的"凡俗""俗例""土例""土风"等用语，逐一以实证史料加以检验。参滋贺秀三《清代中国の法と裁判》，第328—383页。

审判依据。概括说来，传统中国社会的习惯法种类繁多，内容丰富，极具特色。既有按属人原则，依靠宗族家族而形成的宗族习惯法，也有按属地原则，基于地缘关系而形成的村落习惯法；由业缘关系而形成行会习惯法；少数民族习惯法和秘密社会习惯法则稍形复杂，有地缘因素，也有血缘因素，依据多种文化背景而形成，但均不具有实定性的规范体系。

2.3 历史中的罗马法系与中华法系

揆诸古今，一个国家或一个民族的法文化并非创作，而是积累；其成也有自来，其毁也有所由，概随其国政治、经济、社会、文化的变迁而为表彰之具。可以说，各国法文化的殊绝，实非由于创作的不同，而系其民族性的特异文化积淀所致。

法系（Families of Legal Systems）是比较法中的划分概念，即法律的系统，又称为"法群"、"法族"或"法圈"。盖一个国家、一个民族或一个地区，于法文化的发展过程中，必有其形式上和实质上的特色，如将其内容雷同者，归于一类，逐渐形成一个有系统的法文化谱型，此即所谓的"法系"。而由于各个国家、各个民族或各个地区自然地理环境、社会文化、历史背景、民族意识、政制制度乃至风俗习惯的差异，彼此有其特色，各成体系；但也由于相互间的交流影响，得以归类为若干类型的法系。

不过，在概念上应加以区别者，乃"法系"与"法律体系"并不相同。一般而言，"法系"是以各国、各民族或各地区的法律为着眼点，寻求其相互间的共同性、类似性，或彼此的区别所在，以归属于某一种法律系统之中，它含有国际性的法律渊源或法律文化的意义在内，其概念较为抽象而广泛。至于"法律的体系"，系仅就一个国家的全部法律，依其性质或其作用，而为纵的归属，以构成国内整体法律的中心地位和系统，其含义较为具体而狭小，例如我国法律体系原则上采公法、私法与公私混合的法律体系。

根据不同的标准，法系即有各种的分类，它并非绝对。关于世界法系的分类法，说法不一。从历史的发展言，日本的穗积陈重（1855—1926）于 1884 年分为五大法族，即印度法族、中国法族、回回法族、英国法族、罗马法族[1]。其后，德国的柯勒尔（Josef Kohler，1849—1919）和温格尔（Leopold Wenger，1874—1953）于 1914 年在所著的《综合法制史》中，将世界法律分为原始民族法、东洋民族法、希腊民族法三种。美国的威格摩尔（John Henry. Wigmore，1863—1943）在 1923 年认为，世界可以划分为十六个法系[2]。兹就其实际情形，可作如下的归类：

（1）已消灭的法系：古埃及法系、美索不达米亚法系（亦称巴比伦法系）、古希腊法系、凯尔特（Kelt）法系、寺院法系（亦称迦伦法系）、斯拉夫法系、中华法系。

（2）混合而残存的法系：海商法系、罗马法系、日耳曼法系。

（3）当今主要的法系：欧陆法系、英美法系、伊斯兰法系。

2.3.1 西方的罗马法系

上述诸大法系中，以西方国家来说，最值得一提者为"罗马法系"；欧洲大陆各国的法律几乎都来自一个共同的始祖——罗马法。德国法学家耶林（Rudclf Von Ihering，1818—1892）在其所著《罗马法之精神》一书中曾提到：

1　参阅穗积陈重《论法律五大族之说》，载于日本《法学协会杂志》，第 1 卷第 5 号，1884 年 3 月。后来，于大正元年（1912）出版的《日本新民法》（比较法学之资料）再增列日耳曼法族及斯拉夫法族为七大法系说，参阅 Hozumi：*The New Japanese Civil Code as Material for the Study of Comparative Jurisprudence*，（Tokyo：Maruzen，1912）ch. 5.

2　此十六大法系分别为：埃及、巴比伦、中华、希伯来、印度、希腊、罗马、日本、日耳曼、凯尔特、斯拉夫、伊斯兰、海商法系、欧陆法系、寺院法系、英美法系。参阅 John Henry. Wigmore：The Rise, Disappearance and Transmigration of the Worlds Legal Systems，此文经日本高柳贤三译为日文，载于日本《法学协会杂志》，第 41 卷第 5 号。

罗马曾三度统一世界，其一，是正当罗马威武隆盛之时，征服万民，完成邦国之统一；第二，在帝国衰颓之后，仍执教法之权柄，完成宗教之统一；第三，在中世纪以后，欧洲各国因继受罗马法，而完成法律之统一。[1]

其实，罗马法本身并非一开始即为一部体系化的法典，相反的，它是随着罗马民族的成长发展才逐渐充实；在很长的一段时间里，罗马法也只是各种法令、判例及学说的集合。一直到罗马帝国的末期分裂后，才在东罗马查士丁尼时期（Justinian）的统制下进行了《罗马法大全》（Corpus juris civilis）的编纂。该法典是由法学家 Tribonianus 负责主编，可称为集历代法典编纂的大成，其地位相当类似中国《唐律》的颁行。由于西罗马帝国的灭亡，此一《罗马法大全》事实上并未能实施于西欧各地，而是经历了五个世纪之后，才渐渐又在西欧各地发现；最初学者只是对它进行学术上的研究，后来才在西欧各国展开一连串"继受"运动，自此奠立了欧洲各国继受罗马法的传统。

罗马法的发展极为庞杂，在时间上，从公元前 7 世纪至公元后 6 世纪为止，共历约一千三百多年，其间，罗马国家的人民生活与社会文化多所变化。因此，要统一说明罗马法的特色并不容易，约而言之，大致可归纳出下列几点：

（1）在法源方面，重视成文法，以国家权威的力量制定为成文法典。

（2）传统上，以民法为核心，不注重反映民族的共同意识或部落的生活习惯，而侧重在以个人的自由、个人的利益为基础的"个人权利法"。

1　Rudclf Von Ihering, *Geist des Romischen Rechts*, Bd. I. S. 1 间接引自仁井田升《唐令拾遗》（日本：东京大学出版会，1964 年 9 月覆刊），"序言"，第 1 页。

（3）在法律体系方面，拥有相同的分类，区分公法与私法，而异其支配范围与适用原理[1]。

继受罗马法的传统，在近代西方法制历史中经历了两个主要的转折：

第一，是近代欧洲的自然法运动。这个运动，相信人类可以运用理性找到超越国家、超越语言文化限制的"理性法"。而有不少的法学家相信，透过对于罗马法的研究注释，可以从中厘清属于理性法的各个原理原则；因此，自然法运动有效地促使了欧洲各国对于罗马法的继受与研究。

第二，是18世纪中叶以后，各国逐渐兴起的"法典化"运动。此一运动最初是想透过法典的制定，可以将以往研究罗马法所得，符合正义理性的原理原则成文化，形成一部完美的法典；成文法运动与民族主义结合，反而严重伤害了罗马法传统的统一性。但无论如何，在经历了近千年的继受过程后，欧洲各国的法律体制已牢不可破地与罗马法的传统结合在一起[2]。

欧陆各国法律的变迁，固不甚一致，然就其大体的趋势言，即先有罗马法，继而有寺院法，再次而有中古的意大利法。迄今，罗马法支配欧陆各国，如法国、德国及意大利等，追本溯源，莫不奉罗马法为圭臬；其实，不仅欧陆而已，如东方的日本、泰国、韩国、土耳其乃至我国，也莫不受罗马法或深或浅的影响。

2.3.2 中华法系的形成与发展特色

在中国，较早提出"中华法系"的是梁启超（1873—1929），他在《中国法理学发达史论》一文中，论及中华法系问题时说到：

1　参阅戴东雄《中世纪意大利法学与德国的继受罗马法》（台北：作者出版，1999年1月），第27—56页。
2　参阅颜厥安、黄源盛等合著《法学入门》（台北：元照出版社，2011年），第55—58页。

近世法学者称世界四法系，而吾国与居一焉，其余诸法系，或发生早于我，而久已中绝；或今方盛行，而导源甚近。然则我之法系，其最足以自豪于世界也。夫深山大泽，龙蛇生焉，我以数万万神圣之国民，建数千年绵延之帝国，其能有独立伟大之法系，宜也。[1]

放眼中外，在世界古老的诸大法系中，除了西方的罗马法系外，要属东方的中华法系最为灿烂文明。虽说，中华法系目前已退出世界舞台，仍应予以高度重视，它曾被东亚国家所广泛继受，形成所谓的"东亚法圈"，对东亚国家的法律具有深远的影响；它的形成是一个漫长的发展过程，并有其深刻的社会历史根源。

说到起源，中国自古即以农立国，而农业离不开土地与水源。实际上，世界上有些古文明也大都与河流有关，中国的黄河与长江同样是孕育文明的泉源。起初，中华民族是以黄河流域为摇篮而发展开来的，地处东亚大陆，拥有自然地理环境上的天时、气候、土壤、资源等方面的优势，使中国较早就跨进文明历史的门坎。据文献所载，具有早熟性的夏代，保留了氏族村社的残余，又为后来宗法制度得以存在和发展提供了经济基础。同时，中原地带交通不便，商品经济不发达，自给自足的自然经济长期占主导地位，这种封闭式的社会条件，使得古代中国法律的发展长期陈陈相因，很少受到外来的影响，因而形成其历史发展的独立性、早熟性和保守性。

以政治形态来说，中国长期实行专制政体，高度的中央集权制度，使得君主集财政、行政、军事、立法和司法诸大权于一身，各级政府和官吏都是隶属于君主，形成一个在君主统摄下的"宝塔状"权力体系，官无定守，一切权力由君主节制，君主拥有至高无上的"专己之威"，这是中华法系以维护皇权至上为压倒一切任务的原因。

1　参阅梁启超《中国成文法编制之沿革》（附《中国法理学发达史论》）（台北：台湾"中华书局"，1971年3月），第62页。

以社会结构言，自然经济是家长制赖以存在和发展的基础，家长制形成的父权支配下的家庭成员身份、地位等级关系，和专制体制形成的君权支配下的身份、地位等级关系，是相辅相成、互为作用的，使得家与国相通，君与父一体。正因为这样，家族主义中的父权与夫权制也就成为中华法系的重要内容，家族伦理法也在中华法系中占有重要的地位。

观察中华法系，宗法制度的长期统治和影响密切相关。"亲贵合一"是宗法制度下，中国古代国家的组织原则。宗法组织与国家机构是结合一体的，在政治上是共生，在宗法上是天下的大宗，整个国家的统治网是以各个大家族为中心而联结起来的。政权与族权的结合、君权与父权的相通、嫡长子继承制、家长的特权、性别地位的等差等等，可以说，家长制家庭，实际上就是宗法制度的衍生物。在中华法系中，调整以父权为核心的家族成员之间权利义务关系的内容，占有举足轻重的位置；这就使宗法制度的精神和原则，透过法律规范，渗透到社会各阶层，成为一项重要的制度。传统中国宗法家长制之所以源远流长，父权、族权之所以具有不可侵犯性，与宗法伦理法律的细密规定和严格维护是分不开的。

由宗法伦理所确认和维护的宗法族权十分广泛，凡是同居之内，必有尊长；尊长既在，子孙无所自专。以家长对财产的支配权来说，《礼记·内则》宣扬父母在，子女不得有私财，把"子孙无私货、无私畜、无私器、不敢私假、不敢私与"作为礼的重要规范，而立法者进一步将这一礼的规范法律化，规定同居卑幼不得家长许可，而私自动用家财者，要受刑事制裁。《唐律·户婚》"同居卑幼私辄用财条"（总162条）规定："诸同居卑幼，私辄用财者，十匹笞十，十匹加一等，罪止杖一百。"宋、明、清法律均有以刑罚手段限制子女私用财的规定。

自唐迄清，还规定了"别籍异财罪"，《唐律·户婚》"子孙别籍异财条"（总156条）规定："诸祖父母、父母在，而子孙别籍、异财者，徒三年。"以法律限制了子女对家庭财产的处分权；法律对家长财产支配权的维护，着眼于巩固家庭的经济基础，使之不因财产的分异而瓦解。法律还明确地规定了家长对子女的惩罚权、家长对子女婚姻的决定权、对侵犯亲权的加重处罚原则等等。这种种法律确认和维护父权、族权的方式，可以看出，传统中国社会伦理与政治的紧密结合，家与国的进一步沟通，使君权、父权、族权互相补充，互相强化。

要言之，宗法制度的政治作用与宗法观念的精神影响，在中华法系中是十分强烈和深远的，而自然经济的长期独占支配地位，又使矗立于其上的宗法制度的原则和精神历久不衰，这可说是中华法系悠长久远而神形始终无太大变动的重要原因吧？

2.3.3 中华法系对东亚诸国的影响

法制典章是整体文化的重要组成部分，一个国家或一个民族，常因根源于某些特定的政治、经济、社会等背景，而形成独特的法规范结构，并与其他诸邦相互交流、影响，进而建构出同构型相当高的法文化圈。公元 7 世纪的"东亚"法文化，是以中国的《唐律》为中心，东沿朝鲜半岛以至日本列岛，南垂中南半岛之地域，几乎均受隋唐法律文化的被及，而造就出世所公认的"中国法文化圈"，在东亚前近代各国的法律制度中，具有领袖群伦的母法地位[1]。精稔中国法制历史的仁井田升（1904—1966）说：

> 耶陵谓罗马曾三次征服世界，而中国与古代之亚细亚，亦曾一度以武力支配之，一度以儒教支配之，一度以法律支配之。[2]

这段话颇堪玩味，揆诸法制史实，也有其可信度。杨鸿烈（1903—1977）也指出：

1　参阅杨鸿烈《中国法律在东亚诸国之影响》（台北：台湾"商务印书馆"，1971 年 4 月），第 1—35 页。
2　参阅仁井田升《唐令拾遗》（日本：东京大学出版会，1964 年 9 月覆刊），《序言》，第 1 页。

若以诸法系之历史相较，则中国法系延长数千余年，较最古之埃及、美塞布达米亚（亦称巴比伦）等法系之寿命而犹过之，且影响于东亚诸国如朝鲜、日本、琉球、安南、西域者，犹非如埃及、美塞布达米亚等之局促一隅者可比，故谓中国法系为世界最大法系之一，谁曰不宜？[1]

底下分述中华法系影响所及诸国的法制，以明其梗概。

2.3.3.1 对朝鲜法制的影响

在中国的周边国家中，朝鲜是最早接受以儒学为代表的传统中国文化，也是儒家化最为彻底的国家。据传，公元前12世纪，周武王"封箕子于朝鲜"，传四十多世至汉，其时法制源于周、汉。自公元前1世纪始，朝鲜分裂为新罗、高句丽、百济三国。朝鲜半岛从三国时代就开始受到中国律令的影响，高丽太祖欣羡中国的儒家思想，在与中国的密切交往中，不断取法中国的法律制度。

至10世纪，王建（877—943）统一全国，称高丽。自后摹仿唐朝法制编纂法典，名《高丽刑律》，共七十一条。从内容看，《狱官令》二条，是从唐《狱官令》中摘取二条而成；从体例看，自《名例》至《断狱》十二篇，皆形同《唐律》；有关罪名、刑名也从《唐律》五百条中撷取而成。揆诸《高丽史·刑法志》说："高丽一代之制，大抵皆仿乎唐。至于刑法亦采《唐律》，参酌时宜而用之。"直至其国亡为止。

到了1392年，李成桂立，次年，遵明太祖令改国号为"朝鲜"，李氏朝鲜时代，是采用《大明律》。值得一提者，《大明律》被翻译成朝鲜文字《大明律直解》，"使众易晓，凡所断决，皆用此律，所以上奉帝范，下重民令也。"而为了克服《大明律》本身的缺陷，朝鲜同时采用《唐律》和元朝法律予以补足。李氏朝鲜时代并仿《大明会典》编纂《朝鲜经国典》、《经国大典》。1585年生效的《经国大典》由六

1　引自杨鸿烈《中国法律在东亚诸国之影响》，第15页。

典构成，据朝鲜史的记载，该大典是仿效古典中国的《周礼》中"掌建邦之大典"的统治规范而得名，意指治理国家的法典。其形式和内容大都仿照隋代以降历代中国王朝中央集权行政法制，并以《唐律》和《大明律》为蓝本，由吏、户、礼、兵、刑、工六部所构成。

2.3.3.2 对日本法制的影响

日本的原始法律到底起源于何时，已难于考证。依目前既有史料看来，似可将其沿革系统简单地区分为四个阶段：（一）由创国之初到天智九年（670）间，是为日本固有法时期；（二）从天智十年以迄明治元年（671—1868）的一千余年间，是为继受中华法系以及固有法与继受法的融合时期；（三）明治维新政权初期的十余年间（1868—1881），是为王政复古下的过渡转型期；（四）从明治十五年（1882）以降，则骤转直入为继受欧美近代法的时期[1]。日本法学者穗积陈重曾说：

> 日本法律属于中华法系者，长达一千六百年。虽自大化改革以后，经历极巨大的变化，而日本法制的基础，仍属于中国道德哲学与崇拜祖宗的习惯封建制度。[2]

中国古代的文化、技艺，早在秦汉时经朝鲜传入日本。自隋朝起，日本兴起了"遣隋使"运动，到唐代，中日关系进一步发展。日本孝德天皇大化二年（646）正月，皇室举行新春贺礼之后，当着王公及文武百官之面，发布改新诏书，提出革新纲领，从而为大和国的政治法制掀开了新页，此即所谓的"大化革新"。从法律发展的角度来看，岛国日本从此开启了继受外来法律文化，并使之与本土法律文化相融合的历史航程。

---

[1]　岛田正郎将大化革新（646）以前，称为"氏族法时代"；其后至平安时代称为"律令法时代"（646—1185），武家政治时代属于"武家法时代"（1185—1868），明治维新以后则属于"欧美法继受时代"（1868—）。参阅氏著《东洋法史》（东京：东京教学社，2001年），第172—187页。

[2]　参阅穗积陈重（Hozumi）*The New Japanese Civil Code, as material for the Study of Comparative Jurisprudence*, chap. Ⅵ, p. 36。

　　大化革新之后，日本法律制度进入新的发展阶段，在确立以天皇为中心的中央集权国家制的同时，继受中国唐制，始设刑部省，省中分二司，一为赃赎司，一为囚狱司；又当时遣唐学生，颇有习律者，归以教人，乃依效唐制，以律、令为主要法律形式。

　　如果说，从大化革新以迄镰仓开府大约四百年间，是继受中国法的时期，基本上是可信的，例如：

　　（1）《近江令》，是天智天皇七年（668）据唐朝武德、贞观、永徽三朝的"令"文制定的成文法令，也是唐朝法制对日本第一次直接发生影响和作用的结果；其篇目，基本上与唐《贞观令》相同。

　　（2）《飞鸟净御原令》，是文武天皇十一年（683）据唐朝武德、贞观、永徽三朝的"律令"文制定而成的。

　　（3）《大宝律令》，是天武天皇大宝元年（701）依《唐律》为蓝本，制定的一部划时代的法典。其篇目、内容、罪名、刑名，多与唐《永徽律》相同。

　　（4）《大宝令》，其所本以唐《永徽令》为多。

　　（5）《养老律令》，是元正天皇养老二年（718）以唐《永徽律令》和《永徽律疏》为蓝本，在《大宝律令》基础上"更撰"的一部法典。

　　（6）《养老令》，十三篇，因《名例》分上下二篇，其他篇目全与《唐律》相同；凡九百三十二条，系删节唐《贞观令》而成[1]。

　　举例来说，以《唐律》为母法而订定的《大宝律》与《养老律》，其中，关于杀尊亲属罪，《养老律》的"谋杀祖父母父母条"明文规定：

　　　　凡谋杀祖父母、父母、外祖父母、夫、夫之祖父母、父母者，皆斩；嫡母、继母、伯叔父、姑、兄、姊者，远流，已伤者，绞；

1　参阅冈野诚《日本における唐律研究》，日本，《法律论丛》，第 54 卷，第 4 期，1982 年。有关中国律令与日本律令之间的关系，详参高明士《中国律令与日本律令》，台北，《台大历史学报》，第 21 期，1997 年。至于有关《近江令》及《飞鸟净御原令》的存在问题及其详细内容，仍多争议，此处不拟多论，详参泷川政次郎《律令の研究》（东京：刀江书院，1966 年 10 月），第 41—120 页。

五等以上尊长者，徒三年，已伤者，中流，已杀者，皆斩；即尊长谋杀卑幼者，各依故杀罪减四等，已伤者，减二等，已杀者，依故杀法。[1]

倘与《唐律·贼盗》"谋杀期亲尊长条"两相比较，可以发现其有紧密的承转关系，8世纪日本的《大宝律》或《养老律》中的"谋杀祖父母父母条"，完全源自7世纪中国的《唐律》。

上述律令当中，至今唯《养老令》仍大致保留，其余则散逸。不过，可从仁明天皇承和元年（834）所施行的《令集解》中有关《大宝律令》的批注书《古记》（约738年成书）来略推《大宝律令》的片段内容。一般来说，《大宝律令》是一部规范混同、以刑为主的法典，进一步肯定大化革新的成果，也成为日本继受中国法律文化的典范。此外，日本不仅继受了唐朝的律令体例，也继受了格和式，著名的《武德式》和《贞观格》在日本均出现过翻本。

2.3.3.3 对安南法制的影响

数千年前，安南与中国即有往来关系，据传，其人民的血液中含有不少的汉族成分。自公元前3世纪迄11世纪属于中国疆域。在秦、汉时，即接受中国文化，适用秦、汉法制。至唐初，置安南都护府于交州（今河内），使节往来频繁，且有入唐应科举考试的。据岛田正郎说："安南隶属唐代版图时，概施行唐律令。"[2]

及至李氏、陈氏王朝，据潘辉注《历朝宪章志类·刑律志》所载："按李、陈刑法……当初校定律格，……遵用唐、宋之制。但其宽严之间，实加斟酌。"李氏朝李太宗于1042年颁有《刑书》三卷；陈氏朝陈太宗于1230年颁有《国朝刑律》及之后的《皇朝大典》。

后自黎、阮王朝起，在法制上，则受明、清律的影响，例如：阮世祖于1813年所编成的《皇越律例》、宪祖1843年的《钦定大南会典事

1　参阅明石一纪《大宝律令と亲等法》，载于《日本史研究》，第2期，1984年，第25页。
2　参阅岛田正郎《东洋法史》，第169—171页。

例》等，均继受自明律或清律。

2.3.3.4 对琉球法制的影响

琉球居东南大海中，自古不通中国，和中国正式发生交往关系始于明洪武五年（1372）[1]。琉球原先使用的是习惯法，与中国交往以后采用明、清制度，接受中国的文化思想，成为中国的藩国。

琉球在乾隆五十一年（1786）以儒家思想为指导精神，制定而成的第一部成文法典，是为尚穆的《科律》，共十三章，一百零三条。其篇目，大多摹效《大清律》。据《冲绳法制史》云：

> 《科律》毕竟不过为《大清律》之拔萃缩写而已，惟各法条间均加精细之注释，足见起草者用意颇属周到，律学之造诣不浅，表明其能咀嚼承受《大清律》，遂以十年苦心完成琉球《科律》之编纂事业，在南岛一般文物之程度观察，实有大足叹赏之价值。[2]

直到 1879 年，被日本并吞，改称为冲绳为止，琉球与中国一直保持着相当密切的关系。

【问题思考】

1. 在古老的世界各大法系中，中华法系形成的历史根源与社会背景各为何？与罗马法系相较，中华法系有何特质？

2. 传统中国的成文法律为何经常与社会现实状况严重脱节？有论者指出："当今要努力重建中华法系"，有其必要吗？可能达成吗？

3. 中华法系曾广泛被东亚国家所继受，试以日本为例，说明在明治维新以前继受传统中国法文化的概况。

1　参阅《明史》，卷 323，《外国列传》四"琉球"条。
2　参阅《冲绳法制史》，《刑事法制》，第 61 页。转引自杨鸿烈《中国法律在东亚诸国之影响》，第 462 页。

【参考文献】

1. 张伟仁：《中国传统的司法和法学》，载于《法制史研究》，第 9 期，（台北：中国法制史学会、"中研院"历史语言研究所主编，2006 年 6 月），第 201—222 页。

2. 杨鸿烈：《中国法律在东亚诸国之影响》（台北：台湾"商务印书馆"，1971 年 4 月）。

传统中国法文化的内涵及其特征

　　"传统"与"近现代"虽是对立的观念，但两者间是没有楚河汉界的，仍有其确切的传承关系。若从逻辑原则上说，文化长时间的稳定发展构成一个民族的传统，近现代则是由传统所衍生出的思想与生活的另一种形态。因此，传统既是一个负担，也是一面镜子。一方面，我们必须重视传统的深度、复杂性及早熟性；另一方面，也必须以近代化乃至现代化为标准、为尺度，来对传统作检讨、作批判。为此，便不得不先往传统的胚胎中去探本索源，首先厘清传统中华法文化的内涵及其特质。

　　与世界其他各大法系一样，中华民族自进入文明社会以来，对"法"的思考和探索经历了漫长而又曲折的道路。要问的是，"宇宙自然"与"人文社会秩序"之间的关系如何看待？中华法系规范与制度背后的理论基础为何？体现于思想、立法及司法诸层面者何？相较于其他法系，中华法系自古以来即有成文法典的文明，它的编纂体例是否属于所谓的"诸法合体、民刑不分"？在立法技术方面有何特征？法典所蕴含的实质精神是否可完全归类为"家族、伦理、义务本位"的产物？又司法与行政机关的设置与诉讼、审判机制是否完全可用"司法与行政不分"一句话概括描绘？法的理想与现实面是否一致？凡此，均值得一探究竟。

3.1 天人感通的法理论基础

在西洋近代思想中，宇宙自然与社会秩序是分开的，客观现实与主观之理是对立的。他们始终认为"自然"是一个独立的、与人类社会相对应的客观存在。而传统中国思想则受儒学"天人合一"观念的影响[1]，认为宇宙是一个和谐的整体，人与万物处于其中，功能虽异，但都息息相关，甚至进一步认为，社会秩序是自然秩序的一环，自然秩序是"天"的体现，而社会秩序即"天理"。其基本观念是天人感通，讲求人与自然的整合，宇宙间的自然秩序与社会人文世界应尽可能地寻求和谐并存。

在遥远的原始社会，存在着普遍的自然崇拜，人们以为冥冥之中，万物有灵，而有一种超人的神秘力量在支配着自己。其后，公共的神逐渐改造成了私有财产的守护神，帝王声称君权来自天授，出于"天命"，对违抗王命、蔑视君权者应当由帝王来代行"天"之罚，从而为其政治法律统治提供了虽属虚无却又使人畏惧的"神圣"的依据。这种天道法观念，是文明时代初期，人们对"法"的起源和本质的思考的主要答案。这种观念产生于夏，鼎盛于商，至周为之一变，开始重视人事；西周提出"以德配天"，确立了"天"与"人"相通最早的观念。

1　关于天与人相通乃至相合的思想，在先秦时期，周人即讲"以德配天"。只不过，当时它还不曾上升为完整的理论，直到汉儒董仲舒极力阐扬之后，至宋时才臻于成熟。宋儒讲天人合一有二说，一说性即理，一说心即理。前说主张性与心异，后说则认为心与性同。"但认为人含有宇宙之本根，天人相通不隔，则两家无异。两说都认为宇宙本根乃道德之最高准则；人之道德即宇宙本根之发现。本根之理，即人伦日用之理；在人为性，在物为理，在事为义，都是宇宙本根之表现。此种天人合一的观念，是汉、宋儒家哲学中之一个根本观点。"以上详参张岱年《中国哲学大纲》（南京：江苏教育出版社，2005 年 4 月），第 176—180页。另参阅梁治平《寻求自然秩序中的和谐：中国传统法律文化研究》（台北：台大出版中心，2011 年 5月），第 233 页。

3.1.1 法理思想层面

人、天如果可以相互感通，那么，天、人、自然可以合而为一，这种思想自西汉董仲舒（179B.C.—104B.C.）之后，是儒家哲学的基本信念之一。

就思想渊源而论，传统中国政治上的正统及基本法律理念，无不肇基于宇宙存在原理的"天理"或"天秩"概念。法律哲学和伦理学相连，以形上本体论的"性理"作基础，宇宙万物的天理便成为法律的根源。天道与人道合一，以天道论证人道的合理性；以法律所确认的人道，来迫使人们遵守所谓的"天道"。这样，宇宙规律与社会规范发生了重叠。天道，成为立法及司法的最高指导原理，又为法律中的理论部分；人道，成为法律的内容，以为人们具体实践部分，二者融合于传统法制中，组成了一个自然、社会、人三位一体的系统；传统中国法理思想与制度的整体结构，就是建立在这种天、地、人三才一体的哲学观上。

秦并吞六国后，中央集权、君主专制等成为两千多年的不易之制。政治的大一统，要求法制的大一统；政治和法制的大一统，又要求思想的大一统。秦汉之际，专制正统的法思想模式逐渐确立。汉武之后，以儒家思想为主流，既吸收了夏商周的天道观念，又融入了法家的某些思想内容，从而形成了中国法思想史上"儒法合流"的主轴线索。

汉、唐、宋、明、清历时近两千年，专制正统法律思想虽然遇到频繁的政权更迭，以及来自释、道和思想界反对派、非主流派的冲击，但其固有的模式始终没有被摧毁；这是一个正统法理思想发展、稳固、动摇、变化、修补、衰微的漫长历史时代。

正统法思想的长期统治，给人们对于"法"的认知带来了一种同向、同性的法思维方式，这种思维又深化、强化、细化了正统法思想。它禁锢了人们的法思考，窒息了法思想领域的新探索。中华民族的法文化心理和法律意识大多是在这久且长的同向、同性思考和探索中形成的。

而在"天人感通"观念下发展出来的传统生活规范，其理论基础便含有源于"天"的浓厚色彩。《尚书·皋陶谟》说：

> 天叙有典，敕我五典五惇哉；天秩有礼，自我五礼有庸哉，同寅协恭和衷哉。天命有德，五服五章哉；天讨有罪，五刑五用哉。政事懋哉懋哉。[1]

这段话的大意是说，世间的法制来自天命、天意。申言之，上天所叙定的道理，有经常的法则，对于五常的法则，我们要厚道地去实行；上天所定的爵秩，有一定的礼制，遵循着这五种礼制去做，要经常地维持着。官员们共同恭敬，就都和善了。老天任命有德的人在位，为表示身份等级的不同，以五种不同文彩的制服来彰显他不同的爵位；老天整治有罪的人，用五种刑罚去惩罚犯了五刑的人。对于政事要奋勉啊！要奋勉啊！

汉儒董仲舒更主张"则天为政"，刑罚尤须顺乎天时。他将宇宙与人事纳入"大一统"的模式中，得出合乎规律的解释，以维持社会的伦常秩序。说："天者，百神之大君也"，认为天是创造、支配宇宙万物的最高主宰。同时，建立起天、天子、天下的关系，曰："唯天子受命于天，天下受命于天子"、"受命之君，天意之所予也"。[2] 君主教化百姓、统治天下，均以天意为基准，人民应当顺从天意的化身——君主。在董仲舒心中，天与人有种种相同、相类似之处，因此"天"和"人"是要相互呼应的，他说：

> 天之道，春暖以生，夏暑以养，秋清以杀，冬寒以藏。暖暑清

---

1 详参屈万里《尚书今注今译》（台北：台湾"商务印书馆"，1986年10月），第22—24页。
2 引自董仲舒《春秋繁露》。详参苏舆撰《春秋繁露义证》（北京：中华书局，1992年12月），第286、319、353、402页等。

寒，异气而同功，皆天之所以成岁也。圣人副天之所行以为政，故以庆副暖而当春，以赏副暑而当夏，以罚副清而当秋，以刑副寒而当冬。庆赏罚刑，异事而同功，皆王者之所以成德也。庆赏罚刑与春夏秋冬，以类相应也，如合符。故曰王者配天，谓其道。天有四时，王有四政，四政若四时，通类也，天人所同有也。庆为春、赏为夏、罚为秋、刑为冬，庆赏罚刑之不可不具也，如春夏秋冬不可不备也。[1]

这是一种"法天而治"的思想，一个人君或人主，必须则天或顺天而行，由"圣人副天之所行以为政"，可知法天而治是以"人副天数"为其理论根据，人副天数又是依据"阴阳同类相动"的原理而建立的一套的理论。因天、人彼此可以相副，所以人君应效法天道，而助施政。人事也必须法天、顺天道、依天志行事，那是极自然的事[2]，这种思想影响后世的立法与司法层面既深且远。

3.1.2 立法与司法方面

就立法权来说，在专制政体下，皇帝拥有"天命"，独揽国家大权，立法权自亦包括在内。而人君的立法权从何而来？历朝无不主张源自上天，因人君是上天所立，所谓"奉天承运""代天行道"。律典的编制虽由朝廷臣工具体完成，但最后核准权仍归于皇帝，此即所谓的"钦定"。如此一来，法规范实即出于皇权，而皇帝的立法权只受天理限制，天理成为立法权的最大范围。

《汉书·刑法志》说："圣人因天秩而制五礼，因天讨而作五刑。"长孙无忌（594—659）在《唐律疏议·进律疏表》中道："臣闻三才既分，法星着于玄象"，此言自天地人既分之后，则刑法之星，已上着于

1　苏舆：《春秋繁露义证》，第353页。
2　参阅韦政通《董仲舒》（台北：东大图书公司，1986年7月），第146—147页。

天文。"上揆诸天，下验诸地，中审诸人"，通过宇宙、社会与人的相互对应，来验证政治法律行为，将政治法律行为纳入了整个宇宙体系；这种思想投射到现实层面时，就形成了中国大一统的法制系统。《唐律疏议·卷首》更明白指出：

> 易曰：天垂象，圣人则之。观雷电而制威刑，睹秋霜而有肃杀。[1]

《唐律疏议》认为圣人观察"天"所垂示的现象，企求政策刑制符合天道运行的法则，因此，"睹秋霜而有肃杀"，当秋霜降下，万物凋零，才可以执行死刑。死刑的执行必须与四时节气相契相应，官府不得任意处决人犯[2]。以实定的法规范来说，《唐律·断狱》"立春后秋分前不决死刑条"（总497条）明文规定：

> 诸立春以后，秋分以前决死刑者，徒一年。其所犯虽不待时，若于断屠月及禁杀日而决者，各杖六十。待时而违者，加二等。

原则上，不得在立春之后，秋分以前执行死刑，否则将处以徒刑一年，惟触犯"恶逆"以上如谋杀祖父母、父母、夫以及奴婢、部曲杀主者，由于恶性重大，可以不拘此令。时至《大清律例》，非时行刑者，杖八十。

历代中国刑罚的内容都以"五刑"为主，疏文援引《孝经援神契》

---

1 《周易·系辞》："天垂象，见吉凶，圣人象之；河出图，洛出书，圣人则之。"相传伏羲时代，黄河出现一匹身文如八卦的龙马，伏羲遂据此创制八卦；夏禹时代，洛水出现一只背上有文字的神龟，夏禹遂据此制作文字。经由对天象的观察可以判断人事的吉凶，圣人依据天象行事；河图、洛书也透露着天人之间的密切关系以及吉凶变化的种种奥秘，圣人据此创制八卦与制作文字，作为行事的依循。

2 将季节与用刑连结起来，在儒家经典中由来已久。《左传·襄公二十六年》："赏以春夏，刑以秋冬。"《周礼》、《吕氏春秋》、《大戴礼记》与《礼记·月令》均有记载。《礼记·月令》曰："孟秋之月……凉风至，白露降，寒蝉鸣，鹰乃祭鸟，用始行戮。……是月也，命有司修法制，缮囹圄，具桎梏，禁止奸，慎罪邪，务搏执。命理瞻伤，察创，视折，审断。决狱讼，必端平。戮有罪，严断刑。天地始肃，不可以赢。"此段话的疏解，可参阅孙希旦《礼记集解》（台北：文史哲出版社，1972年10月），第425—426页。

"圣人制五刑，以法五行。"说明"五刑"乃法"五行"而来[1]。而《尚书·洪范》疏云："五行万物之本，天地百物，莫不用之。"这是古人以五行配万物的理论基础。由此推知，中国旧律刑罚的法源在哲学上亦托借于"天道"。盖讨罪用刑，立法制典，须依于天心，本于天理[2]。

颇堪玩味的是，从黄帝时东夷领袖蚩尤的"五刑"，到初民社会中苗民的"五虐之刑"，到传统中国的墨、劓、剕、宫、大辟，再到隋唐之后以迄清末的笞、杖、徒、流、死等五刑，甚至当今刑法中的罚金（管制）、拘役、有期徒刑、无期徒刑、死刑，有关刑罚的种类，仍无法跳脱"五"的框架，何以致之？兹将"五刑"之古今流变，图示如下：

朝代	刑罚种类
传说时期	黄帝五刑：鞭扑、钻笮、刀锯、斧钺、甲兵
	五虐之刑：劓、刵、椓、黥、杀
周迄南北朝	墨、劓、剕、宫、大辟
隋唐以迄清末	笞、杖、徒、流、死
晚清至民国	罚金、拘役、有期徒刑、无期徒刑、死刑

自汉武以降，以儒家为主的正统法理思想，主要表现在"天人感通"的理论基础上，汉儒改造"天罚"观，提出"天人合一"说，赋予政治、法制神权、神授的色彩，赋予"天"以赏善罚恶职能，使德

1　《孝经援神契》指出古先圣人之所以制定"五刑"，是为了与"五行"相契相应。问题是，"五刑"如何法"五行"？《孝经援神契》今已亡佚，所幸虞世南《北堂书钞》中尚存《孝经援神契》的文献，其云："大辟法水之灭火，宫者法土之雍水，膑者法金之克木，劓者法木之穿土，《周礼》云：'墨者额也'，取火之胜金。"由此可见，当时"五刑"的内容是大辟、宫刑、膑刑、劓刑与墨刑，而"五行"的内容是金、木、水、火、土。大辟效法水，水可以灭火；宫刑效法土，土可以雍水；膑刑效法金，金可以克木；劓刑效法木，木可以穿土；墨刑效法火，火可以胜金。详参（唐）虞世南《北堂书钞》（台北：文海出版社，1962年），第 170 页。

2　详参胡旭晟《中国"五刑"传统透视》，收于氏著《解释性的法史学——以中国传统法律文化的研究为侧重点》（北京：中国政法大学出版社，2005 年 1 月），第 94—108 页。

礼政刑统一，具有"天意"的权威。又将阴阳五行观念纳入政治法律行为之中，宣称阳为德、阴为刑；阳尊阴卑、德主刑辅是"上天"意志。又推寻出春夏为阳，秋冬为阴；阳主生，阴主杀，所以应当秋冬行刑，才顺天适时，才不会违背天意。

至于，实际应用于法制面者，乃依理性以立法；天既是一种威慑的力量，体现为以"三纲"为核心的天理。天理入律，使天理法律化，而"律设大法、理顺人情"，又使天理、国法、人情三者交融合一，成为司法者奉行的圭臬。尤有进者，还以"天人感通"的理念诠释法律的起源，确立了立春以后秋分以前，原则上不决死刑的"秋冬行刑制"，强化了法律的权威性，违法即悖天；透过天理之说，使天也世俗化了。

此外，中国自古以来认为宇宙是由阴阳二气所支配，阴阳调和，宇宙必定和谐；阴阳不调，则万物一片乖乱。人君主要的责任在于调理阴阳，倘若灾异频传，当然代表人君失德，施政无方。人君失德最常被联想到就是刑狱冤滥，而解救之道，就是施以恩赦，行宽大之政。另一方面，皇帝失德导致宇宙万物秩序失调，也须借恩赦与天下"更始"，就是重新开始，将紊乱的秩序重新调整，恢复其原始的和谐状态。为了"与民更始"，除了大赦之外，"改元"也是常见的手段[1]。

可以这么说，传统所谓"社会秩序"就是"理"与"礼"，也就是伦常秩序；在旧律体系中，虽然渗透着"天人感通"的观念。不过，此之所谓"天"，似指自然理则而言，并不含强烈的宗教神秘或迷信色彩。统治者的着眼点是人事，而非神灵；是"君"与"父"的实体，而非超现实的偶像；从"人"到"理"到"天"是一体的，从性理到社会人文到自然秩序是一贯的。

1　参阅高明士主编《中国文化史》（台北：五南出版社，2007年2月），第129页。另参阅陈俊强《魏晋南朝恩赦制度的探讨》（台北：文史哲出版社，1998年），第153页。

3.2 以刑为主的规范混同编纂体例

从形式上观察，传统中国立法史的时代区分，约略可分为四：第一阶段，自唐虞以迄周末（2333B.C.—221B.C.）的法典创始期；第二阶段，自秦汉以迄南北朝（221B.C.—581）的法典确立期；第三阶段，自隋唐以迄清季（581—1901）的法典发达期；第四阶段，自清光绪二十八年以迄宣统三年（1902—1911）的法典变革期。

帝制中国，国家成文法典的早熟与庞杂堪称一大特色。自春秋中期以来，封建体制逐渐崩解，统治者面对郡县制、官僚制等政治体制的时势转变，需要公开的成文法典作为"安邦治民"之具；而约在公元前406年，战国时代的李悝"撰次诸国法"编纂《法经》六篇以来，中国法律步入一个较有系统的成文法典阶段；其后，商鞅传之于秦，将《法经》六篇改为"六律"：盗律、贼律、囚律、捕律、杂律、具律，是为秦律。萧何相汉，益以户、兴、厩三篇，合为汉的《九章律》。后来，经过《魏律》《晋律》《北魏律》《北齐律》《隋律》，逐渐奠定中国刑事成文法的基础。迨至公元651年的李唐刑律，继往开来，灿然大备，以后就没有太大的变化。五代及宋，完全承用《唐律》，《明律》的内容，十之八九，源自《唐律》，《清律》大致上又是因袭《明律》。有关历代法典编纂的衍化，图示如下：

【表解】历代中国法典沿革图

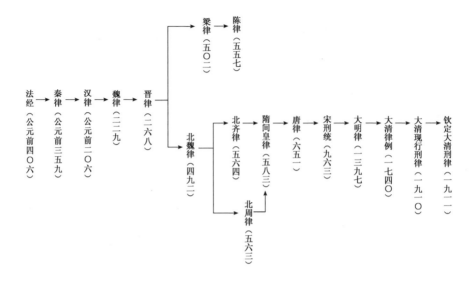

3.2.1 关于法典编纂体例

　　由于古今异制，自从晚清民初继受欧陆法以来，诸多用语概念已无法强加比拟。倘要硬比，上述律典，就其结构形式看，以当今的法律分类概念，基本上，性质均属"刑法典"；只不过，这些法典的内容往往涵盖了有关民事、诉讼和行政等方面的规范事项，并且大都以刑罚制裁作为其法律效果。

　　申言之，以现今欧陆法"民法"的概念与内涵来衡量，传统中国法规范中，完全符合此一标准者，实属凤毛麟角，绝大部分是有民事的，同时又有刑事的或行政的法规范性质。因而有被称为"诸法合体、民刑不分"者[1]。实际上，传统中国法制究竟有无"民法"？如果有，是"民刑不分"，还是"民刑有分"？抑或"不分之中又有分"？说法并

---

[1] 有关传统中国法的法典结构，是否可概括为"诸法合体，民刑不分"，学界多所争论，此处不拟参与争辩。其详可参阅胡旭晟《中国古代法结构形式的特点争议》，收于氏著《解释性的法史学——以中国传统法律文化的研究为侧重点》（北京：中国政法大学出版社，2005 年 1 月），第 174—181 页。

不一致[1]。下面先仔细看看历代中国主要法典的编目一览表，再作析述。

中国历代主要法典编目一览表

法经	汉律	魏律	晋律	北魏律	北齐律	北周律	隋唐律	明清律
具法	具律	刑名	刑名	刑名	名例	刑名	名例	名例
			法例	法例		法例		
			卫宫	宫卫	禁卫	卫宫	卫禁	宫卫
			关市	关市		关津		关津
			违制	违制	违制	违制	职制	职制
								受赃
		请赇	请赇	请赇		请求		
		请赃				祀享		仪制
						朝会		祭祀
								公式
	户律	户律	户律	户律	婚户	户禁	户婚	户役
						婚姻		婚姻
								田宅
	厩律	厩律	厩牧	牧产	厩牧	厩牧	厩库	厩牧
								仓库
								课程

1　关于此一类问题的论述，杨鸿烈谓："如以中国上下几千年长久的历史和几百种的成文法典而论，公法典占绝大的部分，纯粹的私法典简直找不出一部，在现时应该算是私法典规定的事项也包含在这些公法典里面，从来没有以为是特种法典而独立编纂的。"详参氏著《中国法律思想史》（台北：台湾"商务印书馆"，1993 年 3 月），第 400—403 页。张晋藩曾指出："在丰富而又悠久的中国古代法律史中，虽无现代民法的概念，但却存在着财产关系与人身关系和相应的法律调整……有人甚至断言，中国古代没有民法，只有刑法，显然这是不符合中国法律历史的实际的。"详参张晋藩《清代民法综论》（北京：中国政法大学出版社，1998 年 2 月），第 1 页。此外，日本学者寺田浩明研究清代司法制度，认为虽不存在现代所谓"民事审判程序"与"刑事审判程序"之类程序性质上的区分，但事实上仍有以民事案件和微罪案件为主要对象，州县地方官就拥有最终处理权限的"州县自理"审判，和以较重大的犯罪案件为对象，程序上采取"必要的覆审制"，在州县以上的不同级别分配最终处理权限的"命盗重案"审判，而从清代的诉讼档案也可发现，当事人的状纸上分别加盖有"刑"或"钱"字样。凡上种种，似可证明，传统法制有类似于"民事"或"刑事"的区分。以上详参寺田浩明《清代司法制度研究における法の位置付けについて》，载日本《思想》（东京：岩波书店，1990 年 6 月），第 792 号，第 179—196 页。

法经	汉律	魏律	晋律	北魏律	北齐律	北周律	隋唐律	明清律
	兴律	兴律	兴律	擅兴	擅兴	兴缮	擅兴	军政 营造
盗法 贼法	盗律 贼律	盗律 贼律	盗律 贼律	盗劫 贼犯	贼盗	劫盗 贼叛	贼盗	贼盗 人命
		劫掠 系讯 告劾	系讯 告劾	系讯 斗律 告劾	斗讼	系讯 斗竞	斗讼	斗殴 诉讼 骂詈
杂法	杂律	诈伪 杂律	诈伪 杂律	诈伪 杂律	诈伪 杂律	诈伪 杂犯 市廛 告言 逃亡	诈伪 杂律	诈伪 杂犯 市廛 钱债 犯奸 河防 邮驿
捕法 囚法	捕律 囚律	捕律 毁亡 囚律 断狱 惊事	捕律 毁亡 断狱 水火 诸侯	捕亡 毁亡 断狱 水火	捕断 毁损	毁亡 断狱 水火 诸侯	捕亡 断狱	捕亡 断狱

就上述表列，以汉《九章律》来说，较之《法经》六篇，新增的户、兴、厩三章，大都类似当今的行政或民事方面的规范；《户律》包括婚姻、田宅、钱债、赋税，《兴律》包括擅发、徭役，《厩律》则包

括官畜、官物的管理等。可以说，是一部整合罪律、事律于一体的综合性法典。再以《唐律》为例，有关田土、钱债、户籍、婚姻等规定，所占比重虽小，条文也阔略粗疏，但均列入其中；其他如《斗讼》《捕亡》《断狱》诸律中，有关于刑事制裁的实体规定者，又有关于诉讼程序的规定者。

相对于刑法典，传统中国还拥有相当发达的官制会典，诸如《唐六典》《明会典》《清会典》等是。不过，凡此官制会典仍然带有综合性质的色彩，例如《唐六典》仿自西周的《周官》，对唐代国家机关的结构组成及其运作程序，作出了具有法规范意义的整编。全书以唐代官制为经，其他各代典制为纬，按理、教、礼、政、刑、事六典分部，以当代的分类观点，其中有一部分内容系属于"行政规范"部门，夹杂有不少科差、绢布、贡赋、职田、公廨田、屯田等经济、军事方面的内容。显然，刑事规范和行政规范的某些内容相互重叠，而一些民事规范也并列其中。

帝制中国时期，并无一部当代意义的正式"民法典"，这已是不争之论，问题是，没有"民法典"是一回事，有无"民事规范"又是一回事；即使有"民事规范"，其间有无所谓"权利与义务"的内涵呢[1]？如果有，那是什么？如果没有，那又是为什么？

3.2.2 关于民事法不发达的原因

值得进一步追问的是，何以传统中国法律"重刑"而"轻民"？从整体上看，刑法规范相当发达而早熟，民事规范却相对薄弱许多，主要

---

[1] 论者谓：唐明清律已区别刑事责任与民事责任，故有"偿而不坐"、"坐而不偿"及"令修立而不坐"等规定。唯律内掺杂民事法，违者亦予处罚，如婚姻及收养违律、买卖标的物的"行滥短狭"，负债不偿等，亦负刑事责任。要之，民刑事制裁或效果，尚未充分分化，诉讼又不分民事与刑事，即民事诉讼亦依刑事诉讼程序进行。以上引自戴炎辉《中国法制史》（台北：三民书局，1971 年 10 月），第 18 页。

原因在哪[1]？约述如下：

其一，"治民之具"的政策思维对民法发展有所制约。古往今来，几乎所有的专制国家，其所关心者，侧重在政权的稳定、社会秩序的维持以及国家的经济效益等，所以与刑事规范、行政规范相比，民事规范就得不到应有的重视，国家也惯于以刑法作为调整民事法律关系的手段。而在"家天下"的政治体制下，统治者轻忽人民个人的权利义务问题，也使得民事法的发展有所局限。以《唐律》十二篇为例，关于民事部分主要集中在《户婚》和《杂律》两篇，前者规范了户口、婚姻、继承等事项；后者规范了债务、买卖等行为。《唐律》502 条中，有关民事的不足 60 条，比例不高。再者，在仅有的民事条文中，仍是以户婚、田土、继承等为主，占了 46 条。债务、买卖等涉及商业行为的，明显稀少。究其原因，婚姻以及衍生的亲属、继承等关系，直接影响到儒家的纲常与名教，自然需要严加规范，而中国以农为本，田土又牵涉到国家经济收益，攸关政权的稳定，是故，对王朝统治而言，他们所在乎的民事规范也偏重在此。

其二，长期的自然经济状态抑制民事法的发展。泛泛说来，传统中国社会，在宋代之前，商品经济并不十分发达，城市的形成也不是作为商业中心，而是作为政治中心出现；历代统治者大都采取"以农立国"的基本政策，从而产生根深蒂固的"重农抑商"方针。这样的一种经济状态，必然导致民商法律关系的单纯化，与此相关的民商事立法，例如债、物权、公司、票据等规范也就不可能太发达。直到赵宋一朝，随着商品经济的相对繁荣，民事法律关系才慢慢得到相应的发展，也渐次反映到立法规范中，司法官员得以援用的民事法规范也相对较为充分。

其三，民事法律关系的发展受制于儒家的"王道文化"思想。前已提及，传统中国的天人感通既讲求人文世界与自然秩序的整合，推及

1　参阅叶孝信《中国民法史》（上海：上海人民出版社，1993 年 7 月），第 30—33 页。另外，有关中国传统法时代民法不发达的原因，可参阅潘维和《中国民事法史》（台北：汉林出版社，1982 年 8 月），第 56—71 页。

整体，便是人与人的和谐，人与社会的统一。而这种和谐统一，反映在法文化时，自然倾向于重视人伦关系，而忽略个人生活利益的保护。在传统社会中，由于统治者强调人的道德一致性、社会统一性和人际关系的稳定性，道德规范被提升到相当高的程度，在处理人际关系时，首要的是讲统一、讲伦理、讲义务、罕言利。因此，在传统中国，乃无从发生如西方近代社会所谓"权利"的观念，也无独立的"个人"观念，而群体的和谐也就成为传统法文化的基本指标。尤其，在儒家王道思想的文化背景下，与专以讲求权利义务私权为重心的民事法，在根本理念上，确有格格不入的窒碍，因此，在法典法制方面难以开展，自属当然。至于表现于实际生活中者，在民事审判方面，天理、人情与国法都可能成为民事审判的法源依据，情理甚至优于国法而被援用。

其四，"礼"的宗法原则影响民事法典的发展。礼的内在精神就是区分贵贱上下、尊卑长幼亲疏，也就是宗法等级原则；此一原则促成了传统中国法以家族、伦理、义务为本位的基本格局，家长的权力竞合了其他家庭成员的个人权益，个人自由本位缺乏成长发展的土壤。礼所倡导的"男女有别"原则，也造就了民事法律关系中性别在权利义务方面的严重失衡。宗法原则更决定了传统民事规范中有关所有权、债、亲属、婚姻、继承以及诉讼等方面法规的基本内容，例如诉讼方面，有子孙不得告言家长的规定，儿子不可能因为父亲违反"诸子均分"原则而提起诉讼。再如，婚姻方面的"居丧不得嫁娶"、"居丧夫妻不得同居"，也是"礼"在法律中的体现。申言之，传统中国明显欠缺当今意义上的权利义务观念，只有"名分"或"分"的概念与之相仿。而"分"的内涵虽也含有权利的成分在，但主要指的还是义务与责任。

其五，传统中国社会的生活规范，主要体现在习惯与家规、族法，而不是国法。在处理百姓的事务上，地方政府侧重的是治安、税收与礼仪等问题。除了"徒"罪以上的重大刑案外，其余的民事纠纷大多委由宗族、乡里、行会等地方自治团体自行销融解决。对于民间日常生活的纠纷，官方抱持不积极介入的态度，对于债务也多采取"任依私契，官不为理"的立场。遇有婚姻、田土的争讼，也视之为"民间细故"，不告不理。纵使受理，为了防止诉讼而误农时，影响生产，通常只有在农闲时才受理诉状，称为"务限"[1]。一般来说，民事诉讼的受理期限，是每年秋收以后的十月至来年春耕前的三月底以前的这一段时间，其他时间不得受理。但城市及其他与农户田土无关的民事诉讼，则可以随时受理，不受务限的限制。而地方有司在受理有关债、婚姻等民事告诉后，常批示交由当事人就其宗族、乡里或其他公亲人处调处，调处成功后，政府准其销讼；若调处不成，官方才会直接介入。从很多史料里都可发现，传统中国的礼、乡约、族规、民间习惯等，多多少少扮演了纷争解决的角色，具有排难解纷的功能，如此一来，民事法典制定的必要性也就相对地被忽略了。

3.2.3 采客观具体的立法技术

除了重刑轻民的法典编纂体外，另须一提者，在立法技术方面，传统中国刑律对犯罪的处罚，不从主观的、概括的原则，而采取客观的、具体的态度。盖为防止有司擅断，对罪刑采取绝对刑主义，即一罪一个刑度，并无相对法定刑可供弹性适用；这种立法技术，自秦汉律以来，一直延续到清末的《大清现行刑律》为止。故同一罪责的犯罪，依其主体、客体、方法、犯意、处所、数量（日数、人数、赃数等）及其他情况，而另立罪名，各异其刑。例如《唐律》中的"阑入"（明清律为"擅入"）及其他犯罪，视其为宫、殿、上阁内、御在所，以及宫城、皇城、诸处守当、州镇戍城、县城等，各立罪名，亦异其刑[2]。

1　例如：唐代的《杂令》规定："诉田宅婚姻负债，起十月一日，至三月三十日检校，以外不合。若先有文案交相侵夺者，不在此例。"北宋初年颁布的《刑统》中，对于"务限"作了进一步的规定："所有论竞田宅、婚姻、债负之类，取十月一日以后，许官司受理，至正月三十日，任接词状，三月三十日以前，断遣须毕，如未毕，具停滞刑狱事由闻奏。如是交相侵夺及诸词诉讼，但不干农田人户者，所在官司随时受理断遣，不拘上件月日之限。"南宋时对务限又作了变动，凡诸乡村二月一日以后为"入务"，十月一日以后为"务开"，开始受理民事诉讼。

2　参阅戴炎辉《中国法制史》，第31页。

又例如，《唐律》对与金钱和财物有关的各种财产犯罪，作了综合归纳，分为六类，称为"六赃"。《名例律》"以赃入罪"条《疏议》云："在律，正赃唯有六色：强盗、窃盗、（受财）枉法、（受财）不枉法、受所监临及坐赃。自外诸条，皆约此六赃为罪。"《杂律》"坐赃致罪"条《疏议》亦说："赃罪正名，其数有六，谓受财枉法、（受财）不枉法、受所监临、强盗、窃盗并坐赃。"并根据犯罪构成要件的不同，对"六赃"的处罚，采取"以赃定罪"的原则，亦即根据犯罪所得赃物的多少来量刑，这是传统刑律对赃罪处罚的主要原则。直至晚清变法修律，于 1911 年颁布《钦定大清刑律》以后，始删去"以赃定罪"的规定。再以杀人罪言，旧律中有所谓的"七杀"[1]，即指谋杀、故杀、劫杀、斗杀、误杀、戏杀、过失杀等七种杀人行为，也是依其杀人的不同情节、性质和种类，予以区别对待。

3.3 以家族伦理义务为本位的法律实质精神

如果，我们仔细体察帝制中国法的发展历史，或可发现：天人感通的哲学观，在历朝历代业已远超出一般意义上的自然法则与社会规律，而被转化为一种规范的形式，透过国家权力，将阴阳序列分成君臣、父子、夫妇、男女的尊卑等级秩序，以及权利义务的不对等关系，作为一种人民必须普遍遵守的行为规范，并由国家强制力予以贯彻落实。同时，透过司法行政机关的活动，日益渗透到人民日常生活、风俗习惯与行为规范中，积累成一种特殊的法文化心理结构。法律、习惯、道德与礼教诸种规范相互纠结，伦理的义务和法律的责任常相混同，形成所谓以家族、伦理、义务为本位的法文化特质。

1　"七杀"有一个形成过程，秦律中的杀人罪有贼杀、斗杀、故杀、擅杀四种；汉律中杀人罪，有贼杀、谋杀、斗杀、戏杀、过失杀五种；《晋律》中杀人罪，有故杀、谋杀、斗杀、误杀、戏杀、过失杀六种，《唐律》加一"劫杀"，始有七杀之设。

3.3.1 关于家族本位

传统中国社会向以家族为社会组织单位的基础，国家则为家族的扩大型态。因之，文化法制方面受家族制度影响极深，而家族生活的父慈、子孝、兄友、弟恭的伦常礼则，往往也成为社会生活的行为规范。因此，家人之间的"父父子子、兄兄弟弟、夫夫妇妇"的身份关系，遂成为人民生活准绳的依据，也为历代刑律所严密规定。具体地说，父尊子卑、夫尊妻卑，礼所谓"尊尊也，亲亲也，男女有别"，在历代法律中表现得淋漓尽致。

"礼"的精神是区别贵贱亲疏，以礼寻律，使法有等差性、同一行为不同罪或同罪不同罚。而法的身份等差性主要表现在两方面：一是贵贱等差，具体落实在"八议"制度上[1]；二是血缘等差，体现在"服制"定罪上[2]。

提到家族本位，要言之，即"以孝率法"。宗法政治衍化为宗法制度，君主宣称自己具有国家元首和全国最高家长双重身份，推行所谓"以孝治天下"的理念。立法以义务本位为指导原则，广泛适用家族连带责任，各种以孝为本的法律规范频频出现，例如亲亲得相容隐、犯罪存留养亲、子孙不得别籍异财等。而伦理观念上有"孝为百行之首"，导致法律规范上将"不孝"列为十恶之一[3]。

其次，传统法制下，民事的法律关系的主体往往是家长（甚至是

1　八议虽起源甚早，但见于律者，自魏开始。《隋律》凡在八议之科及官品以上犯罪，皆例减一等。《唐律》所规定的八议，一是议亲、二是议故、三是议贤、四是议能、五是议功、六是议贵、七是议勤、八是议宾。详参本书《唐律中的礼刑思想·八议》。宋元明清均依唐制；唯宋论赎且限于八议，明清以议勤列于议贵之上，议功列于议贵之前，这是一些小不同的地方。到清代历届刑律，虽然保持此制度，但实在《大清会典》，早就声明八议之条不可以为训，未曾有实行，到雍正六年（1728）并且有明谕中述此一意思。

2　传统中国，区别亲等关系的制度称为"五服制"，凡是亲属间相犯，司法官员必须考虑当事人间的亲等关系。

3　十恶之中的"七曰不孝"，小注云："谓告言、诅詈祖父母、父母；及祖父母、父母在，别籍异财，若供养有阙；居父母丧，自身嫁娶，若作乐，释服从吉；闻祖父母、父母丧，匿不举哀；诈称祖父母、父母死。"孝为纲常伦理的根本，集中表现为善事父母，违反者即为不孝。对祖父母、父母不得无礼辱骂，祖父母、父母丧，不得匿而不发，更不得作乐嫁娶。祖父母、父母健在，不能另立户籍，不能分家析产，这是为维护家族伦常及财产关系。有关"十恶"的详细内容，参阅本书《唐律中的礼刑思想·十恶》。

族长），例如在借贷方面，民间习惯有"父债子还"的家属无限责任；盖传统中国以"分析家产"为财产传递的主要模式，"家产"既包括家庭中积极的财产，也包括消极的财产，即家庭债务。家长过世后，透过分家，家庭财产和家庭债务一并由法定继承人分割承受。就中国家产制度的本质言，"父债子还"系理所当然，因为父亲的债务通常系因维持家计而生，因此被视为家庭的债务。在买卖关系方面，有亲族先买权；家庭财产关系方面，家产所有权归属于家长。

在婚姻方面，目的乃为家为宗，结婚的男女不论有无成年，毫无自由意志可言，而必须听从父母之命，否则即为违反教令，而须受刑罚的制裁。换句话说，婚姻的意义是"合二姓之好，上以事宗庙，而下以继后世"。婚姻本身是两个家庭而不是两个个人间的事，所以，婚姻当事人不是结婚的男女本人，而是双方家庭的家长。

就夫妻关系来说，传统律令上，妻的人格为夫所吸收。夫为尊长，妻为卑幼，夫对妻有所谓的教令及惩戒权，称之为"夫权"。夫惩戒妻如不逾越适当范围时，不受刑罚；反之，妻只要詈骂夫时，即加以处罚。在同居义务上，妻背夫逃亡，受制裁；反之，夫背妻逃亡，并无刑责，显然夫的法律地位高于妻。此外，"七出"是传统中国法定离婚的重大事由，自《唐律》明文后，影响直迄清末。早在《大戴礼记·本命》就说过："妇有七去：不顺父母，为其逆德也；无子，为其绝世也；淫，为其乱族也；妒，为其乱家也；有恶疾，为其不可与共粢盛也；口多言，为其离亲也；窃盗，为其反义也。"后世所谓之"七出"又名"七去"、"七弃"，即类于现代用语的"片面离婚"，传统中国法中凡是合于下列七款之一者，得以"休妻"：一、无子，二、淫泆，三、不事舅姑，四、口舌，五、窃盗，六、嫉妒，七、恶疾。上述七个"休妻"条件，莫不与家族有关。因为在传统的宗族社会里，以事奉父母为重、以嗣继祖先为重、以家族和谐为重、以家族名声为重，故侍奉夫之父母、无子、淫、妒、有恶疾、多言，均成为丈夫可离弃妻子的理由。这些观念在《唐律·户婚》"妻无七出而出之条"（总189条）中开始有了明确规定：

> 诸妻无七出及义绝之状而出之者，徒一年半；虽犯七出，有三
> 不去而出之者，杖一百。追还合。若犯恶疾及奸者，不用此律。[1]

可见，传统中国，丈夫虽依礼拥有"出妻权"，但要行使之，必须符合"七出"及"义绝"的条件，即妻犯"七出"或夫妻"义绝"。此律之设，虽彰显男女地位的不平等，但另一目的在限制夫之妄为，不无寓有保护妻的"法益"，从而稳定婚姻关系的义涵在。

至于继承方面，一般论及传统中国的继承制度，都会开宗明义地区分"宗祧继承"及"遗产继承"两大类，并特别强调前者的重要性[2]。宗祧继承是身份及祭祀地位的世代相承传递，而绵延宗祧是传统中国家庭的头等大事，它最早是与西周的宗法制度、祭祀规则相表里。宗祧之制，详于《周礼》，为封建时代的遗物。进入春秋战国以后，封建制度瓦解，宗法的原则转化为宗祧继承而继续存在，并纳入成为国家的成文法律，继续存在于唐、宋、明、清各朝的法制上。

"宗祧继承"根据的是血缘与辈分关系，以续承宗庙世系，宗祧继承人的选立与宗族延续关系甚为重大。此外，祖先祭祀是传统中国家庭最为关注的核心，历代以来，不论礼或法，均相当重视如何延续祭祀的

---

1 "三不去"，即合于下列三款之一者，除犯恶疾或奸者外，虽具备七出中的其他之一，亦不得出妻。其三款依《唐律疏议》中云：（1）经持舅姑（夫之父母）三年丧。（2）娶时贱、后贵，亦即娶时夫贫贱，因娶妻后而富贵。（3）有所受（取、娶）无所归，指妻子的娘家人已散亡，若被休妻则无家可归。此外有所谓"义绝"，指夫妻中之任何一方，只要对另一方特定范围内的亲属有殴、杀，以及奸非等情事者，即须强制离异，盖"夫妻义合，义绝则离"。依《唐律疏议》，系指："殴妻之祖父母、父母，及杀妻外祖父、伯叔父母、兄弟姊妹，若夫妻祖父母、父母、外祖父母、伯叔父母、兄弟姑姊妹，自相杀，及妻殴詈夫之祖父母、父母，杀伤夫之外祖父母、伯叔父母、兄弟姑姊妹，及与夫之缌麻以上亲若妻母奸，及欲害夫者，虽会赦皆为义绝。"凡妻有义绝之状者，亦得出之。

2 胡长清、郁朝骏将继承分为"宗祧继承"与"遗产继承"两类，参阅胡长清《中国民法继承论》（台北：台湾"商务印书馆"，1964年3月），第14页；郁朝骏，《民法要义继承编》（上海：会文堂新记书局，1937年1月），第1页。戴炎辉认为我国固有法的继承有"遗产继承"与"地位之继承"，后者为"祭祀继承"与"封爵继承"、"食封继承"，参阅戴炎辉《中国身分法史》（台北："司法行政部"，1959年），第103—104页。张晋藩将继承制度分为"身分继承"与"财产继承"，而将前者再细分为"宗祧继承"与"封爵继承"，参阅张晋藩《清代民法综论》，第222页。

问题。宗祧继承的原则是"有子立嫡，无子立后"，无子时，以人为的方式弥补自然血缘的缺憾，以获得宗祧继承人，即为"立嗣"。嗣子是为承继宗祧而立，负有养老送终、继立门户的义务，并享有继承家产的权利。

就亲属缘坐方面言，自身并未犯罪，只因与正犯具有一定身份亲属关系而须连带受到处罚，一般说来，犯罪行为人的罪刑越重牵连范围越广，被牵连者与犯罪者服制越近处罚就越重。历代亲属"缘坐"的范围，有妻子（妻与子女）、三族（父母、妻子、兄弟）、五族（加祖孙、叔伯父母、侄）、九族（本宗五服亲）等不同。缘坐亲属所处的刑罚，大致有死刑、流刑、没作官奴婢等三种。以《唐律》来说，适用缘坐的罪名有谋反、谋大逆、谋叛、杀一家非死罪者三人、支解人、造畜蛊毒、密有征讨而告贼消息等[1]。明清律中适用缘坐的罪名增加采生折割（杀生人肢解以祭鬼）、奸党、交结近侍官员、上言大臣德政等。历代缘坐一般限于宗亲，不牵连外亲与妻亲，而且只有男子犯罪才有缘坐，女子无论犯何种罪，仅处罚其个人。

3.3.2 关于伦理本位

传统中国社会由于深受宗法制度的影响，建构成家国相通，亲贵合一，天、君、忠、孝相连的政治体制，而在这种体制的牵引下，形成了以家族为本位、以伦理为核心的"身份秩序社会"。个人在社会中、在法律上的权利义务，基本上，决定于他在先天或后天所取得的身份。就历代法制所体现出来的伦理本位说，《礼记·哀公问》有一段记载：

> 民之所由生，礼为大，非礼无以节事天地之神也。非礼无以辨君臣、上下、长幼之位也。非礼无以别男女、父子、兄弟之亲，昏

1　《唐律·贼盗》"谋反大逆条"（总248条）规定："诸谋反及大逆者，皆斩；父子年十六以上皆绞，十五以下及母女、妻妾、祖孙、兄弟、姊妹、若部曲、资财、田宅并没官，男夫年八十及笃疾、妇人年六十及废疾者并免；伯叔父、兄弟之子皆流三千里，不限籍之同异。"缘坐牵连范围相当广泛。

姻疏数之交也。

长幼亲疏有别，可说是礼的又一精神，而旧律乃将身份伦理作为主要的立法基础。从法制历史发展看，中国旧律从滥觞时起，即带有浓厚的宗法等级色彩，特别表现在"尊尊"的政治等级，以及"亲亲"的血缘等级之差异性精神上。西周实行的"宗亲"之制、"八辟"之法、"公族无宫刑"，以及"礼不下庶人，刑不上大夫"[1]、"凡命夫、命妇不躬坐狱讼；凡王之同族，有罪不即市"[2] 等，可以说是最初的立法等差原则。

及至战国时期，以"定分止争"作为法规范产生的原因和法律的主要功能，几乎也是一些学派的共识；而"定分"，简言之，就是定名分，确认贵贱尊卑。西汉之后，随着儒家思想受到青睐，其学说中的"正名论"和"纲常论"的精神，更深深渗透到法律理念当中，于是，确立了以伦理身份为基础的立法等差原则。

魏晋以降，有所谓"准五服以制罪"，《唐律》更是典型的"礼教立法""一准乎礼"，全面而完整地将等级名分的原则提升为具体的律文。而翻开明清法典，赫然列于卷首的，是一幅幅"服制图表"，"服制"何以在法典中居于如是显著的地位[3]？其作用何在？身份与整个传统法律文化有何关联？它产生何种影响？很值得探究。

传统中国刑律，除了"十恶"重罪系由宗法伦理而生[4]，其他许多

1　详见《礼记·曲礼上》。郑玄注云："礼不下庶人者，为其遽于事，且不能备物；刑不上大夫者，不与贤者犯法。其犯法，则在八议轻重，不在刑书。"孙希旦云："礼不下庶人者，不为庶人制礼也。"盖庶人行事，以士大夫为榜样。孔子曰："民可使由之"，是此意。大夫以身作则，以礼自防。如或犯法，必先贬为庶人，然后施刑，故曰"刑不上大夫"。详参孙希旦《礼记集解》（台北：文史哲出版社，1972 年 10 月），第 74 页。

2　见《周礼·秋官·司寇》。意即大夫及大夫以上的贵族及其正妻，不必亲身出庭受审，亦不得在闹市处死。

3　所谓"服制图"，是将丧服制度中所规定的各种亲属关系等级，以图表的形式表现出来。而所谓"五服"，即指斩衰、齐衰、大功、小功、缌麻五个丧服等级而言；凡九族内亲属都可以包括在五服以内，故丧服制度亦简称"五服"。

4　"十恶"系传统中国刑律中十种重罪的通称。十恶重罪罪名，自秦汉始发其端而定型于隋唐。《唐律·名例》"十恶条"疏议："五刑之中，十恶尤切，亏损名教，毁裂冠冕，特标篇首，以为明诫。其数甚恶者，事类有十，故称十恶。"十恶是：①谋反、②谋大逆、③谋叛、④恶逆、⑤不道、⑥大不敬、⑦不孝、⑧不睦、⑨不义、⑩内乱。

论罪科刑原则也依宗法伦理而定。以《唐律》为例：

（1）《职制》"大祀不预申期及不如法条"（总98条）："诸大祀不预申期及不颁所司者，杖六十；以故废事者，徒二年。……即入散斋，不宿正寝者，一宿笞五十；致斋，不宿本司者，一宿杖九十；一宿各加一等。中、小祀递减二等。"所谓"大祀"，据《祠令》："昊天上帝、五方上帝、皇地祇、神州、宗庙等为大祀。"亦即依礼，祭天地、宗庙、神州等大祀期，应宿正寝，不得为秽恶之事。违者，依律，一宿笞五十，一宿加一等。

（2）《户婚》"居父母丧生子条"（总156条）："诸居父母丧生子者，徒一年。"谓在父母丧期的二十七个月内，不得有妊娠生子之事[1]。亦即在父母丧期内，夫妻不得有性的关系，因为行房事是寻欢作乐，是忘了丧父母之痛，应处之以刑。

（3）《户婚》"居父母夫丧嫁娶条"（总179条）："诸居父母及夫丧而嫁娶者，徒三年；妾减三等。各离之。知而共为婚姻者，各减五等。不知者，不坐。"谓父母之丧，终身戚忧，三年从吉，自为达礼。因此，在父母丧期内，倘子女自我决定婚嫁，构成"十恶"中的"不孝"之罪，处三年徒刑，婚姻必须解除。又夫为妇天，尚无再醮。在父母及夫之丧，二十七个月之内，若男身娶妻，而妻、女出嫁者，各徒三年。此在民事上系属婚姻的障碍，必须延至服满。若知情而与此等人共为婚姻者，亦予处罚。明、清律承继了《唐律》的遗绪，但刑罚较为轻微，只处杖八十[2]。

在家族本位的立法原则下，必然导致伦理本位的互生，个人并无独立主张权利的空间；个人利益必须为全家或宗族奉献牺牲，权利义务也是单方面的。以《唐律》来说，此类条文，比比可见，例如：卑幼须恭顺尊长，贱者须服从贵者；《斗讼》"殴詈祖父母父母条"（总329条）："诸詈祖父母、父母者，绞；殴者，斩。"反之，"若子孙违犯教

1　若在父母未亡之前而怀胎者，虽于服（丧期）内生子者，不坐。纵除服以后始生，但计胎月是服内而怀者，依律得罪。详参《唐律·户婚》《名例》。

2　参阅《大明律》《大清律例》中的《户律·婚姻》。

令，而祖父母、父母殴杀者，徒一年半；以刃杀者，徒二年；故杀者，各加一等"。《户婚》"子孙别籍异财条"（总155条）："诸祖父母、父母在，而子孙别籍异财者，徒三年。"又《名例》"犯死罪应侍家无期亲成丁条"（总26条）："诸犯死罪非十恶，而祖父母、父母老疾应侍，家无期亲成丁者，上请。犯流罪者，权留养亲。"其次，《斗讼》"子孙违犯教令条"（总348条）："诸子孙违反教令及供养有阙者，徒二年"等。在现代法理念认为系属道德问题者，《唐律》上即视为犯罪，此固为伦理本位的当然结论。

要言之，中国旧律，自唐以降，其立法基础既植根于礼教，而礼教又是建立于五伦之上。由于人伦有尊卑之别、上下之分、昭穆之序，因此，即使行为人所犯的罪行相同，法律每因犯罪行为人及被害人的身份、辈分、性别，甚至职业、族群的不同，而差异其罪之适用，或分别其刑之重轻，有其明显的"身份秩序"差等性。例如，基于君臣关系，尊崇君主的特别人格及官吏的特殊地位；基于亲子关系，强调父母乃至祖父母的特殊身份；基于夫妻关系，妇女从夫，乃当然义务；基于良贱等级，奴婢随主，视同资产，而具"半人半物"的性质[1]。具体体现在对于皇室及官人官亲的优遇、尊长权、男尊女卑、良贱有等制度面上。

3.3.3 关于义务本位

就伦理义务本位看，"基本权利与人权"是个人主义、自由主义、权利本位思潮下的产物，而传统旧律的背后思想系以礼教为本，以人伦纲常为中心，所以，历代立法几以义务为本位。

或许为此，传统中国，以权利关系为中心的独立"民法典"迟迟未能出现。盖多数民事关系，均归于自律律人的"礼"，或族规、家规、行规以及习惯等所支配，仅将少数必须强制遵行的民事关系，以刑

1　关于传统中国法中"奴婢"的法律地位，详参黄源盛《晚清民国禁革奴婢买卖的理论与实践》，载于《政大法学评论》（台北：台湾政治大学法学院出版），2013年9月，第134期，第47—113页。

罚法规的方式规定于刑律中而已。也因为坚持这种义务为本位的立法观，民事亦以道德、伦理为尚，刑律之外无独立的民法典。即诉讼本质为民事者，也常出现"出于礼而入于刑"的律条。例如婚姻及收养违律、买卖标的物的"行滥短狭"、负债不偿等，于当今看来，本属民事责任，违者亦须负刑事责任。至于遇民事纷争，能调解则调解之；如不能，即以刑罚逼之使服，此即《周礼注疏》所谓"狱事重于讼事者也"，由此，可见历代法制社会的主要轮廓。

自唐以降，旧律的基本理念，既是一种礼教的法律观，而礼教的目的重在维持社会的和谐与良善关系，所以，历代刑律也表现出一种很发达的社会义务观。有关禁止人民有妨害社会秩序及公共利益的行为，其法条散见于《户婚》、《杂律》、《贼盗》及《卫禁》等篇中，整体而言，表现出很明显的社会义务意识，用以保障各种社会公益，并防止公共危险的发生。《唐律》甚至把防止犯罪的责任，托付给社会本身，规定人民于犯罪行为发生时，或被请求有协助防范的义务；甚或不须被请求，也应负有主动防范的义务。例如《唐律·杂律》"见火起不告救条"（总433条）规定："诸见火起，应告不告，应救不救，减失火罪二等。"又如《捕亡律》"被强盗不救助条"（总456条）云："诸邻里被强盗及杀人，告而不救助者，杖一百；闻而不救助者，减一等。力势不能赴救者，速告随近官司，若不告者，亦以不救助论。其官司不即救助者，徒一年。窃盗者，各减二等。"凡此，均为基于义务本位的精神而来。

至于有关侵害皇权或公务的行为，更是负有特殊的义务，例如《唐律·斗讼》"知谋反逆叛不告条"（总340条）："诸知谋反及大逆者，密知随近官司。不告者，绞。知谋大逆、谋叛不告者，流二千里。知指斥乘舆及妖言不告者，各减本罪五等。"又例如"监临知犯法不举劾条"（总361条）："同伍保内，在家有犯，知而不纠者，死罪，徒一年；流罪，杖一百；徒罪，杖七十。"

3.4 司法与行政合中有分

传统中国，行政与司法表面上看似一体，司法受行政干预，皇帝不仅掌握着国家最高的行政权和立法权，还拥有最高司法权。这种以君主为主宰的专制政体，决定了皇帝在官僚体制上的最高权威，也是产生帝制社会行政与司法混为一体的基础。而为了更有利于维护和巩固中央集权制度[1]，皇帝常透过奏裁或会审方式审理某些要案、疑案，西汉至清末都盛行的"上请"制度，以及汉的杂治，唐的三司推事，明的三法司会审、圆审和清代的秋审、九卿会审[2]等都十分典型。

从司法机关的建制言，传统中国的司法机关，从中央到地方，都从属于行政机关，司法事务本来就具有行政的性质，组织上也有上下统属关系，上下机关之间，有指挥服从关系，并没有独立的司法权。在中央，无论是先秦的大理、司寇，还是秦以后的廷尉、大理寺、刑部等，除了要绝对服从皇帝外，还要受制于冢宰、丞相、三省和内阁等中央行政中枢机关，遇有重大要案还需会审。在地方，也无独立的司法机关，地方行政机关兼行司法权，地方行政长官就是地方司法官，知县、知府、巡抚等都要审案。地方虽也有专职司法人员，如汉的决曹、唐的司法参军和司法佐、明清的按察使等，但他们也都只是地方行政长官的下属。以清代为例，图示如下：

州县官 → 知府 → 按察使－总督·巡抚 → 刑部 大理寺 都察院 → 皇帝

1　从秦始皇到清末皇帝几乎少有例外，具体表现在：皇帝亲自审理某些重大要案，如秦始皇就是"昼断狱，夜理书"，隋文帝一向喜亲自录囚，审阅各州刑罪奏报；明太祖朱元璋"凡有大狱，当面讯"，清乾隆帝多次"亲鞫"重案等。

2　唐宋以刑部覆按大理寺，明清则以大理寺覆按刑部，视大理寺为慎刑机关。其有大狱，则由都察院、大理寺、通政司及六部共议，谓之"九卿会审"。其详请参阅本书《明清社会与法制的发展·九卿会审》。

3.4.1 关于中央司法机关

如果，以当代严格意义的权力分立观点，传统中国当然谈不上有所谓的"司法独立"可言；不过，是否因此就可断定"司法与行政完全合一"而毫无区分？那恐怕也未必尽然，具体来说，相对于地方的司法官员与行政首长混而为一，国家在中央一级，也有职能的区隔，而由不同的衙门分别职掌行政、司法两权。

秦汉之世，中央最高的司法部门称为"廷尉"，又称"大理"，属中央"九卿"之一。廷尉的主要职责有二：一是审理皇帝交办的诏狱；另一是受理地方上报的疑难案件。凡是交付廷尉审理的案子，即为终审判决。廷尉以外，三公之一的御史大夫是丞相副贰，其属官御史中丞，除负责纠察百官外，有时也会审理皇帝临时交办的案件，也算中央的另一司法机构。

唐代，中央接受投诉的部门有大理寺、刑部、御史台和"三司"。"大理寺"专受内外官员的投诉，也覆审京师徒刑以上案件。"刑部"乃最高司法机构，除受理投诉外，并覆核包括两京在内的全国流罪和死罪案件。"御史台"原为监察百官的机构，唐玄宗时也开始接受投诉。唐代司法机构还有所谓的"三司"，由中书省的中书舍人、门下省的给事中和御史台的侍御史组成，这是一个常设的机构，除了接受词讼外，也受理天下冤狱。三司地位颇高，可以审理州县，甚至尚书省六部的不法情事，并直接对皇帝负责。除此以外，唐代又有"三司使"之设。"三司使"是皇帝任命刑部、大理寺、御史台三法司官员临时组成以推鞫大狱，事毕解散，并非常设机关。

宋代中央的审判机构主要有大理寺、审刑院、刑部。大理寺掌"详断"，即二审之意，类似当今的上诉和撤销改判。不过，大理寺只是审阅卷宗，不能将罪犯自地方传唤到首都来；大理寺的判决送审刑院再次审查，称为"详议"。刑部是隋唐以来的最高司法机关，原为尚书省六部之一。但宋代独裁政治逐渐形成，天子刻意剥夺原隶属宰相的司法权，故设审刑院以架空刑部，刑部名存实亡。神宗朝恢复唐制，废审刑院，其"详议"工作转往刑部，刑部得以复活。

明代的中央司法机构由刑部、大理寺、都察院组成，称为"三法司"，其源头可追溯唐代的"三司"。刑部是中央的审判机关，除接受投诉和审理首都案件外，亦覆审全国上呈的死刑案件。大理寺的职权和班次都低于刑部和都察院，但大理寺掌握覆核权，有权覆核刑部、都察院和在京诸司的案件，是审判的监察程序；实际运作时，大理寺主要只是覆核死罪之类的重大案件。

清代中央司法审判机关沿袭明制，理论上，都察院和大理寺对于刑部的判决，都可提出异议并加以平反，但实际上，自清初以来，刑部独重的情形非常明显。都察院、大理寺的职权不断下降，对于刑狱根本无权过问，所谓"平反按覆"，不过具文而已。

综上看来，传统中国的司法机构可说是采"审"、"判"分离原则，司法机关往往有权审理，却无权裁决。唐、明、清的县级只能判决笞杖等轻刑，州或省只能判决徒刑，流行和死刑等重罪都必须上呈中央刑部定夺。州县等地方官衙既无权判决流、死等罪案，可是法律又规定所有案件必先经地方审理，否则视为"越诉"，纵使百姓没有上诉，案件仍需向上一级审转。

可以得出，传统中央的司法机关一直处于不断的发展中，先是机关与职官分称，后又各机关职责分明，并相互制衡，而成全其统于一尊的专制统治[1]。而从历代的法制衍化看来，有关中央司法机关的建制，有因循、也有递嬗，其历史意义可得而言者，约有下列数端：

---

[1]　至于地方司法审判，由各级行政长官兼理，尤以州县衙门长官为常任。中国州县之名滥觞甚早，县之成制在秦始，州之成制在西汉平帝时。嗣后，地方制度虽则时有变化，但迄于清朝，州县仍为最基层的行政机关。历代以来，地方亲民之官，其最主要职责，厥惟听讼断狱，论者谓："中国古代之司法组织，与其谓为以行政官兼理司法，毋宁谓为以司法官兼理行政之更切实际。"而州县官之职责，则结合了法官、检察官、警官、验尸官、甚至典狱长诸工作。参阅汪楫宝《民国司法志》（台北：正中书局，1966 年），第 3 页。另参阅那思陆《清代州县衙门审判制度》（台北：文史哲出版社，1982 年 6 月），第 13—16 页。而有关清代的司法裁判，滋贺秀三论述精详，参阅氏著《清代中国の法と裁判》（东京：创文社，1984 年 12 月），第 3—262 页。

其一，司法机关是政府的一个组成部分，无论是秦汉的廷尉，还是唐以后的三司，都是朝廷的职能部门，不是"独立"于行政机关之外的司法机关。廷尉是秦、汉中央政府九卿之一；刑部也是唐、宋、明、清中央政府的六部之一；御史台（都察院）稍别于廷尉（大理寺）和刑部，但也在宰相的统领之下。历代的宰相，如秦汉的丞相、三公，唐、宋的中书、门下，明、清的内阁、军机均得参与司法审判，虽然权限时大时小，唯确掌有司法审判权。皇帝还可以随时指令或增设其他机关参与司法事务，如唐的参酌院、宋的制勘院、明的内阁有票拟权、司礼监常获皇帝授权，代表皇帝批朱；清的詹事、科道、九卿，反映了司法、行政权限未明显分隶的政权体制特性。

其二，传统中国的中央司法机关由秦、汉到隋、唐，由单一的廷尉变成三司；由宋到明、清，在三法司体制形式上不变的情况下，权力集中在刑部。刑部、大理寺、都察院三机关各有分职，相互制约，能使专制法制得到具体的落实点，但真正做到这一点的朝代并不多见。司法权力大都主要由一个机关或相对集中到一个机关行使的，此或高度中央集权制所使然。

其三，中央司法机关在皇权的绝对掌控下，司法权性质上是专制皇权的附庸，不仅死刑案件要向皇帝覆奏，由皇帝勾决，就是"寻常徒流罪"也要定时向皇帝汇集奏报。不过，历代以来，除了少数昏君和奸吏的舞法滥权外，在正常运转的状况下，君主审核的案件，主要是死刑案件或特别重大的刑案，其目的或在防止冤案、错案、假案的发生，也力求避免量刑的失衡，倒也不必把君主行使的这种案件覆核权一概斥之为"君主专制"、"皇帝独揽司法权"，而毫不加分别地全盘予以否定[1]。

---

1 参阅杨一凡、徐立志主编《历代判例判牍》（北京：中国社会科学出版社，2005 年 12 月），第 1 册，"前言"，第 7 页。

3.4.2 关于地方司法机关

至于地方司法机构，长期是由地方行政长官兼理，秦汉地方行政采用郡县制，县是最基层的行政单位，县之首长为"令"，是县级最高的司法官员。县令下设县丞，是县令之副贰，司法事务由县丞处理，县令不必亲自决狱。县之上设郡，首长称为太守，是一郡最高司法官员。同样的，秦汉的郡守也不必亲自决狱，可由"决曹掾史"处理司法事务[1]。

汉武帝以后，地方行政或是郡县制，或是州县制，其首长名称同于秦汉。唐代行州县制，县级负责初审，有权判决笞刑、杖刑的案件。徒以上的案件需将案情审理明确，写成初步的处理意见送州。州除了审理县上呈的案件外，本身也接受诉状。州只有权判决徒刑以下的案件，流刑、死刑案件审理既了，要呈送中央刑部按覆。宋代地方行政主要是路—州（府军监）—县三级制。州之首长称知州，县的首长称知县。宋代规定州县官必须亲自听狱审问，若不亲听囚而使吏鞫审者，徒二年。路设有转运司、提刑司等机构，负责审查本路州县刑案以及平反冤狱[2]。

明代地方分承宣布政使司（即后来的省）—府（州）—县三级。县、府州的民事刑事案件一律由首长——知县、知府、知州等兼理。承宣布政使司的首长称"布政使"，但布政使不管词讼，而是由专门司法机关"理问所"，负责主管民间狱讼，其中又以田土、户婚等民事案件为主。布政使一级的司法机构尚有"按察使"，唯按察使负责覆审地方狱讼，须经覆审后才可以执行刑罚。至于死罪之类的案件仍须上奏刑部

1　汉武帝时期，把全国分作十三郡，设刺史监察郡县，郡后来发展成为州。刺史每年八月要检核郡县刑狱是否冤滥延滞，也负有司法职权。相对于后世，汉代地方首长，特别是郡守的司法权限很大，甚至连死刑案件都可以判决定谳，除非遇有疑狱才需要上报中央的廷尉裁决。

2　宋代地方首长的司法权限前后不一，在宋神宗以前，州县对死刑都拥有终审权，只是在死刑执行后覆核州府上报的文件而已。神宗元丰改制后，朝廷才规定提刑司等必须在死刑执行以前审核，审核以后，死刑方始定谳。值得注意的是，宋代死刑的终审权一直在地方，并没有收归中央，与其他朝代迥异。

审查，再由大理寺覆核。

清代地方行政类似明代，不过，增设了"道"一级，变成省—道—府（直隶州厅）—县（州、厅）四级制。道在乾隆朝被确立为地方行政单位，但道一般不作单独审级，府级的二审案件是报送省级的按察使。清代的按察使有别于前朝，不再直接受理百姓呈状，而是成为省一级的司法机构，总理一省刑狱，覆审府县刑案。不过，按察使所受理案件仍须呈报一省的首长——总督或巡抚，再一次开庭审理。一般"民间细故"的案件，县级的衙门可以判决确定，这些案件包括户婚、田土之类的民事案件以及笞、杖等轻微刑事案件。省级的督抚可以判决定谳徒刑案件，至于流刑（包括由流刑发展而来的"充军"、"发遣"）和死刑案件，地方只能将判决结果送呈中央的三法司进一步覆审，是采所谓的"必要覆审制"。

从官制上的配置来看，传统中国，大致上仍然隐约存在与民刑区分相仿的分工架构。以唐代言，刑部掌狱事、户部理讼事即一个明显的例子[1]。这种在官制上的职能区分，唐以后各代亦大致沿袭；即户部职司婚姻、财产、继承、水利与钱债等案件的讼争纠纷；刑部、大理寺等则典掌如诸恶、诸杀、诸奸及诸赃等重要的刑事案件。

传统中国法固无所谓"民事法"称谓的分类，一般将户婚、田土、钱债等事项泛称为"细事"，用以区别"徒"以上刑事制裁的"较重之罪"。以清代言，若非"徒"以上的案件，全部委由州县自理，"听讼"即用以称呼这一类由州县自理案件的处理程序，地方官（州县官、亲民官）享有便宜处置的空间。这一类的案件中，虽然依律例的规定，知县与知州拥有审判权，但实际上真正详酌参研各案细节者，系县衙所设的吏、户、礼、兵、刑、工等六房之中的"户"、"礼"、"工"等三房。分工上，"户房"承办田土、房屋、买卖、租佃、粮税、关税、谷

1　《唐六典·刑部》对于刑部的职掌记曰："刑部尚书，周之秋官，卿也。汉成帝始置三公曹，主断狱事，开皇三年改为刑部，皇朝因之。"相对的，户部的职掌："户部尚书，周之地官，卿也。……户曹司、户参军掌户籍、计帐、道路、逆旅、田畴、六畜、过所、符之事，而部断人之讼竟。凡男女婚姻之合，必辨其族性，以举其违。凡井田利害之宜，必比其争讼，以从其顺。"

米等案件;"礼房"承办祠祀、家产、债账、婚姻、杂货等案件;"工房"则承办坟、埝、炭、木、工造、铺房、庙房、会房逐搬、佃迁、押租等案件;这些三房承办案件类型化的分类中,不难看出,大致上也是类似当今民事法所规范的对象。

即使州县自理的"细事"以外之户婚、田土案件,以及由州县审结,但民人认为不公而上控至"府"的细事案件,律例上虽规定由知府加以审理,然而掌理厘清案件情状者,仍然是由"府"所设六房中的"户"、"礼"、"工"三房分类办理。请先看下图:

	户婚、田土、钱债等民事案件以及笞、杖轻罪案件(斗殴、赌博等细事)	命案、盗案(强盗与窃盗)
(笞杖枷号以下的事案)	州县自理	送上司覆审
徒罪以上之案件		

综上看来,学界通常把"司法与行政合一"概括为传统中国法制的特征之一,这种说法,是否完全与史实相符?值得再商榷。地方行政长官固有兼理审判之权,但只要翻阅明清时期的判牍,即可得知,州县官只有对刑事案件处笞、杖刑之权,对徒罪以上案件,则只能拟具审判意见,供上级官府覆审。至于流罪以上案件,判决权在中央司法机构,死刑案件还须经中央司法机构覆审乃至上奏皇帝核准。

也就是说,至少在明清时期,对于情节较重的案件最终是由专门的司法机构审判的,不能笼统地把传统的审判活动都说成是司法与行政合一[1],此种现象,如果称之为"司法与行政合中有分",不知以为然否?

1　参阅杨一凡、徐立志主编《历代判例判牍》,第1册,"前言",第8页。

3.5 法的世界与现实的世界

传统中国法文化所体现出来的实质内容，无论国法、家法族规或民间习惯，乃至于诉讼程序，其所重视的，到底是强调维护群体秩序的和谐，还是也关心到个人正义与权利的阐扬？理想和现实之间有无差距？国家法与民间规范之间如何交融为用？刑事案件的审理，是采比附援引，抑或采罪刑法定？

3.5.1 无讼乎？惧讼乎？

通说认为，传统中国社会，和谐被视为不易的真理，冲突应尽力避免，否则，最好也能迅速弭平，让秩序重新恢复；法规范的功能，除了刑事法作为安邦治民之具外，与其说是在判明是非曲直，倒不如说是重在追求矛盾与纠纷的平息。如果把这种现象看作是一种"诉讼观"，那么影响这种"诉讼观"的思想因素究竟在哪？

《易经·讼卦第六》[1]：

"讼，有孚窒，惕，中吉；终凶。利见大人，不利涉大川。"

依"讼卦"的现象，是由于诚信被窒塞才引起争讼，倘若心中能够有所戒惧，坚持中正而不偏颇，可获吉祥；若穷争不止，将导致凶

1　关于此一卦词的断句有不同标法，有标为"讼，有孚。窒惕。中吉；终凶。利见大人。不利涉大川"，也有标为"讼，有孚，窒。惕中吉；终凶。利见大人，不利涉大川"。熊十力说："从来易家，多以讼为恶名，则由说以讼为诉讼之讼。而不知，讼者争义，乃指愚弱者对于凶暴之一种斗争，未可以讼为恶名也。且《易》辞皆象，讼之爻词固有取象于诉讼者，是普通其意，要未可以讼卦为说诉讼之卦也。"熊氏之说，有别于他家，值得细细体会。参阅氏著《读经示要》（台北：明文书局，1987年），第721—723页。

险。遇到公正的"大人"（即指法官）裁判以解决争讼将有利，倘像涉大川一般逞强冒险，则不利。

"彖辞"中补充了卦辞"讼终凶"的道理：

> 讼，上刚下险，险而健，讼。讼，有孚窒，惕，中吉，刚来而得中也；终凶，讼不可成也；利见大人，尚中正也；不利涉川，入于渊也。

《彖传》说：讼卦象征争讼，就像上面是阳刚，下面是坎险，临险而强健，这正是争讼之象。

此卦卦名"讼"，义为争讼；此《彖》辞阐释讼卦的卦象和爻象。表明争讼乃由诚信被窒塞而产生，必须加以控制，如果穷争不已，必将导致凶险不利的结局，其中反映了避免争讼，以和为贵的思想。

> 《论语·颜渊》："子曰：听讼，吾犹人也。必也，使无讼乎！"

《周礼·地官·司徒》："凡万民之不服教而有狱讼者，与有地治者听而断之；其附于刑者归于士。"[1] 郑玄注："讼，谓以财货相告者；狱，谓相告以罪名者。"据此，有认为"讼"类似当今的民事案件，狱乃刑案。而上述孔子的"听讼"，似宜解为包含民刑事案件的广义狱讼之事。至于职司是非判断的人，最主要的目的，是使大家没有纷争，都能心平气和，心安理得，合理地得到解决。

上面所引《易经》及《论语》的两段话，各家解读不一，一般认为，要追求的是，人世间没有纠纷的境界。为此，"花落讼庭"的"无讼"境界几乎成了千古以来中国士大夫阶层的共同理想；问题是，可

1　此段话译为白话：凡是百姓不服教化，发生争执时，大司寇和乡、州、都、鄙官员审理并判决；案件中涉及刑罚的，交给司寇下属的士师等司法官员审理。

能吗？现实的世界又是怎么一回事？

从史料上看来，传统中国社会，官员对参与解决民事纷争的态度的确较为冷漠，当民事纠纷出现时，重要的，并非明确两造的权利义务关系，而是尽力劝息双方当事人不要过度坚持本身的"权利"；而导引听讼者判定的基准，时而也无须受律条严格形式的束缚，反而拘泥于伦理或其他体制的价值规范。更直截地说，是根据"中国式的正义衡平观——情理"来寻求具体妥当的解决，如此一来，权利与义务的割裂于焉形成，也根本无法从国家权力中塑造出具有相对独立性的"法"。因此，传统中国所谓"制定法"，除了刑罚，就是类似当今行政机构的组织法、行政的执行规则，以及针对违反规则行为的罚则等，而民事法的"私权"理念始终相当阙如。

此外，在传统中国社会，我们也可以发现，以法定的诉讼程序来解决人与人间的民事争端，似乎并不是必要且经常的途径。法律的"判决"、"裁决"等，也是不得已而为之，最好是备而不用。尤其，经家族主义驯化后的个人，生活在伦理社会中，他们把整个社会家族化，努力想把社会促成"必也无讼"的理想境界，一切冲突和纷争，首先都企图用国法以外的情理及纲常礼教化解，这就大大降低法律在整个社会规范体系中的功能。因为，在通念上，法是权力的现象、形态，甚至视之为权力的管道。谈到"法"就联想到"罚"，而从被统治者的立场言，自然而然对"法"产生畏惧与不安，也会理所当然地敬而远之。

同时，民事裁判与刑事审判的程序常两相重叠，刑事的诉讼与民事的争讼，非诉讼标的本质上的差异，只不过其所具有之犯罪的色彩有浓淡之差而已。在诉讼程序上，民事与刑事并无"质的差异"，即其所依据的原则并无二致。民案亦得依职权搜集证据，予以纠问，不待当事人之主张，法官得依职权援用法规范，与现代刑事诉讼相类[1]。而根深蒂固的刑事裁判观念，使人民产生"讼则终凶"的心理反映。庶民众生怕上法庭，视兴讼为不祥之事已为久远的传统。这种由士人以上菁英阶

1　参阅戴炎辉《中国法制史》，第137—138页。

层所形塑的"无讼"和谐观，折射成普罗百姓"惧讼"或"贱讼"的法律观，形成了传统中国人民鄙视法律、悸怕法律，甚而避讼的消极法律意识。

不过，尽管官方与士大夫阶层极力提倡"无讼观"，我们却可以从历代的法制文献中得悉现实的一面，这恐怕是一个永远难以圆梦的遥远境界；诚如清乾隆时学者崔述（1740—1816）所说：

> 凡有血气皆有争心，必此争而彼甘于让，斯已耳；苟不甘于让，则必讼之矣！故陵人者常不讼，而陵于人者常讼，其大较也。且争而甘于让者，惟贤与孤弱者耳。然理固有当让有不当让，势应有能让有不能让；所争者非一人之得失，则不当让；让之而争者不已，让之而争者得逞，人皆从而效之，则亦不能终让，故虽贤与孤弱者亦不能尽无讼也。[1]

其实，自有生民以来，莫不有讼。讼者，事势所必趋，人情之所断不能免。讲穿了，讼，就是争执，争端必起于饮食、男女、权力乃至名位等一切利害之争。只要有人的地方，就有欲望的存在，每日纷繁的讼狱案件也就源源不绝而生。撰诸实际，有人甚至以传统中国社会是"健讼"来形容，是耶？非耶？换个角度，如果说，传统中国社会的百姓是"好争"但却"惧讼"，然乎？否乎？

3.5.2 民间规范乎？国法乎？

传统中国的民事纠纷案件，州县官员裁决时，除了考虑"情、理"之外，也常以"习惯"作为法源。以清代为例，国家法律很少为纯粹的民事财产与身份关系提供系统的行为规范，民事活动主要是由民间自

1　参阅崔述《无闻集》，收于顾颉刚编《崔东壁遗书》（上海：上海古籍出版社，1983 年），卷 2，《讼论》，第 700—703 页。

生的社会规范调整，"习惯"乃成为支撑民事秩序的重要基础。尤其与身份伦理等无关的民事案件，官员主要从个人对公平正义的"法感"着眼，尽可能在"情理兼顾"的状态下完成裁决。

以国法与家法族规来说，历代中国，地方司法机关的权力都是受到层层限制的。在明、清两代，府、州、县官府只能判处笞、杖轻罪，督抚也只能判处徒刑案件，对于不属于审判权限内的案件，必须逐级审转覆核，直到有权作出判决的那一审级予以批准。如果越权擅断，有关的官员就会受到处分；特别是对死刑的判处，从宋代起历朝历代都十分慎重，须呈报刑部核准，在有些朝代还须都察院、大理寺等法司共同会谳，最后才呈由皇帝勾决。

反观，流行于民间的族规家法，有些宗族尊长的裁断权却是没有限制的，他们可以决定罚跪、记过等较轻的惩罚，也可以决定拆屋、驱逐等重大的惩罚，甚至掌握着家人、族人的生死。而他们作出任何裁断，都无须他人审核，即可予以执行。在有些宗族中，一些较轻的处罚可由本房、本支的尊长来裁定，这些裁断即无须报请族长等人的批准。而家长或族长等人作出的裁断，即便其中决定要对有过犯者施加拆屋、驱逐这一类的重罚，初审便是终审，更无覆核的程序和机构，在某些极端的状况下，有时候甚至下令将犯过的族人处死[1]。

依国法，凡不服官府判决者，可以层层上诉。在清代，不服州县官判决的当事人及其直系亲属可向知府、道台、臬司、巡抚、总督的衙门上诉，甚至可进京向都察院及步军统领等衙门上控。但是在家庭中，受到惩罚的家人及奴婢等并无申诉之处。在有些宗族中，不服本房、本支尊长裁断者，尚可以向宗族申诉。在另一些宗族中，要向宗族申诉，就要先受到某些惩罚。或者是申诉成功，可免受惩罚，申诉失败，就会被

1　清代乾隆年间，族长刘宾因族中无赖刘彩文偷窃族人耕牛一头，断令罚银八十两，置酒谢族的裁断。刘彩文在逼迫母亲陈氏出卖膳田置酒时，又将母亲推倒。刘宾遂以"做贼不孝，不如埋死，以免族人复累"要将他活埋。陈氏不允。刘宾就宣称："如不埋死，定将卖膳田办酒示罚。"于是，就因族长一时的心血来潮，并无死罪的刘彩文就此一命呜呼。取自全士潮等辑《驳案新编》（台北：成文出版社，1968 年），卷 10。

视为"擅投大宗、希图刁翻",而受到宗族更重的惩处[1]。在部分宗族中,不服宗族裁断者可以向官府投诉;另一些宗族中则明文规定,如不服宗族裁断而投诉官府,宗族便要尽力维护族中的裁断,向官府提供不利于投诉者的证词、证物,使其败诉[2]。

整体以言,传统中国所借以解决民间纠纷的规范,呈现多元的现象,并非仅是国法,有习俗、乡约、族规、家法、行规等等,有的甚至是与国法相冲突的民间规范。因为国法是建立在权威的道德之上,而民间规范则是立基于社会的和谐之中;前者,动辄以刑罚威吓;后者,则以既成的习俗为制约手段。于是,传统的司法,无形中变成双轨制:一是国家制定法所规定的诉讼程序,另一是民间习惯自谋解决讼争的方式。不过,裁判的依据虽参酌习惯等民间规范,但习惯等对案件向来并没有确定的拘束力,在有利于平息纠纷时才可能引起官员注意;大多数情况下,民间习惯往往只是官方移风易俗的一种手段而已。

3.5.3 比附援引乎? 罪刑法定乎?

传统中国,刑事规范与司法审判是否采类似当今的"罪刑法定主义"[3]? 这是个见仁见智的老课题。须留意的是,"罪刑法定"在西方经历了数百年的发展才确定了今天的一些基本原则,因此,要作中西比较时,理应审慎为之。

不论中外,在专制皇权时代,什么样的行为构成犯罪,应科处如何的刑罚,完全操在执政的掌权人或断狱有司之手。直到西方近代市民阶层抬头,为防止刑罚权的恣意行使,以保护市民的权利与个人的自由,乃产生所谓"无法律即无犯罪,无法律即无刑罚"(Nullum crimen sine lege, Nulla poena sine lege)的"罪刑法定主义"思潮。

---

[1] 参阅《潘氏典堂族谱》,收于李文治、江太新《中国宗法宗族制和族田义庄》(北京:社会科学文献出版社,2000 年),卷 1,《家规》。

[2] 详参费成康主编《中国的家法族规》(上海:上海社会科学院出版社,2002 年 1 月),第 189—191 页。

[3] 关于"罪刑法定主义",目前在台湾一般改称为"罪刑法定原则",名称虽异,其内涵则一。

　　考诸"罪刑法定主义"的理论根据，一方面固来自民主主义及自由主义的形式上"法安定性"理念。另一方面，主要系根据保障人权的"正当性"与"合目的性"的实质法理念而来。而在该理论基础下，乃派生出"罪刑法定主义"的几项下位重要原则：

　　（1）罪刑成文法原则：不成文的习惯或法理等不得作为刑事审判的直接法源。

　　（2）禁止溯及既往原则：不得根据行为后所实施的刑罚法规来处罚施行前的行为。

　　（3）禁止类推适用原则：当法律有漏洞时，不得使用对被告不利的比附援引予以填补。

　　（4）罪刑明确性原则：犯罪的构成要件及其解释，必须在一般国民得预测可能性的范围内；同时，否定绝对不定期刑的存在。

　　假如，我们以"限制君权"和"适当的法律程序"作为它的一个原始目的，不消说，帝制时期的中国法自无"罪刑法定"可言。而古代中国罕谈天赋人权，故旧律中有无蕴含保障人权之意，实也成疑问。但若以近世权力分立中对司法权的限制而言，则历代中国刑律颇有暗合之处。再如单就以上述近代以降"罪刑法定主义"所衍生出的诸原则来作为衡量的基准，可以看到，中国旧律在形式上的确也曾试图想建构所谓"罪刑法定"的理念与格局，例如《唐律·断狱》"断罪不具引律令格式条"（总484条）规定：

　　　　诸断罪皆须具引律、令、格、式正文，违者，笞三十。若数事共条，止引所犯罪者，听。

　　《疏议》也补充说明："犯罪之人，皆有条制。断狱之法，须凭正文。若不具引，或致乖谬。违而不具引者，笞三十。"乍看之下，这与当今"罪刑法定"的要求，有何不同？不过，问题在，《唐律·断狱》"辄引制敕断罪条"（总486条）又规定："诸制敕断罪，临时处分，不为永格者，不得引为后比；若辄引，致罪有出入者，以故失论。"《疏议》云："事有时宜，故人主权断制敕，量情处分。"法律规定，这种"权断"之权只有皇帝享有，其他人不得仿行。只有当权断的制敕，经过编修公布，成为"永格"之后，其他司法官吏在审判中才能引用。如此一来，在规定断罪要完整引用律、令的同时，却又承认皇帝对个别案件下制敕"断权"的合法性，而不问这种"临时处分"是否与刑律的规定相一致，实际上，这无异是对前者的根本否定[1]。

其次，《唐律》本文虽未明白规定得为"比附"，但比附之制，屡见于律疏[2]，其中有关于通例的比附、罪名的比附，也有关于刑罚加减的比附。总的看来，《疏议》明显是以事类相似者比附援引以科断。我们也观察到，为避免比附事项悬殊过大的弊病，《唐律》确也企图对比附加以某种程度的限制。如上述所引《断狱》"辄引制敕断罪条"，皇帝的"制敕断罪，临时处分"，如果"不为永格者，不得引为后比"。倘有司法官吏擅自引用，而"致罪有出入者，以故失论"。又如《断狱》"赦前断罪不当条"（总488条）规定："即赦书定罪名，合从轻者，又不得引律比附入重，违者各以故、失论。"足见，唐时虽有比附之事，而设限仍算严格。

然而，观察传统法制，不能不注意规范的有效性与实效性的问题，这两者间有时是有相当差距的，唐刑书虽为律、令、格、式，并禁止法官妄自比附，惟君主有司法大权，不受刑书拘束，权断制敕，量情处分的事例屡见不鲜。例如魏征在贞观十一年（637）时就曾批评道：

　　顷年以来，意渐深刻，虽开三面之网，而察见渊中之鱼，取舍

---

1 参阅钱大群《唐律研究》（北京：法律出版社，2000年），第76—79页。

2 例如《名例》各条有关的规定，依《疏议》的解释，可得比附于其他相类情形者，如十恶比：《名例》"十恶条"规定，殴告夫及大功以上尊长、小功尊属者，应入十恶不睦条。若咒诅大功以上尊长、小功尊属，欲令疾苦者，未知合十恶否？依《贼盗》"憎恶造厌魅条"，《疏议》云："疾苦之法，同于殴伤。谋殴大功以上尊长、小功尊属，不入十恶。如其已疾苦，理同殴法，便当不睦之条。"即假如咒诅之目的在"欲以疾苦人"，并已造成疾苦之后果，则犯于大功以上之尊长及小功尊属者，列入十恶之"不睦"，显然是将"已疾苦"比附"殴伤"。

在于爱憎，轻重由于喜怒。爱之者，罪虽重而强为之辩；恶之者，过虽小而深探其意。法无定科，任情以轻重，有执论，疑之为阿伪。故受罚者无所控告，当官者莫取正言。不服心，但穷其口；欲加之罪，其无辞乎？[1]

唐中宗神龙元年间（705）正月，赵冬曦亦曾上书痛论"比附援引"、"轻重相举条"及"不应得为条"之不是：

> 臣闻：夫今之律者，昔乃有千余条。近者隋之奸臣，将弄其法。故著律曰："犯罪而律无正条者，应出罪，则举重以明轻；应入罪，则举轻以明重。"立夫一条，而废其数百条。自是迄今，竟无刊革，遂使死生罔由乎法律，轻重必由乎爱憎；受罚者不知其然，举事者不知其犯，臣恐贾谊见之，必为之恸哭矣！夫立法者，贵乎下人尽知，则天下不敢犯耳，何必饰其文义，简其科条哉！夫科条省则下人难知，文义深则法吏得便；下人难知，则暗陷机阱矣，安得无犯法之人哉！法吏得便，则比附而用之矣，安得无弄法之臣哉！臣请律令格式，复更刊定其科条，言罪直书其事，无假饰其文，以准加减比附量情及举轻以明重、不应得为而为之类，皆勿用之。[2]

虽然不能单以魏征与赵冬曦两人的议论，作为论证的基础，而赵冬曦把"比附"、"轻重相举"及"不应得为条"相混并提，理论上也不无可议[3]，但仍隐约可见，唐代在司法实际运作上似仍无当今"严格意

1　参阅（唐）吴兢撰、（元）戈直注《贞观纪要》（台北：台湾"商务印书馆"，1966 年），卷 5，《论公平》（内文为公平），收在《四部丛刊·史部》，第 131—134 分册。

2　参阅（宋）王溥《唐会要》（北京：中华书局，1955 年），卷 39，《议刑轻重》。

3　有关"轻重相举"之析论，详参黄源盛《释滞与擅断之间——唐律轻重相举条的当代诠释》，载于《法制史研究》（台北：中国法制史学会、"中研院"历史语言研究所主编，2008 年 6 月），第 13 期，第 1—42 页。另关于"不应得为条"的述评，详参黄源盛《唐律不应得为罪的当代思考》，载于《法制史研究》，第 5 期，2004 年 6 月，第 1—59 页。

义"的罪刑法定可言。

再仔细体察《唐律》规范的内容，概为王者之政、罪名之制；通篇从十恶、八议之下，结合礼制、名教、纲纪伦常等价值观念，正为巩固君主专制的统治秩序而设。这与近代西方在民主思潮、重视人权内涵下所产生的"罪刑法定"自然两不相干。具体来说，中国在专制皇朝时期，行政、立法及司法三权均统于一尊，体制上无所谓权力分立，法制上自无所谓"罪刑法定"可言。且所谓"法定"，系指经立法机关通过的法律，而犯罪的成立及其刑罚的科处，须依据成文法律，不得根据习惯、法理，更不得类推适用；在旧律上，如此严格意义的"罪刑法定"几乎未曾存在。

可以说，中国的旧刑律，即使有时表现出"罪刑法定"倾向的一面，也只不过是基于法家的霸道意识与儒家王道精神融合的法文化结晶，强调君权，掌控官吏；在司法运作实务上，被视为裁判上的德政，是种施舍、是种宽恕，并不是近世个人主义、自由主义下的产物，更不是想贯彻保障人权严格意义的罪刑法定！

【问题思考】

1. 传统中国法中究竟有无"民法规范"，如果有，是"民刑不分"，还是"民刑有分"？抑或"不分中又有分"？又传统中国法"重刑轻民"的主要原因为何？没有独立的民法典，如何排解民事纷争？

2. 传统中国法制中的离婚事由"七出"，与当今民法中的法定离婚原因有何异同？两者当中，何以仍有部分相类同之点？其背后的理论基础是否相同？

3. 关于传统中国社会的"诉讼观"，论者或谓："在士大夫、官僚以上阶层好言'无讼'；而在庶民百姓则'贱讼'或'惧讼'"这种说法，你以为然否？请依己见尽情以对。

4. 人世间何以会有纠纷？纠纷该如何解决？为何孔子强调"必也使无

讼乎"？以诉讼解决纠纷有何不好？诉讼以外，还有什么可以解决纠纷的好方法？它们与诉讼相比，各有何优缺点？

【参考文献】

1. 寺田浩明：《试探传统中国法之总体像》，载于《法制史研究》，第 9 期（台北：中国法制史学会、"中研院"历史语言研究所主编，2006 年 6 月）。
2. 黄源盛：《中国法律文化的传统与蜕变》，收于氏著《法律继受与近代中国法》（台北：台湾政治大学法学丛书［55］，2007 年 3 月），第 243—270 页。
3. 张伟仁：《天眼与天平：中西司法者的图像和标志》，载于《法制史研究》，第 20 期（台北：中国法制史学会，"中研院"历史语言研究所主编，2011 年 12 月）。
4. 瞿同祖：《中国法律与中国社会》（台北：里仁书局，2004 年 9 月）。
5. 梁治平：《寻求自然秩序中的和谐：中国传统法律文化研究》（台北：台大出版中心，2011 年 5 月）。

上古篇

古典法文化的原型

4 先秦时期的封建社会与法理思想

5 秦汉法制与两汉春秋折狱

千江有水千江月

万里无云万里天

宋·雷庵正受《嘉泰普灯录》卷十八

4

先秦时期的封建社会与法理思想

从开天辟地以来，到商代之前，是一段古史茫昧的时期，学界将这一阶段称为"史前时代"。由于法制文献尚不足以征验，我们只能略而不论。

经过漫漫长夜，文化一再推进，早期国家的型态从而诞生，中国法文明也由此进入新的阶段。而自古以来，任何一个民族、一个地区或一个国家文明的形成，自有其一定的成长轨迹；概略说来，古代中国社会演化的阶段，夏商周三代文明的形成，系从村落社会而村群社会而国家政制[1]。

4.1 西周的封建体制与法理念

周原本是商朝的西北方属国，是一个定居的农业部族，其伐殷成功，一统天下后，即分封诸侯"筑城营国"，中国的大地上乃出现了城市文明。而城市文明的奠定，发展出一定的社会结构，城市文明愈发展，社会结构也愈趋复杂。

1　参阅张光直《中国青铜时代》（台北：联经出版社，1983年），第53—55页。

4.1.1 宗法制度的社会

公元前 1027 年，牧野一役，殷纣王败战而自焚，商亡周兴，周武王分封诸侯，建都镐京（今陕西西安附近），号宗周，史称西周。周人以较小的民族统治殷商所留下来的辽阔疆域，常感势单力薄，所以采取封邦建国，"以藩屏周"的方针。

周武王大肆分封，除先代贵族外，受封者均为西周王室同宗室，间或有太公望这样的开国功臣。周王是嫡长大宗，称为天子；其亲戚为各诸侯国君，对周天子是小宗，在其本封国又是大宗。诸侯国也是嫡长继承，分封众叔弟子侄为卿、为大夫，卿、大夫以下为士，各有封邑。整个国家（天下）关系就是放大了宗（家）族关系，整个社会呈现以周天子为首的宗法结构状态。

周朝统治的机构是"世禄制"的贵族世官，地方交给封建的宗亲诸侯，统治的合法性则来自上天授予的天命。所谓"宗法制"，是指以血缘关系为纽带的社会关系结构，同姓为亲，异姓联姻为戚。一个个家族亲戚组成社会集团，是原始部落和部落联盟的遗风。周朝统治者把宗法制从家族内部推向全社会，主要目的是想借宗族"亲亲"、"尊尊"的法则来规范这个社会、治理这个国家。

4.1.2 周公的法理思想

周公旦为周武王之弟，因助武王灭商立有大功而封于鲁。武王崩逝，其子成王继位，年幼，周公摄政。管叔、蔡叔与殷后武庚作乱叛周，周公奉命讨伐，平定天下。周公相成王，执政七年，兢兢业业，"一沐三握发，一饭三吐哺"，天下归心。周公又营建成周洛邑（今洛阳），及成王长，还政成王，北面就群臣之位。此间，周公为申告年幼的成王，曾写过《康诰》《召诰》《多士》等诰命之辞，都收在《尚书》里[1]，其中总结了殷商经验，发挥治国安邦之策，为西周的法政制度确立了指导方针。

4.1.2.1 以德配天与敬天保民

不可一世的殷纣王自恃曾"我生不有命在天乎"，但牧野一战，将士倒戈，众叛亲离，落得个鹿台自燔的下场。原本天命所在的殷商，被周武王革了命，固然是"顺乎天而应乎人"的事，但为什么天命不再眷顾殷人了呢？西周初年，领导阶层上上下下都在思量这个问题。

武王灭殷，回到宗周后曾彻夜不眠，周公问何以不寐？武王回说：上天不再飨殷人，我周才有今天的事功，但至今"我未定天保，何暇寐！"为此，武王、周公、召公等不断在思索着历史的归趋。周公断言，"惟（天）命不于常"，行善则得之，行恶则失之。天命不只是属于一家系，周公对封于宋的殷后微子说，"乃祖成汤"受到"皇天眷佑，诞受厥命，抚民以宽，除其邪虐"，才能以"德垂后裔"。他又对封为卫侯的康叔说，"天乃大命文王，殪戎殷，但受厥命"，是因为我"显考文王，克明德慎罚，不敢侮鳏寡，庸庸、只只、威威、显民"[2]。无论成汤，还是周，只有"德裕乃身"，才能"不废在王命"。这里，他点出了"德"的观念，有德，天命才能归属。

"德"是什么？依周人的说法，就是"敬天"、"孝祖"和"保民"。"敬天"和"孝祖"都是商代天命论中已有的内容，"保民"可说是周人的新观念。周人在这方面提出了不少精彩的论述：

（1）敬天 "德"来自天命，又决定天命。周公把"德"与"天"联系在一起，指出殷亡周兴的契机就在于"德"。他认为"命不于常"，"皇天无亲，惟德是辅"。意即"天命"不是经久不变，也不专

---

1 古者凡公文及函札皆名曰"书"。《尚书》诸篇，大部分为古代的公文，故先秦但称此书曰"书"。至汉初始有《尚书》之称；《尚书》者，意谓古代之公文也。后世因其为群经之一，故又称之为《书经》。盖《尚书》《书经》二者皆后起之称，非本名也。今延汉人例，名之曰《尚书》。相传古者《尚书》凡三千余篇，至孔子删定为百篇。

2 参阅《尚书·康诰》。意即要谨慎地执行刑罚，不敢轻视孤苦无依之人，要勤劳、敬谨，畏惧老天的威严，使百姓都能到达光明的境界。

在一家。谁有"德","天命"就属于谁；要敬天，就要敬德。

（2）孝祖　作为周国的缔造者文王，是周公讲德的典范。他认为周文王"明德"，才成为天命的体现者，做了"天子"。因此，师法文王，遵守文王的法度，便是"明德"，可以长保天命。而从宗法制度和宗法伦理上说，"孝祖"就是敬畏文王，透过对文王的敬畏以敬宗，团结周族，也正是周公推行其政治、礼法制度的需要。所以，周代视"不孝"为大罪，所谓"元恶大憝，矧惟不孝不友！"对不孝要"刑滋无赦"，正体现了周公讲德重孝的要求。

（3）保民　周公的"以德配天"，首次在天命观中注入人的因素，天人相关的新思维于焉而生。周公从两次东征平叛中察觉到"民情"的重要，认识到民心向背直接关系到王室的存亡。因此，他在《康诰》《召诰》中都一再谈到统治者要注意"保民"，其中的含义包括安民和治民两方面。

4.1.2.2 明德慎罚与义刑义杀

以德治天下是西周统治者的基本国策，然而施德政并不否定用刑罚，"明德慎罚"是周公提出的法制基本理念。"用可用，敬可敬，即明德也。"小德之人授以小官，大德之人授以大官；"刑可刑，即慎罚"，不可刑之人千万不能刑。

周公的"以德配天"观念是他的"明德慎罚"法思想的理论基础。所谓"明德慎罚"，就是要使"德"像日月永照人间，慎重地施用刑罚。明德与慎罚密不可分，明德是根本，是前提；慎罚是明德的具体体现。周公所主张的"明德慎罚"，可概括为下列几个面向：

（1）"永念厥辟"，严防溢罚。这就是要把法度放在心上，严格依法行事，不可仅凭个人意志用事、恣意判罚。为做到这点，周公进而提出办案要区分"眚"与"非眚"、"惟终"与"非终"等界限[1]，按现在的用语说，就是要区分故意犯罪与过失犯罪、惯犯与偶犯。

（2）"丕蔽要囚"，慎之又慎。就是要仔细地考察囚犯的供词，慎重对待，以防冤错。他甚至具体规定，"要囚，服念五六日，至于旬时，丕蔽要囚"。亦即要监禁罪犯，必须考虑五六天，甚至十天的时间，然后才决定应否监禁。

（3）宽严分明，区别对待。根据不同情况，采取有宽有严的措施，这是慎刑政策的重要体现。周公当时采取的做法是：把殷商遗民犯罪和周人犯罪区分开来，对前者宽，对后者严，此乃紧于内而弛于外的精神；把官吏犯罪与民众犯罪区别开来，强调执法官吏的奉公守法，以取信于民，树立权威；把罪大恶极的犯罪分子与孤寡老残者的一般犯罪区别开来，前者严惩，后者宽缓，以示仁政。

申言之，"明德"指尚德，注重德教，对犯罪者要实行宽缓的政策；"慎罚"是指对刑罚的适用要采取审慎的作为。例如"掌建邦之三典，以佐王刑邦国、诘四方：一曰刑新国用轻典，二曰刑平国用中典，三曰刑乱国用重典"。[2] 就是说，要根据各地治乱的不同情况来决定采用刑罚的轻重。又如，对疑难的案件，必须核实案情，做到判决有根有据。实际上，"明德慎罚"就是教化和警诫相辅为用的施政行为。

周公认为商汤的刑罚是可借鉴的典范，"师兹殷罚有伦"，要取法殷人合理的刑罚。"罚蔽殷彝，用其义刑义杀。"要师从殷商的宜刑宜罚，当刑才刑，当杀才杀；义者，宜也；是罪刑均衡的理念。可见"慎罚"并不是不罚，不是勿用刑杀，而是要依法行刑，当罚则罚。

1　《尚书·康诰》原文为：王曰："呜呼！封。敬明乃罚。人有小罪非眚，乃惟终，自作不典；式尔，有厥罪小，乃不可杀。乃有大罪非终，乃惟眚灾适尔，既道极厥辜，时乃不可杀。"译成白话，王说："唉！封啊！要谨慎明察你的刑罚啊！如果有人犯了小罪，不是偶然的过失，乃至谋思犯罪终其身，了无悔意，那是他有意犯法；像这样，他的罪虽小，也不能不杀他。如果有人犯了大罪，却不是怙恶不悛，而是因为无心偶尔犯错，既已惩罚了他，像这种人就不可杀。"

2　引自《周礼·秋官·司寇》。

4.1.3 德、礼与刑的关系

周公对中国文化的最大影响可说是制礼作乐，奠定了"尊尊"、"亲亲"的宗法制度。宗法等级确立政治上的贵贱、尊卑，谓之"尊尊"，而尊尊中最重要的行为规范是"忠"。至于所谓"亲亲"，是按血缘关系定亲疏、长幼，亲亲中最重要的行为规范是"孝"。

4.1.3.1 周公制礼及礼的社会功能

说起西周法制，不能不提及周礼，否则就不能完整地理解其法律体系。礼，起源于华夏民族最原始的一种习俗，即人们祭祀天地、祖先的仪式。《说文》曰："礼，履也，所以事神致福也。"商代甲骨文中即有"礼"字，字形似双手盛祭器中以呈上，表示人们最崇高、贵重、虔诚的敬意。

夏、殷之礼绵延发展，不断丰而富之，形成了严格的程序和仪式，至西周初年，周公将其系统化，所以有"周公制礼"之说。既然最神圣的祭祀活动要遵循礼的规定，那么，人们的其他一切活动当然更应受礼的拘束了。经周公之手，"制礼作乐"演化成一整套典章制度的礼，遂成为人们社会生活的主要规范。后世遵奉为经典的《礼记·曲礼上》说：

> 夫礼者，所以定亲疏，决嫌疑，别同异，明是非也。……道德仁义，非礼不成；教训正俗，非礼不备；纷争辨讼，非礼不决；君臣上下，父子兄弟，非礼不定；宦学事师，非礼不亲；班朝治军，莅官行法，非礼威严不行；祷词祭祀，供给神鬼，非礼不诚不庄；是以君子恭敬撙节退让以明礼。

《左传》也说："礼，经国家，定社稷，序民人，利后嗣者也。"礼的内容相当广泛，涉及道德、教化、司法、政治、军事、行政等各方面，确定君臣父子、上下尊卑的关系以及国家社稷的大政。

由此看来，礼名义上虽不是法，实际上却扛起主要社会生活规范的任务。而礼又有所谓"礼之仪"与"礼之义"之分，礼之仪是"礼之文"、"礼之貌"，即礼的形式与规范；而礼之义，是"礼之本"，即礼的内容、宗旨与精神。

4.1.3.2 礼与刑

从法史的角度言，礼与刑有什么样的关系？在某种意义上，我们可以把"礼"和"刑"当作是西周法律体系中的两个组成部分。礼、刑互补，相辅相成，从其调整的社会关系范围看，以当今的话语说，礼主要调整民事的、行政的法律关系，刑主要规范刑事法律关系。申言之，礼是禁止性规范，刑是惩罚性规范。

后人论礼、刑关系说："礼之所去，刑之所取；失礼则入刑，相为表里者也。"每个人生活在世上总要有一定的行为准则，正常的人受礼的拘束，其基本原则是"尊尊"、"亲亲"，这样才能维护"贵贱有等、长幼有序、贫富轻重皆有称者"的社会秩序。如果一个人不愿意受礼的约束，尊者不尊、亲者不亲，那么，他就破坏了既定的社会秩序，就要被"刑所取"，而"入于刑"了。所以，凡礼之所禁，刑必惩之；礼之所允，刑必无涉。

礼、刑虽是两种形式的社会规范，但礼又是刑的精神真谛，刑以礼为指导原则，刑又以强制手段维护礼的尊严。礼是纲，刑是目，纲举而目张。礼对于刑的指导意义，不仅在西周一代的法制，此后两千多年的法规范都贯穿着礼的精神，可以这么说，不懂得礼就不能深入理解传统中国法规范的价值。

关于礼和刑有一句话流传很广，叫作"礼不下庶人，刑不上大夫"，常用此来说明社会的等级特权[1]。不过，这句话的含义常被误解，其实它并不是说庶人"不行礼也"，也不是说大夫犯法"不刑其身也"，殷、周以来受刑大夫的实例很多。

"礼不下庶人"，是说礼主要用来调整统治者的内部关系，《周礼》中所规定的各种特权，只有贵族才有资格享用，平民不得僭越；如有越礼行为，便构成犯罪。不过，不是说庶民完全不受礼的约束，在婚姻、丧祭等方面的礼仪，庶民也同样要遵守。至于"刑不上大夫"，是说刑罚制裁不是指向贵族，三千刑律条，不设大夫犯罪的条目。当然，并不是说贵族犯罪不用刑罚。在周代，违礼即违法，失礼要入刑。为了维护统治者的整体和长远利益，对违礼的贵族也要予以刑罚制裁。不过，贵族在受刑罚制裁时享有特权，例如，死刑往往让犯法贵族本人在隐秘处自尽而不公开执行；不判处侮辱其身的宫刑；受朝廷册封的贵族及其妻子，所谓"命夫命妇"，不必亲自到庭受审，可以派人代理出庭等等。在"礼不下庶人，刑不上大夫"的刑法基本原则指导下，贵族和平民犯罪，实行同罪异罚的身份差等对待。

如此说来，西周社会实行封建制度及宗法制度，实际上系依靠"礼"与"刑"两种规范始得以维持平衡。当时贵族与平民阶级分明，贵族生活依繁多的"礼"之规则，而种种的"刑"罚则专用以规范平民。换句话说，当时的社会生活规范称"礼"与"刑"，而尚无"法"之名，因此也无所谓有关"法"的思想，但关于"礼"与"刑"的见解与主张仍时有所见[2]。

1　此语出《礼记·曲礼上》，孔安国注云，因庶人"遽于事且不能备物"，即忙于劳作又没有财物，没有条件讲礼；而大夫作为贤者"其犯法则在八议轻重，不在刑书"，即刑书中没有关于大夫的条款，大夫犯法以"八议"来权其轻重。孔颖达进一步疏曰"庶人贫无物为礼"，五刑三千条"不设大夫犯罪之目"也。孔疏还引证《白虎通》说，礼是为"有知"者制定的，刑是为"无知"者设立的。

2　例如《国语·鲁语上》云："大刑用甲兵，其次用斧钺，中刑用刀锯，其次用钻笮，薄刑用鞭扑，以威民也。"就是说"刑"在"威民"，且为避免降低威吓的效能，故刑法的内容，当时并不公开使平民知晓。这可从春秋晚期，晋叔向反对郑子产铸刑书，及孔子反对晋赵鞅铸范宣子所作刑书于鼎的言论，而得到证明。

4.2 先秦诸子的法理论

传统中国法理思想中，道家最古，儒家次之，再次为墨家，法家殿其后。关于法律哲理，诸子争鸣，蔚然可观，限于篇幅，难以尽述，仅拣择儒法两家，以孔子、孟子、荀子及韩非子为代表，就其较显著的特点，试加以比较。

周公以后，儒家思想，至孔子集其大成，孔门弟子，身通六艺者多人，皆有圣人之一体。到战国孟子出，稍后又有荀子，为发扬儒家思想的两大主力，后世以孟荀并称。然孔子思想以"仁"为主要，孟子思想以"义"为主要，荀子思想以"礼"为主要；其层次不同，其等差亦异，其时代背景各殊，故其立论也各有所专注。

孔子（551B.C. —479B.C.）重仁，视仁为诸德之本，仁者人也，是人类同理心的体现。所谓"仁者爱人"，"夫仁者，己欲立而立人，己欲达而达人，能近取譬，可谓仁之方也已"[1]。近取譬者，取诸己以推己及人也，及"己所不欲，勿施于人"，亦己之所欲，必施于人：我爱自由，必不妨害他人之自由；我爱平等，必求得他人之平等。此种思想，为人类达到永久和平的基本修养，为孔子大同思想的必备条件。

孟子（372B.C. —289B.C.）重义，亦并仁义而言之。重王霸之分，严义利之辨，是绍承孔子的大同思想，绝对反功利主义，在当时被视为迂阔之论，而综观历代祸乱之所以发生，完全生于争利而已。其道虽不行，其思想影响于天下后世者至为深远。

荀子（325B.C. —235B.C.）重礼，亦非舍仁义而不谈，唯特重礼。曰："人生而有欲，欲而不得，则不能无求，求而无度量分界，则不能不争。争则乱，乱则穷。先王恶其乱也，故制礼义以分之，以养人之欲，给人之求。使欲必不穷乎物，物必不屈于欲，两者相持而长，是礼之所起也。"（礼论篇）观其"礼"之义，重在防止物欲之争，与孔孟之仁义专主性情者有别，故主要为传小康思想。

1　引自《论语·雍也》。

孔孟皆重德礼而轻刑，荀子则礼刑并重，他说："以善至者，待之以礼；不善者，待之以刑。"也许，可以这么比喻，孔子之仁，如春日之可爱；孟子之义，如夏日之可畏；荀子之礼，或近于秋气之肃杀乎？老子曰："失道而后德，失德而后仁，失仁而后义，失义而后礼。"或可补之曰："失礼而后法，失法而后势。"先秦诸子由儒入法的演变，示图如下[1]：

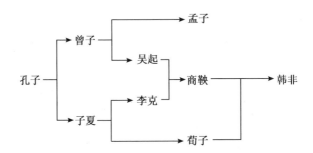

4.2.1 对于天道的观念

人类社会要想维持一个稳定的秩序，无可避免的，必须接受各种规范的约束。法律是社会生活的重要规范之一，要问的是，法律何以具有约束力？换言之，国家制定法的理论基础何在？西方古典自然法学派以为实定法的正当性基础在于其为"自然法"的体现，而自然法乃"正当理性的批示，它指出，一项活动依其是否合乎理性的自然，而内在地具有道德上的卑劣或道德上之必然性的性质"。历史法学派认为，法律乃民族精神与习俗的体现，故法律只可"发现"而不可能被人为的制定。分析法学派则主张，法律不过是主权者的意志，其效力的基础在于统治者拥有强制力。

反观古代中国，先哲多以为，人间的实定法缘于圣人的"制礼作乐"。而圣人制礼作乐所依据的原则是"道"，故实定法的正当性基础

---

1 参阅王邦雄《韩非子的哲学》（台北：东大图书公司，1983年9月），第36页。

在于其是"道"的显现与展开。以现代实证主义的角度来看，"道"既然是超越性的，便无法成为立法实践中可以被遵循的确定原则；不过，对于古代中国人而言，却不存在这种理论上的困难，因为他们一方面预设了与超越性之"道"相对应的"圣人"观念，另一方面又认为"道"虽然具有超越性，但同时具体呈现为可凭经验掌握的"天道"、"地道"及"人事之理"，因此，以"道"为原则而"制礼作乐"便具体化为"则天象地"、"缘民情"而立法，如《汉书·刑法志》说：

> 圣人既躬明悊之性，必通天地之心，制礼作教，立法设刑，动缘民情，而则天象地。故曰：先王立礼，则天之明，因地之性也。刑罚威狱，以类天之震曜杀戮也；温慈惠和，以效天之生殖长育也。《书》云"天秩有礼"，"天讨有罪"，故圣人因天秩而制五礼，因天讨而作五刑。[1]

事实上，人类举动，常受思想领导，天神观念的接受与拒斥，小则可以影响个人行为，大则可以左右国家施政。"天"含有"所以然"与"所当然"的双重内涵，既是宇宙万物"所以然"的终极根据，也是人间世界"所当然"的最高伦理准则。因此，天道观念的实质如何，在法律思想史上也有其重大意义。兹简述诸子天道观念如下：

"天"的概念，在中国哲学史上有其特殊的意义。据冯友兰（1895—1990）的研究，中国文字中，"天"的意义有五项：

（1）是物质之天，即与地相对之天。

（2）是主宰之天，即所谓皇天上帝，有人格的天帝。

（3）是运命之天，乃指人生中，吾人所无可奈何者。

（4）指自然之天，乃指自然之运行。

（5）为义理之天，乃谓宇宙之最高原理。

1　上引文中的《尚书》之语，译成白话，是说：上天奖赏有礼的人，上天也讨伐有罪的人；因此，圣人依照上天所定，要奖赏有礼的人而制定吉、凶、宾、军、嘉"五礼"，依照上天要惩治有罪者而制定甲兵、斧钺、刀锯、钻凿、鞭扑"五刑"。

在孔子之前，所谓的"天"，"除指物质之天外，似皆指主宰之天"[1]。周伐殷成功后，为政者殷殷告诫臣下，言"奉天承命"，"与德配天"此本为其政权来源的一个理论。在这个说法之下的"天"，无疑地，是指"主宰之天"，是具有意志和人格的。

4.2.1.1 孔子

孔门弟子记"子不语怪、力、乱、神"。孔子对鬼神的看法是"祭神如神在"；但对"天"，孔子仍持"敬"的态度。《论语·乡党》说："迅雷风烈，必变。"即遇到异常的天变，孔子会改变态度来应对。在《论语·八佾》中，孔子认为一旦"获罪于天，无所不祷也"。在《论语·季氏》篇中说："君子有三畏：畏天命、畏大人、畏圣人之言。小人不知天命而不畏也，狎大人，侮圣人之言。"具体来看，孔子的天道观可有下列四种不同的理解：

（1）由敬天畏命的观点言，孔子有以天道为天帝意志表现的一定的方式。

（2）从整个人事而言，孔子之天道乃人类社会所应遵守的律则。

（3）由人之仁德而推说天之仁德，以天道同一于人道，而建立一道德形而上的天道观。

（4）孔子的天除有神性的含义之外，也以天为自然，可以说天道观是自然义的。

4.2.1.2 孟子

孟子以为，知天意并不难，他主张"道德之性"根源于天命之性，而"天命之性"必须从"道德之性"来了解和印证。如此一来，"宇宙论的进路"与"道德的进路"其终结便相互会合了，所以他说："尽其心者，知其性也；知其性，则知天矣！"[2] 认为穷尽"心"之善，就能明白"性"的内涵，明白"性"的内涵就能知晓"天道"所含蕴的

1　参阅冯友兰《中国哲学史》（台北：台湾"商务印书馆"，1996 年 11 月），上册，第 35 页。
2　引自《孟子·尽心》。

"创造真机"与"道德内涵"。

究其实，孟子书中的"天帝"多有神性义，其主张顺天、乐天、事天、不愧于天、不逆天；主张人之心性为天所命，天于生民时，即赋予良好的秉常，再度肯定人类的个人价值。并劝人作尽性、尽其道与尽其在我者之努力，但他并未完全抛弃"定命论"的看法。

4.2.1.3 荀子

荀子在知识论上走的是经验思维的路线，因此，他能明于自然与人事的区分，从认识论上彻底破除拟人化的宇宙天道观。他就是想使人们能由天神的控制中挣脱出来，建立人类自己的信心，创造出一个以人为中心的人文世界。在完成这个任务的过程中，荀子虽然承认自然秩序的因果律，但他进一步地推演"天人之分"，甚至提出"制天用天"破天荒的主张。

具体说来，荀子一方面想破除当时一般人对天的误识和迷信，另方面要建立起对天的正确观念，完全扬弃"天"的神秘性与权威性，将"天"视为自然运行的现象，他在《天论篇》中说："星坠木鸣，国人皆恐，曰是何也？曰：无何也，是天地之变，阴阳之化，物之罕至者也。怪之，可也；而畏之，非也。"他又说：

> 天行有常，不为尧存，不为桀亡。应之以治则吉，应之以乱则凶。强本而节用，则天不能贫。养备而动时，则天不能病。修道而不贰，则天不能祸。故水旱不能使之饥，寒暑不能使之疾，祅怪不能使之凶。本荒而用侈，则天不能使之富。养略而动罕，则天不能使之全。倍道而妄行，则天不能使之吉。故水旱未至而饥，寒暑未薄而疾，祅怪未至而凶。受时与治世同，而殃祸与治世异，不可以怨天，其道然也。故明于天人之分，则可谓至人矣！

可以想见，荀子认为"天"是永恒不变的自然体，是一客观的物理现象，它没有意志，不会因为人主道德好坏而有所变易；天人之间各有其分际，天有天职，人有人职，人不能与天争职，只有顺天之自然，尽人事以参天功，互不干扰。只要人类能够掌握自然的规律，则"天"自然能为其所利用，无需特别崇敬或恐惧。荀子在此，完全剥落神权、巫术乃至神秘主义的色彩，确认一个"以人为本"的社会形态，人事的一切都在人为，是与天毫无关系的，这种观点在人类文化发展上，具有一定的指标意义。

在这样的思想体系下，荀子很气魄地剔除了天道与人类吉凶、治乱之间的关连性，肯定社会礼俗制度的人为性，摆脱了自然秩序的礼法观，这对于传统中国人文思想的推前一步，不能不说是非常重要的突破。

4.2.1.4 韩非子

集法家大成的韩非子，本于其师荀子重人事远天道的思想，认为治乱在人不在天，因此，其言谈中述及天道者甚少。他强调，一切应以"法"为治，依法行赏罚，不依"天"行赏罚。所谓"中程者，赏之；不中程者，诛之"。"以法治国，举措而已！"天道的观念极为淡薄。

要言之，儒家孔子虽然赞美"天"，有"法天"的思想，但思想的重心仍在人（仁），虽对天有敬畏之情，却重视尽人事，以听天命。孟子则强调仁者必王、暴政必亡，由性善为基础推演出圣王必得民助、天助而完成一统大业。到了荀子，儒家的传统显然是由孔孟的绝对精神、主体精神，转向客观精神的发展。荀子以其朴质笃实的气质性向，加上适应时代问题的现实要求，其思想的重心有了相当幅度的创新发展。法家韩非深受其师荀子的影响，划分"自然"与"人为"，不谈自然的天，而强调以国君权力为后盾的"人为法"，故"法"在法家韩非思想中的地位，居于最高、最重要的地位。

4.2.2 对于人性的看法

人生而有"性"，"性"流于"情"，"情"纵放而有"欲"；情欲源于人性，不同的人性论决定不同的法理观；显然，人性论对于法理思想的建构，具有深刻的意义与影响。先秦诸子，除名家以外，儒墨道法的人性论，实是其政治法理哲学的根本前提，也可以这么说，人之情性的考察决定了各家法理思想的大方向。分述如下：

4.2.2.1 孔孟的"性善论"

中国先儒正式讲到人性的问题，最早的是孔子，但他对人性的善恶并无明确的论断，《论语》中有两处提到"性"字。一是孔子所说："性相近也，习相远也。"[1] 一是子贡所说："夫子之文章，可得而闻也；夫子之言性与天道，不可得而闻也。"[2] 人性原本相近，是后天的教化与环境的习染，使人性在发展中产生的差异。但他也同时认为："我欲仁，斯仁至矣！""苟志于仁矣，无恶也。"[3] 表现了一定程度的性善主张倾向。

《论语》是孔子过世后，才编辑成书的。子贡的话——"夫子的威仪文辞，是大家可以共闻共见的；夫子讲性理和天道，就不能轻易听得到了"，可以反映两点，一是孔子生前，"性"的问题尚未成为争论的焦点；二是子贡之时，就已经开始争论或重视"性"的问题了，所以，才会有子贡之言。

孔子言及"性"，并没有作善恶判断。而且，他认为人之不同，不是由于先验的"性"不同，而是基于一定条件所造成的经验之"习"不同。虽然孔子没有谈"性"的善恶，但他曾将古今之民所表现的行为作过一个对比的说法，即"古者民有三疾，今也或是之亡也。古之狂也肆，今之狂也荡；古之矜也廉，今之矜也忿戾；古之愚也直，今之愚也诈而已矣！"[4] 这种说法显然是厚古薄今。如果人性是行为的概括，那么孔子对古今的人性表现所作的价值判断是古善今恶的[5]。

1　引自《论语·阳货》。
2　引自《论语·公冶长》。
3　引自《论语·里仁》。
4　引自《论语·阳货》。
5　参阅张纯、王晓波《韩非思想的历史研究》（台北：联经出版社，1974 年 3 月），第 70—71 页。

到了孟子，则明确提出了"性善论"的主张，《孟子·告子》篇
说：

> 恻隐之心，人皆有之；羞恶之心，人皆有之；恭敬之心，人皆
> 有之；是非之心，人皆有之。恻隐之心，仁也；羞恶之心，义也；
> 恭敬之心，礼也；是非之心，智也。仁义礼智，非由外铄我也，我
> 固有之也，弗思耳矣。故曰：求则得之，舍则失之。或相倍蓰而无
> 算者，不能尽其才者也。

孟子系由规范性、先验性的角度去阐述人性有的四大善端。他肯定
人性之中本具"仁义礼智"四种道德理性能力，即"恻隐"、"羞恶"、
"恭敬"、"是非"四心；此四者并不是从外面炼成这样的，原是自身本
来就具足，不过不去思考罢了。他更进一步认为，人类除具有道德本质
外，更有"实践"的道德本能，凡人之所以产生贤愚不肖的分别，在
于不愿自我实践，发挥其才的缘故。申言之，孟子正式地提出"性"
的主要内容为"善"，更精确地说，"性"即"道德之善"的本身，孟
子的思路使道德有其自身的立基点。"道德之善"必须通过内在的"道
德意识"才能显露道德上的善与不善，"道德意识"可以使人对于善与
恶有一个彻底的概念，而"道德意识"即"道德之心"。在孟子看来，
"心"有超拔挺立的力量，能够使人实践于善而避免沦落于恶，"心"
即"道德的主体性"。如此一来，由"仁"、"义"、"礼"、"智"四端
之"心"言"性"，直接从"道德意识"来论"性"，使得"心性"的
内容不再那么朦胧。

何以"刑罚"必须置于"礼教"之后，作为治理的辅助手段？主
张"性善说"的孟子自可宣称：原因在于"仁义礼智"是人类内建的
指令，人人自有"认知"以及"服从"道德的本能。国家与其消极惩
罚人民因忘失本心而引起之恶，不如积极引导人民产生对于规范的服
从，是以"德化"才是国家治理的最根本手段。假如人性之中原本即

无服从道德的本能，则"德治教化"将成一种高远而虚幻不实的治国手段。

由于性善论的倾向，孔孟可以透过这样的论述，直接取得道德礼教的"合法性"基础，同时证成"德主刑辅"、"以德化民"方法的"正当性"。进而主张礼治主义，而其所称之"礼"、"义"，系基于人性本善而产生为所应为、毋行不义的道德原理；此概念实与西洋自然法基于人类理性之光，所产生的共同善或正义的原理有共通之点。"礼"与"自然法"在此意义下，不但都有普遍性与永恒性，而且是自我拘束的和不可侵犯的。礼与自然法正因有该特性，其先于国家存在，而为衡量实证法内容是否妥当的标准。儒家社会的结构，是建立于"五伦"的自然义务原理，这种社会伦理关系的结构，乃筑基于自然法原则之上，即建立在人性本善之上。

综上看来，孔子的人性论虽不明确，但由人与天道、人与仁的关系，可以类推出他基本上是以性为"善"的。而孟子的人性论主要是顺承孔子的人性观深入发展，他强调仁、义、礼、智人皆有之，他重视的是人有大体、小体的贵贱区分，而不是个体与个体间的贵贱差异。众庶百姓能推扩四端之心，犹是个人涵养、修德的领域。若是一国之君以仁义存心则影响重大，因为平民百姓所面对的，是君王施设的政刑、教养。圣王"以不忍人之心，行不忍人之政"，平民百姓得贤君而欢愉；民生日用因暴君而困顿，更导致家国破灭。因此君王是否推仁心，影响不可谓不大。

4.2.2.2 荀子的"性恶论"

荀子主张，若纯任其"性"，便有"恶"果；"善"则为后天矫饰的结果。他指出：

> 人之性恶，其善者伪也。今人之性，生而好利焉，顺是，故争夺生而辞让亡焉；生而有疾恶焉，顺是，故残贼生而忠信亡焉；生而有耳目之欲，有好声色焉，顺是，故淫乱生而礼义文理

亡焉。然则从人之性，顺人之情，必出于争夺，合于犯分乱理而归于暴。

　　问者曰："人之性恶，则礼义恶生?"应之曰：凡礼义者，是生于圣人之伪，非故生于人之性也。故陶人埏埴而为器，然则器生于陶人之伪，非故生于人之性也。故工人斫木而成器，然则器生于工人之伪，非故生于人之性也。圣人积思虑，习伪故，以生礼义而起法度，然则礼义法度者，是生于圣人之伪，非故生于人之性也。[1]

　　细细观察，动物界的秩序明显是靠"势力范围"和"顺位次序"两大原理维系的。荀子"分"的思想也有类似的叙述：

　　（人）力不若牛，走不若马，而牛马为用，何也? 曰：人能群，彼不能群也。人何以能群? 曰：分。分何以能行? 曰：义。故义以分则和，和则一，一则多力，多力则强，强则胜物，故宫室可得而居也。故序四时，裁万物，兼利天下，无它故焉，得之分义也。故人生不能无群，群而无分则争，争则乱，乱则离，离则弱，弱则不能胜物。[2]

　　这种说法给人的感觉是，与其互争食物而两败俱伤，不如减少争夺的机会，以期和平共存，酷似动物界拥有"势力范围"和"顺位次序"的自然智慧。荀子所说的"分"，重点似乎是摆在"顺位次序"，而非"势力范围"，固然富有身份制色彩，但"圣人"借诸财货分配规矩的制定，建立和平秩序，这种想法允称是立足于"人为秩序"的"性恶说"的人性观之典型思想。

　　不过，荀子认为人性透过教化是可以得到改造的，人们在自省自律

1　引自《荀子·性恶》。按荀子之所谓"其善者伪也"，"伪"可解为"人的作为"。
2　引自《荀子·王制》。

中可以抑制人性的膨胀，此即所谓的"化性起伪"。而"起伪"必须靠礼治教化，因此，荀子将"礼"比作权威、绳墨、规矩，强调礼的规范作用。这般说来，礼既完全来自外铄的强制，则社会制裁力之"礼"，实远不如政治制裁力之"法"来得更富强制力、更具齐一之效。所以荀子说：

> 故古者圣人以人之性恶，以为偏险而不正，悖乱而不治，故为之立君上之势以临之，明礼义以化之，起法正以治之，重刑罚以禁之，使天下皆出于治，合于善也；是圣王之治而礼义之化也。[1]

荀子已运用政治君势的权威，以强制力作为教育的手段，师与君合，礼与法合，推向威权主义，遂由礼而法，由法而刑禁，由尊君重礼很自然地会转入其后的尊君重法的法家之路。

质言之，荀子认为"人性"本好利、疾恶、好声色，所谓的"善"实是后天人为的结果。是以若"从人之性、顺人之情"，则社会必然走向争夺、犯分、乱理的"恶"果，为了避免这样的情形，圣王于是"起礼义、制法度"，建立一个有礼守法的社会。

荀子论人性与孔孟明显有别，他以性恶论作为基础，强调礼义之"伪"。而"伪"是加于"性"才能成的，这就是所谓的"性伪合"，以荀子"性伪合"的主张为起点，荀子设定了两个目标，即"成圣人之名"和"一天下之功"[2]。但是局限于理论的建构，荀子其实是偏向外王事功上作论的，荀子的礼法思想是他理论学说的重心，而礼法的主张受人性论影响很大。申言之，荀子阻塞了儒家由内在之"仁"发为外在"礼"的通道，故只重外在之礼法，而否定了人的道德自觉心，然荀子虽主人之性恶，犹可以为善，以人心之能虑能择，若教之以仁义法正，犹可学而致。

1　引自《荀子·性恶》。
2　参阅杨秀宫《孔孟荀礼法思想的演变与发展》（台北：文史哲出版社，2000 年 8 月），第 58—59 页。

4.2.2.3 韩非的"趋利避害论"

韩非对人性论，有别于先前诸子，纯粹从描述性、经验性的角度去观察人性，而提出了独到的见解，他的"趋利避害"的描述更为尖锐、生动。孔子与孟子所向往的人间温情，在韩非学说中变成了赤裸裸的"利、害"关系。人们的一举一动、一言一行无不为"利"而往，忠、孝、节、义成为迂腐的空谈。韩非的思想系从自利心、恐惧心和荣誉心来理解人性。关于人的自私心理，他叙述如下：

> 医善吮人之伤，含人之血，非骨肉之亲也，利所加也。故舆人成舆，则欲人之富贵；匠人成棺，则欲人之夭死也。非舆人仁而匠人贼也，人不贵则舆不售；人不死则棺不买。情非憎人也，利在人之死也。[1]

> 鳝似蛇，蚕似蠋。人见蛇则惊骇，见蠋则毛起。渔者持鳝，妇人拾蚕，利之所在，皆为贲、诸。[2]

韩非甚至还说，和这种自私的人交往，亲情、爱情也不见得可靠。连夫妻之间，也无法让人放心。"丈夫年五十，而好色未解也；妇人年三十，而美色衰矣。以衰美之妇人，事好色之丈夫，则身疑见疏贱，而子疑不为后。此后妃、夫人之所以冀其君之死者也。……此鸩毒扼昧之所以用也。"[3]

韩非还说："臣尽死力以与君市，君垂爵禄以与臣市。"臣子将自身的智慧、才干以至性命作为商品卖与君主，换取爵禄。君主将爵禄作为商品，换取臣子的才干以至性命。他甚至说出：

> 且父母之于子也，产男则相贺，产女则杀之。此俱出父母之怀

1　引自《韩非·备内》。

2　引自《韩非·说林下》。

3　引自《韩非·备内》。

祧，然产子受贺，女子杀之者，虑其后便，计之长利也。故父母之
于子也，犹用计算之心以相待，而况无父母之泽乎！[1]

儿女同为父母所生，生男则喜，生女则杀，原因在于父母考虑到，
生男有利于当时的耕战社会。利益的诱惑使道德的说教黯然失色，人与
人这种冷酷的关系便是人情的真面貌。于是，韩非得出了这样的结论：
"力多则人朝，力少则朝于人。"

至于韩非的人性论，虽师承荀子，顺着荀子由人之情欲来观察人性
的路子，却不以人之欲求在群体社会所引起之暴乱的流弊言性恶，转而
落在人心深处说。荀子的性恶说，出乎自然的本能，且以其流弊而言；
韩非之性恶，则直就其本身说，且出乎人心所刻意为之者。性既自利，
心又为成其私之利害的计量，二者相结，人之内在遂漆黑一片，不似荀
子尚有一虚静认知之心，透出一线光明，可作为由恶转善的桥梁。韩非
心性俱恶，道德规范与教育师法两路皆断，已无以扭转这一心性的沉
落，唯有诉之于赏罚二柄与势、术之威权了，这就是韩非师承荀子，而
背乎荀子的转关所在，也是韩非否定道德，又否定学术之可能的根本原
因[2]。

4.2.3 对于"法"地位的态度

如果说，"法"是古往今来人类最主要的社会生活规范，那么，法
的目的及其价值理想即决定在法是否受重视。从先秦诸子对实证法的态
度，也可见出法地位的高下：

4.2.3.1 孔子

孔子所开创的儒家思想，重视的是"德治"、"礼治"的内在约束
作用，期待君主自觉性的体悟仁民爱物。对于拘束外在行为的实证法并

1　引自《韩非·六反》。
2　参阅王邦雄《韩非子的哲学》，第107页。

不很重视，儒者强调德主刑辅，主张礼先刑后，实证法最多只是为辅助德化礼教的从次手段。

"德主刑辅"和"礼先刑后"是孔子法理思想的最主要内容和特征。他在《论语·为政》中说："为政以德。譬如北辰，居其所，而众星共之。"孔子将德、礼、政、刑的社会效果作了比较，在《论语·为政》又说："道之以政，齐之以刑，民免而无耻；道之以德，齐之以礼，有耻且格。"意思是说，"德"是治国的北斗星，其他治国之道环绕它、陪衬它；在达到同一个治理百姓的目的下，使用礼教要比刑罚来得好，因为礼教使人懂得羞耻，循规蹈矩。很明显，在孔子看来，德、礼是高于一切的；同德、礼相比，刑罚不过是衬托主角的背景而已。这种"德主刑辅"的法理思想，实际上是治国之道的总结和发展。

当然，孔子并非绝对地排斥"刑"，但他认为应当"先礼后刑"。因为"名不正，则言不顺；言不顺，则事不成；事不成，则礼乐不兴；礼乐不兴，则刑罚不中；刑罚不中，则民无所措手足"[1]。在孔子的思想体系中，法律只是一种促成名正言顺、事成功就的手段；礼才是刑罚的依据和基础，有礼在先，刑罚才会公正，这就是孔子法理思想中的"礼刑"观。

在孔子的心目中，"德治"为其政治的最高原则，他的理想世界是一个依照伦理秩序运作的社会。因此，孔子政治、社会思想的主题，便是在于如何建构一个道德的社会与陶养道德的社会成员。根据孔子的道德哲学，真正的道德行为一定是自发的；法令刑罚的强制力对于政治理想的实现，终不免徒劳而无功。如果要造就道德和谐的社会秩序，当以礼教为主，法律为辅。孔子说："不教而杀谓之虐"，又说："礼乐不兴，则刑罚不中。"这些话在他的观念系统中都是具有理论含义的。

举例来说，《论语·子路》记载孔子与叶公论"直"与"隐"的实例，探讨的重点是"伦理亲情"与"礼刑"冲突的考虑。

1　引自《论语·子路》。

叶公语孔子曰："吾党有直躬者，其父攘羊而子证之。"孔子曰："吾党之直者异于是，父为子隐、子为父隐，直在其中矣。"

在上述引文中，至少有两种对"直"的理解方式，一是叶公的观点，指出人父攘羊而人子证之，完全没有循私护短的行为是"直"；一是孔子的观点，指父为子隐、子为父隐的行为才是"直"。

孔子这段话究竟是什么意思？论者以为：在处理一个社会问题之时，应该特别注重其后果对于社会整体的影响。允许父子互相容隐，固然会增加发现事实的困难；但是奖励关系亲密之人互相举发，将会使他们互相猜忌、疑惧，无法扶持依赖，分工合作，最基本的社会组织将因此瓦解；而社会组织是人类生存的前提条件，有了它才能谈人生的其他目的，所以维护这样的社会组织，应该是司法的终极目标。司法者固然应该辨明个案里的"直"与"不直"，但是，更应顾全社会整体的和睦；只有在这个状态之中，"直"才有其意义，所谓"直在其中矣"，应该是这个意思[1]。

也有论者，从另一个角度加以解析，叶公所言的"直"是"事实之真"，而孔子是从"合理合宜"言"直"，保住"人伦价值"之善，价值是透过具体的"分、义"而完成。不同的人面对同一件事，分显不同的责任或义务。因此，不能直接以"证人攘羊"为直，而应该依各人的"分、义"，分判"证"才能显直，或"隐"才为直。因为"爱亲"出乎天性，而"证父攘羊"并非人子的职责所在，并且将伤害父子恩情。若说"父为子隐、子为父隐"，岂不是抹煞事实之真？其实不然，父亲攘羊，别人可以作证，有司可以访查，何致抹煞事实[2]？

以今观古，当今台湾的"《刑法》"第一六七条规定："配偶、五亲等内之血亲或三亲等内之姻亲图利犯人或依法逮捕拘禁之脱逃人，而犯第一六四条（藏匿人犯或使隐避、顶替罪）或第一六五条（湮灭刑

1　参阅张伟仁《天眼与天平——中西司法者的图像和标志》，载于《法制史研究》（台北：中国法制史学会、"中研院"历史语言研究所主编，2011 年 12 月），第 20 期，第 274—275 页。

2　参阅蔡仁厚《孔孟荀哲学》（台北：学生书局，1984 年），第 60 页。

事证据罪）之罪者，减轻或免除其刑。""《刑事诉讼法》"第一八〇条第一项明文："证人有下列情形之一者，得拒绝证言：一、现为或曾为被告或自诉人之配偶、直系血亲、三亲等内之旁系血亲、二亲等内之姻亲或家长、家属者。"至于大陆的《刑事诉讼法》第一八八条于 2012 年也增修："经人民法院通知，证人没有正当理由不出庭作证的，人民法院可以强制其到庭，但是被告人的配偶、父母、子女除外。"其中所观照到的层面，有如孔子父子相隐的考虑，其理今古是相通的。

4.2.3.2 孟子

孟子的思想绍承孔子，发挥了孔子学说中"仁"的精义；申言之，他对儒家思想中的"内圣"面——有关人类道德行为与思想人格之根源与实现的诸问题，提出了原创性的理论建构，对于外在道德规范或社会规范的问题则措意不深，对法律与制度的问题，也无系统的发挥，仅见其言曰："徒善不足以为政，徒法不能以自行"，似可推其意为道德与法律，各有其效用，也各有其局限。整体而言，孟子的主张"德治"之心，较孔子尤为激切，可说是一位理想主义的实践者。

既然强调"德主刑辅"、"礼先刑后"，孔子对于"人"于规范体系中的"优位性"，便非常重视，他认为：一个社会体制不管如何稳固，如果没有贤明君王与有能臣子共同努力，都不能够长久维系社会秩序的和谐。哀公曾问孔子有关为政之道，孔子答说："文、武之政，布在方策。其人存，则其政举；其人亡，则其政息。人道敏政，地道敏树。夫政也者，蒲卢也。"[1] 国家的政事，就像蒲苇草一般，得了地气，很快就长大；治理国政如果得到好的人才，也就可以很快步入正轨。明白揭示"人存政举、人亡政息"的概念。

孟子同样认为"上位者"对于"体制"具有绝对影响力，这个说法并非意指"规范"毫无作用，相反的孟子指出正因为"社会规范"非常重要，因此执政者更应遵守"道"的约束，以"仁心仁政"方式

1　引自《中庸·第二十章·哀公问政》。

而平治天下。"人"在规范体系中所以具有绝对的主导地位，在于"人"是"发明仁心"与"施行仁政"的道德主体[1]，假如上位者未能履行自身应尽的义务，下位者自然也就产生各种违法乱纪的行为，造成所谓"上无道揆、下无法守"的社会乱象。

至于孟子对法律与伦理的两难问题，也有其独到的看法，与前述孔子的"父子相隐"之例前后辉映，我们可以举"负父而逃"之例来说明：在仁德与政刑相济的前提下，孟子遭逢一个伦理与法律难以两全的困局，《孟子·尽心上》"桃应问"章的内容：

> 桃应问曰："舜为天子，皋陶为士；瞽瞍杀人，则如之何？"孟子曰："执之而已矣！""然则舜不禁与？"曰："夫舜恶得而禁之？夫有所受之也！""然则舜如之何？"曰："舜视弃天下犹弃敝蹝也。窃负而逃，遵海滨而处，终身欣然，乐而忘天下。"

面对学生如此尖锐的提问，孟子干脆地回答，虽然只是简短的对话，孟子把儒家对亲情伦理的坚持作了明确的交待，桃应从孟子的答复中至少获得三点说明[2]：

（1）父子是天伦，无可改变；天子则是后天的名位，有可变性。

（2）舜先弃天子之位，然后窃负其父，并非凭天子之权位以救父。

（3）舜不假借天子之权而克尽人子之孝，皋陶不枉曲国家之法而克守臣子之义。

负父逃于海滨的例子，是亲情伦理与"义道"如何两全的问题？人是无法从亲情伦理中松脱的，所以"义道"的发挥必须照顾到人的这一层局限；戕害亲情伦理的正当性，将使得"义道"不伸。这是孟子论舜弃帝位选择负父而逃的理由？是孟子发挥圣人用心的极处？

1　如《离娄上》云："尧舜之道，不以仁政，不能平治天下。今有仁心仁闻而民不被其泽，不可法于后世者，不行先王之道也。故曰：徒善不足以为政，徒法不能以自行。"

2　参阅蔡仁厚《孔孟荀哲学》，第301页。

4.2.3.3 荀子

荀子法理思想的基础是建筑在"性恶"之上的，这是对孟子"性善"思想的重要修正。由此，荀况认为治民仅靠"礼"是行不通的，应当"隆礼重法"。他把"法"纳入广义的"礼"之范畴，实际上是主张礼法并举。他说："至道大形，隆礼至（重）法则国有常，尚贤使能则民知方，纂论公察则民不疑，赏克罚偷则民不怠，兼听齐明则天下归之。"[1] 这里，荀子通过"尚贤使能"、"纂论公察"、"赏克罚偷"、"兼听齐明"的礼法举措，把两者紧密地结合了起来，从而得出"隆礼重法"国家才能大治的观念。荀子认为礼、法各适用在不同的情况下，分别而用，例如：

（1）治世用礼、乱世用法。

（2）对士用礼、众庶用法。

（3）在朝廷用礼、对百吏用法。

（4）人之善者用礼、其不善者用法。

（5）礼法并重。

（6）重人轻法。

此外，荀子还推崇人治；他认为"有治人，无治法"，这也是荀子法理思想重要的一面。《荀子》书中屡屡言及礼法之分，对于刑罚也不若先前儒家估价之低。在《正论篇》中说："凡刑，人之本，禁暴恶恶，且惩其未也。"似已承认刑法在维持社会秩序上的特殊功能，不是礼义教化可以完全替代的。因此他对礼法适用的划分，并非一成不变，认为应视实际情形，礼法或礼刑参用。

为了赏善罚恶，荀子也常将德刑礼法相提并论，如《性恶篇》指出："古者圣人以人之性恶，以为偏险而不正，悖乱而不治，故为之立君上之势以临之，明礼义以化之，起法正以治之，重刑罚以禁之，使天下皆出于治，合于善也，是圣王之治而礼义之化也。今当试去君上之势，无礼义之化，去法正之治，无刑罚之禁，倚而观天下民人之相与

1 　引自《荀子·君道》。

也。若是，则夫强者害弱而夺之，众者暴寡而哗之，天下之悖乱而相亡，不待顷矣。"荀子有时甚至认为刑罚不仅是必要的，还必须是称刑的，《正论篇》说过："刑称罪，则治；不称罪，则乱。故治则刑重，乱则刑轻。"

法在荀子的外王之治上虽被重视，可是在效用的意义上，毕竟与德礼大异。也就是说，如在"法治"与"人治"两者中任择其一时，他仍然强调"人治"的重要。荀子说：

> 有良法而乱者有之矣，有君子而乱者，自古及今未尝闻也。[1]

又说：

> 有乱君，无乱国；有治人，无治法。羿之法非亡也，而羿不世中；禹之法犹存，而夏不世王。故法不能独立，类不能自行。得其人则存，失其人则亡。法者，治之端也；君子者，法之原也；故有君子，则法虽省，足以遍矣；无君子，则法虽具，失先后之施，不能应事之变，足以乱矣！[2]

根据以上的分析，我们可以看出，荀子对德（君子）与法之间，仍保有孔、孟以德为重的倾向。很明显的，荀子以为法既源于君子，也就是立法的源泉在于明睿的政治领袖，那么真正足式的是君子，不是法本身。法所代表的是独立自足的价值意义，"常法"此一观念，在荀子的系统中，尚无法找到根据。然则，在礼与法之间，却采取调和的态度。因为礼是荀子思想的主轴，必须要肯定，法对适应新的社会和政治的需要，同样也是不可缺，因此，除调和之外，实无法解决二者之间的问题。

---

1 引自《荀子·王制》。
2 引自《荀子·君道》。

不过，如果要更严格地说明荀子礼法的关系，他言礼，同时言法；有时"礼法"连称，例如《王霸》云："是百王之所同也，礼法之大分也。"有时以"礼义"与"法度"对举，例如《性恶》云："圣人积思虑，习伪故，以生礼义而起法度。"礼与法似无所轩轾，它们之间的关系究竟是什么？从理论上看来，法是一种由公权力行使，具有强制力的社会规范，它是国家典章的重要部分，自然也就属于"礼"了。事实上，荀子抱持着正是这样的见解，他说："明主……之所以布陈于国家刑法者，则举义法也。"《王霸》这里所说的"义法"，指的是人类社会所应遵循的大纲大则，也就是一般意义的"礼"。荀子之意，法律的制定应当以"礼"为准则。他在《议兵》对"礼"又曾作过这样的界定："礼者，治辨之极也，强固之本也，威行之道也，功名之总也。"这种"礼"的含义，不仅限于自然形成的社会规范，还包含"威行之道"——国家具有强迫性的政令制度。无疑的，法律也在其中。

因此，如想对荀子"礼"、"法"作"真正的、彻底的区分"，从荀书中似乎不太可能找到明证。可见，在荀子思想的体系中，"法"是"礼"的一个构成元素，或者说"法"顶多是"礼"的下位规范而已。

4.2.3.4 韩非子

法家的韩非批评德治，反对人治，认为仁义道德不足以为治，法律才是治国安邦最有效的工具，而主张采取"法治"，以干涉强制力实行之。

先秦儒、墨显学都为救世而起，但是，其所提倡的道德仁义与兼爱非攻之说，却使他们心与愿违，始终不得其效。此时，韩非洞察人性，细观历史，他摸清了时代的脉动，本其对历史相对理念的认识，认为当世不再是德、智的时代，而是争气力的时代。因此，以变古的历史观、功利的价值观为出发点，强调如要实现该时代人民的最大利益，须摒弃"德治"、"礼治"而力行"法治"。换言之，在一个杀伐混乱、侵夺并吞而毫无秩序的社会里，要的是"急世之民"的"法治社会"。所以，韩非综合臣主异利、民之利欲心与社会的变迁等观念，而主张其"现实法治"，与儒家的"理想德治礼治"立场恰成一明显的对映。

韩非基于"趋利避害"的人性论和"法与时转则治"的历史观，提出了系统的法治理论并积极地付之实践。他主张，欲建立其秩序，必须制定成文法，实施严刑重罚。相对于儒家回归上古圣人之治的主张，他揭橥：

> 夫婴儿相与戏也，以尘为饭，以涂为羹，以木为戳，然至日晚必归饷者，尘饭涂羹，可以戏，而不可食也。夫称上古之传颂，辩而不悫，道先王仁义，而不能正国者，此亦可戏，而不可以为治也。[1]

韩非认为，放任人性所趋，世间必乱，唯有订定法律，强行实施，方能有秩序。他对法规范的产生、形式、作用、施行等都有自己的看法，其核心是建立适应新兴地主阶级利益需要的社会秩序。在实践面上，把礼、法分开；主张"秘密法"改为"公开法"；把"礼不下庶人，刑不上大夫"的礼治司法原则变为"不殊贵贱，一断于法"，把"明德慎刑"改为"严刑峻法"，这种"以法为本"的统治手段，史称"法治"，实际上即"刑治"。

表面上看来，韩非似乎非常强调"守法"的重要，但先秦法家本质上均是"依法支配"（Rule by law）者，而非"依法而治"（Rule of law）者。"依法而治"意味人民、政府彼此都在"法"位阶之下，透过"法律"确定彼此之间的权利义务。但是，"依法支配"者，意味"法律"仅是君王的治民之具，君王位于"法律"之上，人民固然一准于法律而无特权，但法律位阶既低于君王，则君王实不受法律的约束。法家所以强调上下守法，旨在利于统治的需要，而非法律本质的要求。意即：君王固然不应破坏法律的威严，但因为他是立法者，若有需要，仍可透过命令或修法达成其目的。

1　引自《韩非·外储说左上》。

韩非思想的体系，系以法为其目的，以国之治强为其理想归趋，以势与术为其辅翼而展开与建构完成的。试以一简图示之[1]：

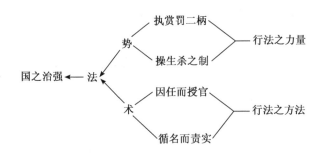

韩非说："故先王以道为常，以法为本。""治国无常，惟法为治。""一民于轨莫如法。"道为宇宙自然之常道，法为治国理民之常法。在宇宙万象流变中，道为其中不变的律则；在国事万端杂陈之中，法为其中不变的规范。故曰"以法为本"、"惟法为治"。立法以为治，即志在使天下臣民均定着在一而固之国法的轨道上运行，则"国有常法"，而事功可致，故曰"一民于轨莫如法"。又说："夫国事务先而一民心，专举公而私不从，赏告而奸不生，明法而治不烦。"国事之首要在颁定一民心之常法，以统合众人之私，而趋向君国之公。法禁一明，则臣下之奸心不生，君王之治道不烦。可以说，"法"的思想，实为韩非政治法理哲学的命脉所在。曰："国法不可失，所治非一人也。"

4.3 春秋晚期成文法公布的争议

周幽王倒行逆施，不得民心，终于引得北方犬戎来攻，幽王被杀于骊山之下，历时十一代，二百五十多年的宗周政权至此灭亡，史称

1　引自王邦雄《韩非子哲学》，第220—221页。

"西周"。周幽王子平王立，东迁于洛邑，号成周，至公元前221年秦始皇统一中国，史称"东周"。东周前后又分为两个时期，前期称"春秋"，因孔子修鲁国史《春秋》同期而得名；春秋起自平王东迁（770 B.C.），止于三家分晋（403 B.C.），先后有齐桓公、宋襄公、晋文公、秦穆公、楚庄王争霸，争为诸侯盟主，挟天子以令诸侯。为富国强兵计，各国纷纷进行经济和军事制度上的改革[1]。后期称"战国"，以诸侯称雄，战争频仍为时代特色。

春秋战国时期，"周室衰微，诸侯强并弱"，周天子渐渐失去昔日宗主的地位，沦为无足轻重之势。春秋、战国虽然都是诸侯政治，但有着迥然不同的时代风貌，是古代中国由宗法封建迈向专制政体的转型期，是中国社会大变动的时期，也是法理思想与法律制度发展的重要时期。

4.3.1 从习惯法到成文法

据英人梅因（Henry Sumner Maine，1822—1888）所著《古代法》（*Ancient Law*）一书中说，一切国家在未有法典以前，大都经过了一个秘密法时期；换句话说，法律仅为极少数人所掌握，绝不令一般人民识其内容；罗马及其他民族在未有法典以前，也是如此。而法律应不应该公布？这个问题在中国的春秋时代，早已发生争议。

西周以前的"法"基本上属于习惯法，用于调整社会生活，特别是民事经济关系的"礼"，大体上也是一种习惯法。虽然殷墟甲骨上有刑罚的文字，这也是殷人按古老习俗占卜的零星记录，恐怕还不能算是正式的成文法。

---

1 其中最显著的改革是土地制度的变革，代表性的事件是鲁国宣公十五年（594 B.C.）的"初税亩"，即废除西周的井田制，按田亩一律收税。"井田制"是土地国有的制度（溥天之下，莫非王土），"税亩"则承认了私田的合法性。这样一来裂土分封的制度就动摇了，世袭的贵族就要让位于新兴起的土地所有者了。在鲁国"初税亩"以后，各国相继有所改革，如楚国的"量入修赋"，整理田制；郑国的"作丘赋"，"使都鄙有章，上下有服，田有封洫，庐井有伍"等。基本的意思都是废除井田制，重新划定田界，土地可以私有和买卖，农民不再对领主有人身隶属，而是由国家重新编户。

成文法的兴起和公布是有一过程的，在此之前，各诸侯国的贵族根据传统，掌握着法律和礼制，由于是习惯法，当然带有神秘性的色彩，法律如何实施，全由贵族操作，平民百姓无从知晓。《左传》昭公六年（536B.C.）曰："昔先王议事以制，不为刑辟。"《国语·周语》上曰："赋事行刑，必问于遗训而咨于故实。"所谓"制"和"遗训"或可视为习惯法，这是西周时的情形。百姓无权知法，所谓"刑不可知，则威不可测"。法规范始终保持着高度的神秘性与威摄作用。

4.3.2 成文法的公布

《周礼·秋官·司寇》关于成文法公布有如下的文字：

> 正月之吉，始和布刑于邦国都鄙，乃县刑象之灋于象魏，使万民观刑象，挟日而敛之。凡邦之大盟约，莅其盟书而登之于天府；大史、内史、司会及六官皆受其贰而藏之。凡诸侯之狱讼，以邦典定之。凡卿大夫之狱讼，以邦灋断之。凡庶民之狱讼，以邦成弊之。

用白话讲，每年正月万象更新之季，都要把刑法公布于邦国都鄙，悬挂在宫阙上，使万民都可以看到，十天以后再收起来。凡是王、诸侯举行大规模会见订立盟约，大司徒亲临监视盟书的写定，并把盟书送到天府收藏；太史、内史、司会及六卿都接受盟约的副本，收藏起来。凡是诸侯之间发生诉讼，大司寇依据王国的六典进行审判。凡是卿大夫的诉讼案件，按王国的八法进行审判。凡是百姓的诉讼案件，按王国的八成进行审判[1]。此为后世所津津乐道的"悬法象魏",唯究竟起于何时？是否属实？说法不一[2]。

4.3.2.1 春秋晚期成文法典公布的时代背景

春秋晚期，小国多为大国所吞并；大国之内又有激烈的斗争。灭亡的小邦国都或贵族都邑，成为大国国君的直接领地，就是"县"。政争激烈，许多贵族因失败而出奔他国，其采邑也归国君所有，全国人民也就成为一家一姓统治下，身份平等的齐民。

国与国的兼并，一国内的政争，最后的胜负都由武力决定。随着兼并的盛行，各国都开始扩大征兵，服兵役者从昔日的国人扩大到所有的农民，凡成年男子都负担兵役义务，可以说是全国皆兵了。由于服兵役的人数大为增加，而且多属步卒，步卒就成为独立的作战单位。战争的形式不再以车战为主，而是以步卒为主力，车乘和骑兵搭配运用，发展出一些新的战术。国家为了掌握兵源，扩大征兵，必须清查户口，整顿户籍。军队中的什伍之制与地方行政组织间里逐渐结合，已是春秋晚期的普遍现象。

春秋晚期，执政者之所以愿意把成文法公示于民，可能有下列的几点原因：

（1）春秋以来，周室衰微，社会情势巨变，贵族阶层体认到世局变异，不得不重视新兴阶层的崛起。这些数目众多的平民百姓，是战争的人力来源，是财税的物力来源，更可能是未来政权兴替的主要支持力量，因此乃决定"编户齐民"[3]。

（2）春秋晚期社会空前大动荡，各种政治势力争强斗胜，以求一

1　据《周礼·秋官·司寇》云："布宪掌宪邦之刑禁。正月之吉，执旌节以宣布于四方。而宪邦之刑禁，以诘四方邦国，及其都鄙，达于四海。"宪，表也，谓县之也。刑禁者，国之五禁，所以左右刑罚者。司寇正月布刑于天下，正岁又县其书于象魏。布宪于司寇布刑，则以旌节出宣令之。于司寇县书，则亦县之于门间及都鄙邦国。刑者，王政所重，故屡丁宁焉。诘，谨也，使四方谨行之。参阅李学勤主编《周礼注疏》《秋官司寇》（台北：台湾古籍出版社，2001 年 10 月），第 1132—1133 页。

2　按《周礼》一书，学界多认定为春秋时人所撰，所述制度虽托指有周，但西周制度不可能有如此理想设置，作者身处周室衰微的时代，可能一半是对辉煌往昔的眷顾，一半是对未来体制的构想，方撰述此书。"悬法象魏"或许不能当作西周的制度，而是春秋时代开始的公布成文法的理想模式。

3　参阅王基伦《明德慎刑——中国的法律》（台北：幼狮文化，1990 年 2 月），第 49—50 页。

遏。新兴起的势力当然不满意法律被少数旧贵族所垄断，他们要求有一种预先设定的"法"公开为大家所知，于是兴起了成文法公布的举动。

（3）或许因为郑国紧邻晋国的缘故，子产有机会透视出贵族政治继续发展下去，将导致卿大夫专政，国事法理全在贵族手中，人民生活将会失去凭依的情况，除改善民生、不毁乡校、可批评国事外，另一步骤就是公布法律，将法律客观化，使其尽量独立于贵族势力之外，以尽其防卫社会的机能。

春秋晚期，郑、晋诸国出现公布成文法的作为，这是件划时代的创举，但部分有力人士却大加反对，《左传》记载两件史事，此为中国法史上值得一提的大事。

4.3.2.2 成文法公布争辩之一：郑子产铸刑书

已如前述，春秋晚期的政治、社会、经济等已然生变，郑国执政子产的"铸刑书"并不是无中生有，而是在一定的历史和时代条件下产生的。遗憾的是，子产所铸"刑书"的实质内容，已不得而考，但反对"铸刑书"的晋大夫叔向却为我们留下了珍贵的材料。

（1）时间：鲁昭公六年（536B.C.）

（2）公布者：郑国执政子产（公孙侨）

反对者：晋国叔向（羊舌肸）

（3）内容：

> 三月，郑人铸刑书。叔向使诒子产书，曰："始吾有虞于子，今则已矣！昔先王议事以制，不为刑辟，惧民之有争心也。犹不可禁御，是故闲之以义，纠之以政，行之以礼，守之以信，奉之以仁；制为禄位以劝其从，严断刑罚以威其淫。惧其未也，故诲之以忠，耸之以行，教之以务，使之以和，临之以敬，莅之以强，断之以刚。犹求圣哲之上，明察之官，忠信之长，慈惠之师，民于是乎可任使也，而不生祸乱。民知有辟，则不忌于上，并有争心，以征于书而徼幸以成之，弗可为矣。

"夏有乱政而作《禹刑》，商有乱政而作《汤刑》，周有乱政而作《九刑》。三辟之兴，皆叔世也。今吾子相郑国，作封洫，立谤政，制参辟，铸刑书，将以靖民，不亦难乎？《诗》曰：'仪式刑文王之德，日靖四方。'又曰：'仪刑文王，万邦作孚。'如是，何辟之有？民知争端矣，将弃礼而征于书，锥刀之末，将尽争之。乱狱滋丰，贿赂并行，终子之世，郑其败乎？肸闻之，国将亡，必多制，其此之谓乎？"

复书曰："若吾子之言。侨不才，不能及子孙，吾以救世也。既不奉命，敢忘大惠？"[1]

（4）解析

①鲁昭公六年三月，郑国执政子产将刑法铸在鼎上，使其内容确切，以取信于民。但是晋国的大臣叔向却深不以为然，写了一封信给子产，指陈此事的错误。假如用现代的话来说，这封信里最值得我们注意之点大致是这样的：

其一，从前先王临事依制，不预先公布法律，凡遇到破坏社会安宁秩序的事件，执政者应该"议事以制"，仔细地度量该事的因果、轻重，以及一切有关的规范，才作判断，而不是机械地适用法律的条文就算了事[2]。

其二，为了防卫社会的安全，维持安宁的秩序，法律之上应该还有一套以仁、义、忠、信、礼、敬等条目所组成的高阶规范。不可将刑法树立为一套固定不移的准则，因为法条有限，人事无穷，无论怎样细密的立法，总不能网罗诸罪，而这些缺陷便是争端之所在。

其三，不可过分重视法律，因为如果一般民众知道有法条可循，也

1　录自《左传·昭公六年》。

2　叔向说："先王议事以制，不为刑辟。"已经证明封建时代是有刑法的，连叔向自己也承认三代有所谓的《禹刑》、《汤刑》和《九刑》；然则他所谓"不为刑辟"者是刑书掌在统治贵族手中，未曾公布，不让人民知道法律的内容。法律未公开以前如何审理狱讼呢？援用叔向的话说即"议事以制"。谓度事之轻重以断其罪，不预设为定法也。封建的刑书法律只作为统治者裁决定夺的参考，而非两造申辩的客观依据，因为它没有公布，不公布的缘故是害怕人民有"争心"。

会援引法条，根据法条行为，并可据"法"力争，而不再畏惧执"刑"者。当然就将礼、义等等高阶规范置诸不顾，也不再尊敬社会权威，而只是一味地抱着一套法条，斤斤计较其中规定的权利和义务；法条既多缺陷，大家便尽力相争，希望侥幸得逞，自然就发生了许多诉讼，而且难免就有人想以贿赂为手段去影响判决，使得司法败坏，整个社会因而趋于危亡。

其四，昔夏作《禹刑》、商作《汤刑》、周作《九刑》，皆属乱政之际，非属盛之世。《诗》之《周颂》《我将》之篇，又《大雅》《文王》之篇，俱赞美文王以德为仪式，故能天下信仰。如蔑弃礼教，征诸刑书，以为防止，民知趋避，虽锥刀之小事，亦必争之，从此讼狱滋丰。

②春秋晚期正值"大夫遏长断狱不平，轻重失中"殃及国运的时代，子产为"救世"，坚持他的改革，并没有接受叔向的来教，但也没有提出反驳，只是谦虚又无奈地回信，谢其训诲，释明所以铸刑书之理，他说："若（顺）吾子之言！侨不才，不能及子孙，吾以救世也。"可见，他也觉得叔向这番重德轻法的说词是有其道理的，只是他没有能力施行德化去谋致那长治久安的成果，只能依赖法律以应一时之急，挽救当世的祸乱而已。申言之，叔向的"危机意识"，子产未尝没有；叔向发掘的问题，子产亦非无识，但他显然对世变有更深刻的体认。

4.3.2.3 成文法公布争辩之二：晋铸刑鼎

叔向反对郑子产铸刑书，但时代的脚步未曾稍歇过。二十三年后，叔向自己的晋国也铸出了一个大刑鼎来。同样遗憾的是，史家也没为我们留下"刑鼎"的具体内容来。不过，《左传》却留下了孔子与史家蔡墨的一段反对议论。从他们的话语中，我们对"刑鼎"的性质和意义，可以得到进一步的了解。

（1）时间：鲁昭公二十九年（513B.C.）

（2）公布者：晋赵鞅、荀寅

反对者：孔子、蔡墨

（3）内容：

　　冬，晋赵鞅、荀寅帅师城汝滨，遂赋晋国一鼓铁，以铸刑鼎，着范宣子所为刑书焉。

　　仲尼曰："晋其亡乎？失其度矣！夫晋国将守唐叔之所受法度以经纬其民，卿大夫以序守之，民是以能尊其贵，贵是以能守其业。贵贱不愆，所谓度也。文公是以作执秩之官，为被庐之法，以盟为主。今弃是度也，而为刑鼎，民在鼎矣，何以尊贵？贵何业之守？贵贱无序，何以为国？且夫宣子之刑，夷之搜也，晋国之乱制也，若之何以为法？"[1]

　　蔡史墨曰："范氏、中行氏其亡乎？中行寅为下卿而干上令，擅作刑器，以为国法，是法奸也。又加范氏焉，易之亡也。其及赵氏，赵孟与焉；然不得已，若德可以免。"

（4）解析

①鲁昭公二十九年，晋国大臣赵鞅、荀寅等将刑法铸在鼎上。孔子与蔡墨闻悉，也为之大大感叹一番。孔子忧心的是，如此一来，"贵贱失其度矣"。晋国本来有始封先祖唐叔受之于周室的一套崇高妥善的规范，乃系以先王之礼法为习惯法与上位法，不容现世掌实权者，另以当世所颁的实定法侵犯其法权或破坏其法度内容。倘现在抛弃了传统这一套规范，只将刑律铸在鼎上，人民便不免认为只要遵守这几条刑律就够了；事事以"鼎"为据，贵族乃失去了酌情循理，断狱解纷的职守，因而也失去了治理的权威，社会结构和秩序不免随之崩溃，国便不成其为国了。

②孔子担心的是有了刑鼎，晋将亡其原有的礼法制度，亡其礼者亡其国；为了防止刑法典取代礼法制度，乃加以反对。申言之，"度"是

1　上文中所谓"被庐之法"系指鲁僖公二十七年冬，晋文公到被庐（晋国地名）打猎，并检阅队伍，因此建制三军，修订了唐叔以来的法律。至于所谓"宣子之刑，夷之搜也，晋国之乱制也"，系指鲁文公六年春，晋国在夷（晋国地名）阅兵，重编三军，范宣子于此制定法律条文。不料当年秋季，晋襄公死，大夫阳处父被杀，所以说成是晋国的乱制。搜，系打猎并检阅兵马之意。

"贵贱不愆"的，而"鼎"是"贵贱无序"的象征。"愆"和"序"的关键点乃在于"尊贵"，有"鼎"之后，民可以不"尊贵"而"在鼎"；因而，孔子发出了"贵何业之守"和"何以为国"的忧虑。另一方面，或许孔子认为刑鼎应由君王而非由大臣加以制定公布，争的是制法权力的正当性问题。

③孔子另一担心的是，刑鼎上所铸者，乃鲁文公六年（621B.C.），晋国在夷地阅兵后由范宣子所定的法律，而当时晋国多乱，曾一搜而三易军中主帅，所以他问：乱时的制度怎么可以用来作为垂诸后世，谋求长治久安的规范呢？

④从文献中看来，孔子并没有反对"法律"的存在，反而在此明白宣示晋文公作执秩之官，为"被庐之法"的正当性。毋宁说，他在意的是，范宣子之刑乃"夷搜之法"，虽然鼎上这部法律内容不得而知，但可以推测，恐属残酷严苛，缺少人文关怀的一部律典。

⑤孔子反对"民在鼎矣"，看似反对法律成文化，借此避免人民游走于法律条文边缘，进而废弃道德教化。唯深入以观，正如前述，《左传·昭公六年》当时在子产主政下的郑国同样铸造"刑书"，孔子在论及子产时，却从未对这件事有过批判，反而肯定子产是为政者的典范。显然"是否铸刑书"，建立成文法规律并非孔子关注的重点，他在意的，是这部律法的内容，能否体现"人伦道德"的规范精神。唯有具备这样的内涵，才是孔子认可人类应该追求的规范与秩序。

4.3.2.4 春秋晚期成文法典公布在法制史上的意义

上述郑铸刑书和晋铸刑鼎二件史事的创举性，并不在制定刑法成文法典，而其重要意义在于成文法典的公布；因为据载，子产以前已有关于"刑书"的编纂情形，例如《尚书·吕刑》篇所言，另外，还有过楚文王的"仆区之法"、晋文公的"被庐之法"、楚庄王的"茅门之法"、范宣子的"刑书"等。尤具意义者，在于确定刑法的内容，强调立法者对法安定性的决心，使民众对于主政者所立的是非善恶准则能够事先掌握，对于个人行为的后果能够有预测的可能性，这打破了"刑不可知，则威不可测"的旧传统，在中国法律史上，无疑地，是一大进步。

春秋晚期，各国的"编户齐民"政策逐渐完成，战争要靠他们来打，财税要靠他们来纳，政权要靠他们来支持，怎能不正视这批为数极其庞大的新兴阶层？所以，当时位居中原发达地区的郑、晋两国的执政者顺势颁布刑书，公开承认人民的法律地位。刑书之公布即象征"编户齐民"法律的诞生，不论在法制史或社会史上，都具有划时代的意义。

从两位主要反对刑书公布的人物来看，叔向理想的政治与社会是稳固的封建秩序，班爵制禄，有爵者管理无爵者，高爵者领袖低爵者，阶级秩序井然不紊。孔子所向往者是一个"贵贱不愆"的封建秩序，所担心者也是铸刑鼎可能引发的"贵贱无序"的新社会，其理想与心态和叔向并无二致。我们可以从这两份文献中明显嗅出，"刑书"和"刑鼎"实是对"贵"的严重打击。叔向说有了"刑书"，"则人民不忌于上"。这里所指的"贵"和"上"，落实下来就是与国君有"亲亲"关系的那些贵族们。而"刑书"和"刑鼎"的出现，"亲亲"的特权受到了严重的挑战，至少使他们已是"贵"而不"尊"、"上"而不"威"了，实际上，能尊能威的渐渐只有国君一人了。在这里，我们也听到了旧时代将结束，而一个新时代即将问世的脚步声了[1]。

从另一个角度言，孔子反对铸刑鼎，最大的原因，或在于刑鼎专注于"刑"与"法"，立刑鼎所代表的意义是"礼"的式微。孔子肯定"为仁由己"，若人须以刑鼎为戒，乃忘忽人能由己以行礼、行仁的特性。立刑鼎以为警诫威吓的方式，等于是对人性的不信任，等于视人如夷之搜的低劣。向来，孔子倡导"道之以政，齐之以刑，民免而无耻。道之以德，齐之以礼，有耻且格"。他理想中的社会秩序是德、礼先于政刑。孔子所说的德、礼是属于教化的层次，理想在于使人人能自重自律。而律令规章、赏善罚恶则是注重外在的儆示作用，是他律的，这不

1　参阅王晓波《先秦法家思想史论》（台北：联经出版社，1991年7月），第39—40页。

是孔子的优先主张。质言之，孔子反对铸刑鼎，但并不反为政刑。孔子
秉持儒家以礼乐教化兴国的风格，反对贵贱无序的礼秩序的崩盘，不认
同以乱世之制为法律的内容。

虽然子产所铸"刑书"的内容无法知晓。但他说过："夫火烈，民
望而畏之，故鲜死焉；水懦弱，民狎而玩之，则多死焉，故宽难。"
《韩非子》一书中，也记下了子产类似的一段话；子产将死，交代其后
任的执政者说："我死后，子必用郑，必以严莅人。夫火形严，故人鲜
灼；水形懦，故人多溺。子必严子之形（刑），无令溺子之懦。"子产
显然为后起的法家开起了"重刑"之门，并且，提供了《商君书》以
降的"以刑去刑"的理论雏形了[1]。

事实上，影响更大的是，因为有刑书的公布，法律内容也才能相对
地确定下来，严格意义的刑典才有出现的可能。到了战国时代，法律虽
然仍由上位者颁定，但各国已致力于公布法律，使断狱定谳得有其凭
借。所以韩非也说："法者，编著之图籍，设之于官府，而布之于百姓
者也。"[2] 它如《慎子》《商君书》，皆有识及此。自是而后，法律宜公
布已成为不刊之论了。

4.4 中国体系化成文法典的始原

在世界诸大法系当中，中华法系的成文法典编纂历史相对悠远，唯
究竟起源于何时，出自何人之手，颇令人遐思。

4.4.1 李悝其人及其时代

当时序进入战国时期，形成秦、齐、楚、燕、韩、赵、魏七雄争霸

1　参阅王晓波《先秦法家思想史论》，第40页。
2　引自《韩非·难三》。

的局面，为了求生存、建霸业，各国纷纷实行变法图强。七国当中最早实行变法图强的是魏国，雄心勃勃的魏文侯在位期间（445B.C. ——396B.C.），以子夏、段干木、田子方诸贤为师友。即位之始，即招贤纳士，实行社会、政治、经济、法制的全面变革。精通刑名之学，深悉治国安邦之术的李悝（455B.C. ——395B.C.），受到魏文侯的赏识，既尊为师，又拜为相，被委以主持魏国变法的重任[1]。

李悝身在其位，竭尽心力，进行了一系列的改革。在经济上，推行"尽地力"、"善平籴"的政策，要求充分利用土地多种各类农作物，并实行重农抑商的政策和平衡粮价，以稳定经济。在政治上，他主张抑制贵族，扶植新兴地主的势力，强化国君的权力。在法制上，他总结了春秋时期以来各诸侯国的立法经验，约于周威烈王五十九年（406B.C.）搜集编纂了中国历史上第一部比较系统的刑典——《法经》。魏国透过变法，终于成为战国初期强国之一。《史记·平准书》说："魏用李克，尽地力，为强君。自是之后，天下争于战国。"

4.4.2《法经》的主要内容和特点

李悝的变革措施是多面向的，但如今看来，他留给后世最让人津津乐道的，是纂辑《法经》六篇，而《法经》原书早已失传，《汉书·艺文志》儒家列有"李克七篇"，法家列"李子三十二篇"，《法经》应在其中[2]。今所见有关记载最早见于唐人所撰《晋书》和《唐律疏义》，《晋书·刑法志》说：

> 是时承用秦汉旧律，其文起自魏文侯师李悝。悝撰次诸国法，著《法经》。以为王者之政，莫急于盗贼，故其律始于盗、贼；盗、贼须劾捕，故著网（囚）、捕二篇；其轻狡、越城、博戏、借

1　关于李悝的生卒年代及相关事迹，详参钱穆《先秦诸子系年》（上海：商务印书馆，1935 年；香港：香港大学出版社，1956 年），第 132—133、537、616 页。
2　参阅《汉书·艺文志》，今有（清）马国翰辑录《李克书》，今所见（清）黄奭所辑《法经》为伪书。

假不廉、淫侈、逾制，以为杂律一篇；又以具律具其加减。是故所
著六篇而已，然皆罪名之制也。

《唐律疏义》也有类似的记载，此后论及《法经》都引证上述片
断，直到明朝董说著《七国考》，其中引用西汉桓谭所著《新论》一
书，才批露《法经》较多的部分内容。

4.4.2.1 《法经》的断简残篇

上述中的所谓《盗法》，系指关于窃盗、劫掠、赇赃之类的犯罪，
相当于现行刑法的窃盗罪、抢夺罪、恐吓取财罪、和诱略诱罪、侵占
罪、受贿罪等侵犯财产法益的犯罪类型。《贼法》，"贼"字的古义是
"毁则"、"杀人不忌"、"害良"等义，故《贼法》的主要用意在惩罚
危害国家危害个人的犯罪，如反逆、谋杀人命等。《劾捕》，劾者，举
发攻讦他人罪状之谓；捕者，拘捕也。即揭发罪行，加以拘捕之。至于
《网捕》一篇，此处"网"字疑为"囚"字之误。囚律多为关于收禁、
裁判及执行等违法处罚的规定。《捕法》为关于追捕囚犯、犯人逃亡、
藏匿犯人等犯罪事项的处罚。

据称，《法经》以盗、贼、囚、捕四篇为"正法"。董说引桓谭
《新论》曰："正律略曰：杀人者诛，籍其家及其妻氏；杀二人及其母
氏。大盗戍为守卒，重则诛。窥宫者膑，拾遗者刖，曰为盗心焉。"重
点惩治的是盗、贼重犯，"窃货曰盗，害良曰贼"。

杂篇为《杂法》，董说略曰："夫有一妻二妾，其刑聝；夫有二妻
则诛；妻有二夫则宫，曰淫禁。盗符者诛，籍其家；盗玺者诛；议国法
令者诛，籍其家及其妻氏，曰狡禁。越城一人者诛，自十人以上夷其乡
及族，曰城禁。博戏罚金三币，太子博戏则笞，不止则特笞，不止则更
立，曰嬉禁。群相居一日以上则问，三日四日五日则诛，曰徒禁。丞相
受金，左右伏诛；犀首以下受金则诛；金自镒以下罚不诛也，曰金禁。
大夫之家有侯物，自一以上者族。"制裁各种类型的刑事犯罪，动辄
诛、族，承袭殷商以来的重刑传统。

至于《具法》为"具其加减"，略曰："罪人年十五以下，罪高三减，罪卑一减；年六十以上，小罪情减，大罪理减。"规定的是一些定罪量刑中"从轻从重"的法律原则，类似当今刑法的总则编[1]。

4.4.2.2 《法经》的特点

从目前所残留的《法经》片段看来，其所呈现的立法思想和原则，可得而言者约如下述：

其一，李悝认为，"王者之政，莫急于盗贼"。所以《法经》六篇始于《盗》《贼》两篇；又因为对盗、贼要逮捕法办，所以接着是《囚》和《捕》二篇。此外，还有两篇，一篇是《杂法》，其内容是如何惩治"轻狡""越城""博戏""借假不廉""淫侈""逾制"等不法行为的；另一篇是《具法》，其内容是斟酌不同案情予以加刑或减刑的规定。李悝把《盗》和《贼》两篇放在《法经》的前面，清楚地说明其立法思想和立法原则，首先在保护财产和人身的不受侵犯[2]。在封建社会里，所谓"盗"，是指经济上对公私财产的侵犯；所谓"贼"，是指犯上作乱和对人身的侵犯。李悝为了维护政权统治，保护变法所取得的成果，所以把制裁盗贼作为刑事立法的首要任务。

其二，抑制旧贵族的法律特权。李悝对"刑不上大夫"的传统有所突破，对旧贵族和上层统治者所享有的法律特权也有所限制。在反对旧的阶级特权的同时，又确定和维护新的封建等级制度。《法经》根据早期法家主张的"不别亲疏，不殊贵贱，一断于法"的"法治"（Rule by Law）原则，规定太子犯法要受笞刑；丞相受贿，左右伏诛；将军受贿，本人处死。但与此同时，又明确规定大夫之家如有属于诸侯享有的器物要以"逾制"治罪，处以族刑。官员贪污受贿，将军以下处死，

1　《具法》，又称《具律》，为古代法律名词，犹今之刑法总则。汉之《具律》，魏改为《刑名》，晋又分《刑名》《法例》，且列于篇首。律始于刑名，其所以定罚制也。

2　何谓"盗贼"？《说文解字》上说："盗，私利物也。""贼，败也。"段玉裁注曰："窃贿为盗"，"毁则为贼"。《荀子·修身》则说："窃货曰盗"、"害良曰贼"。《正论》篇中还说："上以无法使，下以无度行，……故百事废，财物诎，而祸乱起。王公则病不足于上，庶人则冻馁羸瘠于下，于是焉桀纣群居而盗贼击夺以危上矣。"

而丞相受贿，本人却可以享有特权，反将其左右下属处死。这反映出封建法律，从一开始就具有特权法的阶级属性。凡参与赌博者要罚金，太子"博戏"要处笞刑，甚至可以废立，这些法律规定，不无具有否定"刑不上大夫"法律特权的积极意义。

其三，采重刑政策导向。轻罪重罚是先秦法家法理思维的共同特点，这在《法经》中有明显的体现。《法经》虽然也有惩治统治阶层的规定，但主要仍是针对被统治者的。法家主张轻罪重罚，严刑峻法，《法经》对人民的轻微犯罪也一律处以重刑，如"窥宫者膑，拾遗者刖"，"窥宫者膑"，即窥视他人房屋者，要受断脚之刑。盖窥视他人房屋，难免有觊觎财物之嫌，与拾取遗失物一样，都是有"盗心"。换言之，只要萌生窃盗的犯意，就入于刑，这是法家"刑用于将过"的思想，在立法上的典型表现。就连纯属思想言论性质的议论国家法令行为，不仅本人处死，还要将全家及妻子娘家的人籍没为奴。在于今视之，为数不多的法律条文中，所使用的刑罚几乎均属摧残肢体的身体刑和生命刑，诸如笞、膑、刖、宫、诛等，并且株连广泛，动辄"夷乡""夷族"，或将家属没为奴隶，可以说《法经》所反映的刑罚制度但见其深文峻刻，是典刑的法家思想下的产物。

4.4.3 《法经》对后世的影响及其历史意义

李悝纂《法经》，对历代中国王朝律法的制定来说，具有十分重要的意义。扼要言之，有下列诸点：

其一，中国严格意义的成文法典并非始于《法经》，甚至并非起于战国。在此之前，从春秋晚期的郑子产铸刑书、邓析造竹刑，到晋国铸刑鼎，法家先驱们所作的种种探索，他们的成果，乃至失败经验的心路历程，而为李悝所承传。李悝只是汇集了春秋以来诸国的刑律，编纂为《法经》六篇。

其二，从《法经》六篇的内容来看，它的目的是以律法的形式来保护李悝在魏国变法所取得的成果，也就是主要是为维护政权的存续，同时也是治民之具，用以保护私有财产，乃至保障人身安全，对种种违法行为加以严厉惩处。

其三，《法经》六篇开创了以刑为主、规范混同的法典编纂体例形式。六篇之中，"皆罪名之制"。其中《具法》，类似现代的刑法总则，其余五篇相当于现代的刑法分则，具体规定了各种罪名与刑罚，确立了"以罪统刑"的原则。古代法律对于罪名的概念还很淡薄，对犯什么罪，用什么刑，尚无明确的规定，当时的法主要是刑，带有很大的恣意性。而随着社会的发展，犯罪的增多，逐渐出现了抽象概括的犯罪名称，如各种侵犯私有财产的犯罪被概括为"盗罪"，各种戕害生命的行为被概括为"杀人罪"。李悝改"刑"为"法"，《法经》开始以罪定刑，把犯罪与刑罚有机地统一起来，大大强化了法的规范性和稳定性，这是立法技术的重大突破，从而使《法经》真正成为名副其实的刑法典。但是另一方面，《囚法》《捕法》中也掺杂着诉讼审判方面的内容，《杂法》中也包含有行政规范与民事规范，从而形成了规范混同以刑为主的法典编纂体例，奠定了传统中国法典编纂的原型。

其四，《法经》之所以出世，主要是为因应新兴势力、巩固政权的稳定以及维护生产秩序的需要，它的制定与实施，对魏国发展富国强兵的愿望发挥了重要作用，而且对其他各诸侯国也产生了巨大的震撼与影响。其后，商鞅相秦，直接把《法经》带到秦国，改法为律，厉行"法治"（Rule by Law），全面变革，取得了秦国变法的部分成效，为统一六国奠定了坚实的基础，并成为秦帝国所实施的正式法典。之后，汉代的《九章律》、三国时期的《魏律》、西晋时期的《晋律》也都是在此基础上衍化而成，可以说，《法经》是帝制中国时期法典的滥觞，李悝也因此被誉为古典中国法典的奠基人。

【问题思考】

1. 什么是"人性"？孔子、孟子、荀子、韩非子各对"人性"有何诠释？人性与社会规范的建立有何相关联性？你个人的"人性观"是什么？何以如此主张？

2. "德治"、"礼治"、"法治"与"人治"，素为中国法制思想上争论之所在，此四者的要义及其相互间的关系究竟为何？传统中国法制究系以何者为主流？具体表现在哪些方面？试举例以对。

3. 《论语·子路》中有段话："叶公语孔子曰：'吾党有直躬者，其父攘羊，而子证之。'孔子曰：'吾党之直者异于是，父为子隐，子为父隐，直在其中矣！'"试就孔子与叶公论"直"与"隐"的例子，说明两者间亲情伦理与政刑冲突时该何去何从。另从现行刑法及刑事诉讼法指出有无此种思想的遗绪。

4. 社会作为不同规范的集合体，往往必须面对各类"规范冲突"的情形，即使规范本质并无必然的冲突，但是因为个案情形的特殊性，或者规范适用者身份的重叠，往往产生各种复杂难解的两难题。在一次对话中，孟子弟子桃应于是设想一个难题，《尽心》上篇云：桃应问曰："舜为天子，皋陶为士，瞽瞍杀人，则如之何？"孟子曰："执之而已矣！""然舜不禁与？"曰："夫舜恶得而禁之？夫有所受之也。""然则舜如之何？"曰："舜视弃天下，犹弃敝屣也。窃负而逃，遵海滨而处，终身欣然，乐而忘天下。"试就以上所引述，分析桃应难题背后所隐含的法规范思维。

5. 为什么春秋晚期多国逐渐公布成文法？为什么郑国与晋国分别铸刑书与刑鼎？请申论叔向对子产、孔子对范宣子的批评及子产的答辩，在法理及当时实际社会情势上的意义。

6. 从前有一位圣者率领门徒出国考察，来到某个地方，这地方本是一个国家的首都，可是这个国家早已经灭亡了。这位圣者是研究兴亡治乱的专家，他立即展开调查访问。他向一个年纪最大、阅历最多的人请教："贵国为什么会灭亡？"老者摇头、叹息。圣者在一旁温

良恭俭让地等着。弟子们在圣者背后肃立着。良久，那老者说："亡
国的原因是：国君用人只肯任用道德君子。"群弟子愕然。圣者非礼
勿言，非礼勿动，仍然"温良恭俭让"。良久，那老者慢吞吞地说：
"好人没办法对付坏人。"（引自王鼎钧先生《四个国王的故事》之
一）试从儒法两家法理思想的精义所在，联想并解析上述所引故事
的情境意义。

【参考文献】

1. 张伟仁辑、陈金全注：《先秦政法理论》（北京：人民出版社，2006
   年4月）。

2. 杜正胜：《传统法典始原——兼论李悝〈法经〉的问题》，收于《中
   国历史论文集》（台北：台湾"商务印书馆"，1986年1月），第
   425—450页。

3. 黄源盛：《荀子的礼法思想方法》，收于氏著《中国传统法制与思
   想》（台北：五南出版社，1998年10月），第29—57页。

4. 黄源盛：《韩非的历史观及其法理思想》，收于氏著《中国传统法制
   与思想》（台北：五南出版社，1998年10月），第59—84页。

5

秦汉法制与两汉春秋折狱

中华民族的形成，是一混凝多种种族、语言、文化的民族；自远古以来，在中国这块土地上，不知出现过多少不同的民族，他们由敌对竞争，逐渐走向了解而融合。夏、商、周，原本就是不同来源的民族，经过三代一千多年的融合，至西周时形成"华夏"国家。西周的崩溃到春秋战国又是另一个融合阶段，当时"华夷杂处"的局面，随着城邦国家领土的扩展，逐渐被融入几个大国，最后形成秦汉帝国的统一。

秦王政二十六年（221B.C.），并灭六国，一统天下，创立了皇帝制度，他夸口要二世、三世，乃至万世，传之无穷，结果嬴姓政权不过二世而终。刘邦继之而起，汉承秦制，实行中央集权的君主专制，从本质上言，与秦朝并无不同。但是，汉朝从武帝之后，多了一重理论的色彩，即采用董仲舒"天人感应""纲常名教"等思想以奠立其法制根基，为后世传统中国的各项制度开起了先声。

5.1《睡虎地秦墓竹简》与秦律

秦始皇终结乱世，建立了一个史无前例的大帝国。"马上得天下，焉能马上治天下？"在登基之后，对于这个大帝国的法制到底该如何规制与运作？他日夜思索着这个问题。

　　秦统一过程中，新征服地区逐步设郡县治理，灭六国后，除了京畿外，把天下分成三十六郡。图示如下：

　　【表解】秦中央集权和郡县制机构表

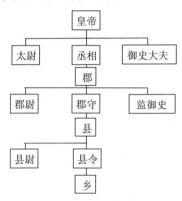

　　郡原来设于边区，负边防之责，故其首长有武官性质，名为"守"，或尊称为"太守"。军事和治安由郡尉负责。秦时中央又派遣御史监察，称为监郡御史。郡府组织有守、尉、监，类似于中央官制有丞相、太尉、御史大夫。

　　郡下的县，其长官称令或长。令、长之下设丞、尉，其职务内容同于郡。一般而言，县是中央集权之下朝廷执行政令最基层的组织。户籍的管理、赋税的征收等，都由县负责执行。因此，县可说是秦以后帝国统治机构最关键的单位。

　　县的官府放置人民的户籍，保管征收的粮食，编制并调发地方的武装与徭役，是全面执行朝廷政令的机关。郡县长官须会书写、懂解法律方能胜任，一经任命必须服从调遣，不称职或违法即受处罚。

5.1.1 《睡虎地秦墓竹简》的出土

秦并吞六国后的一些措施，如统一文字、货币、度量衡，迁各地豪富至咸阳，以及修筑驰道、运河等等，都有加强中央集权，便于朝廷统治的作用。秦始皇对于国家政事，无不亲自裁决，日理相当数量的文件，非批阅完毕不休息。他又巡幸各地，视察政令的执行情形，同时也刻石表彰自己的功劳。

秦的严刑峻罚统治，立国不过十四年而亡，秦末兵燹，档册图籍多付之一炬，所以传世文献极少，有关秦朝法律制度的资料相当罕见。时至 1975 年，在湖北省云梦大泽睡虎地地区发掘秦墓，得竹简一千一百五十五支以及残片八十片，这是世人首次发现秦简，尤令人惊喜的是，此批竹简是秦代法律和公文书，这使得研究秦代法制第一次有了实证的史料。

《睡虎地秦墓竹简》出土后，经考古学家的整理，共分为十类，其中《秦律十八种》《效律》《秦律杂抄》《法律答问》《封诊式》都是秦律的内容，《语书》《为吏之道》等也有涉及法律的素材。

根据竹简内容得悉，墓主名"喜"（262B.C.—217B.C.），曾任安陆（今云梦一带）御史、安陆令史、鄢令史等执法官员，也曾亲治鄢狱。所以在其墓中以大量法律竹简陪葬，或许这些法律文书就是墓主生前公务所使用之物。

秦律是泛指自秦国商鞅变法到秦始皇统一中国之后秦朝的法规范而言。战国时期，地处西陲的秦国实行变法，开始大规模制颁各种法令。商鞅以李悝《法经》为蓝本，"改法为律"，增加酷刑，作为秦律贯彻实施；同时颁布《垦草令》《开阡陌令》《分户令》《军爵令》等，为秦国的法制奠定了基础。后来，商鞅被杀，秦法未败，经六代国君不断增订和修改，秦国的法规范得到了进一步充实。

秦始皇统一六国后，"海内为郡县，法令由一统"、"明法度，定律令"，凡事"皆有法式"，把秦王朝的立法推进到一个新的阶段，在中国历史上首次确定了在全国统一实施，也较为完整系统的帝制成文法典，揭开了中国立法史的新页。

5.1.2 从秦简管窥秦律的形式与内容

首先，在法规范形式方面，秦简出土前，据载，秦朝的法规范形式有律、令、制、诏四种。但从秦简中则可看到，除上述四种之外，尚有法律答问、式、例等多种形式。加上律文本身，秦简所反映的法规范形式主要有四：

（1）律：律是秦代法律的基本形式，它的作用在"定分止争"，"定分"是确定人民之间的身份、财产等法律关系；"止争"是以行政的、刑事的强制性手段来调整人民之间的纷争。秦简计有《秦律十八种》《秦律杂抄》《效律》等三十种。其中有商鞅颁布的《刑律》《军爵律》；也有《田律》《厩苑律》《仓律》《金布律》《置吏律》等单行法规。内容涉及农业、手工业、商业、徭戍赋敛、军功赏赐、官吏任免以及什伍组织等社会生活的各个方面。

（2）法律答问：由官方以问答方式对法律进行解释，与律文具有同等的法律效力，可以在判案时作为法源的依据。由于它涉及的问题十分广泛，实际上是法律条文的补充规定，因而是一种比较灵活的法规范形式，后来发展为"律疏""疏议"。秦简中所存的一八七条《法律答问》，可说是迄今所见最早的官方法律解释。遗憾的是，该答问不外乎词义界定或判定然否，未决之疑也只并陈异说，并未陈述立法意旨或法理依据。

（3）式：类似当今的"程序法"，出土秦简中有《封诊式》，是秦代法规范"式"的一种，具体规定对司法官吏审理案件的要求和对案件进行调查、检验、审讯等文书程序，其中收集了不少案例，以供司法官吏参照执行。唯《封诊式》中所列并非实际案件，只是此类案件的格式和样本，是供官吏和士人学习所用的。《封诊式》对于侦讯程序有原则性的说明，案件侦讯以涉案人自我陈述为原则，讯问者明白举出涉案人所触犯的法条及其界定，要求涉案人自我辩护，此种侦讯模式也说明了《法律答问》律文释疑的具体功能。

（4）例："廷行事"，"廷"指宫廷、郡廷或县廷，"行事"指"已行已成之事"。大概相当于今日的"判例"，并且是经奏准朝廷的判决先例。《汉书·翟方进传》注：旧例成法曰"行事"。秦简《法律答问》多处指出司法官吏在论罪科刑时可依"廷行事"为准，这说明秦时除以律令断案外，在律令无明文规定时，则可以参照有关案例、成例进行断案，甚至比附类推。

其次，就秦简所反映的秦律内容看，除主要为刑事法规外，还包括类似当今的民法、经济法、行政法和诉讼法等各个法律部门的法规范。分述于后：

（1）刑事规范：包括罪名、刑罚的种类和刑罚适用原则等。秦律的罪名近二百种，其制裁的主要对象是针对直接危害统治政权和个人生命财产安全的所谓"盗贼"。《法律答问》当中涉及盗贼的就有五十八条。刑罚有死、肉刑、徒、笞、耐、迁、赀、收、赎、废、谇等。每种又分若干不同等级，名目繁多，手段残酷。刑罚适用原则主要有：以有无犯罪意识作为认定是否犯罪的主要因素，区分故意与过失，教唆同罪、教唆未成年人犯罪加重，累犯加重，组织犯罪和共同犯罪加重，自首减刑，消除犯罪后果减免刑罚，以犯罪身份等级定罪量刑等。

（2）民事规范：明确保护国家和私人的所有权。如《田律》规定国家根据"受田之数"征收田赋。法律保护牛马等生产工具的个人所有权，盗牛马者严加惩处。维护债权人的利益，《金布律》规定积欠公家债务过一年者，依法论处，或以劳役抵偿。另对婚姻家庭制度也有颇多规范，以维护父权和夫权制。

（3）经济规范：秦简中有关经济法规或条款占有相当比例。如《田律》主要是管理农田生产和土地分配的规范；《厩苑律》是管理畜牧生产的规范，《仓律》是管理粮草仓库的规范，《金布律》是关于货币财物方面的规范，《关市律》是管理关卡和市场税收方面的规范，《工律》是管理官办手工业的规范，《效律》是关于检验度量衡器、清查物资、账目等方面的规范。

（4）行政规范：秦时为加强专制中央集权的政治制度，十分重视行政立法。秦简中的《置吏律》《除吏律》是任免官吏的规范，《除弟子律》是关于训练、教育和任用贵族官僚子弟的法律，《尉杂律》是有关廷尉职务的规范，《内史杂》是掌治京师的内史职务的规范，《徭律》是关于徭役的规范，《军爵律》是关于军功爵位的规范，《戍律》是征发兵役戍守边疆的规范，《行书律》是关于传送官府文书的规范。这些立法对于国家机构正常运转，提高行政效率具有一定的作用。

（5）诉讼规范：秦简中《封诊式》的主要部分及《法律答问》的一部分，均属有关诉讼制度方面的规定。其起诉形式有"公室（官府）告"和"非公室（私人）告"两种。实行奖励告奸、诬告反坐，限制子女、奴婢的控告权利，重视现场勘验和搜集证据，建立司法文书制度，判决不服允许上诉等。

综上所述，秦简所反映的秦时法规范十分丰富，初步形成一个以刑律为主，门类相当庞大的法规范体系，无论在形式和内容上都远远突破了李悝《法经》和商鞅《秦律》的规模，充分体现了秦统一中国前后立法的用心。但就秦简所记载的《秦律》而言，也存在条目繁多、内容杂琐、欠缺严谨等缺陷，这正是帝国法制处于早期阶段的必然反映。

5.2 汉初法制的规制与运作

秦的强权统治，挑起人民的思古幽情，昔日列国分立时代的风景，历历在目。推倒暴秦，统有天下的项羽立即再行封建，多少反映了这种心理。但是，封建割据，又是兵戎相见，攻杀不已，黎民百姓仍然备受苦难，相较之下，反而是集权中央的统一王朝能够给予人民生活保障。秦亡之后，刘邦顺应情势，与民"约法三章"，推行郡国并行制，得到人民的支持，终于转弱为强，最后击败项羽。

自秦末大乱以迄西汉初立这段期间，战事频仍。而在乱局之中仍有两件受到关注的法制活动，一为刘邦"约法三章"，另一则是萧何制订《九章律》。二者是由秦入汉历史性的法制活动，在新旧政权的兴替间，法规范的承续与变革都具有十分重要的意义；这两件史事不仅为历代史家所关注，更是当代研究秦汉法制的要项。

5.2.1 刘邦与民"约法三章"

汉高祖刘邦（206B.C.—195B.C. 在位），是西汉王朝的建立者，沛县人（今属江苏），秦时曾任泗水亭长。秦末陈胜起义，他起兵响应，初属项梁，后与项羽领导的起义军同为反秦主力，互争雄长。公元前208年，众将相约"先入咸阳者，王之"。

自陈胜发难以来，各方反秦力量蜂起，其中由刘邦的军队率先进入咸阳。进入关中以后，刘邦曾召集诸县的父老及豪杰宣称：

> 父老苦秦苛法久矣，诽谤者族，偶语者弃市。吾与诸侯约：先入关者王之，吾当王关中。与父老约法三章耳：杀人者死，伤人及盗抵罪。余悉除去秦法。[1]

根据这段记载，在秦末的高压统治下，人民苦于秦法的苛刻。刘邦进入关中后，主动表示将悉数废弃秦法，并代以"杀人"、"伤人"、"盗"等简约的三则规范，此即著名的"约法三章"。想问的是，"约法三章"的"约"，到底是什么样的法规范？是否具备法的强制力？约和

1　参阅《史记·高祖本纪》。此外，《汉书·刑法志》中也有关于"约法三章"的类似记载。说："汉兴，高祖初入关，约法三章曰：杀人者死，伤人及盗抵罪。蠲削烦苛，兆民大悦。"

律令之间究竟有何关系？

　　根据史料所记载的"约"看来，如"与诸侯约"和"与父老约"，一般要说明缔结约束的对方；即使是一方的强制，形式上也要表现为当事者共同协商基础上的缔结。而这种"约"通常是在组织内部发挥作用的规则，由于是集团组织首领与集团成员之间的缔结产物，只在相应的环境下有效。亦即，国家和人民、皇帝和臣子之间不存在类似"约"的规范。

　　当然，这样的法制变革，寓含着重大的破旧立新含义，实际上，充满了政治意义的权宜性色彩，主要用意在于笼络人心，这不是系统性的立法，也不是法典，非足以长期施行，且其施行地域也仅限于关中地区[1]。泛泛而言，刘邦之所以能够占得先机，出于策略得当；若论实力，他并非项羽的对手。初入关中，民心浮动，偏偏项羽军又来势浩大，当时的局面的确对刘邦阵营形成压力。在内外交迫的形势之下，刘邦表现得战战兢兢，并以收揽民心为第一要务，于是投民所好，删减秦法，"待诸侯至而再定约束"。

　　换种说法，依据《史记》中的记载，此一法制变革活动是以"项羽等其他反秦力量进入关中"作为预定的终止时点[2]。因此，"约法三章"的立法目的系出于政治考虑，是刘邦阵营在非常时期的权宜作为，这不是刘邦和关中父老与豪杰之间约定的什么特别规定，毋宁说，这是一种"百王之法""天下之大义"，是习惯法则[3]。也可以说，是"危害人者，当罚"。此一习惯与法理的阐发，推估它并不是刑罚规范的替代物。具体说来，在法制面上并不具备长远的意义，秦亡以后，势必还是需要一套符合现实需求的规制方法。

　　不过，虽然"约法三章"的行用期间甚短，但是它依然提供了一个秦代法制的对照观察点。秦代法网密布，政令严苛，百姓不堪其苦。

1　参阅张建国《试析汉初"约法三章"的法律效力——兼谈〈二年律令〉与萧何的关系》，收于氏著《帝制时代的中国法》（北京：法律出版社，1999 年），第 36—37 页。

2　参阅张建国《试析汉初"约法三章"的法律效力——兼谈〈二年律令〉与萧何的关系》，第 37—39 页。

3　《荀子·正论》："杀人者死，伤人者刑，是百王之所同也，未有知其所由来者也。"《吕氏春秋·去私》："墨者之法曰：杀人者死，伤人者刑。此所以禁杀伤人也。夫禁杀伤人者，天下之大义也。"

刘邦此举，大得民心。质言之，刘邦策略应用的成功，主要在于完全切中人民之所疾苦。在"约法三章"等种种拉拢民心的作为之后，据史书记载"秦人大喜，争持牛羊酒食献飨军士"且"唯恐沛公不为秦王"。[1] 可见，原来的秦法统治对民众造成了相当沉重的负担，这呼应了商鞅变法以迄秦亡期间，统治者使民无度，律令又失之过苛的历史事实。

刘邦与民"约法三章"为西汉法制建构的开端，它不仅体现了"约法省禁"的理念，也为汉初大力蠲除严峻苛法奠定了基础。但"约法三章"实乃审时度势、顺乎民心之举，为最终战胜项羽，建立西汉政权创造了有利的政治条件，毕竟只是一种政治策略性的口号，是一时权宜之计。随着西汉王朝的建立，面对一个刚刚统一的辽阔大地，其内容已远远不能适应政治、经济、社会发展的需要，必须另谋他图。

5.2.2 萧何制定《九章律》

楚汉相争，刘邦获胜，定都关中，典章制度法令等大都承自秦朝，仍然沿袭集权中央的统治方式，只是帝国的许多地方已不是听命朝廷的郡县，而是不受朝廷控制的封建王国。集权中央与封建割据之间的矛盾十分明显，也就成了刘邦在位之时必须处理的重大难题。据载：

> 沛公至咸阳，诸将皆争走金帛财物之府分之，（萧）何独先入收藏之。沛公为汉王，以何为丞相。项王与诸侯屠烧咸阳而去。汉王所以具知天下骊塞，户口多少，强弱之处，民所疾苦者，以何具得秦图书也[2]。

早在汉军进入咸阳，萧何便实时收存了"秦丞相御史律令图书"；

1　参阅《史记·高祖本纪》。

2　参阅《史记·萧相国世家》。

不仅使之逃过项羽的搜刮与火焚，更为刘邦取得统治关、汉乃至于全国各地的方法与信息。而在这些档案资料中，理当包含秦朝统治全国的法制依据，可供作萧何制律的蓝图。

5.2.2.1《九章律》的制定缘由

在楚汉之争的历史剧上，汉高祖很有智慧，他深刻掌握从一旧时代换一新时代的契机与方向，可见古今历史人物的成与败，绝非偶然。然"三章之法"，只不过是对秦皇时代苛法的一种反动消极作用的政策宣示，虽能符合当时人民的心理要求，却不是国家图长治久安之道。"三章之法"既然存在许多现实上的局限，自然需要以另外一套经常性的规范加以取代。对此，《汉书·刑法志》有这样的记载：

> 其后四夷未附，兵革未息，三章之法不足以御奸，于是相国萧何攈秦法，取其宜于时者，作律九章。

"律九章"，其内容除因袭李悝《法经》"盗、贼、囚、捕、杂、具"六篇外，增"户、兴、厩"三篇，合为"九章"。唯因《九章律》之成，不够精致，且随情势的演变，已难能切合实际，嗣后，又加以补修，补修有两途，即单行律及单行令的制定。其单行律有《越宫律》《朝律》《尉律》《酎金律》《田租税律》《上计律》《钱律》《左官律》《大乐律》《田律》《尚方律》《挟书律》等。其单行令，有萧何补修律典所颁布的诏令集，依其所规定事项的种类，有《功令》《斋令》《祠令》《棰令》等区别；同时又依其时间先后，分为令甲、令乙、令丙等编次。令典的性质，相当于诏敕集，简称为令，系在律典外，补修律条的追加法，或称副法，违令与违律同样须受处罚。

有疑义的是，《九章律》究竟制定于何时？学界存在不同的认定[1]。据《史记·萧相国世家》载：

> 汉二年，汉王与诸侯击楚，（萧）何守关中，侍太子，治栎阳。为法令约束，立宗庙社稷宫室县邑，辄奏上，可，许以从事；即不及奏上，辄以便宜施行。

比较有力的说法，认为萧何"为法令约束"的"汉二年"（205B.C.）应当就是《九章律》开始制定的时间。其理由有三：其一，在此时空环境下，秦代图书档案数据与法律编纂人才等修律条件齐备；按理关中政府应有制定新律令的能力。其二，楚汉战争期间，萧何留守巴、蜀、关、汉，理当需要维持社会秩序的规范，更需要《户》《兴》《厩》等动员人力、物力的规范。其三，楚汉战后，《史记》与《汉书》均未再见到萧何制律的记载[2]。

综而言之，《九章律》的内容是以秦律为基础，进一步删修而成的。萧何自汉高祖二年受托理政时起，即在处理日常政务的过程中，视实际需要、大量借鉴秦王朝的图书档案，从而整理出一套合于时用的法典[3]。

5.2.2.2 《九章律》的形式及实质意义

程树德（1877—1944）曾说："汉萧何作九章律，益以叔孙通傍章十八篇，及张汤越宫律二十七篇、赵禹朝律六篇，合六十篇，是为汉

1　如高敏认为，《九章律》的制订时间应在萧何担任相国期间，相当于高祖十一年至十二年之间（196B.C.——195B.C.）。参阅氏著《汉初法律系全部继承秦律说——读张家山汉简〈奏谳书〉札记之一》。另外，杨振红则认为《九章律》的制订时间难以确知，应在高祖五年（202B.C.）楚汉战事结束后不久。参阅氏著《从〈二年律令〉的性质看汉代法典的编纂修订与律令关系》，收于《中国史研究》，2005年第4期，第49页。

2　参阅张建国《试析汉初"约法三章"的法律效力——兼谈〈二年律令〉与萧何的关系》，第41—42页。

3　参阅滋贺秀三著、姚荣涛译《西汉文帝的刑法改革和曹魏新律十八篇篇目考》，收于刘俊文主编《日本学者研究中国史论著选集·第八卷·法律制度》（北京：中华书局，1992年），第100页。转引自王伟《论汉律》，收于《历史研究》，2007年第3期，总307期，第6页。

律。"[1] 指出汉律系由六十篇律章所组成。后续更模糊地推衍出"正律"、"律经"（指萧何《九章律》）与"傍（旁）章"、"单行律"（指叔孙通"傍章"）以及"追加法"（指张汤"越宫律"、赵禹"朝律"）等汉律的规范等级概念[2]。

对此说法，也有持不同见解者，认为《九章律》仅为汉律的一部分，并非汉律的总名或泛称，只是因其制定者、制定时间或内容上的特殊性而存在此一惯用名词。同时，也没有证据可以证明汉律不同律章在形式或法律地位上存在区别[3]。也有认为，汉代并无统一的法典，所谓的"汉律"，应是由单篇的律与令所共同构成的规范体系，《九章律》作为汉律的一部分，在篇章结构上与其他汉代律令并无区别。换言之，所谓《九章律》不过只是九篇单行之律[4]。

《九章律》是汉朝的基本法典，今虽不能见其全貌，但后人多有考据，知其是为秦律的承续。唐人考证说："汉承秦制，萧何定律，除参夷连坐之罪，增部主见知之条，益事律：兴、厩、户三篇，合为九篇。"所增三篇都称为"事律"，从其内容看多与民事、财税、行政、军事管理有关，是"事"律，不似《法经》六篇仅关"罪"名，分述如下：

《户律》，"目无可考，其事以赋役为重要"，沈家本（1840—1913）考其内容有算赋、减算、勿算、不加赋、口赋、更赋、户赋、军赋、复除、户籍、灾害、官俸等。赋役乃汉代国家赖以生存的经济命脉，所以《户律》关系到国计民生。

《兴律》，与土木营造、征发徭役、边防守备相关的法律，其中也有关于狱政的规定，如上狱、考事报谳等。徭役征发过滥则影响农本，国家有严格规定管理，《兴律》重在防止"擅兴"，但徭役亦不可缺乏，乏则募入奴婢以充徭役，卫青击匈奴，为转漕曾行此制，充役奴婢则

1　参阅程树德《九朝律考》（北京：中华书局，2003），第 1 页。

2　参阅程树德《九朝律考》，第 11—12、17、85 页。

3　参阅王伟《论汉律》，第 16、19 页。

4　参阅徐世虹《说"正律"与"旁章"》，收于中国文物研究所编《出土文献研究》（第 8 辑）（上海：上海古籍出版社，2007 年 11 月），第 74 页以下。

"得以终身复"。征发徭役或为劳役，或为戍边，故本律有烽燧、符节等条。

《厩律》，关于骑乘、舆马、厩牧、驿传的法律。马是古代社会最重要的动力来源，挽车、战阵都离不开马，往来远者数千里，近者数百里，邮传递送文件，征伐出兵皆须乘马，所以国家极重马政，特设《厩律》。秦始皇并六国，治驰道，汉高祖平定天下，文帝击匈奴，武帝征伐巡幸不止皆赖驰道之便，故汉时郡国皆奉命修缮驰道，治驿传，厩事得以入律。

从形式意义上来说，《九章律》在汉代立法史上虽有开创性的重要意义，但其只是汉律的一部分，既不能代表汉律的全貌，更非综合性的单一法典。即使历来对《九章律》在形式面上的理解或有不同，但是它在法制发展史上的实质意义，却也不容忽视。因为萧何的制律成果创造了秦汉法制的接合点，也奠定了汉初法规范的坚实基础。这也难怪《史记·曹相国世家》这么记载：

> （曹）参代（萧）何为汉相国，举事无所变更，一遵萧何约束。

萧何过世后，接任相国之位的曹参也概括承续了前人律法，推举之余，几无兴革。《九章律》在经过萧、曹二相的行用后深受推重，由是成为两汉立法活动的经典范例。事实上，《九章律》的影响层面并不仅限于两汉，由于它包含了历代法律都不能缺少的内容，故其主要内容也为《魏律》《晋律》等后世律典所继受[1]。直至唐代，《唐律疏议》也开宗明义承自汉初"九章之律"[2]，足见萧何制律在法制历史上的重要价值与意义。

1　参阅王伟《论汉律》，第 8 页。
2　参阅《唐律疏议·名例》，"卷首"。

5.2.3 汉代的法规范形式

汉代法规范形式承继前代又有所更展，大致有以下几种：

律："律"，属于国家基本的法典形式，是默认的法规范，其制定程序一般是由臣下草拟议奏，皇帝批准颁布，篇章结构整齐。律一经颁布，即具有长久的法律效力，因而比较稳定，如《九章律》为汉初所定，施行于两汉四百余年间。除《九章律》外，汉代还有《越宫律》《朝律》《酎金律》《上计律》《左官律》等，部分秦律也继续沿用，如《效律》《徭律》等，图示如下：

【表解】两汉时期的法律体系

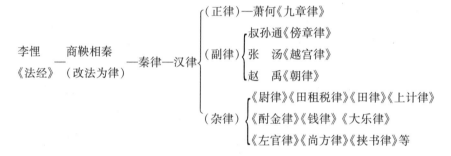

令：所谓"令"，即天子之言，指皇帝的诏令。汉代沿袭秦始皇的制度，天子称皇帝，其"命为制，令为诏"。皇帝作为专制独裁的君主，当然可以发布任何具有法律效力的诏令，所谓"言出法随"，皇帝的诏令就是最权威的法规范。然而"令"作为一种法规范形式又有其局限性，因为令大部分是因人因事而发，涉及具体的案件和事件，皇帝一时的喜怒可能就会发生不同寻常的诏令，并且很可能是与既定的律条相左的。在这种情况下，诏令与律的关系如何呢？当时的法吏杜周就曾说过："三尺安出哉？前主所是，著为律；后主所是，疏为令。当时为是，何古之法乎！"[1]《汉书·宣帝纪》中颜师古的注，引用文颖的话

---

1 参阅《汉书·杜周传》。

说："萧何承秦法所作为律令，律经是也。天子诏所增损，不在律上者为令。令甲者，前帝第一令也。"

正由于令这种形式很灵活，皇帝随时可以发布，无须既定的程序，汉代的诏令就很多，且有先后或各有其重要的程度，因此有《令甲》《令乙》《令丙》之分。所涉及内容见诸文物数据者有《功令》《斋令》《祠令》《廷尉令》《狱令》《棰令》《宫卫令》《田令》《任子令》《秩禄令》《金布令》等。

科："科"，也称作"课"，"课其不如法者罪责之"，秦律中有《牛羊课》，汉律因之。"科"作为单行法规，又称为科条、事条，与律令并重。汉科多用于规定刑罚及官吏处分，如称"大臣有守命之科"、"投书弃市之科"、"宁告之科"。至东汉时"宪令稍增，科条无限"，造成"一律两科，失省刑之意"。

比："比"，又称"决事比"，比者，例也，就是以判决先例来比附断案。比附援引在中国很有悠久的历史，西周时就有在审判中"上下比罪"的做法。《礼记·王制》云："疑狱，泛与众共之，众疑赦之，必察小大之比以承之。"东汉郑玄注谓："已行故事曰比。"秦汉及以后各代，在注重依据成文法审理案件的同时，对法无明文规定的案件，往往允许官员比附该类似条文以裁判。《汉书·刑法志》说："廷尉不能决，谨具为奏，傅（附）所当比律令以闻。"一但有"比"，则于类似事项，应予适用，故汉朝的司法判决先例称"决事比"、"辞讼比"。

郑注《周礼·大司寇》云："若今（汉）律其有，断事皆依旧事断之；其无条，取比类以决之，故云决事比。"两汉比的应用十分广泛，多次汇集整理，据史载，汉武帝时，仅死罪决事比就达一万三千四百七十二事，另有东汉鲍昱的"婚娶词讼决事比"、应劭的"决事比例"等[1]。

1　据《新唐书·艺文志》说，汉代有《廷尉决事》二十卷。

5.3 《张家山汉墓竹简》与汉初法制

80 年代，考古学家在湖北省江陵县（今荆州市荆州区）张家山遗址的汉墓中，发现了大批汉简法律文书，此即张家山汉墓竹简法律文献。这是继 1975 年 12 月湖北省云梦睡虎地秦墓出土竹简秦律之后，法制史上的又一次大事。

据墓中所出历谱得悉，墓主人去世约在西汉吕后二年（186B.C.）或其后不久。从葬具和随葬品分析，墓主人生前身份并不高，是一名下级官吏，但通晓法律，能计算，好医术、导引等。从残存的竹编可知，竹简原置于竹笥中。由于受到淤泥及其他文物的挤压，竹简已有损坏，卷束也已散开，并有不同程度的移动。据判断，墓中各种书籍原是各自成卷，依从上至下的顺序是：历谱、《二年律令》、《奏谳书》、《脉书》、《算数书》、《盖庐》、《引书》；遗策另置它处，全部竹简计一千二百三十六枚（不含残片）。[1]

上述各种材料涉及西汉早期的律令、司法诉讼、医学、导引、术学、军事理论等方面，内容十分丰富，是极其重要的历史文献，对研究西汉社会与文明的演进有其特殊重要性。其中，与法史最相关联的，当属《二年律令》与《奏谳书》，有关出土竹简图版如下：

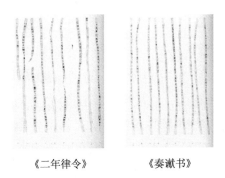

《二年律令》　　　　《奏谳书》

1　详参李力《张家山二四七号墓汉简法律文献研究及其述评》（东京：东京外国语大学出版社，2009 年 11 月），第 3—33 页。

5.3.1 《二年律令》

《二年律令》共有竹简五百二十六枚，简长三十一厘米，简文含二十八种律和一种令，律、令之名均与律、令正文分开另简抄写。简文中有优待吕宣王及其亲属的法律条文。吕宣王是吕后于吕后元年（187B.C.）赠与其父的谥号；与《二年律令》共存的历谱所记最后年号是吕后二年，故推断《二年律令》是汇集西汉初期吕后二年之前所颁定律令的抄本。兹仅举其中《贼律》为例：

> 以城邑亭障反，降诸侯，及守乘城亭障，诸侯人来攻盗，不坚守而弃去之，若降之及谋反者，皆要（腰）斩。其父母、妻子、同产，无少长皆弃市。其坐谋反者，能偏（徧）捕，若先告吏，皆除坐者罪。[1]

《二年律令》的出土，使亡佚已久的《汉律》得以重现，不仅使秦律与汉律的对比研究成为可能，而且是探讨汉、唐律的关系及其对中国古代法律影响的最直接的史料。

5.3.2 《奏谳书》

《张家山汉墓竹简》最后一支竹简的背面刻有"奏谳书"三个字，《说文》曰："谳，议辠也"。从水献，与瀗同意。"[2]《奏谳书》收录了二十二则司法案例。其中，以战国至秦汉的二十则具备判决文书的要件，很可能是当代司法审判的真实记录；其由各地郡县向中央呈报而来，内容涉及逃亡、通奸、杀人、渎职及财产犯罪等。这些"正式案例"与两则非正式的"春秋事例"一同收编成册，由此或可窥见汉初

1　引自彭浩、陈伟、工藤元男主编《二年律令与奏谳书——张家山二四七号汉墓出土法律文献释读》（上海：上海古籍出版社，2007年8月），第88页。

2　参阅（汉）许慎著、（清）段玉裁《说文解字》（台北：书铭出版社，1997年8月），第571页。

的法制史事一二。

《奏谳书》呈现战国、秦汉司法审判机关的运作实况，以及中央、地方官署的法律推理。案中体现出当时普遍的司法共识，以及共通的审判原则，由是成为官吏的援引对象。而从这些案例，可以联想它与汉代法源体系中的"决事比""故事"似有某种程度的关连性。

楚汉战后，在帝制时代的初期，中央集权的官僚体制刚建立不久，承担管理国家和社会事务的官吏，如何有效地运用法规？皇帝怎么样才能更有效地掌控司法？汉廷如何致力重整官民秩序？凡此问题，在《奏谳书》中稍可领略其中之奥妙。

另外，所谓"汉承秦制"，体现在法制面的到底为何？从《奏谳书》也可将简牍中的秦汉律文串接起来。目前，透过对《奏谳书》汉初案例的既有研究，发现简牍中的秦汉律令的确可相互印证，二者立法理念也可互通，似可佐证秦汉法制系一脉相承的说法。

《奏谳书》显示，判决文书，包括疑狱的决谳；通常不说明判决理由。囿于篇幅，仅举《奏谳书》中的一则案例，它是有关"居丧通奸"的实例，情节相当特殊，值得提出来讨论。

案例　居丧通奸

（1）事实：

今杜泸女子甲夫公士丁疾死，丧棺在堂上，未葬，与丁母素夜丧，环官而哭。甲与男子丙偕之棺后内中和奸。明旦，素告甲吏，吏捕得甲，疑甲罪。廷尉毂、正始、监弘、廷史武等卅人议当之，皆曰：律，死置后之次，妻次父母；妻死归宁，与父母同法。以律置后之次人事计之，夫异尊于妻，妻事夫，及服其丧资，当次父母如律。妻之为后次夫父母，夫父母死，未葬，奸丧旁者，当不孝，不孝弃市；不孝之次，当黥为城旦春；敖悍，完之。当之，妻尊夫，当次父母。而甲夫死不悲哀，与男子和奸丧旁，致次不孝、敖悍之律二章。捕者虽弗案校上，甲当完为春，告杜论甲。

今廷史申徭使而后来，非廷尉当，议曰：当非是。律曰：不孝弃市。有生父而弗食三日，吏且何以论子？廷尉觳等曰：当弃市。有（又）曰：有死父，不祠其冢三日，子当何论？廷尉觳等曰：不当论。有子不听生父教，谁与不听死父教罪重？觳等曰：不听死父教毋罪。有（又）曰：夫生而自嫁，罪谁与夫死而自嫁罪重？廷尉觳等曰：夫生而自嫁，及取（娶）者，皆黥为城旦舂。夫死而妻自嫁、取（娶）者毋罪。有曰：欺生夫，谁与欺死夫罪重？觳等曰：欺死夫毋论。有曰：夫为吏居官，妻居家，日与它男子奸，吏捕之弗得校上，何论？觳等曰：不当论。曰：廷尉、史议皆以欺死父罪轻于侵欺生父，侵生夫罪重于侵欺死夫，今甲夫死□□□夫，与男子奸棺丧旁，捕者弗案校上，独完为舂，不亦重乎？觳等曰：诚失之。[1]

（2）分析：

"情色"之轻重，可以问吗？上述所引实例，简要地说：汉时，杜县泸里的女子甲的丈夫公士丁病死，停棺于堂上。甲与丁母素，夜晚守丧，甲竟与男子丙相偕至堂后房间内"和奸"。次日清晨，素向官吏举发甲的行为，官吏逮捕之，对甲应如何论处？群臣议论不一。

本案详实地记录了廷尉署官员共同讨论的过程。审判者认为女子甲的行为成立"不孝之次"、"敖悍"以及"奸"三罪。就在本案即将论结之际，廷史申外出洽公归来，提出了多项论据认为所判过重，其他审判者也都接受了申的说法，承认判决失当。

廷史申提出两个论点，一是程序问题，另一是实质问题，翻转了原来三十位廷尉、廷史的意见。

关于程序问题，"甲、丙和奸"一事，仅是丁母素单方面向官府举发的说词，捕吏并未依"捕奸"的法定程序"校上"，在证据取得方面有严重瑕疵。廷史申意识及此，是以对本案案情的证据力持相当保留态度。不过，廷史申既已意识到本案证据的薄弱，并征得同审廷尉的理解

---

1 本案例引自彭浩、陈伟、工藤元男主编《二年律令与奏谳书》，第 374 页。

与认同，按理应该要求搜寻更为有力的证据，以重新检讨本案各项罪名的论科，甚或根本性地推翻此案。然而，廷史申却直接越过定罪问题，径认本案刑责判处过重，前后逻辑似有不通之处，令人十分费解，或恐与此处简文缺漏有关。

在实质问题，廷史申举出父子、夫妇等数项例子，说明主张"人伦关系会因死亡而发生变动"。本此，甲夫丁既已死亡，甲再与其他男子丙发生性关系，就不能与丈夫在世的状况同论。然而，接下来应该还有两个问题：其一，原判所定的奸罪若有不当，那么是就此完全排除奸罪的成立，抑或只是将原来的奸罪减等处罚？甲、丙之间无婚姻关系的性行为有无类似后世"无夫奸"的问题？简文中并没有记载廷史申或诸位廷尉的意见。其二，如前所述，本案原判乃综合三罪刑责后，依"不孝之次"的重罪论刑；即使依廷史申的意见调整较轻的"奸罪"刑责，在"从一重处断"的规定之下，最终刑责应亦与原判相同。然廷史申却认所判太重，这是否意味着作为重罪的"不孝之次"也需要重新调整？如果答案是肯定的，是否因为丁的死亡也影响了甲与丁母的关系？凡此，均值得再商榷[1]。

5.4 春秋折狱与儒家传统

中国历史，到了有汉一代，律令已甚发达；而在史籍里，我们却可发现，两汉以"经义"决狱的风气相当盛行，尤其是引孔子所作《春秋》一书为主，此风甚至延续到六朝之末，此即所谓的"春秋折狱"。"春秋折狱"，以儒为体，以法为用，融通了"德"与"法"，这是两汉儒者通经致用最具体的表现，也是中国法制"经律交融"很显著的特征；其影响相当深远，姑不论其为功为过，它所具之意义与价值是普遍

1　上述实例之分析，参阅张铭《张家山汉简〈奏谳书〉探微》（台北：台湾政治大学法律学研究所硕士论文，2008 年 10 月），第 128—134 页。

的，而不仅是历史的。

5.4.1 "春秋折狱"的义涵及其盛行的时代背景

所谓"春秋折狱"，乃依据《春秋》经典的事例，以为刑事判决的法源根据，尤其是遇到特别疑难的刑案，以《春秋》等儒家经义来比附论罪科刑。观其本义，是"原心定罪"，也就是"略迹诛心"。换言之，"迹"就是行为，"心"就是犯意，乃以行为人的主观犯意来决定其罪责的刑事断案方法。更贴切地说，引《春秋》以折狱，应该说，引《公羊传》的义例来决狱，盖如无《公羊》之说，即欲引《春秋》，经文多寥寥数言，不得其解，也无从引起，所以又称为"公羊治狱"，也称"春秋断狱"、"春秋决狱"、"春秋治狱"等，名虽异而实同。

其实，引经以决狱，并不以援引《春秋》为限，其他经典，如《诗经》《礼记》《论语》《孟子》《尚书》等儒家经典，均在其列，不过，主要还是以《春秋》为主。何以两汉盛行春秋折狱？其时代背景可得而言者，约如下述：

5.4.1.1 律令烦琐

公元前 205 年，刘邦命萧何作律九章，韩信申军法，张苍定章程，叔孙通制礼仪[1]，开始进行大规模的立法建制活动。至武帝时，汉朝"律令凡三百五十九章，大辟四百九条，千八百八十二事，死罪决事比万三千四百七十二事。文书盈于几阁，典者不能遍睹"[2]。律令文书堆积如山，连司法官吏都无法遍览，这与汉初寥寥十来个字的"约法三章"，已相去十万八千里了。

律令发展之迅速如此，法吏、儒臣对于律典的认识当然不够，判案的定准也无法确切掌握，尤无法期其全部了解。申言之，汉代律令虽然发达，但由于发展过速，律条大都缺乏客观明确的标准，于是有司断

1　参阅班固《汉书·高帝本纪》。

2　参阅班固《汉书·刑法志》。

狱，往往无法正引律条以对；加上汉律条文多简而要，自无法适应变化万千的犯罪情态。西汉桓宽在《盐铁论》中引《文学》说：

> 昔秦法繁于秋荼，而网密于凝脂。然而上下相遁，奸伪萌生，有司治之，若救烂扑焦不能禁。非网疏而罪漏，礼义废而刑罚任也。方今律令百有余篇，文章繁，罪名重，郡国用之疑惑。或浅或深，自吏明习者不知所处，而况愚民乎！律令尘蠹于栈阁，吏不能遍睹，而况于愚民乎！此断狱所以滋众，而民犯禁滋多也。[1]

清代史学家、诗人赵翼（1727—1814）曾说"汉初法制未备，每有大事，朝臣得援经义，以折衷是非"。当代历史学者余英时对赵翼之说，不以为然，他认为"那简直是不着边际的历史断案。叔孙通书'益律所不及，傍章十八篇'，这显然是在为统治者扩大并加密法网，竟至傍及律外，更不可视为'法制未备'了"。[2] 倘暂且不论立法目的何在，汉代律令的确烦琐而难明，当时的司法官吏对律文想必难堪负荷，因此，将引经折狱之盛行归因于"法制未备"或"法制未臻成熟"，也有其道理在。

5.4.1.2 经学风尚

汉兴之初，反秦之敝，与民休息，天子公卿所崇奉的是黄老思想，政治上所应用的是黄老之术，凡事简易，禁网疏阔；经学的兴盛，则自武帝时起。儒家经典，于秦始皇三十四年（213B.C.），经秦廷一火，濒于灭绝；汉兴以后，除秦《挟书律》，征求天下遗书，残简朽编，遂出于山崖屋壁之中。又一二大师，流落民间，也各以其学私相传授；其时，民间所藏，尚未敢完全公布，到武帝一朝，喟然慨叹书籍的残缺，于是广开献书之路，六艺之文与诸子传说，始并充于秘府。

1　参阅桓宽《盐铁论·刑德第五十五》。

2　参阅赵翼撰、杜维运考证《廿二史札记》（台北：史学出版社，1974年），卷2，《汉时以经断狱》，上册，第42—43页。

经学的蓬勃开展，深深影响了中国的政治与社会，武帝于建元五年（136B.C.）立"五经"博士，并置"博士弟子员"，弟子员通一经者可以到朝廷任职。经由这条途径入仕的人越来越多，形成士人参政的新局面，相对于汉初朝廷官员大都由功臣及富家子弟组成的情形，有了重大的转变。建元六年（135B.C.），从董仲舒之议，抑黜百家，独尊儒术。从此之后，儒家思想遂居中国学术的正统地位，而六经又是儒家经典，其修齐治平的要道，也完全寄托于群经之中。董仲舒曾说："夫义出于经，经传，大本也。"[1] 因此，谈儒家学术就离开不了经典。

古人所谓"刚日读经，柔日读史"，充分体现社会对经学的重视。由此亦可知，董仲舒表彰儒学，不仅建立了经学的权威，也奠定了汉代以后以经学为主的中国文化类型。

5.4.1.3 明经致用

汉儒研读经学之外，一般也都兼习律令。律令之学是以朝廷各种法令规章为对象，学习如何在实际政事中处理运用的学问。汉人重视律令，固然沿袭秦制的旧规，也由于汉儒学术颇多承自荀子，认为刑法与礼乐各有其用，刑法是禁之于已然之后，礼乐教化则是防范于未然之前，都有维持社会秩序的功效，而且缺一不可。

我们虽知，自春秋到汉初，在政治、社会、经济各方面都产生根本的变化；然天下无完全新创的制度，汉廷既崇儒，而汉制所可沿用者为《秦律》，又不得不以儒术变更旧法。但武帝、宣帝皆好刑名，不专重儒。盖宽饶谓以法律为诗、书，并不尽用经术。直到元帝、成帝以后，刑名渐废，上无异教，下无异学；皇帝诏书，群臣奏议，莫不援引经义，以为据依。国有大疑，辄引《春秋》为断，一时循吏多能推明经义，移易风化，号为以经术饰吏事。

汉时，经学风尚热烈如此，而经师渐兴，聚徒教授或众至千万人。很好奇地想问：孰令为之？何以致之？《汉书·儒林传》说得很干脆：

1　参阅董仲舒《春秋繁露·重政》。

自武帝立五经博士，开弟子员，设科射策，劝以官禄，迄于元始，百有余年，传业者寖盛，枝叶蕃滋，一经说至百余万言，大师众至千余人，盖禄利之路然也。

五经立为官学，民间不禁讲习，诗书可致利名，经术足文吏事；而为宦者又不需要资产资格，宦路公开，儒生有出路的机会。而经术与律令对汉代政治运作具有规范作用，官吏除了明经，也需要明律令。对于官吏中占绝大多数的"刀笔吏"而言，律令远较经术为实际和重要，对官员而言，律令之学也不可或缺。因之，儒生入仕做官必须学律，而通明律令者大都在朝任官，儒生跟随朝廷官员学习律令也是一种"以吏为师"的方式。律学大师门徒往往多达数百人，各家对律令的解释有所不同，也都写成律令章句，显然是以治经学的方法研治律学。

5.4.2 董仲舒春秋折狱案例探微

首开春秋折狱之宗风，且最负盛名者，当属董仲舒（179B.C.—104 B.C.）一人；董氏，西汉广川（今河北省景县）人，少时即治《春秋》，对于《公羊》，造诣尤深，号为西汉群儒之首。景帝时为博士，下帷讲读，潜心大业，三年不窥园，深受学者尊崇；武帝时，征举贤良，应诏对策而见重，初为江都相，坐事贬为中大夫，后改任胶西相，因老病辞官，还归故里，著有《春秋繁露》《董子文集》等。《后汉书·应劭传》云：

夫国之大事，莫尚载籍也。载籍也者，决嫌疑，明是非，赏刑之宜，允执厥中，俾后之人永有鉴焉。故胶东（西）相董仲舒老病致仕，朝廷每有政议，数遣廷尉张汤亲至陋巷，问其得失，于是作《春秋决狱》二百三十二事，动以经对，言之详矣。[1]

又《汉书·艺文志》的"春秋类"载有"公羊董仲舒治狱十六篇"，其内容多系以《春秋》谊断古狱的判决例。此外，《隋书·经籍志》有董仲舒"春秋决事十卷"，《旧唐书·经籍志》所载"春秋决狱十卷"，《新唐书·艺文志》所载"董仲舒春秋决狱十卷"，亦系指此而言。有关《春秋折狱》一书的下落，据南宋王应麟（1223—1296）说：

> 董仲舒《春秋折狱》，其书今不传。《太平御览》载二事，其一引《春秋》许止进药，其一引夫人归于齐。《通典》载一事，引春秋之义，父为子隐。应劭谓仲舒作《春秋决狱》二百三十二事，今仅见三事而已。[2]

王应麟撰《困学纪闻》时，已不见董仲舒《春秋折狱》。据推断，该书很有可能是在宋朝南渡时亡佚的。书虽不传于世，仍有零星的事例被保留下来。现存的案例史料散见于：杜佑《通典》、欧阳询等《艺文类聚》、白居易的《白氏六帖事类集》、李昉等《太平御览》[3]、马国翰《玉函山房辑佚书》以及王谟《汉魏遗书钞》等书。其中，以马氏所辑的事例最为完整，收有董仲舒《春秋折狱》案例八则，唯有一则与断事决狱全然无涉，另一则上下文缺漏不全，今择录其中四则，并加予析论。

有疑义的是，董仲舒的《春秋折狱》案例到底是"实例"，抑或

---

1 据《汉书》，卷56，《董仲舒传》记载："仲舒在家，朝廷如有大议，使使者及廷尉张汤就其家而问之，其对皆有明法。"文中所称的"大议"，似指特别疑难的刑案，故由职掌刑狱的廷尉出面请益。又依《校勘记》："各本及《后汉书·应劭传》原文俱作'胶东相'，但考之《史记》、《汉书》本传《春秋繁露·对胶西王越大夫不得为仁》，'胶东'应作'胶西'，疑似应劭执笔时已误'西'为'东'。"

2 王应麟说："董仲舒《春秋决狱》，其书今不传。"并未说明《春秋决狱》是何时亡佚的。详参王应麟撰、翁元圻注《翁注困学纪闻》（台北："中华书局"，1966年），卷6，第16页。唯沈家本说："……是南渡时已亡……"参阅沈家本《沈寄簃先生遗书·甲编》，下册，《汉律撼遗二十二卷》（台北：文海出版社，1964年4月），第768页。

3 见《通典》，卷69，《东晋成帝咸和五年散骑侍郎贺峤妻于氏上表》，白居易《白氏六帖事类集》二十六及二十九引，《太平御览》六百四十引；程树德：《九朝律考》，《汉律考》、"春秋折狱条"均有转载。

"虚拟式"的法律答问解释书？从下述的四则个案看来，推想应属社会生活上实际曾发生过的案件；唯观其体裁，并无当事人的真实姓名，而系以"甲、乙、丙"等代之，有论者遂以为此已把个别案件抽象化，是经过有心整理过，以拟作为嗣后同类型案件的一般"规范性质"[1]。是否果如其说？尚待考释。

5.4.2.1 案例一：拾儿道旁

事实：

时有疑狱曰："甲无子，拾道旁弃儿乙养之以为子。及乙长，有罪杀人，以状语甲，甲藏匿乙，甲当何论？"

仲舒断曰："甲无子，振沽（活）养乙，虽非所生，谁与易之！《诗》云：'螟蛉有子，蜾蠃负之。'《春秋》之义，父为子隐，甲宜匿乙，诏不当坐。"[2]

评析：

（1）本例乃探讨"藏匿人犯罪"的问题；具体以言，"养子"杀人，其"养父"是否须告言？若不告言并予以容匿，应否论以藏匿人犯罪？而本案之所以成为"疑狱"，可能原因有二：一是在西汉时，立法中尚未充分体现"父子相隐不为罪"的原则，另一则为对于养父母子女间的法律地位关系仍不明确。

（2）本例另一疑义，乃养子可否视为亲生子。对此，汉律可能也无明文。仲舒很巧妙地引《诗经·小雅·小宛》"螟蛉有子，蜾蠃负之"之义以喻之[3]，他说："虽非所生，谁与易之"，阐明养子女与亲生子女的法律关系相同。依仲舒之意，养子女既可视为亲生子女，认其法

1　相关论述，详参富谷至《古代中国の刑罚》（东京：中央公论社，1995 年），第 117—120 页。另参阅邢义田《秦汉史论稿》（台北：三民书局，1987 年），第 268—269 页。

2　引自杜佑《通典》（北京：中华书局，1992 年），卷 69，第 1911 页。

3　养子亦称"螟蛉子"，原系取义于螟蛉蛾（螟蛉之幼虫）经蜾蠃养育，遂变为蜾蠃。如《诗·小雅·小宛》云："螟蛉有子，蜾蠃负之，教诲尔子，式谷似之。"以螟蛉为养子之称，本此。扬子《法言·学行》曰："螟蛉之礧而逢蜾蠃，祝之曰：'类我！类我！'久则肖之。"故养子亦曰"螟蛉子"。实则蜂类中之蜾蠃，常捕螟蛉置巢中，产卵后封其穴，幼虫孵出，即食所捕之螟蛉而长成，古人错以为蜾蠃养螟蛉为子，因此把"螟蛉子"作为养子的代称。

律上之地位相同；但本案甲免坐的理由又何在？此时，仲舒紧接着援引"春秋之义，父为子隐"以为断。令人疑惑的是，所谓"春秋之义"系何所指？"父为子隐"语出何处？到底这两句话要相连起来看，还是要拆开各自解？如果是后者，我推想，所指"春秋之义"可能源自《春秋》"亲亲之道"及《论语》"父子相隐"的大义。至于"父为子隐"的大义，显然来自《论语·子路》："父为子隐，子为父隐，直在其中矣。"如此推论，如养子杀人而养父不为之隐，依经义，则其父已失亲亲之义，与亲杀养子无异。

（3）天下情伪无穷，律不足以周其事；养子是否可以与亲生子同视？照说，养子与养父并无血缘关系，当与亲生子稍有不同；但《诗经》早有"螟蛉子"之喻，又依《春秋》之义，赏疑重而罚疑轻；于此，论养子视与亲子同，自合情理。中国旧律之采取养子制度，固无论矣；即使直至目前台湾现行"民法"第一〇七七条第一项仍规定"养子女与养父母及其亲属间之关系，除法律另有规定外，与婚生子女同"。

（4）仲舒之引《春秋》"亲亲之道"与《论语》"父子相隐"经义，来佐本案判决，其妥当性如何？这是个颇堪玩味而值得深思的问题。人民有违法行为，从国家法律的立场来讲，自应鼓励其他人民告发，但就亲情伦理的立场来说，则又不然；此时，该何去何从？法家偏重国而轻忽家，主张"任法去私""信赏必罚"，重尊尊而轻亲亲，视"其父攘羊，而子证之"为当然，故禁止亲属相隐而赏告奸；而素主亲亲伦常的儒家，则从"合理合宜"言"直"，认为这是抹杀人性自然的乖戾措施。

（5）关于仲舒本案判决之批评，论者不一其说；或谓："由这个案例看来，仲舒只是就法律未规定的事项，援引《春秋》之义，给予适当的解释，就其解释再下判决；因此，只是引经解律，并非引经决狱……"；而我认为，本例养子解释上既与亲生子同，则其父之匿子罪犯是否当坐，廷尉自有权衡之权。何况法律本乎人情，而爱亲出乎天性，为人子者纵触法网，人父匿子之罪，情犹可恕，如此方可得法律、人情之调和。然若廷尉不察其养父平日是否有失于教，而一律断以"父为子隐"而免坐，就不免要遭"以礼破法"之讥了。

（6）儒家主亲亲，以亲亲为人之本。说："君子笃于亲，则民兴于仁；故旧不遗，则民不偷。"又说："人人亲其亲，长其长，而天下平。"孔子主张"子为父隐"，原意或不在于"攘羊"一事不必受罚，而是强调为人子者在伦理亲情上的"正直合理"。西汉自汉武帝采纳董仲舒罢黜百家之议后，既表彰儒学，政治上又标榜以孝治天下，因此，如教之所施，为法之所禁，怎可不变法而从教？宁可为孝而法让三分。无怪乎汉宣帝要下"子首匿父母等勿坐"诏[1]，而为日后的律令所汲取予以法制化，乃有所谓的"亲亲得相首匿条"[2]。

5.4.2.2 案例二：误伤己父

事实：

甲父乙与丙争言相斗，丙以佩刀刺乙，甲即以杖击丙，误伤乙，甲当何论？

或曰："殴父也，当枭首。"

论曰："臣愚以为父子至亲也，闻其斗，莫不有怵怅之心，扶伏（杖）而救之，非所以欲诟父也。春秋之义，许止父病，进药于其父而卒，君子原心，赦而不诛。甲非律所谓殴父也，不当坐。"[3]

评析：

1　汉宣帝将"亲亲首匿"的行为合法化，下诏，曰："父子至亲，夫妇之道，天性也。虽有患祸，犹蒙死而存之，诚爱结于心，仁厚之至也，岂能违之哉！"自今子首匿父母，妻匿夫，孙匿大父母，皆勿坐。其父母匿子，夫匿妻，大父母匿孙，罪殊死，皆上请廷尉以闻。"公开允许"子匿父母、妻匿夫、孙匿大父母"的行为，但"父母匿子、夫匿妻、大父母匿孙"的部分则有待商榷，如犯人罪行重大，罪已至死，则必须上请廷尉裁决。参阅班固《汉书·宣帝本纪》。

2　《唐律·名例》（总46条）"同居相为隐条"亦规定："诸同居，若大功以上亲及外祖父母、外孙，若孙之妇，夫之兄弟及兄弟妻，有罪相隐，部曲奴婢为主隐，皆勿论。即漏露其事及擿语消息，亦不坐。其小功以下相隐，减凡人三等。若犯谋叛以上者，不用此律。"《宋刑统》《明律》《清律》无多更改，流风遗意，台湾现行的《刑法》第一六七条及《刑事诉讼法》第一八〇、一八一、一八六条等也不能外乎人伦价值的考虑，而有类似的规定，唯减或免，其范围比较狭小耳。

3　引自李昉撰《太平御览》（台北：新兴书局，1959年），卷640，第2842页。

（1）本案的争点，甲以杖击丙，原为救父，不意竟误伤己父，是否应构成汉律之所谓"殴父罪"而论以枭首之刑？宜否有"阻却责任"或"阻却违法"之法理的适用？

（2）孝在古典中国文化中，一再地被标榜；子孙原以恭谨顺从为主，倘对父母有不逊侵犯的行为，皆为社会、法律所不容；而且，"不孝"在旧律上是属重大犯罪，处罚很严，汉律不孝罪则为斩枭。至于骂以上的行为，更是不能容忍的恶逆重罪，早已超过不孝的程度，法律上的刑罚更为严厉，汉律刑至枭首或弃市。

（3）依上而论，若要严格遵从律文的规定，本案甲殴父，应枭首。唯仲舒不以为是，乃本古来"略迹原心"的春秋大义，作为判案的根据。按《春秋》昭公十九年（523B.C.），经曰："夏，五月戊辰，许世子止弑其君买。冬，葬许悼公。"《公羊传》解说："贼未讨，何以书葬？不成于弑也。曷为不成于弑？止进药而药杀也。止进药而药杀，则曷为加弑焉尔？讥子道之不尽也。"这种"原情定过，赦事诛意"的经义，换成现代的话说，是强调行为人主观的犯意，也不无含有"阻却责任"的意味在。

（4）春秋"原心"，许止进药，本欲愈父之病，并无害父之意，但许悼公饮其药而薨，则药之不适应病症，显无可疑。许止虽无弑君之心，亦难逃"过失致父于死"之责，故经文书"弑"，以见春秋笔削之严；但经文后书"葬"，是宥赦人子之例，又见春秋存心之恕。本案，甲父乙与丙相斗，甲欲击丙而误伤己父，其救父情急而无伤父之意甚明，情节可矜；与许止进药其父，善因恶果相同；《春秋》虽书许止"弑"君而又书"葬"，是有原宥之意，仲舒援引此义，论甲不应坐以殴父之罪，可说深得经义之用心，也甚切合情理，足见其胆识异于一般廷尉。

（5）从实定法来说，汉律上本就有"故"与"误"之分，董仲舒认为本案甲的行为"扶杖而救之，非所以欲诟父也"，显然认定本案为"误伤"行为，这是很恰当的"法律解释"。问题是，汉律于"殴父条"

是否有所谓"正当防卫"或"紧急避难"之阻却违法事由或阻却责任的明文规定，不得而考。但从法理以观，本案，甲以杖击丙应属正当防卫行为，而误伤己父之行为，若依当时情势，丙之杖击行为系属唯一且必要，仍应认为符合紧急避难而不罚。退一步言，甲之行为纵不符合紧急避难之要件而不得阻却违法，但是否有过失罪责，也要视当时情形而定。盖甲助父击丙，在急迫情势之下，似难要求他要有逾于常人的注意义务，不论过失之罪，亦属恰当。本案仲舒之断，并非机械式地引用律条，而是综合整个案情，除了看行为后果，更关注行为人的主观因素，援引春秋之义，认定甲为救父而误伤己父，其"志"是善的，动机是为"救父"；"殴父"并非出于其本意，不治以"殴父"之罪，如此判法，自有其相当的合理性。

5.4.2.3 案例三：私为人妻

事实：

甲夫乙将舡（船），会海风盛，舡没，溺流死亡，不得葬。四月，甲母丙即嫁甲，欲当何论？

或曰："甲夫死未葬，法无许嫁，以私为人妻，当弃市。"

议曰："臣愚以为，春秋之义，言夫人归于齐，言夫死无男，有更嫁之道也。妇人无专刺（制）擅恣之行，听从为顺，嫁之者归也，甲又尊者所嫁，无淫衍（行）之心，非私为人妻也。明于决事，皆无罪名，不当坐。"[1]

评析：

（1）汉律，妇人夫死未葬，不许改嫁；唯是否已葬或守三年丧满，即可改嫁？其次，无男是否可更嫁？又是否皆须从尊长之命？凡此都有疑义。本例，甲夫亡溺海中，不得葬，过四月，即为其母所嫁，依律是否应构成"私为人妻"之罪？

（2）或议以"私为人妻罪"相绳，认为当"弃市"；但仲舒则据

1　引自李昉《太平御览》，卷640，第2842页。

《春秋》文公十八年（609B.C.）"夫人姜氏归于齐"的经义，断之曰
"免坐"。按归，即"大归"，言妇女回娘家一去而不复返；姜氏为鲁文
公夫人，文公于十八年春王二月薨逝于台下，文公次妃敬嬴，为文公生
前所嬖宠，生子倭，敬嬴为其子谋立，私结襄仲，姜氏与文公所生之二
子皆被杀害，庶子倭立为鲁宣公，姜氏无所留，乃归齐国，有似于被
出，故又称"出姜"。但"出"是被夫所弃绝之辞，文公已薨且葬，姜
氏自非为文公所出，故经文不书"出归"于齐，也不书"孙"于齐，
而书"归"于齐，则知夫人之"归"齐，乃是不容于敬嬴与宣公之故，
这是一字褒贬的笔削。申言之，本例，仲舒认为妇人甲的再嫁，并非擅
恣之行，也无淫行之心，又为尊者所嫁，依《春秋》"尊君命、尊夫
人"之义，"嫁之者归也"，显然认同乙女之改嫁有如"夫人姜氏之归
齐"，因此论甲无罪名，不当坐。

（3）至于甲母于乙溺流死亡，四月，即遽强女之嫁，是否应坐罪，
此似非本案重心，故未见详附理由，依题意"明于决事，皆无罪名"，
可见仲舒之意，认为甲母亦不当坐。

（4）就本案言，引律，甲当死；引经，又不当死；仲舒判断事实
和引用法律，能顾及古之妇女身不由己；而体《春秋》唯责贤者之义，
对于小人、妇人不忍深责，从宽引经以救律之失，可谓明审和切实。尤
其，"妇人无专制擅恣之行"，被运用为妇女可以对自己的某些行为不
必负法律责任的根据，自有其一定的妥当性。

（5）在汉世，"强女之嫁"是否为犯罪行为尚待考证。本例，甲之
母于乙溺流死亡，四月，尸体尚未寻获之际，即遽嫁甲，是否当坐？有
详究其情的必要，倘系甲母关心到其女能不能生活的问题而嫁甲，情理
上似无可非议。否则，于其夫死生未定，尸体未寻获之前，在短短四个
月内，即强女之嫁，于情于理均有未洽。本案，仲舒未言明其母不当坐
的理由根据，不无缺漏。

5.4.2.4 案例四：加杖所生

事实：

甲有子乙以乞丙，乙后长大，而丙所成育。甲因酒色谓乙曰："汝是吾子。"乙怒杖甲二十。甲以乙本是其子，不胜其忿，自告县官。

仲舒断之曰："甲生乙，不能长育以乞丙，于义绝矣！虽杖甲，不应坐。"[1]

评析：

（1）传统中国刑律常以行为人具有一定的身份或特定关系作为犯罪成立与否以及刑罚加重或减轻的要件，但对于主观认识与客观存在事实不一致的所谓"抽象事实错误"，应如何处断？汉律似无明文。而殴父之罪，汉律刑至枭首，足见其严重性。本例，乙究应论以殴父罪？抑或仅论以殴普通人罪？甚或无罪？

（2）仲舒基于甲乙间已失"亲亲之义"，认为"于义已绝"，而断乙不应坐。按《春秋》僖公五年（655 B.C.），经曰："春，晋侯杀其世子申生。"《公羊传》解说："曷为直称晋侯以杀？杀世子母弟，直称君者，甚之也。"晋献公宠幸骊姬，而骊姬欲立其子奚齐为太子，佯誉太子申生，而阴令人谮恶，致落申生于谋杀尊亲的罪名之中，不得已逃奔曲沃，申生既不愿声辩冤情，又不愿蒙受杀父恶名，于十二月戊申，自缢于新城。《春秋》以"杀"字责难晋献公尽失亲亲之道，作为父亲却不慈爱子女，骨肉亲情完全丧失，父子恩义然断绝。本案强调为人父者必先尽养育之责，人子才有孝顺的义务，甲虽生乙，不能长育而就养于丙，是父不履行父之职，仲舒依上述经义，断其已失亲亲之义，而乙当时并不知其为生父而殴之，自不宜论以殴父之罪。

（3）《唐律》对于"构成要件事实之错误"有所规定："其本应重而犯时不知者，依凡论。本应轻者，听从本。"此系错误跨及两个以上的构成要件而成立者。《疏议》举例说：假有叔侄，别处生长，素未相识，侄打叔伤，官司推问始知，听依凡人斗法。又如别处行盗，盗得大祀神御之物，如此之类，并是"犯时不知"，得依凡论，悉同常盗断。其"本应轻者"，或有父不识子，主不识奴，殴打之后，然始知悉；须

1　引自杜佑《通典》，卷69，《礼典·嘉礼·养兄弟子为后后自生子之义》。

依打子及奴本法，不可以凡斗而论。是名"本应轻者，听从本"。汉律当时可能并无此种条文的规定，否则就不会有此疑狱了。

（4）在汉代社会，生而不养是否就认为已失"亲亲之义"？仍有待考察。本案，乙行为时并不知甲为其生父，当场激于受辱而杖甲，与明知而犯者，情节悬殊，当与伤害一般人同论，较合人情法理。如《春秋》所载，献公不以申生为子，而申生自杀，实乃愚孝；又不以重耳为子，而重耳逃亡在外，《春秋》不以重耳为不孝；盖为父者已失亲亲之义，为子者再不负为子者的相对责任。本例，援经义，乙亦应不负为子者之责，盖父父子子为相对待的名与实，《春秋》之义，严于法而宽于情。仲舒本案之断，亦深得其意，比义也还算恰当[1]。

（5）唯本例仲舒断曰："不应坐"，其真正含义为何？有待进一步推究。如其意为"不应坐以殴父罪"，而"应坐以凡人罪"，则并未逾越律条的规定，且与后世刑法上主观主义的犯罪理论，更有不谋而合之妙；但如其意为"无罪"，就有失妥切了。此外，对仲舒之断，尚有一言者，即甲乙之间是否已全然丧失"亲亲之义"？倘若本案乙明知甲为生父，而激于不能长育的义愤，怒杖甲；此时仲舒之判又将何如？

5.4.3 董仲舒以外的"春秋折狱"案例

董仲舒为西汉中期一代儒宗，是援引儒家经义以折狱的第一人。关于其人、其折狱事例，已于上一节中详加论列。除董仲舒外，两汉朝臣亦多颇好以经断事或引经决狱者[2]。风气所向，当时引经折狱、断事之盛况，不难想见，唯目前所留存下来的具体案例，多未经整理疏释，致

1　此案例受到清代学者的猛烈抨击，俞樾曾云："甲虽以子乞丙，谓乙便可杖甲，终是泯乱民彝，不可为训。"又云："此论尤可怪，夫甲虽以乙予丙，然不可谓非父子，子可杖父，人理灭绝矣。虽汉儒绪言，吾不取矣。"指出此案例泯灭人伦，扰乱法度，虽是一代儒宗董仲舒之言，亦不可取。参阅俞樾《春在堂随笔》（台北：文海出版社，1969年），第364页。

2　例如《史记·儒林传》："步舒至长史，持节使决淮南狱，于诸侯擅专断，不报，以春秋之义正之，天子皆以为是。"《汉书·食货志》"公孙弘以春秋之义绳臣下"；《五行志》"武帝使仲舒弟子吕步舒持斧钺治淮南狱，以春秋谊颛断于外"；《倪宽传》"以宽为奏谳掾，以古法义决疑狱，甚重之"。

隐晦难明；本节拟挑选其中较具代表性的案例二则，并略申其义。

5.4.3.1 案例一：徐偃矫制

事实：

（武帝）元鼎中，博士徐偃使行风俗。（徐）偃矫制，使胶东、鲁国鼓铸盐铁。还，奏事，徙为太常丞。

御史大夫张汤劾偃矫制大害，法至死。偃以为《春秋》之义，大夫出疆，有可以安社稷，存万民，颛之可也。（张）汤以致其法，不能诎其义。有诏下（终）军问状，军诘偃曰："古者诸侯国异俗分，百里不通，时有聘会之事，安危之势，呼吸成变，故有不受辞造命颛己之宜；今天下为一，万里同风，故《春秋》'王者无外'。偃巡封域之中，称以出疆，何也？且盐铁，郡有余臧，正二国废，国家不足以为利害，而以安社稷存万民为辞，何也？"

又诘偃：胶东南近琅邪，北接北海，鲁国西枕泰山，东有东海，受其盐铁。偃度四郡口数田地，率其用器食盐，不足以并给二郡邪？将势宜有余，而吏不能也？何以言之？偃矫制而鼓铸者，欲及春耕种赡民器也。今鲁国之鼓，当先具其备，至秋乃能举火。此言与实反者非？偃已前三奏，无诏，不惟所为不许，而直矫作威福，以从民望，干名采誉，此明圣所必加诛也。"枉尺直寻"，孟子称其不可；今所犯罪重，所就者小，偃自予必死而为之邪？将幸诛不加，欲以采名也？偃穷诎，服罪当死。军奏"偃矫制颛行，非奉使体，请下御史征偃即罪"。奏可。上善其诘，有诏示御史大夫。[1]

评析：

（1）所谓"矫制"，亦称"矫诏"，是伪造皇帝诏令的犯罪行为，处罚极重。但矫制之条又可分为矫制大害、矫制害、矫制不害三等；矫制害者，不仅处以极刑，还缘坐家属，所云"极刑"，或弃市，或腰斩。至于矫制不害，或减免刑罚，或罚金四两[2]。唯其引用律条之轻

---

[1] 引自《汉书》，卷64，《严朱吾丘主父徐严终王贾传》，"终军"。

[2] 依《二年律令·贼律》简11："矫制，害者，弃市；不害，罚金四两。"

重，则仍在人。本案发生于西汉武帝元鼎二年（115B.C.），朝廷派博士徐偃出京巡行风俗教化。徐偃在外，三次奏请于胶东、鲁国兴办冶铁、煮盐生产，尚未得到诏书回准，便假托奉诏，使两地百姓自行铸铁晒盐，应论以何等之罪？御史大夫张汤用法甚苛，劾徐偃矫制大害，法至死。

（2）徐偃引《春秋》大义"大夫出疆，有可以安社稷，存万民者，颛（专）之可也"以自辩。按春秋庄公十九年（675 B.C.），经曰："秋，公子结媵陈人之妇于鄄，遂及齐侯、宋公盟。"《公羊传》曰："……媵不书，此何以书？为其有遂事书。大夫无遂事，此其言遂何？聘礼，大夫受命不受辞，出境，有可以安社稷、利国家者，则专之可也。"《公羊》是说，《春秋》经文之义在公子结便宜行事之得当，而其用意是褒赞公子结自主与齐、宋结盟一事。

（3）御史大夫张汤只能根据法律判定徐偃的罪名，却无法驳倒他用来辩护的《春秋》之义。武帝乃下诏命终军问状。终军引《春秋》"王者无外"之大义，力辟徐偃所谓"大夫出疆"之说。他认为徐偃不过是在疆域内巡视而已，何来"出疆"？况且，盐铁郡里都有余藏，纵使废掉胶东、鲁国的盐铁，也无关于国家的利害，而徐偃却以安定社稷、抚慰万民为说辞，此何以故？终军甚至认定徐偃违反中央政策，擅自开放盐铁民营，是"直矫作威福，以从民望，干名采誉"。而奏"偃矫制专行，非奉使体，请下御史征偃即罪"。奏可，上称许终军之诘，徐偃终被判处死刑。

（4）徐偃未奉命，而使地方自行鼓铸盐铁，是否有利于国，有利于民，乃属事实问题。而其矫制是否当罪，是否有"大夫出疆"之例外法的适用？是属法律的解释问题。古者臣在封疆矫制之事颇多，盖以有利于民，而不合乎法者，所谓"便宜从事"，此种事例，史不绝书。本案徐偃如以"安社稷、存万民"为念，而鼓铸盐铁，似属无大害，宜论以矫制而不害之条。终军以辩博能属文闻于郡中，其引《春秋》"王者无外"之义以断本案，是否妥适？以"未出疆"诘徐偃，是否属强词夺理？端视其居心如何而定。

（5）本例遭后世批评最甚，或曰："同一案件，竟可附会绝不相同的经义，所以经义是不可恃为断狱的准绳。"[1] 或曰："由此可见，春秋断狱是不守法律，以意为之。"[2] 而我认为，此案结局是否该归咎于引经折狱，宜分别而论；盖小人之引《春秋》，不原心定罪，全失《春秋》褒贬之意；君子之引《春秋》，所以体圣意而济法条之所不及耳。观过知仁，如徐偃矫制，确为利民福国，则应为《春秋》所恕，罪不至于死；否则，援《春秋》"王者无外"，不作出境论，弃大体而拘小义，深文周纳，已失《春秋》以功掩过之义。当然，倘徐偃矫制，确实属作威作福，则终军之断其死，也就无所谓"酷"了。

5.4.3.2 案例二：薛况之狱

事实：

哀帝初即位，博士申咸给事中，亦东海人也；毁（薛）宣不供养行丧服，薄于骨肉，前以不忠孝免，不宜复列封侯在朝省。宣子（薛）况为右曹侍郎，数闻其语，赇客杨明，欲令创（申）咸面目，使不居位。会司隶缺，况恐咸为之，遂令明遮斫咸宫门外，断鼻唇，身八创。

事下有司，御史中丞众等奏："况朝臣，父故宰相，再封列侯，不相敕丞化，而骨肉相疑，疑咸受修言以毁谤宣。咸所言皆宣行迹，众人所共见，公家所宜闻。况知咸给事中，恐为司隶举奏宣，而公令明等迫切宫阙，要遮创戮近臣于大道人众中，欲以鬲塞聪明，杜绝论议之端。桀黠无所畏忌，万众讙哗，流闻四方，不与凡民忿怒争斗者同。臣闻敬近臣，为近主也。礼，下公门，式路马，君畜产且犹敬之。春秋之义，意恶功遂，不免于诛，上浸之源不可长也。况首为恶，明手伤，功意俱恶，皆大不敬。明当以重论，及况皆弃市。"

廷尉直以为"律曰：'斗以刃伤人，完为城旦，其贼加罪一等，与谋者同罪'。"诏书无以诋欺成罪。传曰：'遇人不以义而见疻者，与痏

1　参阅杨鸿烈《中国法律思想史》（台北：台湾"商务印书馆"，1975年），第62页。

2　参阅陶希圣《中国政治思想史》（台北：食货出版社，1972年），第156页。

人之罪钧，恶不直也。'咸厚善修，而数称宣恶，流闻不谊，不可谓直。况以故伤咸，计谋己定，后闻置司隶，因前谋而趣明，非以恐咸为司隶故造谋也。本争私变虽于掖门外伤咸道中，与凡民争斗无异。杀人者死，伤人者刑，古今之通道，三代所不易也。孔子曰：'必也正名'；名不正，则至于刑罚不中；刑罚不中，而民无所措手足。今以况为首恶，明手伤为大不敬，公私无差。春秋之义，原心定罪。原况以父见谤发忿怒，无他大恶。加诋欺，辑小过成大辟，陷死刑，违明诏，恐非法意，不可施行。圣王不以怒增刑。明当以贼伤人不直，况与谋者皆爵减，完为城旦。"

上以问公卿议臣。丞相孔光、大司空师丹以中丞议是，自将军以下至博士议郎皆是廷尉。况竟减罪一等，徙敦煌。宣坐免为庶人，归故郡，卒于家。[1]

评析：

（1）本案发生于西汉哀帝绥和二年（7 B.C.）。博士申咸屡次诋毁薛宣不供养长辈，不践行丧服，未尽骨肉之间的亲亲之义；之前，因不忠不孝而遭免职，不适合再于朝庭内任官。薛宣之子薛况，当时为右曹侍郎，遂雇用杨明，在宫门外挡住申咸的去路，并以刀斧斩劈，导致鼻唇皆断裂，身上有八处创伤，究应论以何罪？

（2）按汉律有所谓"大不敬"、"斗以刃伤人"、"造意"与"首恶"等罪名，本例宜属何者？御史中丞与廷尉见解不一。御史中丞等以为：薛况身为朝廷官吏，父亲曾是宰相，又再封为高阳侯，骨肉之间非但不相互约束行径，反而彼此猜忌，怀疑申咸接受薛宣之弟薛修之言而毁谤薛宣。彼等认为申咸所言确实是薛宣的举止，且为众人所共见共闻。薛况知道申咸即将任司隶之职，并可能于就职后向皇帝弹劾薛宣，乃买通杨明在宫门外砍伤申咸，欲使其目盲耳聋，以杜绝论议之源。乃援引《礼记·曲礼》："大夫、士下公门，式路马。"认为国君的畜产都

---

1 引自《汉书》，卷83，《薛宣·朱博传》。关于"归故乡"，其含义有认为是次于"迁徙"刑一等的惩处方式，详参大庭脩《刑罚としての归故乡、就国について》，收于氏著《秦汉法制史研究》（东京：创文社，1982年），第191—192页。

必须尊敬，更何况国君的近臣！再援引《春秋》之大义，申明“意恶功遂，不免于诛，上浸之源，不可长”。认为本案行为人之犯意与结果均十分显著，而申咸为皇帝左右之臣，此无异侮慢君上，薛况使人行伤，为此案之首恶，杨明着手伤人，其外在行为与创伤大臣的意图均为恶，故议薛况与刺客杨明以“大不敬”之罪，当弃市。

（3）廷尉则认为：此事在掖门外道路上发生，与凡民争斗无异；乃援汉律：“斗以刃伤人，完为城旦，其贼加罪一等，与谋者同罪。”[1]争斗时以刀刃伤人，以其爵位抵罪，动手伤人者加罪一等，与谋划者同罪，诏书不能加以毁欺而成罪。又引《传》云：“遇人不以义而见痏者，与痏人之罪钧，恶不直也。”遇到人不以义相待，殴伤对方，有无留下疤痕，罪都相同，这是由于厌恶不直，因此不义即不直。本案申咸屡次数说薛宣的不是，造成流言，这是不义的行为，申咸的伤不可称之为“直”。薛况因故要伤害申咸，计谋早已确定，后来听闻要设置司隶，因而催促杨明行动，并非担心申咸成为司隶才开始谋划。虽然于掖门外大路上伤害申咸，但与百姓争斗的案件无异。乃援引《春秋》“原心定罪”之义，以薛况因为复父仇，激于义愤而使杨明遮斫申咸在大道人众中，与禁门无关，当无大恶。薛况当爵减，完为城旦；杨明有意贼害伤人，加罪一等。

（4）皇帝以问朝臣，丞相孔光、大司空师丹，以御史中丞之议为是；而自将军以下至博士议郎，则赞成廷尉之议。结果，本案薛况减罪一等，贬徙到敦煌。薛宣则坐免为庶人，归于故郡，卒在家中。

（5）本例御史中丞之议，其缺失在于不察其本，而强附经义；盖“（申）咸厚善修，而屡次称（薛）宣之恶，流闻不谊（流言中伤，不合世谊），不可谓直。（薛）况以故伤咸，计谋已定，后闻置司隶，因前谋而趣明，非以恐咸为司隶，故造谋也。”可以说，本案原是件单纯的伤害案件，“与凡民争斗无异，杀人者死，伤人者刑，古今之通道”。

1　汉《二年律令·贼律》简 27：“斗而以釰及金铁锐、锤、椎伤人，皆完为城旦。”秦《法律答问》简 86：“斗以箴（针）、鉥、锥，若箴、鉥、锥伤人，各可（何）论？斗，当赀二甲；贼，当黥为城旦。”秦汉简牍中此律构成要件几乎一致，但刑度汉又较重于秦。

而御史中丞众等，却欲以"大不敬"论科，岂非夸张"大不敬"的伦理罗网，而置法律于不顾？廷尉之断，似较能察其情、究其实，而后用法、引经兼顾，方得其平。

（6）又此案，御史中丞和廷尉双方意见固有异，但皆援引《春秋》，乃至其他经典之义以为据，可见当时引经决狱风气之盛。不过，须一提者，此案大臣们意见不一，最后由皇帝裁决，汉哀帝竟舍弃在宫门外杀伤近臣涉及侵犯君王尊严的严酷见解，而采"原心定罪"从轻量刑，显然，"春秋折狱"对于政治性案件和非政治性案件的论断基准点往往不同。

5.4.4 春秋折狱平议

表面上，春秋折狱的运用类型大致可粗分为二：一为董仲舒的春秋折狱案例，另一为董仲舒以外文法吏的引经决狱实例；其中，又可再细分为关涉政治性的案件与非关政治确信的寻常刑案。实际上，春秋折狱仿效《公羊春秋》褒贬的笔削法，迂回地以善因恶果、恶因善果、恶因未果以及恶因恶果等类型，作为定罪量刑的理论根据，并以之为推阐律意的方法。而究其实，整个问题的关键乃在司谳者的"证据"如何取得，证据力的强弱及其虚实，如何权衡。

董仲舒以一介儒臣，引春秋之义，推阐法理，其功过如何？自来传为美谈者有之，而非议者犹多。当然，如以现代"罪刑法定"的原则为着眼，自多值得批判之处。不过，毕竟时空不同，儒家的德治、礼治观，曾经完成它在中国历史上的使命，而汉代经术之治效，却也是不容否认的。如果细察两汉所遗存下来的春秋折狱案例，经作一番较客观与实证的探讨后，似可分为董仲舒"原味的"春秋折狱，以及董仲舒以后诸多文法吏"变调的"春秋折狱两大类。

5.4.4.1 从罪刑法定主义及法解释学的观点

首先，从近代"罪刑法定主义"及"法解释学"的观点看，董仲舒的春秋折狱是否完全破坏"罪刑法定"？是否将"法制精神"破坏殆尽？这当然要先了解西汉一代是否体制上有此"规定"或有此"精神"。

汉兴，不是实行尧舜的三代之制，而系沿袭秦的君主专制，皇帝握有绝对的制法权。如果说，法家所主张的法律要素，是要公布、要明确、要普及于人民；君主及司法者均要行动于法律范围之内，均要依法行政及依法审判，这种主张有可能贯彻吗？在专制政体之下，皇帝集行政、立法、司法等大权于一身；制法权在君，废法权也在君；君主承认的便是法律，他感觉不便时，不承认它，也就随之失去了法律的资格。因此，可以说，只要皇帝的钦定立法权存在，就不可能有司法的独立性。司法无独立性，哪来近代严格意义的"罪刑法定"？我们也就不必苟责儒吏之引经以断狱，因为君主专制下是没有真实之"法治"（Rule of Law）可言的，即使对君主负责的司法者想守法，他们也无法制止君主的不法。

尤其，在传统法律观念中成长的人民，对过于严格的法律解释和对于程序法的重要性，他们是无法理解的。西汉开国不久，朝廷就制颁《九章律》；高祖七年（200B.C.），下令对于"县道官狱疑案"，各谳所属二千石官，二千石官不能决定时，移廷尉决定，廷尉不能定时，具为奏所当比的律令，请皇帝作最后裁定。基于此，在法律未规定的场合，即可比而科之，而科比就是比附科刑，也就是当今的类推适用，而凡对被告不利之类推适用，自为现今罪刑法定原则所不容。但在当时，这种层层比附，除了弥补律条的不足，的确能解决实际的难题，至少给人民感觉到衙门里没有不能解决的问题，良以法律有时而尽，在现存实定法毫无依据的情况下，如认为有其必要，唯有依据"社会通念"及"事理"，创造规范，以济其穷。

事实上，在君主专制政体之下，皇帝虽可不顾法律，甚至变更法律，但其臣下的司法者，仍须受法律的约束，在律无明文时，纵使引用经义以当比，仍须识大体，衡量情与理，并使一般人容易接受，最低限度也要自圆其说，否则为故出故入人罪，也要负法律上的绝对责任。而从前一节董仲舒四个案例看来，他并没有明显地排斥法律明文，大都只是引经以济法条的不足。换言之，在律有明文时，引"春秋经义"以解释律文，它并无法扮演破律的角色；在律无明文时，却担起"创造性补充"的漏洞填补功能。

5.4.4.2 从实质内容的妥当性观点

其次，从董仲舒春秋折狱的实质面看，论者或谓，西汉儒臣之好引《春秋》以断狱，主要是为了逢迎君意而附会歪曲经义，进而助长其恶，这种说法对董仲舒而言是否公允？

董仲舒的生平及其对西汉学术，甚至对整个传统中国文化的影响，史家自有公论，这里只想站在"经义断狱"这个角度论仲舒，虽所见者小，容或有助于更深刻了解汉代法制真相。董仲舒《春秋折狱》二百三十二事，很可惜失传了，但综观上一节前揭的四个案例，其引经断狱，极为平恕，并看不出有任何为迎合上意，而附会歪曲经义的迹象；相反的，几乎以宽仁是减，而无助法之威。特别是在经义理论中推求衡平，以舒缓律令之过于严苛，而免趋于极端，经义判决中有时且充分表现出天理、人情与国法合一的理想境界。

而汉代法律的颁布，远在武帝表彰六艺、独尊儒术之前，汉律乃承接《秦律》而来，法家立法色彩极浓，汉儒虽不反对刑律的存在，但时而须借经义折狱的方式来加以调整。董仲舒是专治《春秋》，以阴阳五行解释王道微旨的大臣；他以德刑与阴阳四时比拟德刑之不可偏废，犹之不可独阳而无阴，也不可但有春夏而无秋冬。阳不得阴既不能独成岁功，于是，他承认法律有其功能，非教化所能完全替代。他说："庆赏罚刑，异事而同功，皆王者之所以成德也。"他也强调"刑者，德之辅"。凡此赏罚并用的主张与董仲舒一贯的法律理想并不矛盾，盖只要"循名责实""应用得体""赏罚分明"，刑罚当可以辅教化之不足，使民知所去就，以成人性之善。所以，董仲舒并不反对刑罚，他所坚持的只是"德主刑辅"的伦理法律理想，在儒家伦理纲常原则未能正式入律之先，企图用儒家的仁德来舒缓法家立法的严刑峻罚。

可以说，董仲舒不但在哲理上表现其对于德刑不偏废的态度，事实上，他以春秋决狱，是以儒家的经义应用于法律的代表性人物；以儒为体，以法为用，实是真正沟通"德"与"法"，融合儒法两家思想于一炉的实行家。同时，董仲舒之所以引春秋以断狱，在其主观愿望上，很可能是想因势利导，逐渐以"德"化"刑"；甚至可以说，他希望《春秋》这部经典有一天能成为汉代的法典，这样他自己的"春秋学"自然就能发挥代圣立言的效果。

更具体地说，董仲舒乘时势所趋，一方面承认专制政体的合理性，一方面又想给予此政体一个新的理想与内容，这两种企图都要经由《公羊春秋》来加以完成，而"春秋折狱"不过是其表现方式之一而已。也可以这么说，董仲舒在"春秋折狱"案例上所表现者，除了在法理上伸张"春秋大义"之外，也可能意图借由儒家"春秋大义"来平衡当时一般官吏实地里一昧尊崇法家的作风倾向。但历代以来批判"春秋折狱"者，多半偏向于把董仲舒的理想视为专制的护符，认定他巧妙地用儒家的外衣包住了法家"尊君卑臣"的政治内核，逢君之欲而长其恶，而忽略了董仲舒在专制体制下，事实上他也用心勠力地想延续并弘扬儒家的理想，这不能不说是一大憾事。

5.4.4.3 春秋折狱的流变、批判及其再思考

自董仲舒以降，春秋折狱事例愈演愈烈，循吏断案，或本君子恺悌之心，尚能体《春秋》圣人之道，一本敦厚之旨，原心以邀宽减，而延续仲舒之风。但酷吏者流，引经决狱，常攀附"经义"的美名，而造成使一事而进退于"二律"与"二经"之间，从而，春秋折狱变了质，也离了谱；"引经失义"与"借名专断"的不正常春秋折狱登场，历代学者对春秋折狱严加非难。

A. 历代学者"诛心"的批判

宋代马端临论"春秋决事比"时曾沉痛地说：

决事比之书与张汤相授受，度亦灾异对之类耳。（武）帝之驭下，以深刻为明；汤之决狱，以惨酷为忠。而仲舒乃以经术附会之。王（弼）、何（晏）以老庄宗旨释经，昔人犹谓其罪深于桀、纣，况以圣经为缘饰淫刑之具，道人主以多杀乎？其罪又深于王、何矣。又按汉《刑法志》言，自公孙弘以春秋之义绳下，张汤以峻文决理，于是见知腹诽之狱兴。汤传又言，汤请博士弟子治《春秋》、《尚书》者补廷尉史。盖汉人专务以春秋决狱，陋儒酷吏遂得因缘假饰。往往见二传中所谓"责备"之说、"诛心"之说、"无将"之说，与其所谓巧诋深文者相类耳，圣贤之意岂有是哉！[1]

清末民初经史学者刘师培（1884—1919）更是痛诋春秋折狱的"黑暗事实"。他说：

夫儒生者，嫉法吏为深刻者也，及其进用，则断狱刻深，转甚于法吏，其何故哉？盖法吏者，习于今律者也，有故例之可循，不得以己意为出入，故奉职循理，可以为治。儒生者，高言经术者也，掇类似之词，曲相附合，高下在心，便于舞文，吏民益巧，法律以歧，故酷吏由之，易于铸张人罪，以自济其私。[2]

刘氏的议论，深刻地影响到后世治法史的学者，民国时期的杨鸿烈（1903—1977）在引述刘氏之言后，接着说：

（章）、刘两氏痛揭儒者假仁义德化的以经治狱的黑暗事实，真算得是诛心之论，尤其刘氏能探本寻源指出儒者深刻的理由，使读者不能不相信司法专业化的重要。这也可见董仲舒说汉武帝罢黜百家，使儒者独霸以后，在法律上因越俎代庖而生的弊害一斑了。

1　参阅马端临《文献通考》（台北：台湾"商务印书馆"，1987年），卷182，收于《十通》第七节。
2　参阅刘师培《儒学法学分歧论》，载国粹学报社编《国粹学报》，第29期，原刊光绪三十三年（1907）五月（台北：文海出版社重印，《国粹学报》，第5册，1970年）。

杨氏又说：

> 从董仲舒到北朝"以经决狱"，那样视"经义"的效力等于或
> 高于法律，牵强附会，异说纷纭，失掉法律的两个必不可缺的要素
> ——即"公平"与"确定"。[1]

晚清修律大臣沈家本（1840—1913）也认为"汉人治狱，每越乎
范围之外，浅识者尚以经义相矜，是未尝深考之耳"。[2] 近人陶希圣
（1899—1988）对春秋折狱也颇多指陈：

> 儒者所谓论心，完全依于宗法及身份等级的伦理观。所谓论
> 心，即定罪不依法律而依伦理；如此则虽有法典与令文，而与无法
> 或秘密法相等。还有，《春秋》并不是法典，乃是一部史书，所用
> 以断狱的，是史实记录的解释，所以牵强附会，无所不至，秦代以
> 来的法治论从此破坏了。[3]

当代历史学者余英时引述清朝戴震（1723—1777）的话"酷吏以
法杀人，后儒以理杀人，浸浸乎舍法而论理；死矣，更无可救矣！"余
氏说："人死于法，犹有怜之者；死于理，其谁怜之！"接下去说："汉
代的'经义断狱'比戴东原所说的还要可怕，人不但死于法，而且同
时又死于理，这才是'更无可救矣'！"又说："其实法律只能控制人的
外在行动，'经义断狱'才能深入人的内心。硬刀子和软刀子同时砍
下，这是最彻底的杀人手段。"余氏另外也说："两千年来，中国知识
分子所遭到的无数'文字狱'，不正是根据'诛心'、'腹诽'之类的内
在罪状罗织而成的吗？追源溯始，这个'以理杀人'的独特传统是和

1　参阅杨鸿烈《中国法律思想史》，第44页。
2　参阅沈家本《沈寄簃先生遗书·甲编》，下册，第609页。
3　参阅陶希圣《中国政治思想史》，第167页。

汉儒的'春秋断狱'分不开的。换句话说，它是儒学法家化的一种必然的结果。"

凡此种种对"经义断狱"的严厉批判，对董仲舒以外诸多变调的"不正常春秋折狱"而言，自深入得理；但春秋折狱难道真的只是"有弊无益"？难道它真的将"法治精神"破坏殆尽？它最大的流弊到底在哪？

B. 另一角度的评价

自董仲舒之后，部分用春秋之法引经义以断狱的，如张汤，其为廷尉时，因疑狱固常请教于仲舒，但他只是攀附所谓"古义"的美名，而自行其是，以人主的旨意为狱，"即上意所欲罪，予监吏深刻者；即上意所欲释，予监吏轻平者"。又如仲舒弟子吕步舒者流，以春秋谊断淮南狱，但见其以苛刻为能，借名专断，而不见其用《春秋》别善恶，与其师相比，其差距又何止千里！这些，其实董仲舒早就设想过：

> 春秋之听狱也，必本其事而原其志。志邪者不待成，首恶者罪特重，本直者其论轻。[1]

可见，董仲舒理想中的经义断狱，法吏必须遵守两大原则：一为"本其事"，要详查犯行的客观事实；二为"原其志"，要推究行为人的主观犯意。但遗憾的是，他苦心孤诣所培成的春秋折狱学，在当时及后世所见诸实行的，不过是其粗粗的部分，至于精到的部分，则未尝落实过，甚至反被误用到极处。

这种不正常的经义断狱，借引经义而故入人罪，造成所谓"儒者往往喜舍法律明文，而援经诛心为断"，竟成"一吏胥之天下，而经义尽为虚设耳"的局面，固与董仲舒倡导春秋折狱有关，但其错不在经义本身，也不在董仲舒个人；而应归之于舞文酷吏的"不通经"所致。

---

1 参阅董仲舒《春秋繁露·精华第五》。其义涵详参苏舆撰、钟哲点校《春秋繁露义证》（北京：中华书局，1992年12月），第92页。

盖溯自汉武帝"招进张汤、赵禹之属，条定法令，作见知故纵，监临部主之法，缓深故之罪，急纵出之诛"以来，所谓国家之败由官邪，冤狱之成由有司，刀笔奸吏引《公羊春秋》以深文周纳，其本身已不知《春秋》之义何属，真可以说是《春秋》的罪人了，又怎可归咎于《春秋》经义？因此，可以说，这批酷吏才是真正的"经之蚍虱、法之秕稗"。

固然，古之经义自不能尽适合于今日，唯适合于当时的经义，却不能不认其具有法制的启导与补充的价值。综观董仲舒及其后"正常春秋折狱"之儒吏者，率皆通经之士，或有居官时始习律令者，见律之不周，则本诸经，体圣哲之心，求犯人以生路，而能播其仁于众，这种辅律不及的正面功能，是不应轻易抹杀的。今人往往站在现代"罪刑法定"的立场，而严厉批判春秋折狱之漫无标准，如系对于那批"不通经"的陋儒奸吏而言则可，因他们个个外披儒者之衣，内被皇帝擒服，成为谀臣，是真正的法律叛徒、春秋罪人；但如将引经破律之事实及后果的历史责任，完全推到董仲舒一人身上，则显失平允。

C. 从法的安定性观点

自法的安定性言，法实证主义者主张法律应以实定为基础，而实定的目的，与其说在于探讨法理念与法本质，毋宁说在于说明人类在共同社会生活中何以需要法律；强调此种见解的结果，当然法律的安定性就被格外地重视。而法的安定性表现于刑法方面的，理应贯彻"无法律即无犯罪""无犯罪即无刑罚"的原则，亦即必须遵循罪刑法定的精神，做到毋枉毋纵的地步。

若依此标准来检讨春秋折狱，则其遭到法实证主义倾向者的非难是必然的，盖引经义以断案，审判官所注重的是主观的价值判断，而非依客观的成文构成要件；因之，判断的结果常随个案的特殊而不同。所谓"原情定罪，其弊必至于以意为轻重"，此岂儒者用刑所以见讥于后世者欤？陈顾远（1896—1981）有一段言论，正可以用来说明这个问题，他说：

　　古代刑官之断狱鞠囚负有严重之责任，故在刑狱方面为适应时代环境之需要，自不必拘束一格，极尽其灵活之运用。凡后主所是者固不必即疏为令，而在汉代之比附律令，奇情他比，亦达其变化之能事。且由两汉迄于六朝，并以经义折狱称盛，不免将自然法或其条理法适用于极点。[1]

　　从中可以窥知，传统中国法制特征之一即为审断负责，并具有灵活运用的倾向，两汉引经决狱或可为其代表。问题是，其流风所及，是利？是弊？

　　我常想，"春秋诛心"的断狱方式，固然可议，但它有时可以不受"恶法亦法"的拘束，从而，可以追求超越法内涵的仁义价值；事实上，从上一节董仲舒的实际案例中，不难看出有些个案甚至是出于"从轻判决"，曾救活不少人命，比起任刑重罚的罪刑擅断，有其应予肯定的另一层面的意义。然而，不可否认的缺点是，儒臣法吏对于"诛心"的价值标准不一，仁苛之见，往往造成同案异罪乃至且同罪异罚，而无从维持法的安定性。

　　前已提及，"不正常的春秋折狱"借引经义而故入人罪，造成所谓"借名专断"与"引经失义"的局面。其责任不在经义本身，而应归之于舞文酷吏的"不通经"所致；盖经者，常也；在当时，经被认为是民族生命、文化精神的结晶，它所蕴含的道理，可以说具有超越性、共同性和普遍性；而宇宙万物不外乎理耳。若于法律范围之内，贤者循吏居其位而能播其仁于众，常本诸经，并体圣贤之心，求犯人以生路，如董仲舒及其他循吏之"正常的春秋折狱"事例，率皆本于此。所以，世人对于现存两汉的春秋折狱案例，宜作深入的实证分类，即省察其为"正常"或已变调的"不正常"春秋折狱，而不宜全盘非难，尤其对于那些具有辅律不及正面功能的正常案例，更不宜轻易一笔抹杀。

　　今人站在近代法实证的立场，而批判春秋折狱之漫无目标，这种说

1　参阅陈顾远《中华法系之简要造像》，载台北《法令月刊》，第22卷第3期，1971年3月，第3—6页。

法如系对于"不通经"之陋儒酷吏的曲经附会而言则可；如系对于
"通经"之贤者循吏"以经辅律"或"以经补律"而言，似嫌过苛。引
经折狱虽有别于援例断狱，但其结果则有相似之处。申言之，经义断狱
利弊互见，遇到圣君贤吏，则春秋"圣人仁民"之心充塞于判决里，
可得刑罚之中，甚至邀宽典于其心之不可诛。但天下情伪无穷，若不得
其人，则"心裁"动机可能不同，各有所见，也各有所偏，所以常常
有一事而进退于"两义"之间，若想要准确地去捉摸被告的动机与意
图，除"神"以外，恐怕很少人能做得到。

何况"动机"属于纯粹主观的层次，很难作客观的认知，它不像
"行为"那样客观具体，因此也就很难"本其事"而"原其志"。在断
案的刹那间，司法者若"原其志"原得不当，在没有健全而独立之司
法制度的两汉，将使恶人借"动机"而逍遥法外，司法者则借"诛心"
而出入其间；尤其，有所谓"志邪者不待成"的一面，这种不必有具
体着手实行行为的事实，只需有犯罪嫌疑的"动机"或"意图"即足
以成罪，其流弊自不言可喻。

站在时光隧道里，不同的时空有不同的立场；依近代法实证主义学
派的见解，一向认为法律应经国家权力机关制定，而司法者仅在于适用
法律，不能自创法律，此乃就法治国家（Rule of Law）而言。盛行春秋
折狱的两汉，乃人治时代，或属"帝制法治"时代（Rule by Law）君
主的权力高于法律，甚至高于经义，其引经以决狱，仍须得君主的认
可，是君主势力侵入法律；酷吏借经义以曲护君主固是事实，而循吏儒
臣借经义以舒缓刑罚的苛酷与补充法律的不足，也是事实。

【问题思考】

1. 项羽与刘邦争夺天下，刘邦进入关中后，曾与父老"约法三章"，此
　"约"到底是什么样的性质？是否具备法规范的强制力？"约"和律
　令之间有何关系？又中华民国南京临时政府制定的宪法名为"临时

约法"，袁世凯执政时期制定的宪法名为"中华民国约法"，此两部
宪法的名称，是否受到刘邦"约法三章"之"约"的用语影响？其
间有无相似之处？

2. 两汉盛行"春秋折狱"，什么是"春秋折狱"？其审案断狱有什么特
点？在中国法制历史上如何评价其功过？试举董仲舒所断一个案为
例，作为申论的主要依据。

3. 汉代盛行所谓的"春秋折狱"，其中有一董仲舒的实例为：时有疑狱
曰："甲无子，拾道旁弃儿乙养之以为子。及乙长，有罪杀人，以状
语甲，甲藏匿乙，甲当何论？"仲舒断曰："甲无子，振活养乙，虽
非所生，谁与易之！《诗》云：'螟蛉有之，蜾蠃负之。'《春秋》之
义，父为子隐，甲宜匿乙，诏不当坐。"请依上述实例所述，回答下
列所问：1）本案之所以会成为"疑狱"，其关键争点何在？2）请
依己见评论本案董仲舒之"断狱"是否有当。

【参考文献】

1. 刘海年、杨一凡主编：《中国珍稀法律典籍集成》甲编，第一册，
《睡虎地秦墓竹简》（北京：科学出版社，1994 年 8 月）。

2. 黄源盛：《汉唐法制与儒家传统》，第 7—174 页（台北：元照出版
社，2009 年 3 月），共四篇文章：《春秋折狱的当代诠释》《两汉春
秋折狱案例探微》《春秋折狱的方法论与法理观》《春秋折狱"原心
定罪"的刑法理论》

3. 彭浩等主编：《二年律令与奏谳书——张家山二四七号汉墓出土法律
文献释读》（上海：上海古籍出版社，2007 年 8 月）。

中古篇

成文法典的成熟与因袭

6 唐律中的礼刑思想

7 宋元时代的法律文化

远上寒山石径斜

白云生处有人家

停车坐爱枫林晚

霜叶红于二月花

唐·杜牧《山行》

6

唐律中的礼刑思想

自秦汉以降，融合众多种族而形成的"汉族"，其重大意义不在血统上的划分，而在文化上的区别。尤其，东汉末年，人口大量移动，带来了新一波的融合，南、北文化与胡、汉因素交融，到隋唐帝国再度融为所谓的"新汉族"；在种族上，胡、汉汇流，兼有汉人的文质笃实与胡人的豁达劲悍，且更富于进取性与创造力。在文化上，则承续儒、释会通的发展，并扩大与西方文化的交流，形成全面开放的文化型态。至于典章制度，则更能兼采前代南北之长，充分发挥统一帝国的各项机能。

经历了魏晋南北朝三百多年的分裂，东胡鲜卑之后的杨氏隋朝统一了中国；虽其国祚仅存三十七年（581—618），但在中国法史上是个关键的年代，类似秦之于汉，在短暂的统一之后，为盛唐拉开了序幕。

唐承隋业，建立了一个世界性的大帝国，以天可汗的尊位，掌控着整个东亚的政治、经济、文化与法制，进而形成了所谓的"东亚法文化圈"。其刑律又因袭开皇遗绪，上稽魏晋北齐之大成，下立宋明清之楷模；尤其，唐高宗时太尉长孙无忌等人所撰的《永徽律疏》，本着"网罗训诂、研核丘坟"的精神，对《永徽律》进行全面而深刻的诠释，其体系之完整，释疑析难之精密，条分缕别，句推字解，而又文词茂美，堪称是中华法系的代表作。

6.1 唐律的前世今生

隋文帝晚年的"专任刑名"以及隋炀帝的"益肆淫刑",终致"天下愁怨,溃而叛之",也注定了隋王朝的短命。隋朝的灭亡和秦朝"尚法而亡"一样,这种"速亡"的冷酷现实,给了唐王朝深刻的反思机会。唐高祖李渊于公元 618 年太原起兵反隋之初,鉴于"炀帝忌刻,法令尤峻,人不堪命,隋至于亡"的历史教训,就曾颁布了宽大之令;而其次子李世民发动玄武门之变,夺得皇位,是为太宗,他也以隋亡为鉴,不敢骄纵,又知人善任,能接受直谏,成为美谈;当时天下安定,史称"贞观之治"。

唐朝自高祖开国,国势既盛,享祚且长,难能可贵的是,着力建制立法,奠定法制根基。基本刑典确立后,继起诸皇,又频频加以损益;因此,法典屡有纂修,门类也很纷繁。综计唐朝统治的二百八十九年间(618—907),更易二十一主,其中,十四主均有立法或修法,在帝制中国法制历史上,一朝君主立法修律之多,应属唐朝为最,可惜多已失传[1]。

6.1.1 唐律的渊源

晚清修律大臣沈家本(1840—1913)曾说:

> 历代之律存于今者唯唐律,而古今律之得其中者亦唯唐律,谓

---

[1] 唐朝建国之后七年间,沿用隋代开皇三年律,武德七年(624)制定唐朝新律,不过,基本上是将开皇三年律与五十三条新格混合在一起的临时性立法。接下来,太宗命房玄龄进行对律令的大改造,主要包括了对《开皇律》多条刑罚的轻减,调整不合理之处,贞观十一年(637)颁订新律,之后,永徽二年(651)、垂拱元年(685)、神龙元年(705)、开元七年(719)、开元二十五年(737)都曾进行修律,修律的范围主要是御名避讳、官司、官职、地名等用字用语的改变,文句上多少有点变动。

其尚得三代先王之遗意也。唐律之承用汉律者，不可枚举，有轻重略相等者；有轻重不尽同者，试取相较，而得失之数可借以证厥是非。是则求唐律之根源，更不可不研究夫汉律矣。[1]

对照近代出土的秦汉简牍以及历代史册，不论是篇章结构，还是规范内容，都可证明汉、唐法律之间存在着一条联系纽带；又征诸《唐律疏议》卷首，长孙无忌也多次指明汉唐法律的关连性。

可以这么说，《唐律》的问世绝非偶然，而是战国以来历代法典相承发展的结果。其中，特别是作为源头的《法经》，第一部合罪律、事律于一体的综合性法典汉《九章律》，第一部儒家思想法律化的法典晋《泰始律》，第一部简练精粹的法典《北齐律》以及集南北朝诸律之大成的法典隋《开皇律》，以上五者，对于《唐律》的孕育最具关键性的意义。兹列其历史渊源图表如下[2]：

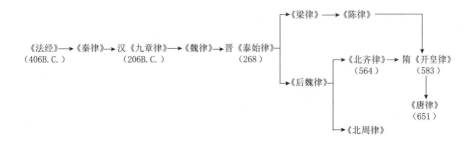

有关《法经》与《九章律》，本书已分别于第 4 讲及第 5 讲中提过，不再赘述。底下仅针对《泰始律》、《北齐律》及《开皇律》略作说明。

1　参阅沈家本《历代刑法考》（北京：中华书局，1985 年 12 月），《汉律摭遗自序》，第三册，第 1365—1366 页。
2　此处之表列，参阅刘俊文《唐律疏议笺解》（北京：中华书局，1996 年 6 月），上册，第 11 页。

6.1.1.1 泰始律

西晋王朝（265—316）虽然短暂但却相对安定，此期间，它制定了一部体例完备的法典，即晋律。晋律的修订始于曹魏末季，当时曹魏的政权已被晋王司马昭所控制，他借口"前代律令本注烦杂"，虽经陈群、刘劭改制，但仍"科网本密"；同时，又认为东汉郑玄的"章句"偏党未可承用，于是命贾充、杜预等修定法律，为夺取权力之先期准备。不久司马昭死，其子司马炎逼魏王退位，"禅让"天下，正式建立晋朝，是为晋武帝。这段时期，修律工程从未歇过，武帝泰始四年（268）正月，大赦天下，并颁行新律，即《泰始律》。

《泰始律》以汉律为本，参以魏律，"就汉九章增十一篇，仍其族类，正其体号"。据《晋书·刑法志》载：《泰始律》凡二十篇，六百二十条，二万七千六百五十七言。二十篇的内容分别为：盗、贼、捕、杂、户、厩、擅兴、刑名、法例、告劾、系讯、断狱、请赇、诈伪、水火、毁亡、卫宫、违制、诸侯、关市等律。前七篇为汉《九章律》旧名，后十三篇从汉、魏旧律中分出或新增，如改"囚律"为告劾、系讯、断狱律，从"盗律"中又分出请赇、诈伪、水火、毁亡律，新增卫宫、违制律，据《周官》定诸侯律。很可惜，《泰始律》现已亡佚。

可以看出，以《泰始律》为代表的西晋法律是对汉魏以来的法规范作了一次大整理。总的说来，晋律比汉律简约，条目仅为汉律的十分之一，字数不及汉律的六十分之一，而汉律令章句多达二万六千多条、七百七十多万字，晋律的删定确实大大精简了规范条文，对后世产生很大的影响。

值得一提的是，晋律继受了汉律注释的传统，但又记取了汉儒诸家注律"言数益繁，览者益难"的经验，晋武帝正式颁诏命河南尹杜预（222—284）、明法掾张斐注律，后世称为"张杜律"，其注与律文具有同等的法律效力。张斐注律后又呈"表"，阐释律的精义，"表"仍据汉儒学说发挥，用义理心情、天人感应、阴阳五行来注释法律。于今看来，张斐律表最有价值的，是一些关于法律用语的释义，《律表》曰：

其知而犯之谓之故，意以为然谓之失，违忠欺上谓之谩，背信藏巧谓之诈，亏礼废节谓之不敬，两讼相趣谓之斗，两和相害谓之戏，无变斩击谓之贼，不意误犯谓之过失，逆节绝理谓之不道，陵上僭贵谓之恶逆，将害未发谓之戕，唱首先言谓之造意，二人对议谓之谋，制众建计谓之率，不和谓之强，攻恶谓之略，三人谓之群，取非其物谓之盗，货财之利谓之赃。

以上"律注二十字"，乃关于律令名目的定义，又称为"较名"，是在律文中明确规定，用以阐明犯罪构成要件要素与特征的专有名词。揭示了刑法各种犯罪类型中此罪与彼罪的区别，对促进帝制时代刑法的规范化、制度化及正确适用法律，都具有重要的意义，为后世的刑法多所援引。

要言之，《泰始律》作为刑法典，是对汉魏律作损益，它删繁去冗，"蠲其苛秽，存其清约，事从中典，归于益时"，推进法律条文的简约化；又引礼入律，"峻礼教之防，准五服以制罪"，实现法律内容的儒家化，故史称"礼律"，这对其后《唐律》"一准乎礼"的立法根据，影响至为深远[1]。

6.1.1.2 北齐律

北齐建国之初，沿用后魏《正始律》，并在文宣帝天保元年（550）命群臣编修齐律。因当时"军国多事，政刑不一，决狱定罪，罕依律文"，虽多次修律，均有所未成，至武成帝河清三年（564）始告完成。其律凡十二篇，九百四十九条，分为：名例、禁卫、婚户、擅兴、违制、诈伪、斗讼、贼盗、捕断、毁损、厩牧、杂等，史称《北齐律》。

---

1 陈寅恪说："古代礼律关系密切，而司马氏以东汉末年之儒学大族创建晋室，统制中国，其所制定之刑律尤为儒家化，既为南朝历代所因袭，北魏改律，复采用之，辗转嬗蜕，经由（北）齐、隋以至于唐，实为华夏刑律不祧之正统。"晋律编纂者与儒家经典的关系之密切，由此可见一斑。参阅陈寅恪《隋唐制度渊源略论稿》（台北：台湾"商务印书馆"，1944年），第108页。

《北齐律》列入"重罪十条"（反逆、大逆、叛、降、恶逆、不道、不敬、不孝、不义、内乱），此即后世"十恶"之端。《隋书·刑法志》说《北齐律》"法令明审，科条简要"，因之为隋代修律时所采纳，《唐律》亦多加沿用。

6.1.1.3 开皇律

隋文帝杨坚代周称帝，以北周律芜杂不切实用，于开皇元年（581）间颁行隋代的第一部法典，是为《开皇律》。至开皇三年（583）又重加刊定，上采魏、晋刑典，下至齐、梁，沿革轻重，取其折中，最后定律五百条，分为十二篇：名例、卫禁、职制、户婚、厩库、擅兴、贼盗、斗讼、诈伪、杂律、捕亡、断狱。由此看来，隋《开皇律》乃是一部集南北朝以来诸律之长的法典。它与《北齐律》相较，篇数相同，但律目微作调整，"禁卫"改"卫禁"，"婚户"改"户婚"，"捕断"分为"捕亡""断狱"，"违制"改"职制"，删"毁损"。《隋书·刑法志》说："自是，刑网简要，疏而不失"，从此以后，传统中国的法典为之定型，唐、宋刑典的篇目均与之同，直至明初修律方有所更动。

《开皇律》五百条，规范了"五刑"制度：死、流、徒、杖、笞。死刑分绞、斩二种；流刑有流一千里、一千五百里、二千里三等，应配者分别加居作二年、二年半、三年，应住居作者三流俱加役三年，近流加杖一百，一等加三十；徒刑有徒一年、一年半、二年、二年半、三年五等，自杖六十至杖一百，每十为一等；笞刑有五等，自笞十至笞五十。五刑制度确立后，从法典上明文削除了枭首、轘裂等酷刑，死刑只有斩、绞为正刑；而自西汉初以来肉刑之该存该废，争论了数百年，《开皇律》从制度上为肉刑的废止作出了最后的结论，这是古代刑罚制度的一大进步。此后，肉刑虽仍时隐时现，但终为正刑所不取。

前已提及，《北齐律》首创"重罪十条"，《开皇律》多采其制，并加损益，置"十恶"之条。十恶是：谋反、谋大逆、谋叛、恶逆、不道、大不敬、不孝、不睦、不义、内乱。"犯十恶及故杀人狱成者，虽会赦，犹除名"。"十恶"仅是一种概括条款，具体的犯罪类型规定在各篇相关条款之中。

此外，《开皇律》还确认了"八议"和"官当"等立法原则。"其在八议之科及官品第七以上犯罪，皆例减一等。其品第九以上犯者，听赎。"八议者，议亲、故、贤、能、功、贵、勤、宾，此八种人享有法律特权，犯罪例减一等。七品以上官有犯，亦例减一等。九品以上官有犯，可以赎罪，此即关于官吏犯罪可以官抵罪的"官当"之制。

隋《开皇律》至宋以后即已亡佚，现已不可考其全貌，以上所述"五刑""十恶""八议""官当"等仅可见其端倪，其后为《唐律》所继受。所以，程树德先生讲"今所传唐律，即隋开皇律旧本"，又有誉《开皇律》为"中国古代法制史上的里程碑"者。

6.1.2 唐朝的法规范形式

传统中国的国家制定法，自秦汉以来，以"律"为中心而发展，至3世纪末的西晋，"令"也成了基本规范，进入律令并存时代。之后，律令以外的法规逐渐法典化，到隋代时，基本上完成了"律令格式"的国家法律体系，这四个法规范的性质，唐代的官书《大唐六典》卷六，以及《新唐书·刑法志》均有记述。不过，并没有说清楚这四者之间的相互关系。《新唐书·刑法志》云：

> 唐之刑书有四，曰：律、令、格、式。令者，尊卑贵贱之等数，国家之制度也；格者，百官有司之所常行之事也；式者，其所常守之法也。凡邦国之政，必从事于此三者。其有所违及人之为恶而入于罪戾者，一断以律。

开元年间编订的《唐六典》对律令格式关系作如下表示：

　　　　律以正刑定罪，令以设范立制，格以禁违止邪，式以轨物程
　　序。

　　由此看来，律、令、格、式四者构成一完整的法律体系；大体上，
令、格、式三者是属于类似当今的民事、经济、行政一类禁止性的规
范，或称为积极性的规范；而律则是刑事制裁，是惩罚性的规范，彼此
互为补充，违反了前三者则惩之于律。

　　确切说来，"律"是规定犯罪及相对应刑罚的法规范，"令"是行
政上的规则与制度，两者常常互为表里；违令的话，律虽无个别的罚
则，但有"违令罪"这项规定，所以等于一定会处罚。律、令是国家
的两大基本法典，当时代的人认为绝对不可动摇，在删定律令时，并不
一定以变更律令本文的方式进行，往往是律令本文不动，以"敕"的
形式进行对律及令的改编，在这种法规之中，除了敕之外还有格和式。
"格"是对律令有补充意义的法规范，"式"是一种细则性的法规，规
定律令该如何执行；总之，敕、格、式是律令的从属法、补充法。兹再
进一步细说于后：

　　（1）律　唐朝曾几度进行"律"的编纂，它是唐代的基本法典，
《贞观律》（637）、《永徽律》（651）的大体内容确定了下来，之后的
变动相当微小。而主要以《永徽律疏》为代表，律中包含有类似当今
民事、刑事、经济、商事、行政、诉讼等方面规范的内容。但刑事规范
占其绝大内容，条项也最多，且所涉及之各方面法律关系，包括民事法
律关系，也大都是以刑罚制裁手段去调整，这就是所谓"规范混同，
以刑为主"的概念。

　　（2）令　所谓"设范立制"，定国家"尊卑贵贱等数"，可以认为
令是有关国家行政制度、管理制度方面的法规范。据《旧唐书·经籍
志》有《武德令》三十一卷、《永徽令》三〇卷，此外，贞观定令一五
九〇条，三〇卷，开元也有定令。唐令现已散佚，日本法史学者仁井田
升（1904—1966）等辑有《唐令拾遗》一书，《永徽疏律》中也散见一

些唐令，从现在所见唐令条文，其内容很广泛，有《户令》《婚令》《均田令》《关市令》《赋役令》《选举令》《官品令》《官制令》《狱官令》等。如散见一条《户令》："无子者，听养同宗于昭穆相当者。"而相应的律文在《户婚律》"养子舍去条"（总157条）中规定："诸养子，所养父母无子而舍去者，徒二年。"可见，令与律是相辅相成的关系，令规定如何收养，律规定遗弃养子作何处分。

（3）格　《唐六典》云"格以禁违止邪"，看似刑事规范，但格对"违与邪"是"禁与止"而不是惩治，所以仍类于当今的行政法规范。而《新唐书·刑法志》曰，格为"百官有司之所常行之事"，正说明格是国家机关的办事规章。《旧唐书·刑法志》述贞观删定格时说："斟酌古今，除烦去弊，甚为宽简，便于人者，以尚书诸曹为之目，初为七卷。其曹之常务，但留本司者，别为留司格一卷，盖编录当时制敕，永为法则，以为故事。"永徽中删定格"惟改易官号曹局之名"，开元中删定格"皆以尚书省二十四司为编目"。由此看来，格是尚书省各司（诸曹）的办事章程和相关法令汇编。格又有"留司"和"散颁"的区别，前者适用尚书各司，后者颁行全国；武德、贞观、开元时期均多次删定格。

（4）式　所谓"轨物程式""常守之法"，即各级官府的文书程式和活动规范及原则。《旧唐书·刑法志》曰："凡式三十有三篇，亦以尚书省列曹及秘书、太常、司农、光禄、太仆、太府、少府及监门、宿卫、计帐名其篇目。"每一官府即有其式，例如《礼部式》等。《永徽式》一四卷，《垂拱式》《神龙式》《开元式》各二〇卷。

唐代除律、令、格、式的法规范形式外，还有皇帝的诏令，是为最高法规范渊源，宋人宋敏求编有《唐大诏令集》一三〇卷，集录唐代诏令。此外，还有"格后敕"；敕，也是皇帝诏令类的谕旨，将敕编于格后，相辅而行。遗憾的是，唐代的令、格、式，现今都已散佚，并无一部完书，所以，研究唐代法规范主要依据的还是《永徽律疏》。

6.1.3 律和律疏

《唐律疏议》是唐代《永徽律》的律文注释全书，其中含律本文和"律疏"，"律疏"与律文具有同等的法律效力。

6.1.3.1 律十二卷

《唐律》凡十二篇，五〇二条[1]，其篇目及各篇规范内容为：

篇名	内容	条文举隅
1. 名例	规定全律通用的刑名和法例，类似当今的刑法总则编	五刑等级、十恶、议请减赎、官当、法条的适用和解释等
2. 卫禁	侵犯皇宫戍卫和国家关津要塞保卫之罪	阑入宫门、宿卫上番不到、赍禁物私渡关、缘边城戍等
3. 职制	官吏职务、有关行政公务之罪	贡举非其人、监主受财枉法等
4. 户婚	破坏户籍、土地、婚姻家庭之罪	脱户、立嫡违法、有妻更娶等
5. 厩库	牲牧和仓库管理之罪	犬杀伤畜产、监主以官物借人等
6. 擅兴	军事征发和工程营造之罪	擅发兵、伐军兴、非法营造、工作不如法等
7. 贼盗	危害国家统治秩序和生命财产之罪，即"贼杀"和"盗劫"之事	谋反大逆、谋杀期亲尊长，杀人移乡、残害死尸、强盗、窃盗等
8. 斗讼	有关"斗殴"和"告讼"之事	斗殴伤人、诬告反坐等
9. 诈伪	各种诈冒和伪造行为之罪	伪写关文书印、诈伪官文书增减等
10. 杂律	以上各律无法含括的其他犯罪	奸非、赌博、失火、私铸钱币、不应得为等

---

1 原为五百条，今本多做五〇二条，据闻是因为《职制》《斗讼》律中各有一条在传抄过程中被析为二条，实质内容并无增多。参阅戴炎辉《唐律通论》（台北：元照出版社，2010年1月），第4页。

篇名	内容	条文举隅
11. 捕亡	追捕犯罪嫌疑人之程序规定，即"捕系"和"逃亡"之事	罪人持杖拒捍、从军征讨亡、知情藏匿罪人等
12. 断狱	司法审判之程序及相关的罚则规定	监禁、审讯、判决及执行等制度的罚则

6.1.3.2 律疏三十卷

　　《唐律》有统一的、标准的注释，这就是"律疏"，亦即今传之《唐律疏议》。"律疏"系由官诏颁，辅律而行，具有极高的权威性和极强的现实性，类似于近代的"注释法典"。史称唐代"断狱者皆引疏分析之"，可见"律疏"是正确理解和适用《唐律》的关键[1]。

　　"律疏"与沿袭性颇强的律文不同，基本上是唐人的一种创作。永徽四年（653），即《永徽律》颁行之后二年，官方撰写的律注释书"律疏"完成；"律疏"以提供律文"定疏"为宗旨，其基本作用就是忠实地阐明律义。"律疏"以律文为经，按照律十二篇的顺序，逐条逐句地进行解说，包括诠词释字，疏通章句；条分缕析，推原法意；设置问答，辨异质疑。就总体而言，"律疏"与律文的精神是完全一致的。但是，另一方面，"律疏"又不仅仅是律文的翻版或附庸。在疏解律义的同时，"律疏"也常常根据司法实践的需要，对律文的规定作出补充，有时甚至加以变通或修正，从而使律文的内容更加全面，更加准确，也更加富有弹性[2]。这是唐高宗命太尉长孙无忌等人"爰造律疏，大明典式"所撰写的官方注释本。

　　"律疏"除对《唐律》逐条作解释以及明确地定义外，还列举了相关各律条的规定，同时，也适度征引了令、格、式等其他相关法典的规

1　参阅刘俊文《唐律疏议笺解》，上册，第64页。
2　参阅刘俊文《唐律疏议笺解》，上册，第70页。

定；对于常见的法律疑问，则用"问答体"的方式清楚地分析，对各律条也列举了法源的根据，论证极为精密，而且首尾条贯一致，于今看来，水平的确相当高明。如此一来，不但使《唐律》的"典式"大明，也使"律疏"本身成为《唐律》不可分割的组成部分，具有与《唐律》"并行"的国家法典的性质。

6.2 唐律立法思想的理论基础

《唐律》的立法指导思想，一般称为"礼教立法"，也有称之为"礼刑合一"、"礼主刑辅"者，而我则较常以"礼本刑用"名之。

所谓"礼本刑用"，其用语来自"德礼为政教之本，刑罚为政教之用"这句话的启发，而考其实质内涵有二：其一，礼、刑虽是两种形式的社会生活规范，但礼是刑的精神真谛，刑律的功能是在辅助礼教的不足。"礼"是"刑"之体，"刑"是"礼"之用；"礼"是"刑"之神，"刑"是"礼"之貌。申言之，"礼"为法制的终极目的，"律"只不过为实现"礼"的一种手段。其二，刑以礼为指导原则，刑律的内容是从礼教中取得价值的。礼不但高居于律之上，并且深入律文之中，使礼的规范法律化，形成所谓"出礼入刑"的礼刑观。而如此"礼本刑用"的思想渊源及其形塑又从何而来？

6.2.1 源于天道的人文秩序精神

只要细细体察传统中国社会所谓的"社会秩序"，可以说，就是"礼的秩序"，也就是"伦常秩序"。从"人"到"礼"到"天"是一体的，从"理"到"社会秩序"到"宇宙自然"是一贯的。天人是感通的，主观与客观不是对立的，同一个"理"之中，就包含了天、地、人三者一贯之理[1]。

而在这种观念下发展出来的刑律，其刑罚基础，便含有源于"天"的浓厚色彩。而所谓"天"，乃指自然理则中的"天道""天理""天讨""天罚""天秩""天常"等这类型的含义。也可以说，天理、人情、国法三者，在当时被认为是维持社会秩序的三大要素。然人情留于王道，国法来自天理，其实乃公平正直的理性；所谓"天理昭昭，国法恢恢"，足见法律源于天理，自不能有悖于天理，而天理、人情又与礼有着深刻的关联在。《隋书·刑法志》序说：

> 夫刑者，制死生之命，详善恶之源，翦乱诛暴，禁人为非者也。圣王仰视法星，旁观习坎，弥缝五气，取则四时，莫不先春风以播恩，后秋霜而动宪。是以宣慈惠爱，导其萌芽，刑罚威怒，随其肃杀。[2]

上文中的"法星"，是指天文中反映人间刑罚的星象；"习坎"，语见《易经》坎卦，指地势最低陷的处所，重重险陷，形容人的犯法如同堕入深坑。"弥缝五气"是指调和雨、旸、燠、寒、风五种气象，整段话充满着人文世界与宇宙自然的相关联性。

《唐律·名例》篇首的《疏议》也说：

> 《易》曰："天垂象，圣人则之。"观雷电而制威刑，睹秋霜而有肃杀，惩其未犯而防其未然，平其徽缰而存乎博爱，盖圣王不获已而用之。

这是一段含义丰富，意味深长的话。它首先说明了圣人（代表国家）立法效法自然；所谓"天垂象，圣人则之。观雷电而制威刑，睹

---

1 参阅陶希圣《中国法系之文化的功能》，收于《中国法学论著选集》（台北：汉林出版社，1976年），第62页。

2 引自《隋书》，卷25，《志》第20，"刑法"。

秋霜而有肃杀";其次表明国家立法的目的不是刑杀,而是为了"惩其未犯而防其未然,平其徽缠而存乎博爱"。具体说,国家为此之所以要动用刑罚,实在也是不得已而为之[1]。透过礼,《唐律》实现了与"仁"和"道"乃至"天"的沟通。

宇宙自然现象与世间法律制度在不同角度、不同层次相互联系,法律秩序借重自然天运,天道运行阐释法律秩序,构成了传统中国法律的一个重要特征。可以推知,《唐律》的刑罚法源,理论基础亦托借于"天道",盖论罪用刑,立法制典,须依于天心,本于天理,而实际运用于法制者,乃依理性以立法;明白地说,即具体的伦常关系。从而,《唐律》法律思想的整体结构,可谓立于天、地、人三才一体的思想之上。《唐律疏议·名例》篇首说得很透彻:

> 夫三才肇位,万象斯分。禀气含灵,人为称首。莫不凭黎元而树司宰,因政教而施刑法。其有情恣庸愚,识沉愆戾,大则乱其区宇,小则睽其品式,不立制度,则未之前闻。故曰:"以刑止刑,以杀止杀。"刑罚不可弛于国,答捶不得废于家。时遇浇淳,用有众寡。于是结绳启路,盈坎疏源,轻刑明威,大礼崇敬。

不过,此之所谓依据天道之"天",并无冥冥中具裁夺命运作用之宗教神秘的色彩,乃指自然理则而言。考察《唐律》,自宜以整体观为前提,也就是应该认识"礼"与"理",因为它与《唐律》几乎混为一体。天地自然的法理是传统中国法制的法源,《唐律》亦复如是。

看来,《唐律》立法者的法理观,认为人间的社会秩序是自然宇宙现象的一环。然而,这套儒家理论的关键在于"万象斯分"之后,人间的规范也随之成立,儒家称之为"伦""理""纲""常"。但这套秩序原理不会想当然地被实践,其间,必须经过人为的努力,而此人事的

1　参阅张中秋《传统中国法的道德原理及其价值》,载《南京大学学报(哲学·人文科学·社会科学版)》,2008年第1期。

尽力，必须由贤德者建立政权、推动法制，故人为的法制的存在有其必要性，包括立法与司法在内[1]。

6.2.2 儒家思想法律化的支配

历史告诉我们，先秦诸子，儒家以"礼"为规范，积极于化，而以王道任之；法家则以"法"为目的，特别重刑，而以霸道主之。刑礼分庭，王与霸、刚与柔对立，此乃儒法之争的原始。但从汉武帝罢黜百家，独尊儒术起，变通过的儒家思想取得了正统的地位，儒家重礼的思想也成为朝廷既定的政策。礼仪的推广经由大一统政治力量的支持，变得更普遍而牢固，礼的影响也就更深入人心。这种情况，长期演变的结果，儒家的宗法伦理思想，就不期然而然地支配了唐代的立法。

如果，再从当时立法者的出身来观察，更能深体其意。盖唐代中国的刑典出自儒吏，而非来自法律家之手，这些读书人虽然不反对"法治"，但到底是奉儒家为正统的，当他们编制法典时，有些行为规范本来详细规范于礼书中的，他们将这些礼的规范掺入法条的构成要件中，加诸刑罚的制裁效果，就成为刑律，儒家的出礼入刑论、明刑弼教之说，也就以变通的方式达到目的了。可以说：隋唐时代，随着律令法制的完成，其国家社会已成为礼教中心世界，或曰"礼化"世界。在此背景下，隋唐诸礼典的完成，绝非偶然。其目标，在缔建一个遵礼守法的社会，也就是一个礼教的社会。

而本讲次一开头便提过，《唐律》沿袭自《隋律》，《隋律》又是绍承魏晋律而来，关于魏晋律的儒家化，在曹魏《新律》已启其端，它将《周礼》之"八辟"编入正文，刑制也是"更依古义制为五刑"，而所谓"古义"，不外乎是指儒家传统的经义。至于西晋制定《泰始律》，一般认为是中国法制历史上首次完成儒家化的法典[2]。《晋书·刑法志》

1　参阅甘怀真《唐律中的罪的观念：唐律·名例律篇目疏议分析》，收于高明士主编《唐代身分法制研究——以唐律名例律为中心》（台北：五南出版社，2003 年），第 171—185 页。

2　参阅陈寅恪《隋唐制度渊源略论稿》，第 100 页。

说："峻礼教之防，准五服以制罪也。" 在在说明泰始律令是引礼入律，同时依据五服伦常关系来定其罪刑。

再说《北齐律》，有服虔、郑玄派之熊安生等参与工作，而熊氏，李延寿之《北史》说他：

> 少好学，励精不倦。从陈达受三传，从房虬受周礼，事徐遵明，服膺历年，后受礼于李宝鼎，遂博通五经。然专以三礼教授，弟子自远方至者千余人。[1]

或可推知，《北齐律》是立法者据礼以为律；再观乎唐之《贞观律》与《永徽律》，是由房玄龄、长孙无忌等人主修，采取"寓经义于刑律"的立法原则，在律本文或疏议中，处处可见"经典古义"的身影，也是纯乎儒者之言，可以说是"儒家的法"。其实，从中也不难理解其因缘变化，盖"礼"由儒家言之，实为一切"规范"的总称，有拘束内在的伦理自律，有出礼入刑的实证他律，也有安邦治国的政事仪律。法家至唐时表面上已经式微，儒家趁此得势，"礼本刑用"的局面，乃由呐喊中而真正落实矣！

6.2.3 外儒内法与泛道德思想现实政术的运作

如果，再从秦汉以后的法制实际面来看，历代人君治国理民，大多好标榜儒家之治，行王道、揭仁政；一面极力标榜"道之以德，齐之以礼"；然而，在现实政治情境中，这种理念并无法收到预期的功效，于是，另一方面，仍不得不紧抱法家功利的、刑罚的实际路线。不仅如此，酷刑论调的气焰也未见降低；以西汉为例，刑罚可以应用，但不必公开主张；口谈礼教，而行用刑赏，乃以王霸之道兼杂而用。试看

1　参阅《北史》，卷82，《儒林下》。北齐重修律、令、五礼，熊安生确定参加五礼之编纂，但是否参加律令之编纂，尚待查考。

《汉书·刑法志》中的一段：

> 《洪范》曰："天子作民父母，为天下王。"圣人取类以正名，而谓君为父母，明仁爱德让，王道之本也。爱待敬而不败，德须威而久立，故制礼以崇敬，作刑以明威也。

霸道的法家与王道的儒家兼而取之，这种外儒内法的政策应用，很明白，已然走上"阳儒阴法"的路线，而影响历代的现实政术非常深远，唐代又何独不然？

可以想见，《唐律》中的刑法制度，乃融合了刑罚制裁与伦常道德的两极，而以礼教为积极因素，以律条为消极因子，其结果为礼教的法律化。一方面采取儒家伦理道德或礼教责任的实质，另一面则采用法家施行此等责任的程序，皇帝乃集政教于一身[1]。如是，法律规范与伦常礼教俨然形成法律运作过程中的阴阳两面。要言之，《唐律》的立法者认为，法律是落实礼教思想最有利也是最便捷的途径。《唐律疏议》说得相当干脆：

> 德礼为政教之本，刑罚为政教之用。犹昏晓阳秋相须而成者也。

其下还有饶富风趣的脚注：

> 《论语》："道之以德，齐之以礼"。德礼犹晓与阳，刑罚犹昏与秋。言德礼与刑罚，犹昏晓相须而成一昼一夜，春阳与阴秋相须而成一岁也。

1　参阅吴经熊著、黎登鑫译《中国法律与政治哲学》，收于《中国人的心灵——中国哲学与文化要义》（台北：联经出版社，1984 年），第 200 页以下。

很显然，法制上以"礼"为常经，以"刑"为变则的法文化型态，表露无遗。而中国文化自周秦以降，是建立在农业上面的，唐代乃典型的以农为主的社会；多数农民，聚其宗族，耕其田畴，既没有可以无限发达的工业，也就没有可以无限发达的商业。而农业社会的结构，系以家族制度为基干，它不是人的个体，而是人的血缘集合体。家既然是血缘的团体，成员之间存在着伦理的"情"，卑幼对尊长有一种自然的"敬"。儒家把这种自然之情纳入社会规范之内，此即"孝悌"的伦理观念。而"天下之本在国，国之本在家……"，家齐而国治的观念也扩而充之地应用到实际的社会制度上来。申言之，昔日的政治封建与伦理的宗法社会，仍保留而未大破坏，于是从前的礼教生活秩序，仍深植人心。固然，儒家的理论，一部分颇合皇帝的胃口，但是，儒家的伦理与哲学，也实在适合于传统中国农业社会。

在这样的社会结构及意识形态交织下，伦常礼教的条目有时即可视为法律条文。在社会价值判断上，有时"不守礼"远比"不合法"还要严重得多。如此一来，泛道德观念使"礼"与"法"有时几乎难以分别。

6.3 唐律礼本刑用观的具体内容

就中西法律发展历史看，基于各别的国家民族、文化背景、社会结构，乃至于自然环境的差异，都可能形成不同的法制。盖法制乃统治社会的一个理念、一种手段，所以，一个国家或一个民族地区的法制，其精神表现，恒与社会组织的型态相配适而贯通之，这不仅表现于法理思想，同时也反映在实定法制之上。

前面提过，《唐律》的一贯精神，乃刑以辅教，法以济礼，刑律系为完成礼教功能时所用的一种手段，而"礼教"的主要内涵是宗法伦理，即以三纲五常为核心的名教观念与道德准则，此或可说明《唐律》

中刑事思想的最高指导原则，亦为古代明刑弼教的典范遗意。

不过，必须一提的是，所谓《唐律》的"礼本刑用"，并非指律条的内容尽为身份伦理规范；当然，也不是所有的伦理规范都是律文的内容，只能说，儒家的纲常名教与伦理道德大量渗透到律条中去，甚至洋溢在《疏议》行间，使整部《唐律》律本文及《疏议》内容弥漫着"出礼入刑"的色彩。而礼的精神最基本的主干有二：一曰"异贵贱"，一曰"别尊卑"。反射到《唐律》，则集中表现为身份等差制和伦理家族制，二者犹如两根巨大的支柱，贯穿于《唐律》的始终，支撑着《唐律》的整个法律体系[1]。

6.3.1 罪刑因身份而异

《唐律》为了维持礼教的权威性，并为了尊重宗法人伦，对于破坏纲常名教的行为，认为难以原宥，所加的刑罚也较重。但如其行为与礼教无关者，往往又从轻认定，避免处以重刑。要言之，伦常礼教不但为立法精神的准绳，也是论罪科刑的依据。《唐律》的罪名与礼教的规范，形影相随。尤其，定刑因身份而异，同一犯罪事实行为，因等级贵贱而刑有轻重，兹列举显著者诸端：

（1）十恶

《名例》十恶条（总第6条）："一曰谋反、二曰谋大逆、三曰谋叛、四曰恶逆、五曰不道、六曰大不敬、七曰不孝、八曰不睦、九曰不义、十曰内乱。"

关于"十恶"的内容，《唐律疏议》做了详尽的规定和解释。

一曰谋反，"谓谋危社稷"，社稷在古代是国家和政权的代称。谋反就是指谋图危害君主和专制政权的行为。

二曰谋大逆，"谓谋毁宗庙、山陵及宫阙"，就是图谋毁坏皇帝宗庙、先帝陵墓及皇帝宫殿的行为。由于皇帝的庙堂、陵墓和堂殿是帝王

1　参阅刘俊文《唐律疏议笺解》，上册，第36页。

权威的象征，毁坏他们也就是直接或间接侵犯了皇权。

三曰谋叛，"谓谋背国从伪"，即图谋叛国投敌，主要指"谋背本朝，将投蕃国"的行为和意图。

四曰恶逆，"谓殴及谋杀祖父母、父母，杀叔伯父母、姑、兄姐、外祖父母、夫、夫之祖父母、父母者"，即严重侵犯尊长亲属人身的犯罪行为。

五曰不道，"谋杀一家非死罪三人及支解人、造畜蛊毒、厌魅"，即灭绝人道，无辜杀害一家非犯死罪者三人，或是杀人碎尸，用蛊毒厌魅手段欲置人于死地的行为。据说古代将许多毒虫放在器皿中，使之互相吞食，能生存下来的毒虫即为蛊，放入食物害人可使人昏狂失态；厌魅是假借鬼神符咒以图害人，被视为令人生畏的害人方法。

六曰大不敬，是指无视皇帝尊严及人身安全的各种言行。包括盗窃皇帝祭祀用品及皇帝衣物、盗窃或伪造皇帝及皇后的印、配制皇帝服用药物发生错误、为皇帝烹制饮食误犯食禁、为皇帝建造的车船不牢固、指责和恶毒攻讦皇帝、对皇帝派出的使臣"无人臣之礼"等。

七曰不孝，指对直系尊亲属的忤逆言行。包括控告或咒骂祖父母、父母；祖父母、父母在，子孙私自分析家产，自立门户；供养祖父母、父母不周，或不予赡养；为祖父母、父母服丧期间，擅自嫁娶作乐，脱去丧服改穿吉服；祖父母、父母死亡隐匿而不举哀；诈称祖父母、父母死亡。

八曰不睦，即侵害旁系尊亲属的行为。包括谋杀及卖缌麻以上亲；殴打、控告丈夫及丈夫的祖父母、伯叔父母、姑、从祖伯叔父母、舅姨和从父兄姐等。

九曰不义，指侵犯非血缘等级从属关系的犯罪行为。如杀本属府主、刺史、县令；学生杀害授业老师；吏卒杀本部五品以上官员；妻闻丈夫死亡，加以隐瞒，不举行哀悼，或于服丧期间寻欢作乐，脱去丧服改穿华丽衣服、改嫁等。

十曰内乱，指亲属相奸的乱伦行为。包括奸小功以上亲，如奸伯叔祖母、堂伯叔母、姑、姨、兄弟妻、堂姐妹等；强奸祖父、父之妾或与之通奸。

《唐律》以上述十种犯罪类型刑责最为重大，故称"十恶"。事实上，"十恶"的部分罪名，秦汉时期已经出现，《北齐律》首先成立了"重罪十条"，隋代《开皇律》正式使用"十恶"之名。《唐律·名例》因之，《唐六典》称："乃立十恶，以惩叛逆，禁淫乱，沮不孝，威不道。"《唐律疏议》中也说：

> 五刑之中，十恶尤切。亏损名教，毁裂冠冕，特标篇首，以为明诫。

"十恶"之所以为重罪，就是因为致使"名教"的运作有所亏损，且破坏了天子所代表的士大夫文明。细查"十恶"之中，谋反、谋大逆、谋叛与大不敬，系直接损及帝王人身、权力和尊严的行为，为维持"君臣之大义"，并为巩固权位，不得不严其罪刑，这是可以想见的。至若恶逆、不孝、不睦，则系卑亲属犯尊亲属，有违"人道之大伦"，所以被认为罪大恶极。不道与不义，或因其以卑鄙的手段犯罪，或因其行为犯上，有违"生人之大义"。而内乱，"若有禽兽其行，朋淫于家"，是"紊乱礼经"的严重犯罪行为，以此亦不能不论以重罚。

可以这么说，《唐律》之所以将以上十种类型列为最具谴责性的犯罪行为，究其根底，主要系违犯了"君为臣纲"、"父为子纲"、"夫为妻纲"等君权、父权和夫权等原则，以及与名分之教、人伦之教所不容的违反宗法伦理道德观念。因此，"十恶"是"常赦所不原"的重大犯罪，均处绞、斩或流等重刑，亦不得请议、收赎或减轻。例如：

①《贼盗》"谋反大逆条"（总248条）规定："诸谋反及大逆者，皆斩；父子年十六以上皆绞，十五以下及母女、妻妾、祖孙、兄弟、姊妹若部曲、资财、田宅并没官，男夫年八十及笃疾、妇人年六十及废疾者并免。伯叔父、兄弟之子皆流三千里，不限籍之同异。即虽谋反，词

理不能动众，威力不足率人者，亦皆斩；父子、母女、妻妾并流三千里，资财不在没限。其谋大逆者，绞。"甚至连"口陈欲反之言，心无真实之计，而无状可寻者"亦流二千里。

《疏议》解释反逆罪中的"谋反"罪之所以为"大恶"的原因，说道：

> 然王者居宸极之至尊，奉上天之宝命，同二仪之覆载，作兆庶之父母。为子为臣，惟忠惟孝。乃敢包藏凶慝，将起逆心，规反天常，悖逆人理，故曰谋反。

②同类犯罪，属"十恶"者处刑从重。例如子孙于祖父母、父母，情有不顺而殴者，即属"恶逆"，处斩。唯若子孙违犯教令，而祖父母、父母殴杀者，仅徒一年半。再如通奸罪，一般常人和奸，男女各徒一年半；有夫者，徒二年。妻、妾罪等。但如系子孙与父祖的妾通奸，则属"内乱"，处绞刑。

③不得享有减免刑罚的各项规定。《唐律》规定官僚贵族犯罪可分别享有议、请、减、赎、官当等各种礼遇，但"犯十恶者，不用此律"，虽遇大赦，"犹除名"。凡谋反、谋大逆、谋叛等罪，一律不得适用"同居相为隐"及"存留养亲"等减刑原则。

（2）八议

《名例》八议条（总第7条）："一曰议亲、二曰议故、三曰议贤、四曰议能、五曰议功、六曰议贵、七曰议勤、八曰议宾。"

唐代官人，享受特殊待遇最优者为八议之人，即与皇室有亲属关系或对于帝王权位的延续，具有直接或间接贡献者，此等之辈，一旦犯罪，只要不在"十恶"之列，均得享有"议、请、减、赎、当免"的特权。《疏议》上说：

> 周礼云：八辟丽邦法。今之八议，周之八辟也。礼云：刑不上

大夫。犯法则在八议，轻重不在刑书也。其应议之人，或分液天潢，或宿侍旒扆，或多才多艺，或立事立功，简在帝心，勋书王府。若犯死罪，议定奏裁，皆须取决宸衷，曹司不敢与夺。此谓重亲贤，敦故旧，尊宾贵，尚功能也。以此八议之人犯死罪，皆先奏请，议其所犯，故曰八议。

可见，《唐律》规定的八议极其详密，而《疏议》此处之所以引《周礼》，意在说明"八议"一语乃源自《周礼》的"八辟"。《周礼·秋官司寇·小司寇》所提的"八辟"，与《唐律》的"八议"完全相同，同样是指"亲""故""贤""能""功""贵""勤""宾"，凡具有此八种身份者，犯罪皆可以减免刑罚。由此得知《唐律》"八议"条的法源即《周礼》，对于《周礼》的文字也未作任何调整。此外，又本于《礼记·曲礼上》"刑不上大夫"的理念，论罪科刑伴随身份而异。

"八议"制度对于皇亲国戚和达官显贵的犯罪行为，可以"先请"，即奏请皇帝予以减免刑罚，并成为一种不成文法。"八议"入律始于曹魏，《唐六典》注文中说："八议自魏、晋、宋、齐、梁、后魏、北齐、后周及隋皆载于律。"《唐律》则在《名例》中作了十分明确的规定：

一曰议亲，"亲"指皇帝范围的亲属，即皇亲国戚。

二曰议故，"故"指皇帝的某些故旧，即长期侍奉或跟随皇帝的人。

三曰议贤，"贤"指朝廷认为"有大德行"的贤人君子，即在地主阶级中言行可为法则的知名人士。

四曰议能，"能"指"有大才能"，能整军旅、莅政事，为帝王之辅佐、人伦之师范者，即官吏中能治军安邦的杰出人物。

五曰议功，"功"指"有大功勋"者，即为国家立过卓越功勋的人。

六曰议贵，"贵"指职事官三品以上，散官二品以上及爵一品者，即大贵族和大官僚。

七曰议勤，"勤"指"有大勤劳"者，即为国家勤劳服务的人。

八曰议宾，"宾"指"承先代之后为国宾者"，即前朝皇帝的后代被尊为国宾的。

《唐律》规定："八议者犯死罪，皆条所坐及应议之状，先奏请议，议定奏裁；流罪以下减一等，其犯十恶者不在此限。"就是说：凡具有"八议"身份的人犯有死罪，任何官吏不能直接处理，只能开具犯罪事实，以及触犯刑法的条文，上奏皇帝，由皇帝交有关大臣集体讨论，然后由皇帝作出裁决。一般说来，凡属八议对象而犯死罪的，经议之后，都可得到减轻或赦免；如属于犯流罪以下，则一律依法律规定减一等处理。只有犯十恶者除外，即不在议减之列。宋、元、明、清律均沿唐制，唯在细节上稍有出入而已。

（3）宗法伦理犯罪

《礼记》中有一段记载哀公与孔子的对话，鲁哀公向孔子请教，说："大礼何如?"孔子答曰：

> 民之所由生，礼为大。非礼无以节事天地之神也，非礼无以辨君臣上下长幼之位也，非礼无以别男女、父子、兄弟之亲，婚姻疏数之交也。[1]

长幼亲疏有别，可说是礼的又一精神，而《唐律》乃将身份伦理作为主要的立法基础。除了上述中的"十恶"重罪系由宗法伦理而生，其他许多论罪科刑原则也依宗法伦理而定。例如：

①《户婚》"父母被囚禁嫁娶条"（总180条）："诸祖父母、父母被囚禁而嫁娶者，死罪，徒一年半；流罪，减一等；徒罪，杖一百。"祖父母、父母既被囚禁，固身囹圄，子孙嫁娶，此事亦为名教所不容，故应坐罪。

②《户婚》"同姓为婚条"（总182条）："诸同姓为婚者，各徒二

1　引自孙希旦《礼记集解》（台北：文史哲出版社，1982年10月），卷48，《哀公问第二十七》，第1152页。

年。缌麻以上，以奸论。"此之"同姓"系指"同宗共姓"。同姓不婚禁止的理由，主要有二：一为避免同姓不育，所谓"同姓不婚，惧不殖也"，"男女同姓，其生不蕃"，以防断嗣绝种，宗支不继。另一为附远厚别，即对外合二姓之好，对内重人伦之别，其中尤重伦理等差的考虑，认为同一血统的男女进行肉体交媾，是不吉不伦的；《唐律》似较强调第二个理由。

此外，在罪刑加减方面，亦随伦理身份而有不同，此即《疏议》中所谓"尊卑贵贱，等类不同；刑名轻重，灿然有别"。诸如：

③《斗讼》"殴詈祖父母父母条"（总329条）："诸詈祖父母、父母者，绞。殴者，斩。过失杀者，流三千里；伤者，徒三年。若子孙违犯教令，而祖父母、父母殴杀者，徒一年半；以刃杀者，徒二年。故杀者，各加一等。即嫡、继、慈、养杀者，又加一等。过失杀者，各勿论。"祖父母、父母至尊，子孙犯之者，处以极刑，詈已坐绞，殴者自皆斩。反之，若子孙违犯教令，祖父母、父母殴杀子孙只处徒刑。可见，同一犯罪类型的行为，卑幼犯尊长者加重，尊长犯卑幼者则减免。

④《斗讼》"殴缌麻兄姊等条"（总条327）："诸殴缌麻兄姊，杖一百。小功、大功，各递加一等。尊属者，又各加一等。"即弟殴兄姊的，处徒刑三年，反之，兄殴弟妹的，处徒刑二年半。

⑤《斗讼》"妻殴夫条"（总条326）及"殴伤妻妾条"（总条325）："诸妻殴夫，徒一年；若殴伤重者，加凡斗伤三等；死者，斩。""诸殴伤妻者，减凡人二等；死者，以凡人论。"夫犯妻与妻犯夫的悬殊待遇，亦系礼教立法下"夫为妻纲"的观念所使然。

6.3.2 据礼以释律之例

《唐律》不仅有许多律条系专为保障礼教而设，且常于律疏中引用礼经或礼教规则来诠释律文。故在《疏议》中常可见到"依礼"、"据礼"、"准礼"及"礼云"等用语，例如：

（1）《名例》"十恶条"

"四曰恶逆。谓殴及谋杀祖父母、父母，杀伯叔父母、姑、兄姊、外祖父母、夫、夫之祖父母、父母。"对于"夫"，《疏议》有如下的问答。问曰："外祖父母及夫，据礼有等数不同，具为分析。"答曰："……夫者，依礼有三月庙见、有未庙见，或就婚等三种之夫，并同夫法。其有克吉日及定婚夫等，唯不得违约改嫁，自余相犯，并同凡人。"[1]

依据律疏所言，新婚的女子与其丈夫的关系有三种：一是新妇入夫婿家，若众姑既殁者，则三个月后，夫婿带新妇入祖庙祭拜，犹旧姑犹存时。二是未满三月，尚未带新妇入庙祭祖者，则未为妇。三是由于婚嫁之双方住居遥远，轿迎新娘行列，从新娘家出发到达夫家，途中的一种状态，亦即"完成婚姻的过程或阶段"。虽然说在礼仪上，这三种丈夫与妻子的关系并不相同，但依法都具有夫妻关系。

"七曰不孝。谓告言、诅詈祖父母父母，及祖父母父母在，别籍、异财，若供养有阙；居父母丧，身自嫁娶，若作乐，释服从吉；闻祖父母、父母丧，匿不举哀；诈称祖父母父母死。"善事父母曰孝，既有违犯，是名"不孝"。其中关于《职制》中的"闻祖父母、父母丧，匿不举哀。"《疏议》中说："依礼：'闻亲丧，以哭答使者，尽哀而问故。'父母之丧，创巨尤切，闻即崩殒，擗踊号天。今乃匿不举哀，或拣择时日者，皆入'不孝'。"因此，援引《礼记·奔丧》之礼来说明听闻亲丧之时，据礼所应表达的哀痛。

又如"不孝"条中的"若供养有阙条"《疏议》引"礼"云："孝子之养亲也，乐其心，不违其志，以其饮食而忠养之。"其有堪供而阙者，祖父母、父母告乃坐。

1　《礼仪·士昏礼》，《礼记·曾子问》，孔子曰："嫁女之家，三夜不息烛，思相离也。娶妇之家，三日不举乐，思嗣亲也。三月而庙见，称来妇也。择日而祭于祢，成妇之义也。曾子问曰：女为庙见而死，则如之何？孔子曰：不迁于祖，不祔于皇姑，婿不杖、不菲、不次，归葬于女氏之党，示未成妇也。曾子问曰："娶女，有吉日而女死，如之何？"孔子曰："婿齐衰而吊，既葬而除。夫死亦如之。"至于"就婚"，有认为系指入赘婚者。详参孙希旦《礼记集解》，第473—475页。

（2）《户婚》"许嫁女辄悔条"

"诸许嫁女，已报婚书及有私约而辄悔者，杖六十。虽无许婚之书，但受娉财，亦是。"其中关于"已受娉财"，《疏议》说："婚礼先以娉财为信，故《礼记·内则》云：'娉则为妻'。虽无许婚之书，但受娉财亦是。娉财无多少之限，即受一尺以上，并不得悔。"

男女的夫妻关系在传统法制言，并不是以婚礼为缔结之始，而是在男方下聘就已成立，所以，女方若在下聘之后悔婚，即属违律。这种认定方式从《礼记》时代即已开始，唐代据此观点而纳入律文。

（3）《名例》"老小废疾条"

"诸年七十以上、十五以下及废疾，犯流罪以下，收赎。"《疏议》曰："依周礼：'年七十以上及未龀者，并不为奴。'今律：年七十以上、七十九以下，十五以下，十一以上及废疾，为矜老小及疾，故流罪以下收赎。"又同条中之律疏问答。问曰："既称伤人收赎，即似不伤者无罪。若有……殴己父母不伤，若为科断？"答曰："其殴父母，虽小及疾可矜，敢殴者乃为'恶逆'，或愚痴而犯，或情恶故为，于律虽得勿论，准礼仍为不孝。老小重疾，上请听裁。"

《唐律》对于老、小、疾人犯罪虽设免负刑责或减轻刑责的规定，此或出于爱幼养老及恻隐观念的刑事政策，但若发生殴父母情事，依礼仍属"不孝"，而须特别上请。

（4）《职制》"匿父母及夫等丧条"

问曰："居期丧作乐及遣人作，律条无文，合得何罪？"答曰：《礼》云："大功将至，辟琴瑟。"郑注云："亦所以助哀。"又云："小功至，不绝乐。"《丧服》云："古者有死于宫中者，即三月为之不举乐。"况乎身服期功，心忘宁戚，或遣人作乐，或自奏管弦，既玷大猷，须加惩诫，律虽无文，不合无罪。从不应为之坐，期丧从重，杖八十；大功以下从轻，笞四十。缌麻、卑幼，不可重于释服之罪。"

律疏的问答是在讨论居丧期间忘哀作乐的问题，《疏议》首先引《礼记·杂记》为据，闻大功以上亲人丧，心情哀恸，当然不能忘哀作乐。汉儒郑玄认为如此可以增加哀戚的气氛。但小功以下的亲人丧则不加禁止，以其服轻也。

6.3.3 不应得为条的运用

《唐律·杂律》"不应得为条"（总450条）规定：

> 诸不应得为而为之者，笞四十。谓律、令无条，理不可为者。事理重者，杖八十。
>
> 《疏议》曰：杂犯轻罪，触类弘多，金科玉条，包罗难尽。其有在律在令无有正条，若不轻重相明，无文可以比附。临时处断，量情为罪，庶补遗阙，故立此条。情轻者，笞四十；事理重者，杖八十。

"不应得为罪"是传统中国刑律中一条抽象概括性的罪名，其含义系指"律""令"虽无专条禁止，但据"理"不可为的行为。此类行为，包罗万象，难以概举，要之，皆属违反当时代"礼"与"理"的社会价值观念者。也就是说，一切违背伦理义务的反道义行为，或违反基本生活秩序的举止，若不能运用"轻重相举条"，又毫无"比附"之余地时，为落实情罪平允的实质正义理念，皆可归入"不应得为"而援引此条予以科罚。

前面提到，《唐律》立法的指导思想是以"德礼"为正轨，而以"刑罚"为助力，律条不过为贯彻礼教的辅助而已。从法文化思想的渊源看，《唐律》的刑罚基础，哲学上固可托于"天人感通"之道，而实际应用于法制者，乃具体的伦常关系；此于律书常引经证律或阐述律意，可见一斑。至于《唐律》为保障礼教之落实而设立的罪名，更是拈掇皆见。尤其，为避免法律漏洞及保持解释的弹性，又特别制定了"不应得为条"，其用心也深！

"不应得为条"形式上列在《杂律》篇之末，属于所谓的"正条"，唯其内容则大异其他正条之趣。不禁想问：立法理论根据何在？律令无明确规定犯罪的构成要件，其"应"与"不应"的判定界限究竟应落在哪？违反事理"情轻"与"理重"的基准又在哪？此举能否免于皇朝王政的考虑，而终将落入礼教纲纪的恢恢巨网之中？

其实，观乎中外古今的法律发展历史，任何一个法律体系的建立、任何一部法典的制定，乃至抽离的单一条文的设计，概念上或多或少、或显或隐的都具有"法律的目的"义涵。问题是，现实生活上，法条有限，人事无穷，想要用有限的法条，来规范无穷的人事，法律在本质上即显露其规范机能的"不完整性"；另一方面，或因立法技术上的困难，或缘于立法政策上的考虑，也或由于社会情势变迁等理由，欲求完整、清晰、逻辑严密并具有预见性、前瞻性的法典，实际上也是不太可能的。

就在这种因缘下，"不应得为"罪条的设计乃应运而生，从律典编纂体例及实际的运作面看，《唐律》以"律""令""格""式"，并夹以"制""敕""例"等为审判法源，又辅以"轻重相举""比附援引"等方法，已显乎其谨慎之至。而在《杂律》篇末更曾以"不应得为条"著为律用，其益加周密"庶补遗阙"的立法企图，是相当明显。如果说，本条是整部《唐律》有关罪与罚的灵魂原则，也不为过！

唯必须一提者，《唐律》"不应得为条"之设，目的原仅在适用于"杂犯轻罪"的案件，于重罪巨案无涉，范围已受限制。换言之，在律令无条，比较重的犯罪要以"比附"来论罪，至于诸多情节较轻微的，但有悖情理、事理而应罚时，始得援引"不应得为条"，而其适用时机当随法制的是否完备而消长。又决罚但分两等，为笞四十或杖八十，其纵有侵害生活上的各种利益，也应非严重的违法行为[1]。

1　详参黄源盛《唐律不应得为罪的当代思考》，载于《法制史研究》（台北：中国法制史学会、"中研院"历史语言研究所主编，2004年6月），第5期，第1—59页。该文嗣收于氏著《汉唐法制与儒家传统》（台北：元照出版社，2009年3月），第213—260页。

6.4 唐律礼本刑用观评述

无论古今，立法定制的背后通常隐藏着有所谓"上位规范义务"，其间上下位规范的冲突及矛盾，到底应该如何调整？讲具体些，法律与伦理道德之间的分合界限究该如何对待？这是法学命题上典型的千古难题之一。

6.4.1 道德·礼与刑的纠葛

理论上，法律与伦理道德之间的构造关系，是以高度复杂的方式互相牵连，彼此互有影响，若以两个圆分别代表法律及伦理道德，则两者间的关系，可以简单地分成三种型态：

（1）两圆重叠，即意味着法律与伦理道德两者之范围完全一致。

（2）两圆部分相交集，即法律与伦理道德间只有部分的规范内容相同，此一分类又因交集部分的大小，得分为：

①法律的第一个圈较小，代表法律是最低限度的道德，法律仍有部分是与道德无关者。

②法律的第二个圈较大，以刑法言，交集的部分即"自然犯"，如强盗、杀人等；其余的部分即"法定犯"，是不含道德因素的犯罪，如行政法所处罚的对象。

③法律的第三个圈更大，道德的第三个圈更小，即法律内容愈大，与道德交集愈小。

（3）两圆完全分离，此乃认为法律与伦理道德并无相通之处，各有其独立的规范领域。以图示之：

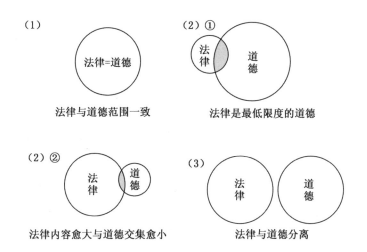

（1）法律＝道德
法律与道德范围一致

（2）① 法律 道德
法律是最低限度的道德

（2）② 法律 道德
法律内容愈大与道德交集愈小

（3）法律 道德
法律与道德分离

　　此外，有以为，法律是道德的一部分，且是最低限度的道德，如下图（一）所示。也有认为，法律与道德相邻接，法律的底层最接近道德，是为维持社会秩序所必要而强行的最小限度的社会生活规范；愈往中上层部分，法律中的道德成分趋淡，到了最顶层部位，甚至是所谓"无道德色彩的法规范领域"，如下图（二）所示。另有主张，法律与道德本是"同气连枝"，都是植基于事物的当然道理、事物的本性使然而来；以一棵树木为例，一干而多分，同气而异息，两者都出自"人伦的客观道理"的土壤之中，而最接近土壤的主干部位，是道德色彩较浓烈的法律规范领域，愈往上层的枝叶部位，则法律与道德的关连色彩渐次分离，终至毫无关系，如下图（三）所示。

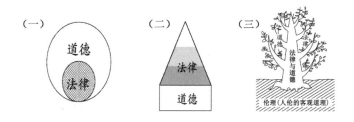

（一）道德 法律

（二）法律 道德

（三）法律与道德 伦理（人伦的客观道理）

　　其实，不论何种分类法，伦理道德与法律规范内涵之间，确实有很多相同的因子，这可以从法律的历史发展过程找到一些线索，特别是刑法。众所公认，刑法乃最低限度的道德规范，较诸其他法律，刑法与伦理道德实在具有较密切的关系，因为刑罚规范无法脱离社会现实，也无法抛开人伦的客观道理而不论，因此，为数不少的"应为"或"不应为"内容是源自道德规范的要求。但"实定法"与"道德法"两者间的性质与目的毕竟不完全一致，表现在规范的要求上，也未必相同；简单点说，"道德法"追求至善，其存在具有恒定性；而"实定法"讲求实效，常受到时空环境与价值观的转变而迁移。

　　从当代看来，法律与伦理道德乃至礼教间仍有其相通之处，因为法律、伦理道德与礼教具有共同出发点——"求善"，即企图塑造一个良好的社会秩序；但此相通处并非在枝节处，而在根干部。盖社会越进步，文化越发达，法律思想形成也越趋多元，当然，对法律规范的需求也越多，但此法律规范，并不完全以道德责任作为立法基础；换言之，随着社会的高度发展，有些原以道德义务为法律规范者，随着社会的演进或道德观的更易，必须从法律中加以剔除；这在在显示今日法律与伦理道德、礼教间的关系，不再像过去那般的紧密，但这并非法律否定伦理道德、礼教的存在价值，而是据守具有法律规范价值者，才以法律定之的原则。事实上，不论今古，道德仍存有为人"内在规范"的价值，毕竟法律所规范者，仅是具有为法律的必要者，无法担当一切行为的完全规范[1]。

　　在中国法史上，西周以来即标榜所谓的"以德配天"、"明德慎罚"。自汉以降，儒生也不断鼓吹制律必须本于礼的主张，而逐渐落实。例如董仲舒对策时就提出教化论，而有所谓"任德教而不任刑"、"节民以礼，故其刑罚甚轻而禁不犯者，教化行而习俗美也"[2]。在此前提下，《礼记·缁衣》上孔子所说的："夫民教之以德，齐之以礼，则

1　参阅 A. P. d'Entreves 著、李日章译《自然法》(台北：联经出版社，1992 年)，第 85 页。
2　见《汉书·董仲舒传》。另详参高明士《从律令制的演变看唐宋间的变革》，《台大历史学报》(台北：台湾大学历史学系出版，2003 年 12 月)，第 32 期，2003 年 12 月，第 1—32 页。

民有格心。教之以政，齐之以刑，则民有遁心。"在《论语·为政》，孔子也说："道之以政，齐之以刑，民免而无耻。道之以德，齐之以礼，有耻且格。"此番政法哲学原理，乃成为政教的圭臬。东晋初，李充好刑名之学，深抑虚浮之士，尝著《学箴》，曰：

> 先王以道德之不行，故以仁义化之；行仁义之不笃，故以礼律检之。[1]

此即以礼律来实现仁义之政，至隋初制定刑律时，进而确立以"礼主刑辅"原则来定律，《隋书·刑法志》序说：

> （圣王莫不）仁恩以为情性，礼义以为纲纪，养化以为本，明刑以为助。

这是提示《唐律》及其律疏内容，系以礼本刑用原则来编纂，即此所谓的"礼教立法"。从长远宏观的角度看，《唐律》"礼本刑用"的立法原则，实是自汉以来的一大突破，也是隋唐律与汉、晋律较为不同之处。观其立法目的，可以说是制律或注律诸臣，想要突显礼在律中的作用，而以更贴近儒家的主张来显现其内涵，虽然在现实上仍无法摆脱君权至高无上的威势，但其用心良苦，概可想见。

总的说来，战国时代至秦汉时期，是由礼刑二分走向礼刑合一，同时由于成文法典的发达，而使礼刑思想融入律令，此时之令为律的追加法。西晋以后，由于士族门阀势盛，施政以及订定法制，走向儒家化，于是令成为规定制度，不带罚则，乃与律二分；律、令、礼三者间的关系，成为纳礼入律、入令，违礼、违令由律处罚，直至隋唐，法典体系大备，乃形成独具一格的中华法律文明。徐道邻（1906—1973）在《唐律通论》书中曾说：

1　见《晋书》，卷92，《李充传》。

　　吾人于今日读唐律，其最使吾人值思者，即其以礼教为中心之法律观是也。……说者或谓宋元明清之所以采用唐律者，皆为其一准于礼之故，其说允否，姑不具论；然唐律之可以为礼教法律论之典型，则固可得而言也。盖不独三宥、八议、十恶之制、大祀不正寝、子孙别籍、亲丧生子、同姓为婚之罚，皆渊源于礼制。而律疏解律，则往往直取证于礼经矣。[1]

或许可以这么说，所谓"礼"，是介于道德与法律之间而为其桥梁，一边按于道德，另一边嵌入法律，以礼为进入以道德为实施法律的日标，亦使法律透过礼而获得道德之门，使道德透过礼而获得法律的支持，不至于流于空疏无补。同时由于受到道德的滋润，法律不致陷于刻薄寡恩。关于法律、道德与礼的关系，可用下列简表加以说明：

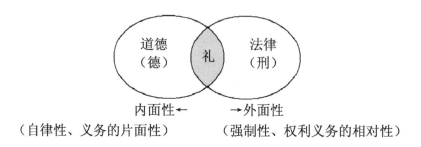

不过，"礼"者，有所谓丧、祭等集中反映当时社会结构、各项制度和观念形态等之"礼之仪"（即礼之数）；也有强调诸礼的精神实质和用礼之目的的所谓"礼之义"。而"礼之仪"的内涵也有广有狭。自其广义言，礼与法几同其领域；自其狭义言，礼仅限于冠婚丧祭宴会及其他交接的仪式；而嵌入法律的礼，则为广义的礼之中而为维持社会秩序所不可或缺的部分。

1　引自徐道邻《唐律通论》（台北：台湾"中华书局"，1958年），第32页。

以这种观点论《唐律》，可以说，唐代当时的社会秩序，系建筑在五伦常理的基础之上，所以，这一部分的礼，就是维护五伦秩序的基本条款；凡违反者，刑必罚之；法之所禁，必皆礼之所不容；而礼之所允，刑必无涉，这就是所谓的"出礼入刑"，而为礼本刑用的关键。也可以这么说，《唐律》的立法精神，就静态的纯粹面观之，虽仍有"礼"与"刑"两种不同形式的社会生活规范。但就动态的实践面言之，礼是刑的精神真谛，刑以礼为指导原则，刑又以强制手段维护礼的尊严，"刑"是牢牢地受"礼"的规准。因此，如果说《唐律》的立法根基为"礼本刑用"的型态，自有其道理在。

6.4.2 积极面与再反思

综上所说，《唐律》不仅风华绝代，其礼本刑用观，影响极为深远，几乎穿透了唐以后的整个旧律时期，尤其，宋明理学取代汉唐儒学而居主流地位后，伦常礼教的意识形态更是获得前所未有的深化；其为功为过，虽见仁见智，而它所具的历史意义却是值得认真思量。就积极面来说，约如下述：

其一，《唐律》的礼本刑用，系将基本的道德规范，订为礼制，礼制中最基本的事项，又于刑律中系以罚则，凡违反之者，科以刑罚。论者有谓：

> 这样的道德规范，既甚为明确，而罚则复有鞭策的威力，人民行为自必循一定的轨道，而趋向于良善，而所谓纳民轨物，就是这种意思。这种法律的作用是积极的，亦即以刑法制裁为手段，达到德礼实践的目的。礼与刑相辅而行，相得而益彰，比起空空洞洞的提倡道德，恐怕有效多了。[1]

---

[1]　参阅林咏荣《礼刑合一的作用及其评价》，收于《中西法律思想论集》（台北：汉林出版社，1984 年），第 209 页以下。

这种说法主要筑基于礼是道德的基本规范，其范围较之道德为狭，且礼著之于文，至少比道德具体而明确些。特别是，礼与刑相辅，凡出礼者入于刑，使民知所趋避，以礼移民心于隐微，以刑彰善恶于明显。于是基本的道德，因外在的压力，易于实践，而法律的作用也变得较积极些。

其二，传统中国社会，五伦秩序的建立，系以家为起点，而《唐律》是以维护伦常为重心，尤其对家的组织以及家属与家属的关系，都有具体的规定。这种家族主义自其好的一面来说，家的秩序因之而整齐，推而及于国乃至天下，亦无不整齐。家的组织健全，社会问题也就相对减少，国法秩序也因之得以获得维系。

其三，伦常道德是传统中国礼教的泉源，违反礼教之行，刑罚便根据道德对于犯罪而施予应报。《荀子·王制篇》曾说：“听政之大分，以善至者待之以礼，以不善至者待之以刑。两者分别，则贤、不肖不杂，是非不乱。贤、不肖不杂则英杰至，是非不乱则国家治。”这可能间接影响到《唐律》的立法宗旨，以“德礼为政教之本，刑罚为政教之用”。礼是禁于将然之前，刑则施于已然之后，前者之作用在于预防，导民向善，具有积极性与辅导性。后者的作用在于惩戒，禁人为非，具有消极性与治疗性。若抛开礼而专任刑罚，不免流于消极苛刻的一面。以保健言，应该是预防重于治疗，所以《唐律》的礼刑相辅，从这个角度看，有其合理性。

要问的是，传统的礼教法律制度，何以能实行于中国社会达两千余年而无遭遇重大障碍？或谓：

> 在过去，礼统摄整个社会生活，而构成社会实际的行为规范。由于以礼制法极为成功，自西汉以至逊清，历朝法典均以礼教为依归。立法行法，要在维持并促进礼教，法的规则与礼的教条二者关

系，二千年来可说是天衣无缝。[1]

我也认为，一个国家所制定的实定法，必有其立法的理想，也要有其行法效果实际的考虑。否则，法律的实效性是堪虑的，盖以礼为内涵，以法为外貌；以礼彰显恤民的仁政，以法渲染人间的正义；以礼行法，减少推行法律的阻力；以法明礼，使礼具有凛人的权威。这一点，很可以借上述《唐律》的礼本刑用观的礼法关系来加以说明。这也难怪清季名儒纪昀（1724—1805）在编纂《四库全书总目·唐律疏议提要》时要说：

> 论者谓唐律一准乎礼以为出入，得古今之平，故宋世多采用之。元时断狱，亦每引为据。明洪武初，命儒臣同刑官进讲唐律。后命刘惟谦等详定明律，其篇目一准于唐。[2]

当然，礼刑合一，如其重点不仅在于强调礼的内容，而在于揉合礼与刑相辅的方式，并透过这种方式来突显伦常规范与道德规范，其思想仍具有现代意义。盖近世以来，世界法学思潮对于权利主义及个人本位的过度膨胀，又不得不再回头省思法律与伦理道德究该如何结合及调适的问题，从东西方法律与伦理道德的分合演进看来，《唐律》关于礼本刑用的功能，实也有其深刻的时代意义在。不过，若以今日的眼光来看，《唐律》礼本刑用观的特征反而提供我们几个再省思的据点：

其一，强迫性道德体制的形成。《唐律》的礼教法律观所给予刑法者，可以说，不是道德理由，而是实效的考虑。申言之，刑法的存在乃基于现实的需要及基于全体利益的考虑而产生的。说得更清楚些，《唐律》的礼教法律制度，其形式乃受"阴阳儒家"的影响有以致之。将

---

1 参阅马汉宝《法律道德与中国社会的变迁》，收于《中国法学论著选集》（台北：汉林出版社，1976 年），第 40 页以下。

2 参阅永瑢、纪昀等撰《钦定四库全书总目》，史部，政书类二，《唐律疏议提要》，卷八二，收在《景印文渊阁四库全书》1—5（台北：台湾"商务印书馆"，1983 年）。

伦理道德与刑罚制裁两极化为施政的正反两面，伦常礼教立为行为的准则，法律则赋予惩罚违犯者的权力。论者曾评道：

> 道德与法律如此结合，结果形成一种强迫之道德体制，个人之自由权利几乎无能在此一体制下伸张发展。因之，不论唐律有多优异，但均限于当时深中人心的阴阳儒家，宇宙开创论的架框里。[1]

当然，礼本刑用观乃经由他律的权威机构而强迫施行的社会伦理规制，此一结合与纯乎儒家视人为自律自主之道德主体的理想，并不吻合。而实施此一制度的结果，礼束缚人心的效用大，培养自主的道德人格少，礼的发展因而僵化；所以说，礼本刑用制纵非乏善可陈，但仍暴露其缺陷。

综观帝制中国，自汉代专制王权建立以来，立法制礼的实际权力操于帝王之手，而其用心，无非在使人民效忠君王，维持政权于不坠。因此，《唐律》对于皇室的保障规定最为详密；对于王权的禁忌，也规定得非常严厉，显现神圣不可侵犯的权威。盖礼即以严上下之分，重天泽之辨，序尊卑之别为目的。罪即以"十恶"为首，尤以治谋反、谋大逆、谋叛之罪为最重。二千多年来的中国法制历史，"礼"的势力要比"法"的势力大得多。有人曾说："中国人固然成就了礼义大国，但道德自主的创造力就相对的萎缩了；这可以说是中国近百年来现代化途中迭遭挫折的一个主要原因。"[2] 是耶？非耶？

其二，重视家族伦理，缺乏独立的个人观念。《唐律》显著特性之一，在于它为义务本位而非权利本位制度。虽然就逻辑言，权利与义务是相对的，不过，《唐律》无疑是偏重义务，由于偏重义务，法律就无法脱离伦理道德而独立。因此，造成《唐律》在性质上偏属于社会防

1　参阅吴经熊《古中国与现代中国政治法律传统中个人之地位》，收于《中国人的心灵——中国哲学与文化要义》（台北：联经出版社，1984 年），第 331 页以下。

2　参阅张瑞穗《仁与礼——道德自主与社会制约》，收于《天道与人道》（台北：联经出版社，1982 年），第 165 页。

卫的制裁机能，而欠缺个人法益的保护观念；也为此，刑事犯罪与民事不法的界限并不清楚，即使违约与债务不履行等，在今日看来是纯粹民事的问题，也要受刑事的制裁。例如《杂律》"负债违契不偿条"（总398条）规定："诸负债违契不偿，一匹以上，违二十日笞二十；二十日加一等，罪止杖六十。三十匹，加二等；百匹，又加三等。各令备偿。"违约就是无仪，无仪就是违反"朋友有仪"之礼的规定。

其次，另出现一个明显的现象，在礼教法律制度下，个人并不是独立的个体，血统以及婚姻为个人创造了一面"人伦之网"，将他或她网在其中，动弹不得。也由于重视家族主义与男权为中心，个人在家庭中有重重的牵制，男女两性在法律地位上，毫无平等可言。

【问题思考】

1. 论者或谓《唐律》为"礼教的法律"，又谓"法律与道德混同"、"家族重于个人"，凡此持论，其根据何在？

2. 《唐律》中有哪些条文规范，于当今看来仍有其时代价值而足可取法者？试举实例以证。

3. 中华法系的法典代表作《唐律》，对古代亚洲各国的法律有何深远影响？试详举实例以对。

4. 传统中国有实践过"罪刑法定"吗？理由何在？试以下列《唐律》中三个律条为例，详加论述：

  1)《唐律·断狱》："诸断罪皆须具引律、令、格、式正文，违者，笞三十。若数事共条，止引所犯者，听。"

  2)《唐律·名例》："诸断罪而无正条，其应出罪者，则举重以明轻；其应入罪者，则举轻以明重。"

  3)《唐律·杂律》："诸不应得为而为之者，笞四十；事理重者，杖八十。"

【参考文献】

1. 戴炎辉著，戴东雄、黄源盛校订：《唐律通论》（台北：元照出版社，2010 年 1 月）。

2. 刘俊文：《唐律疏议笺解》（北京：中华书局，1996 年 6 月）。

3. 高明士：《律令法与天下法》（台北：五南出版社，2012 年 5 月）。

4. 黄源盛：《唐律中的不应得为罪》，收于氏著《汉唐法制与儒家传统》（台北：元照出版社，2009 年 3 月），第 213—259 页。

5. 黄源盛：《唐律轻重相举条的法理及其运用》，收于氏著《汉唐法制与儒家传统》（台北：元照出版社，2009 年 3 月），第 299—334 页。

7

宋元时代的法律文化

陈桥兵变，黄袍加身，公元 960 年，赵匡胤（927—976）坐上了宋朝开国皇帝的宝座。有鉴于五代以来军人拥立之风，赵氏乃采"强干弱枝"的高度中央集权策略，在一次酒筵上，解除了石守信等禁军将领的兵权，确立了"重文轻武"的方针，以及禁止外戚、宦官、后宫干政，不杀言事士大夫等"家法"。他还逐步并灭割据势力，终结了唐末五代以来的长期纷乱，一统四海堂堂之业。

何以两宋一个积贫积弱的王朝，竟可以维持三百二十年的国祚（960—1279）？是否与法制面有关？又有认为，自宋代以降，中华法系开始进入停滞衰落期，是否果真如此？值得探讨。

13 世纪初，游牧的蒙古民族在漠北草原上迅速崛起，1206 年，成吉思汗在斡难河源举行的忽里台大会上，正式称"汗"，建大蒙古国。随后的五六十年间，成吉思汗及其子孙，统率蒙古铁骑驰骋于欧亚大陆，横扫了当时这块广大土地上的西夏、金、大理、吐蕃等各个政权，兵锋所至，无不披靡。1234 年，征服金朝；1271 年，成吉思汗的孙子忽必烈进击南宋，节节取胜，于燕京，宣布建立大元朝。1276 年，元军大兵直指临安城下，南宋恭帝上表请降；三年后，南宋的残余势力败退至南海广东，右丞相文天祥被俘，左丞相陆秀夫在后有追兵，前是大海的绝境下，负幼帝昺蹈海殉国，历史写下了悲壮的一幕，元朝君临了中国，建立了世界性的大帝国（1271—1368）。

有元一代，以一个文化后进的游牧民族，究竟如何统治具有高度文明的中国？其法文化的状况为何？令人好奇。

7.1 宋代的立法与司法

赵匡胤结束了五代十国的分裂局面，建立了统一的赵宋王朝。在中央集权体制下，虽仍维持三省制，实则以中书省为主，宰相无法干预军事，实际上由枢密院掌管，财政则由三司史负责，谏院与御史台又可弹劾执政，相权大为削弱，仅奉皇帝旨意行事。及至南宋后期，丞相兼枢密成为永制，军政又告合一。

北宋开国之初，赵匡胤相当重视法制，立法方面诸多建树；他首先想到的当然是唐制，宋初执法断案皆用唐之律、令、格、式。同时，宋朝既然是接受后周的"禅让"而立国，所以对五代的"刑统"、"编敕"也都予以参用。

7.1.1 《宋刑统》的制定

宋代建国伊始，为了巩固政权的一统，划整国家的律令，赵匡胤于建隆三年（962），命工部尚书判大理寺窦仪（914—966）等人修订刑律。窦仪是前朝元老，对于修律自是在行，乃在《唐律疏议》和后周《显德刑统》的基础上[1]，略加编排，次年八月，纂成《建隆重详定刑统》一书，简称《宋刑统》。所谓"刑统"，是"刑律统类"的省称，即"刑名之要，尽统于兹"之意。《宋刑统》修成后，即诏令模印颁

---

1 《显德刑统》又称《大周刑统》，五代后周的法律汇编，周世宗柴荣显德四年（957），因当时律令文辞古质难懂，且格敕条目繁多，执法之吏不便掌握，致使弊端丛生，故命侍御史知杂事张湜等人修订刑律，次年完成，凡二十一卷。

行，成为中国第一部镂版印刷的成文法典，是宋朝的基本法典。

7.1.1.1《宋刑统》与《唐律》的比较

《宋刑统》凡三十卷，包括律十二编，五〇二条；疏、令、格、式一百七十七条；起请条三十二条。

《宋刑统》和《唐律》两相对照，除了少数几处有所变动外，整体而言，可说是《唐律》的翻版。律十二篇，篇名与《唐律》完全相同，即名例、卫禁、职制、户婚、厩库、擅兴、贼盗、斗讼、诈伪、杂律、捕亡、断狱。律文五〇二条也几乎承袭《唐律》而来，长孙无忌等人所撰的《疏议》也一概照录，仅在文字上稍加更动而已。但毕竟时移势异，从体例和内容上看，两者仍有其相异之处，举要说明如下：

（1）在法典的命名上，自战国商鞅相秦，改李悝的《法经》为秦律后，秦汉至隋唐的刑法典都称为"律"，宋则沿用后周《显德刑统》之名，改称为"刑统"，这是中国立法史上法典命名的又一次变革。

（2）在编纂体例上，《宋刑统》有两个主要变化：其一，为了顺应时势的变迁，将律、敕、令、格、式加以系统审编，即在沿用《唐律》的同时，另将适用于时的有关刑事规范的敕、令、格、式，按《唐律》的疏议、注、问答分类编附于后，与律本文具有同等法律效力，使之成为一部综合性的刑事法典。其二，《唐律》十二篇五〇二条系逐条为目，不分门类，而《宋刑统》则按律文性质，于各篇之下，分门立目，计二一三门，分门别类归纳，条理清晰，便于检索。

（3）在刑制上，自隋唐确立刑罚的体系为"五刑"后，宋承唐制，刑罚的法定刑种类也分为笞、杖、徒、流、死五级二十等[1]。不过，《宋刑统》虽沿用五刑体系，但除死刑外，另创设了一种用"决杖"代替笞、杖、徒、流四种刑罚的方法，作为常用刑的代用刑，史称"折杖法"，亦即执法时"用常行杖"。

（4）在律典内容上，《宋刑统》表面上继受自《唐律》，实际上，

---

[1]　笞刑分笞十至五十共五等，杖刑分杖六十至一百共五等，徒刑分一年至三年共五等，流刑分流二千里至三千里共三等，死刑分绞、斩两等，凡二十等。

因时制宜而有所调整。以"强盗罪"为例，律文虽照录《唐律·卫禁》的文字，但却引宋太祖的"敕"，规定只要携带凶器强盗，不问是否得财，一律处死，处罚较律文为重。又在《名例》中增"一部律内余条准此条"一门，共有四十四条。另外，在《户婚》中增"户绝资产""死商钱物""典卖指当论竞物业""婚田入务"等四门，此为《唐律》所无。

（5）对《疏议》的内容略生损益，《宋刑统》律文之后，附有《唐律》的《疏议》。据王应麟《困学纪闻》说："'律疏'与'刑统'不同，疏依律生文，'刑统'参用后敕，虽引'疏议'，颇增损。"[1] 如《名例》的"杂条"门中，所附《疏议》各分节之末，有二十二则冠以"议"字者，都是增加了《疏议》的内容，在其他二一二门中并无所见。

7.1.1.2 编敕

在中国法典编纂史上，大量编集皇帝的诏敕，直接制定成法规范文件，对常法和成制加以修正和补充的"编敕"立法活动，是中华法系的一大特点，其中，又以宋代最具典型。《宋史·刑法志》说："宋法制因唐律、令、格、式，而随时损益则有编敕，一司、一路、一州、一县又别有敕。"亦即，宋承唐制，但为因应社会情势的变化，改用随时编发和删定"编敕"的方式来加以应对。

何谓"编敕"？简言之，即编辑诏敕制成的法规。按唐朝的制度，皇帝发布的政令所用的公文形式有不同的规定，"制"和"诏"用于重大典礼和国务活动，"册"用于封赏，"敕"用于下达处理日常政务。敕又分为发日敕、敕旨、论事敕书、敕牒四种，其中发日敕（按日发布的敕书）就可用以"处流以上罪"，与刑法有关。宋继受唐之制，敕书应用极为广泛，经常使用敕书来处断案件，敕遂逐渐成为一种重要的法规范。由于发布频繁，时间一长，前后就可能有所抵触，有必要汇编

---

1 参阅（宋）王应麟撰、翁元圻注《翁注困学纪闻》（台北："中华书局"，1966年），卷15，《考史》。

整理，削删过时的，保留适于时用的，这就是所谓的"编敕"。

至于"编敕"和"散敕"的区别，在于后者是一事一例的判决先例，而前者是将后者中具有普遍意义的原则提升为通行的法律条文，编敕不再只是具体案件的判例。

根据《宋史·刑法志》的记载，一般认为在宋初是"律敕并行"，至神宗时，锐意变法，在经济、政治、军事等方面进行大幅度的改革，而其因革之妙，尤重法禁，乃在法制面作了重大的变革。朝廷宣布"凡律所不载者，一断以敕"，改"律令格式"为"敕令格式"。

比较有争议的是，"敕"是否从此完全取代了"律"的地位，而形成所谓"以敕代律"的局面？学界看法不一。揆诸实际，《宋刑统》还是宋朝的基本法规范，享有至高的地位，颁行以来虽屡经修订，且不乏修改之处，但终宋之世，它依旧是宋代通行的法典，并未失其法律体系上应有的地位，敕仅优于律而优先适用而已。申言之，宋代虽大量编敕，对律进行补充修改，敕律并行不悖，但就法规范形式言，律并未被敕所取代[1]。所谓"以敕代律"，不是敕完全取代律，而是律所不载者方用敕。从实务运作面考察，《刑统》在有宋一代也始终保持应有的法律效力，在审断案件时加以援引；例如南宋著名法医学著作《洗冤集录》[2] 中，就有多则援引《刑统》的案例。

7.1.1.3 刑统以外的规范

前面所提及的《刑统》和"编敕"，主要是刑事法规范，这是固有法的格局。但是，除刑事规范以外，仍有其他法规范的并存。《宋史·艺文志》中就有农田敕、司农寺敕、水部条、盘敕令赏格、贡举敕、国子监敕令格式、吏部敕令式等，这些法规范虽目前都已失传，但以其题目，仍可看出它们应不只是刑律而已。

以现存的《庆元条法事类》来说，全书八十卷，收集南宋初年

1　参阅戴建国《宋代编敕初探》，收于柳立言编《宋元时代的法律、思想和社会》（台北："国立"编译馆，2001 年 1 月），第 20—35 页。

2　《洗冤集录》又名《洗冤录》，南宋宋慈（1186—1249）撰，是中国乃至世界史上第一部法医学专著。

（1127）至庆元（1195—1200）约七十年间的敕、令、格、式，其中《刑狱门》只有四卷，其他各门中虽也有违反有关条款的刑罚，但有相当部分是关于职制、选举、库务、赋役、农桑、畜产等方面的法规。从其条目和内容看，可说是一部包括行政、刑事综合性的法典，不过，它仍然是编敕的一种形式，将以往的敕分门类编为一书，以方便检索。

此外，《宋大诏令集》中也含有各种法规范。可见，宋代立法中包括丰富的类似当今刑事、行政、民事、经济等各种类型的规范。

7.1.2 司法诉讼制度的转化

纵观历代中国的司法制度，赵宋王朝可说相当精致而详备；宋代基本上沿用唐制，唯为了强化皇权，事事"权归于上"，三司也是如此，常不设或虚设长官、次官，以大理寺为例，宋初不曾设大理寺卿和少卿，以"判大理寺"来取代。太宗时期曾以刑部、大理寺不称职，特于宫中另设"审刑院"，作为皇帝审断案件的咨询机构，行使审判职能，主官由皇帝另行任命。凡狱讼之应行奏闻者，先达审刑院，次下刑部、大理寺覆核，再交审刑院详议以定谳[1]。神宗时虽恢复了大理寺职能，但皇帝还是直接干涉审判，非司法官员所组成的"制勘院"、"推勘院"受命审办狱案[2]，大理寺常形同虚设。

以司法机关的设置言，中央仍以刑部、大理寺、御史台为三大机构。"刑部"掌刑法、狱讼、奏谳、赦宥、叙复之事，审覆京都辟囚，在外已论决者摘案检察，覆核大理寺的狱案。"大理寺"掌断天下奏谳，凡刑狱应审议者，上刑部，被指推鞫及情犯重者，卿同所隶官请对奏裁。"御史台"乃掌纠察官邪、肃正纲纪的风宪机关。

1　宋及辽金，大致沿用隋唐之制，宋初置"审刑院"、纠察司，专司覆按，元丰间罢。元废大理寺，以断事官掌蒙古、色目人犯名公事，而以汉人刑名归刑部，审判与司法行政，遂合而为一，不可复分。详参汪楫宝编著《民国司法志》（台北：正中书局，1966 年 7 月），第 1 页。

2　"制勘院"是诏狱的一种形式，遇重大案件，由皇帝钦差官员就案件发生地的邻近州县置院推勘。"推勘院"是由司、州监军派官，于案件发生的近处设置的临时审判机构。马端临于《文献通考》卷 167《刑六》中说："凡因事置推，已事而罢者，诏狱谓之制勘院，非诏狱谓之推勘院。"

至于整体的司法诉讼制度，值得提出者有下列诸项：

（1）首创"鞫谳分司"制度，宋统治者将"审"与"判"分开，一般审判程序分为"审问"与"检法议刑"两部分；即处理案件时审明案情与检出相关法条的两项程序，分别由不同的法司负责，使之相互牵制，以防弊端。

（2）采取"翻异别勘"制度，凡录问或行刑时，犯人如推翻供词或申诉冤情，案件必须更换审判官员或由其他司法机关重新审理；可分为原审机关"复司别勘"和上级机关"差官别推"两种形式。

（3）宋代虽禁止"越诉"，凡违犯者，不论是否受理，先以越诉罪处罚；唯实际上宽多严少，还经常出现前后立法矛盾的现象。例如对官吏赃罪及受理案件违限的官司，特别是对官吏贪赃枉法，允许越级控告。

（4）关于推问勘鞫，又称"推鞫"或"推勘"，由于宋代之任官，对于籍贯之限制稍宽，回避制度自有建立之必要。即在审讯过程中，凡司法官员与犯人之间有亲嫌关系、乡里同籍、同年同科及第者设有回避制度，以防审讯时徇私舞弊。

（5）限期结案，案件依法审问后，即须将口供及各种证据进行整理，以作为判决的依据，这一环节称"结案"或"结款"；结案直接影响判决，因此强调凡杀人、伤人案件，并须委派官吏检验，不经检验，不得结案，且各级司法机构均须在一定期限内结案。

（6）互察制度。地方上有同级机构的同僚互察，有上下级政府的互察，中央有刑部、大理寺、审刑院、御史台、纠察在京刑狱司等机构的互察，务求刑狱清明[1]。

1　详参王云海编《宋代司法制度》（开封：河南大学出版社，1992 年），第 427 页以下。

7.2 宋朝法制的变与不变

任何一个朝代的法制与法规范，无非对于前代有所借鉴、继受或更展。而历史的精彩处，往往在变与不变之间，宋代的法制与之前的朝代比较之下，究竟有何异同？

7.2.1 皇权与司法

宋太祖记取唐末五代"枝强干弱"的历史教训，在收夺地方军事权、财政权、用人权的同时，也将司法机关多元化，使其相互制衡，以利于皇帝的掌控。关于两宋时期皇权控制司法活动表现最明显者有下列两端：

7.2.1.1 朝廷屡兴诏狱

"诏狱"，是直接由皇帝下诏特派官员或内侍置狱审判的重大案件，专以纠大奸慝。宋神宗以来，临时承办诏旨交下的狱案而组成的审讯机构称为"制勘院"。诏狱以御史台承办者居多，至于指派何人参与，完全出自皇帝的旨意。

7.2.1.2 皇帝亲决狱讼并掌控司法

"虑囚"之制和经常化的皇帝亲决狱讼活动，表明皇帝才是最高的司法审判官。北宋的太祖、太宗、真宗、仁宗、神宗，南宋的高宗、孝宗、理宗等八朝皇帝躬自折狱虑囚几成制度，史不绝书。例如太祖，"每亲录囚徒，专事矜恤"。太宗"常躬听断，在京狱有疑者，多临决之，每能烛见隐微"。雍熙二年（985）十月，"亲录京城系囚，遂至日旰"。皇帝不但亲自审决重大案件和发动诏狱，并且对全国的司法活动进行监控。

宋朝的司法机构，与之前的唐及五代相比，有较大的变动。其差异在于宋朝中央和地方增设了一些便于皇帝监督司法的专门机构。例如在中央，主要以刑部和大理寺分掌司法事务之外，太宗为更进一步控制司法，先则就刑部设置"详复官"六人，专职审阅天下奏报的刑案；继则在宫廷内设置"审刑院"，以亲信大臣主持院事，下设详议官六人，详细评议大理寺详断、刑部详复的案件。另为使御史台经常参与案件的审断和有效监督司法，太祖曾设"推官"，太宗曾设"推勘官"。真宗时，又以京师刑狱多冤滞，专设纠察在京刑狱司，专司向皇帝奏报在京的冤滥和延滞案件。此外，为加强对地方的司法监督，淳化初，分别于各路专置"提点刑狱司"，"凡管内州府，十日一报囚帐，有疑狱未决，则驰传往视之。州县稽留不决，按谳不实，长吏则劾奏，佐史、小吏许便宜按劾从事"[1]。

7.2.2 刑制变化

宋代刑罚的种类，基本上，继受唐以来的五刑体例，即笞、杖、徒、流、死五种，但在具体适用上有显著的变化，较为突出的是折杖法、刺配、凌迟三种刑罚方式的运用，尤其刺配、凌迟两种刑罚，为其后元、明、清历代所沿用，直至晚清变法修律时才被废止。

（1）折杖法：北宋初年，为变易五代以来典刑弛废以及恣意用法的弊端，太祖着意整饬法制；在颁用重典，以绳奸匿的同时，注重宽仁以治，使立法之制严，而用法之情恕，一洗禁网烦密，刑罚苛峻之风，意在笼络人心。为此，太祖在建隆四年（963）颁行"折杖法"[2]，并在次年将其纳入颁行的《宋刑统·名例律》"五刑门"中，成为宋代法定的刑罚制度。

所谓"折杖法"，即除死刑外，其他笞、杖、徒、流四刑均折换成

1　参阅《宋史》，卷199，《刑法志一》。"提点刑狱司"，是北宋初期各路掌管司法与监察的衙门。长官为提点刑狱公事，属官有检法官、干办官等。

2　据《宋史》卷199《刑法志》载："五季衰乱，禁网烦密。宋兴，削除苛峻，累朝有所更定。法吏寖用儒臣，务存仁恕，凡用法不悖而宜于时者著之。太祖受禅，始定折杖之制。"

臀杖和脊杖，它不是附加刑，而是有关变相减轻刑罚的规定。换言之，即凡是犯有死刑以外各罪刑者，都依"决杖"折抵执行。通常徒、流、笞通用常行杖，徒罪决而不役，流罪决后配役，即徒罪以下决杖后即行释放，流罪配役定为一年或三年[1]。

折杖法分杖脊、杖臀两种，早在仁宗天圣年间就规定了杖的尺度与重量，此法虽本于宽减之旨，仍不无流弊，盖就良民偶有抵冒，致伤肢体，为终身之辱；愚顽之徒，虽一时创痛，而终无愧耻之心[2]。此外，折杖法所代之刑并不包括死刑，实施折杖却又加刺字，死刑扩大了范围并又增加了酷刑，这可说是宋代刑制的特点之一。

（2）刺配：即刺字和配役，用以补死刑和折杖后配役刑之间刑差太大和作为"贷死之刑"。通常是"既杖（犯人）其脊，又配其人，且刺其面，一人之身，一事之犯，而兼受三刑"。有时还附带罚铜、罚金、追毁出身以来文字，勒停、除名、籍没等附加刑。

太祖初定折杖法和刺配之法，立意相同，旨在宽减刑罚。只是对情罪尤重者，更为加杖刺配之法，并且可以宽死罪。但为时不久，即以其为常法，滥加施用，原意尽失。

（3）凌迟：为宋代死刑之一种，凡受此刑之人，遭零割碎剐而死，俗称"千刀万剐"[3]。历代并未规定这种酷刑，宋太宗时为镇压川峡农民起义，首次援用此刑。但真宗时以为"五刑自有常制，何为惨毒"，对臣下要求"强盗至死者"凌迟处死曾加驳斥。天圣六年（1028），荆湖地方杀人祭鬼，仁宗怒而下诏："自今首谋者若加工者，凌迟斩。"开了法定先例。神宗熙宁以后广泛用于反逆大罪及口语狂悖致罪者。到南宋宁宗制《庆元条法事类》时，将凌迟与绞、斩同列，成为法定死

---

1 《宋刑统》将折杖法的具体规定纳入"五刑"之后，列明每种刑罚所折脊杖或臀杖数目，即加役流决脊杖二十，配役三年；流三千里至二千里分别决脊杖二十、十八、十七、十五、十三；杖一百至六十分别决臀杖二十、十八、十七、十五、十三；笞五十至十分别决臀杖十、八、七。

2 参阅《宋史·刑法志》，卷200。

3 凌迟，又作"陵迟"，即杀人者，欲其死且缓慢而行刑。其刑具体之法，律令所不载，清末修律大臣沈家本云："皆刽子手师徒口授，他人不知也。"详参沈家本《历代刑法考》（北京：中华书局，1985年12月），《刑法分考》，卷2，"凌迟"。

刑之一。宋朝凌迟的入律，五刑外、酷刑的增多，对其后明清两代的立法种下了不良的遗传基因。

7.2.3 婚姻继承的法制

两宋时期，在婚姻方面，禁止五服以内亲属结婚，但对姑舅与姨表兄弟姐妹结婚并不禁止。在离婚方面，仍实行唐之"七出"与"三不去"制度，但也稍有变通；宋代律令并不限制妇女离婚及再嫁，也无寡妇改嫁之禁。《宋刑统·户婚律》及有官饬令明确规定：夫外出三年不归，六年不通问，准妻改嫁或离婚。此外还另立法：居夫丧或父母丧而贫乏不能谋生时，允许一百天后自行改嫁[1]。南宋的条法沿袭此规定："诸居夫丧百日外，而贫乏不能存者，自陈改嫁。"[2]

至于宋代有关继承的立法，虽基本上继受自《唐律》，但较为详尽，也有较大的灵活性，除了承袭以往遗产"兄弟均分"、"子成父分"等原则外，另专列了遗腹子、私生子、义子及赘婿的继承权，尤其在女子财产继承权、兄弟分家析产、契约的法律效力等事项，都增列了《唐律》所未有的规定。例如《刑统·户婚律》，附"准"字条的《户令》：

> 诸应分田宅者，及财物，兄弟均分。妻家所得之财，不在分限。兄弟亡者，子承父分。兄弟俱亡，则诸子均分。其未娶妻者，别与聘财。姑姊妹在室者，减男聘财之半。寡妻妾无男者，承夫分。若夫兄弟皆亡，同一子之分。[3]

《刑统》之条，其意义在基本法典上明确了继承的顺序和原则，顺序是：诸子、诸孙、侄；原则有"子承父分"的代位原则、未嫁女可

1　参阅李焘《续资治通鉴长编》（北京：中华书局，2004年9月），卷484。
2　参阅《名公书判清明集》（北京：中华书局，1987年1月），卷10，《人伦门·夫妇》。
3　此令未注明年份，当是《唐令》，因其小注论及永业田、口分田等唐均田之制。

分得兄弟聘财一半的原则、无子寡妻妾应承夫分的原则、诸子均分的原则等。另《宋刑统》规定已嫁女在无诸子、诸孙，又无在室女及归宗女的要件下享有继承权[1]，在某种程度上反映了女子在母家具有一定的地位。

此外，南宋关于户绝财产的规范相当完备，从保护家庭私有财产出发，制定了户绝继承的办法，其中包括户绝寄养法、户绝出嫁女法、遗嘱财产法等专门的立法内容。所称"户绝"，系指无男子嗣之家，绝户主继承人有两种方式：凡"夫亡而妻在"，立继从妻，称"立继"；凡"夫妻俱亡"，立继从其尊长亲属，称为"命继"。继子与绝户之女均享有继承权，但只有在室女的，在室女享有四分之三的财产继承权，继子则仅享有四分之 ；只有出嫁女的，出嫁女享有三分之一的财产继承权，继子享有三分之一，另外的三分之一归官府所有。

"户绝法"中附有处理死商遗产的规定，"死商"，系指国内外客商在他乡死亡者，如有家人亲属者，所有财物，应予给付，在室姊妹可得三分之一。如无亲属在旁，则由官府暂行代管，待继承人前来认领。此等规范，反映了云集于中国的外国商人或有客死情况发生时，其财产权益仍然能得到官府有效的保护和调整。尤有进者，对于遗嘱，不仅要求死者亲书，而且需要"经官给据"、"经县印押"，否则不予承认，这些具体规范和制度的确立，反映出两宋时期传统民事法规范，在维护所有权及私有权移转的相关规定，明显多于《唐律》。

7.3 宋朝的司法考试及案牍判语

唐宋两代，随着科举制度的确立和职官管理制度的逐渐完善，法律考试制度也不断法制化，对帝制时期的吏治和法制都产生了深远的影

---

1 在帝制中国社会中，女子一般无权分得家产，只在出嫁时得些嫁奁而已，但南宋时，江南地区已出现了这样的判决先例，如父无亲生子而收养子，则父死后的家产，养子与女儿（不论几个）各分一半。其详见《明公书判清明集》，卷8，"女合承分条"。

响。

　　传统中国士人重科考，唐朝在确立科举考试制度的同时，就有"明法"一科，这是专门的法律考试，用以选拔法律人才。考试的内容，是试律七条、令三条。十条全通的为甲第，通八条以上的为乙第，七条以下的则不合格。除"明经"考试外，根据唐王朝的有关规定，由礼部所主试的科举考试之后，及第者要再经过吏部铨选，即省试后才能授官，而吏部考选的主要内容是所谓的"身""言""书""判"四事，其中尤以"判"为最关紧要[1]。

　　所谓"判"，就是考察被试者如何处理狱讼。"判"的要求标准是"取其文理优长"。其中"判"即为判词，就是以律令规定及儒家经书大义去分析判断有关的案件。试身言书判不合格者，不得作官。不过，由于当时科举选官重视诗赋词章，因此明法科的地位并不高，应考者也寥寥无几；试判也以"文理优长"为主，对法律知识的考试并未能给予应有的重视，及至有宋一代，司法考试有了一番新的景象。

7.3.1　宋代的司法考试

　　宋朝的法律考试制度在唐朝的基础上，又往前推进了一步，此举不仅为两宋时代司法制度的发展创造了有利条件，也在中国法史上留下独特的一页。

　　宋初置有"律博士"掌授法律，但未设律学。考试方面，虽然也同样设置了"明法"科，但内容较唐代更为规范化。太宗淳化年间（990—994）参照《尚书》例试更定明法考试内容，由原来的主法改为七场：

　　　　第一、第二场试律，第三场试令，第四、第五场试小经，第六

1　参阅黄源盛《唐律与龙筋凤髓判》，收于氏著《汉唐法制与儒家传统》（台北：元照出版社，2009 年 3 月），第 340—341 页。

场试令，第七场试律，仍于试律内杂问疏义六经注四。……以六道为合格。[1]

此一规定，体现和贯彻了当时统治者的"经生明法、法吏通经"的理念。凡是考取明法科，成绩较佳者，授予上州司理、司法、录事参军及判官等官职，一般的则授各县主簿和县尉。中央政府的司法官员，如大理寺的评事等也往往选用明法科出身者担任。

及至宋神宗时，为了适应变法的需要，普及、推广法律知识最为用力。熙宁六年（1073），在国子监开办律学，分"律令"和"断案"两科，置教授四员。凡命官、举人皆得入学。而为了改变旧明法科的某些流弊，注重法律的实用，设立了"新明法"科。新旧两科"明法"的主要差异在于：（1）应试对象不同，新科明法为熙宁（1068—1077）前的诸科举人，旧明法科是各州县习"明法"的乡贡举人。（2）考试内容的不同，旧科考律令之外，要考小经、疏议和经注，而不试刑统大义和断案。而新科明法取消了经义的考试，另外加试刑统大义和断案。

对于新科明法的考生，给予优先注官的优待，只要考取，吏部即可差遣为各州的司法参军，而且"叙名在进士及第人之上"，由于统治者的大力提倡，参加明法考试的人数日益增多，仅当时参加科举、改考新科明法的，就"十有七八"，从而形成了"天下争诵法令"的风气。

除了"明法科"及"新明法"考试以外，为了提高和保证官吏，特别是司法官吏的法律素养，宋朝还实行以中下级地方官及司法官吏为主要对象的法律考试，各色各样的法律考试，直至宋室覆亡，从未间断过[2]。

1　引自《宋史》，卷155，《选举志一·科目上》。其中，所谓"小经"即《周易》、《论语》、《孟子》、《尔雅》和《孝经》。"疏议""经注"系指《十三经》。

2　参阅徐道邻《宋朝的法律考试》，收于氏著《中国法制史论集》（台北：志文出版社，1975年8月），第188—229页。

7.3.1.1 官吏试法

宋太祖建隆三年（962）规定，凡是选派法官及职官，都要问法书十条。在吏部候选的官吏，要试判三道，"只于正律及（律）疏内初判题，定为上中下三等"。这在一定程度上改变了唐朝以来以"文理优长"为主要内容的考试方法。

宋仁宗时又规定，凡候选注官的"选人"，要先录其以前做官时，或是应考时所作的判词三十道送上审核，倘词、理俱优者，具名奏闻，赴阙考试，差官试判十道。

宋神宗时，又以"试断案二，或律令大义五，或议三道"代替试判。考为上等者，可以免选，直接授予官职。此外，地方官吏任满进京述职时，也要考法律。宋太宗时下诏规定：知州、通判及州县幕职官等，秩满至京，当令于法书内试问，如果全不知晓者，酌情给予处罚，把法律考试作为官吏任职和述职的前提要件。

7.3.1.2 司法考试

北宋时，为了强化司法官吏，特别是中央司法官吏的法律素质，采取了"试刑法"的司法考试。《庆元条法事类》，《选试令》有一条：

> 诸承务郎以上，及承直郎以下（未入官人，及特奏名人令注官者，并见任官同。）每岁听于尚书吏部乞试刑法（并于未锁院前投状。在外预于所在官司投状申部）。其历任曾犯私罪徒，或已入赃，失入死罪、并停留未经任者，不在乞试之限。[1]

凡是朝官、京官、幕职、州县官等都要学习法律，各处的知州、通判、幕职和州县官，秩满到京，都要经过一番考试。到了宋太宗端拱二年（989）下诏：

1　引自《庆元条法事类》，《选试令》（台北：新文丰出版公司，1976年4月）。

应朝臣京官，如有明于格法者，即许于阁门上表，当议明试。如或试中，即送刑部、大理寺；只应三年明无遗缺，即与转官。[1]

与之前所提的新、旧明法科相比较，"试刑法"有底下几个特点：（1）应考对象是现任官员，而非举人或其他人。（2）主办机关是刑部和大理寺，而非礼部。（3）试中新旧明法科后，只是取得做官资格，且非立即任官；但一旦试中"试刑法"，就能得到差遣，三年后便可能提升。申言之，凡京朝官有自信具法律专长者，可以上表自陈，参加司法考试，成绩合格者，即派遣刑部、大理寺任职。三年之后，有缺补缺，无缺转官。

到了宋真宗咸平六年（1003）又规定了"试刑法"的章程：

自今有乞试法律者，依元敕问律义十道外，更试断徒以上公案十道，并于大理寺选断过旧条稍繁重轻难等者，拆去原断刑名法状罪由，令本人自新别断，若与原断并同，即得为通。若十道全通者，具状奏闻，乞于刑狱要重处任使；六通以上者，亦奏加奖擢；五通以下，更不以闻。

至于司法考试的内容，分"律文"和"断案"两大类。断案往往有一定的深度和难度，以考察应试官吏的分析与运用法律的能力。宋仁宗时还规定，凡是司法考试录取者，授大州俸多处的司法、录事参军。宋神宗时，由于推行新法的需要，对司法考试作了一些补充规定。神宗熙宁三年（1070），制定了熙宁刑法六场格式，对司法考试的程序、内容作了明确规定，这是中国历史上第一部关于司法考试比较完整的法规，它对北宋后期的司法考试制度，产生了重大的影响。及至宋室南迁，宋高宗于绍兴元年（1131）恢复了司法考试制度。终南宋之世，

---

1 引自《宋会要辑稿·选举十三之十一》。查其内容，此为当事人自动请求的考试，并非定期例行考试，所以亦称为"投状乞试""乞试法律""乞试法官""试刑法官""试刑官""试法官""试刑名""试法""试断案"等。

司法考试也一直得到了较为有效的贯彻执行。

综上看来，宋朝利用各种考选方式以昌明法律，可说是史上空前。不过，中国社会自两汉以来，儒家"德礼为主，政刑为辅"的价值观，仍深植人心，法律一直无法有其应有的地位。所以，唐朝国子监的六学，"律学"被视为四等的学校；而宋朝"诸科"考试中，"明法"最是下科。即使在宋神宗大力推进法律考试之际，仍有多人表示反对。例如监察御史陈师锡上书批评说：

> 陛下方大阐学校，用经术训迪士类，不应以刑名之学乱之。夫道德，本也；刑名，末也。教之以本，人犹趋末，况教之以末乎？望追寝其制，使得悉意本业。[1]

神宗过世后，司马光（1019—1086）也奏上极力反对习律的折子，认为习律之人"为士已成刻薄，从长岂有循良？"[2] 由于反对之声浪甚嚣，哲宗之后作出妥协，将新科的明法考试内容的三分之二改为经义。宋室南渡后，则取消新科明法，试刑法也加试经义，并一度"以经义定去留"[3]。于是，北宋中期"文字法理咸精其能"的局面已一去不复返，而传统中国法律之学之未能发达，其来有自乎？

7.3.2 宋代的案牍判语——《名公书判清明集》

法文化除了静态的法律规范与法律制度外，还包括动态的司法实践等，其中尤以裁判文书最引人关注。在宋之前，流传下来的"实判"并不多见；从现存的一些唐代判词来看，绝大部分是为适应士子应试而作的"拟判"之作。"拟判"也称虚判，与实有其事的据实作判不同。

1　引自《宋史·陈师锡传》。

2　有关司马光极力反对习律的奏折，详参马端临《文献通考》（台北：台湾"商务印书馆"，1987年），卷3，《选举考》。

3　参阅《宋史·欧阳修传》。

大约从宋末开始，才有实判的集子出现，其中《名公书判清明集》一书，就是辑录南宋刘克庄、宋慈、朱熹等二十八人为官期间所作判词的实判专集[1]，是一部诉讼判决书和官府的分类汇编，是研究宋代，特别是南宋中后期社会史、经济史、法制史的珍贵史料，值得一提。

上述"名公"，大都是南宋中后期比较著名的理学家，既勤于政事，也关心民瘼，又有践履孔孟仁政思想的抱负。在这些书判当中，时而可以看到他们对贪官污吏、为富不仁者的痛心疾首和秉公执法、明敏断狱的判决；但另一方面，由于受制于时代的局限，他们对普罗百姓的疏于同情，对某些官僚、贵族、至爱亲朋的偏袒也暴露无遗。

《名公书判清明集》的编纂者署名为"幔亭曾孙"，或有感于当时刑政腐败的现状，遂搜集上述诸"名公"所撰的诉讼判决书和往来公文，以成此书。观其内容，它并非作为科举时文，也不单纯是为表彰乡贤，而是想以此为范式，供其他官员在执法办案时有所借鉴，庶几谳拟不谬，因此，所录书判皆不加修饰，法意人情，是非曲直，跃然纸上。

在该集的《户婚门》中，涉及内容有立继、户绝、归宗、分析、检校、女承分、遗嘱、别宅子、义子、取赎、争业、违法交易、伪冒交易、坟墓、屋宇、库本、争财、婚嫁、离婚、接脚夫、雇妾等二十二种民事案件的判词。从判词中得悉，读书人娶妓女为妻是"名教罪人"，未过门的女子不准悔亲，以及妇女多次改嫁称"失节"等，看来南宋"理"与"礼"对司法审判的渗透已清晰可见。

另外，从集中判词的形式来看，已逐渐摆脱唐代书判一意追求骈四俪六，以词害意的风格，而以灵活平实的散体文字入判，且判中有名有姓，内容切合平民百姓的实际生活。

向来执法者下判，守法意而拂人情，不可也；徇人情而违法意，亦不可也。究竟要如何权衡于二者之间，使上不违于法意，下不拂人情，自费思量。《清明集》卷九《欠负人实无从出合免监理》一案载：

1　《名公书判清明集》有多种版本，在元代又曾增修过，但流传至今，已无完帙。1987年，由中国社会科学院历史研究所宋辽金元史研究室点校，中华书局出版的本子，系以明本为底本，宋本作补充而成，全书共十四卷，又增加附录七篇。

李五三兄弟欠负主家财本，官司固当与之追理，但其家既素无生业，其父因饥荒而投托于黄公才之家，恐黄公才未必遽然以数百千付于其手。必是料逆其如饥鹰附人，饱则扬去，故邀其假立文约领钱，以为羁縻之术耳，不然，则不应如是之轻率也。今本府押其兄弟下县监纳，已数阅月，更无一钱以偿之，啼饥号寒，死已无日，纵使有欠负，亦已无可责偿，况未必是实乎！在法：债负违契不偿，官为追理，罪止杖一百，并不留禁。今观其形容憔悴如此，不惟不当留禁，杖责亦岂可复施？合免监理，仍各于济贫米内支米一斗发遣。[1]

从上述判词中可以看出，若按法意，李五三兄弟受杖一百恐不可免，但监司胡颖在"揆之法意，揆之人情"以后，下了免杖济米的判决，这无疑是有利于贫苦百姓的精心之作。不过，类似这种依据法意、人情而免刑的判决，在当时社会上极其罕见，就是在经过精心搜集而编辑成书的《清明集》中，也并不多见[2]。

7.4 元朝法制的变化及其特点

元朝是以蒙古贵族为主而建立的王朝，这个少数民族政权，统治中国达九十年之久。由于在法史研究领域，元代往往被视为因野蛮征服而使中国近世法制变革陷入停顿的朝代；也或由于元代公牍文献中大量存在着蒙、汉文夹杂的硬译文体，令人难懂，致使研究者却步；因而，既有文献中往往对元代着墨不多，或语焉不详，甚或评价过低而数语带过。

1　引自《名公书判清明集》，第 338—339 页。
2　参阅何忠礼《论南宋刑政未明之原因及其影响——由〈名公书判清明集〉所见》，收于柳立言编《宋元时代的法律、思想和社会》，第 181—182 页。

其实，有元一代在法制方面仍有几个面向值得留意：其一，元朝统治期间，是否曾颁行过一部完整而又系统的法典？其二，元法与唐宋律之间是否毫无继受关系？其三，元代法制是否为中国法律发展史上的一个断层？

7.4.1 元朝的立法活动

似乎，从明初起就开始流行一种说法：元代没有成律，只有条格；元代不仿古制，大抵多用夷法；元法与《唐律》毫无传承关系[1]，且缺乏一部完整而又系统的法典。这种说法影响颇为深远。不过，学界也有持不同看法者[2]。

粗略说来，元朝法律的制定，大致可分为两个阶段：一是成吉思汗建立的蒙古帝国时代，一是元朝统治时期。成吉思汗以强大的武力征服统一了蒙古各族，建立了以蒙古地区和林为中心的横跨欧亚的大汗国；为了巩固其统治，于 1203 年至 1225 年间正式制颁《大札撒》。"札撒"，蒙古语是指"法律"、"规则"或"良好组织制度"。冠以"大"字，是适用于蒙古贵族所统治地区之意。

《大札撒》的主要内容是维护蒙古君主对各级贵族、官吏和奴隶的统治秩序。就性质言，它尚属草创时期，仍未形成系统的法典。元世祖忽必烈时，由于领土不断向北方扩展，在使用《大札撒》与一些临时性法令的同时，又采用原金朝的《泰和律》，以治理北方汉人刑名之事，一度形成蒙汉法规范混用，"南北异规"的局面。

1271 年，忽必烈在统一江南后，为适应大一统的需要，正式宣布停止使用《泰和律》，积极着手制定新法。从元世祖到顺帝前后数十年间，所制定和颁布的法典主要有下列几部：

---

1 参阅《明太祖实录》，卷 28，吴元年十二月戊午；卷 176，洪武十八年十月己丑。

2 日本学者安部健夫在 1931 年发表《〈大元通制〉的解说》时就已认为，从"法典的本质"看，《大元通制》乃"律令式的法典"。参阅《东方学报》第一册，（京都，1931 年），后收于安部健夫的论文集《元代史研究》（东京：创文社，1981 年）。

（1）《至元新格》

原来，忽必烈虽"令老臣通法律者，参酌古今，从新定制"，史天泽等拟修了一部"大元新律"，但终未能奏准颁行。世祖至元二十七年（1290）命中书右丞何荣祖主持制定，与原拟仿《唐律》编纂的"新律"不同，而分为公规、选格、治民、理财、赋役、课役、仓库、造作、防盗、察狱等十类，辑为一书，刻板颁行，名为《至元新格》，是元朝立国后第一部较为系统性的法典，但今已散佚。据学者考证，其条文被收入至今仍传世的《通制条格》《元典章》中者有一百一十条。从其内容看，是以官府行政的规章和例案为主，兼有部分以罪与罚为对象的综合性法典。

（2）《大元通制》和《至正条格》

元朝建立政权后，或许因"南不能从北、北亦不能从南"的缘故，有很长的一段时间修律未果，只是根据社会的实际需要，不断颁布各种条画和法令。武宗即位之初，策画修律，但此项历世祖、成宗两朝都未能竟之事，武宗虽曰"律令者，治国之急务"，但也只好从臣下所请，将"自世祖即位以来所行条格，校雠归一，遵而行之"。经过武宗、仁宗两朝的从事，把历来所颁发而现又行用的条格、断例等整理编辑，至英宗至治三年（1323）经枢密副史完颜纳丹等审定，正式颁行，定名为"大元通制"，是元朝立法活动中较具代表性的一部法典。

《大元通制》的内容，凡分三大部分："一曰制诏、二曰条格、三曰断例。"[1] 另据《元文类》载：其书"令类"还有 577 条。"制诏"是皇帝的诏令，计 94 条。"条格"主要是经皇帝亲自裁定或直接由中书省等中央机关颁发给下属部门的政令，以及具体处理各种个别事件的指令性文书，共 1151 条。"断例"的含义有二，经常混用。一是指"断案事例"（或称断事例）；另一是指"断案通例"（或称科断通例），依后者义，"断例"即"划一之法"，也就是律，共 717 条，分为 11目，除缺《名例》一目外，其余篇目与《泰和律》完全相同，寓有刑

1　参阅《元史·刑法志一》，卷102。

法典的性质。

关于元代是否存在一部完整而系统的法典，固有仁智之见。采肯定见解者认为，其实是存在的，那就是《大元通制》。元代是有成律的，那就是《大元通制》的"断例"，而且它正是以《唐律》为范式的，绝大多数可以从《唐律》中找到根据。《大元通制》承袭了《唐律》的基本精神，同时增加了内容，更动了形式，具有自己的特点[1]。尽管《大元通制》全书早已佚失，但从现存的文献史料中，仍可窥见其主要特征：

其一，《大元通制》继受了唐宋以来传统中国法典的基本精神与内涵，尤其集中体现在《唐律·名例》中的五刑、十恶和八议。正如《经世大典·宪典总序》所说："名例者，古律旧文也，五刑、五服、十恶、八议在焉。政有沿革，法有变更，是数者之目，弗可改也。"[2]此外，就编纂的体例来说，《大元通例》的"制诏"相当于宋的敕；"条格"相当于唐宋的"令"，并包含了格、式；"断例"则相当于唐宋的"律"。

其二，《大元通制》的许多条文是按照元代社会的实际情况重新拟定的。"条格"自不必说，即使是"断例"，虽然按照《唐律》的十二篇目编纂，但除了上述五刑、十恶、八议以外，具体的条文都是与《唐律》有别。两相对照下，《大元通制》"断例"的基本情况如下：

①有一部分条文直接沿袭《唐律》的文字，仅稍加变动而已。

②有一部分条文可以看出与《唐律》的渊源关系，但条文本身是重加修订的。

③有一部分条文可以归纳进《唐律》某篇的某一主题内，但在条文上找不出直接的联系关系。

④有一部分条文无论就主题抑或文字皆属新创的。

1　参阅（元）苏天爵编《元文类》（北京：商务印书馆，1958 年），卷 42。或参阅《通制条格》卷 7，《元代史料丛刊》黄时鉴校点本（杭州：浙江古籍出版社，1986 年），第 125 页。

2　参阅姚大力《元代刑法体系的形成考略》，收于尤韶华主编《中国法制史考证》，甲编第 5 卷，《历代刑法制考·宋辽金元法制考》（北京：中国社会科学出版社，2004 年），第 497—498 页。

《大元通制》全书，今已不复见，仅流传"条格"部分，名为"通制条格"。《通制条格》共有二十七篇，传世十九篇：户令、学令、选举、军防、仪制、衣服、禄令、仓库、厩牧、关市、捕亡、赏令、医药、田令、赋役、假宁、杂令、僧道、营缮十九篇。另有祭祀、宫卫、公式、狱官、河防、服制、站赤、榷货等八篇缺失。

至于《至正条格》，是在《大元通制》基础上制定而成，于顺帝至正五年（1345）成书，包括制诏 150 条、条格 1700 条、断例 1059 条，共 2909 条。次年，条格、断例两部分颁行天下。《四库全书总目》记载，《至正条格》"凡分目二十七"，其顺序与《通制条格》相同。2002 年，韩国发现其残本，并于 2007 年公布，此举对于元朝法制历史的研究意义重大。残本存"条格"十篇，"断例"五篇，并列举了"断例"的完整目录：包括卫禁、职制、户婚、厩库、擅兴、贼盗、斗讼、诈伪、杂律、捕亡、断狱十一门，除缺少唐、金律的第一门"名例"外，其余篇目、次序皆与《唐律》和《金律》完全相同[1]。

（3）《元典章》

《元典章》是《大元圣政国朝典章》的简称，英宗至治二年（1322）编制完成，是一部集元朝诏旨、条画和案例的汇编，全书共六十卷，分诏令、圣政、朝纲、台纲、吏部、户部、礼部、兵部、刑部、工部等十门，共 373 目，每目各分若干条格；刑部篇幅最大，户部次之。另《大元圣政典章新集至治条例》，简称《元典章新集》，不分卷，内分国典、朝纲、吏部、户部、礼部、兵部、刑部、工部。也是以刑部篇幅最大，户部次之。"前集"和"新集"合为一书，统称为《元典章》[2]。

《元典章》是元代传世法典中的一部重要作品，陈垣在沈刻《元典

1　有关史事考证部分，详参陈高华《〈至正条格·条格〉初探》，收于氏著《元朝史事新证》（兰州：兰州大学出版社，2010 年 10 月），第 1—35 页。另参阅张帆《重现于世的元代法律典籍——残本〈至正条格〉》，载于《文史知识》，2008 年第 2 期，第 31—38 页。

2　《元典章》和《元典章新集》合为一书，传世有元刻本，目前藏于台北外双溪"故宫博物院"，有影印本刊行。另有一说认为，《元典章》的编纂起于江西奉使宣抚的建议，为江西胥吏所编，并非国家颁布的成文法典。参阅张金铣《元典章研究综述》，载于《古籍整理研究学刊》，第 4 期，2010 年，第 26 页。

章》校补中说："此书于当年法令，分门胪载，采掇颇详。"[1] 就内容言，《元典章》涉及元代社会各个层面，许多为《元史》所未见，特别在行政管理体制和法制规范方面有不少新的建树，是目前研究元代社会及法律制度的珍贵史料。就体例看，《元典章》在编纂上突破了《唐六典》生搬硬套《周官》六典的作法，直接以吏、户、礼、兵、刑、工六部行政体制为纲领进行编撰，大大提升了其科学性和实用性，开创了编修会典的新体例，后来为明清会典所沿用[2]。

7.4.2 元朝法律的基本特点

一个时代有一个时代的政治、经济、社会背景，法律文化自然也各具风貌。

7.4.2.1 元代法的特色与中华法系

蒙古入主中国后，一般说来，"汉化"程度相对浅薄，这可能与下列因素有关：

（1）入主中国之前，已深受西域文化的影响。

（2）统治中国时期，采蒙古本位政策，对其他各种族采歧视政策。

（3）入主中国时间过短，文化方面如此，法律文化的汉化程度也是如此。

元朝法典至今虽已大部分散佚，但从前面所提几部法典的概述中，仍可以列出元朝立的几个特点：

其一，在法律名称和形式上，既不沿用唐之律、令、格、式，也不援用宋之刑统、敕、令、格、式，而称"断例""条格"。虽然如此，

---

1 《元典章》由于系用蒙古白话写成，其中掺杂大量方言俗语，不易阅读，故《四库全书》没有收入。《元典章》有钞本和刻本，其中刻本有元刻《元典章》和沈刻《元典章》。后者是清光绪三十四年（1908）由当时法律大臣沈家本校勘行世的，沈刻本缮刻虽精而仍谬误不少。后来陈垣据故宫发现的元刻本，并参照其他刻本，对沈刻本进行全面校正，发现错误一万二千余条，遂写成沈刻《元典章校补》十卷和《元典章》校补释例六卷，为后人研究《元典章》提供了珍贵的资料。

2 有关《元典章》的性质，详参陈高华《〈元典章·户部〉简论》，收于《元朝史事新证》，第36—39页。

其法规范形式仍不脱宋代刑统和编敕的轨迹，形成集行政、民事、经济和刑事规范为一体的综合性法规。

其二，"条格""断例"在法典中占有很大的比重，体现出元朝立法行政，断罪量刑，主要是依照临时颁布的有关政令、文书及在司法实践中所形成的"判决先例"为依据，以致被批评为繁条碎目、杂芜抵牾，缺乏完整统一性。至于在司法实践中往往"有例可援，无法可守"，造成相当严重的后果。

其三，元代法规范的内容，通常仅将各种犯罪的类型，具体性、技术性、实用性地罗列排比，绝大多数的法条仅具有解释性的作用，相当散漫杂陈而缺乏统括整合性。不过，与《唐律》相较，仍具有若干特色，例如：指腹割衿之禁止（户婚）、割股之禁止（禁令）、溺女之禁止（禁令）等，均为初创的法令。此外，赏与制度的褒奖，采取宽大及轻刑政策等[1]。

值得关注的是，元朝法律因具有所谓"判例法"的特质，因此，有认为该法制不属于"中华法系"，而另成一单独的"蒙古法系"者，这种观点是否可采？仍值得再商榷。实际上，观察元代的"法系"归属，不能只看重"判例法"的外部形式，而没有注意到蒙古入主中原，建立政权后，对中国文化的内附趋势。虽然，元朝统治者大多汉文化根基未深，但统治阶层中，也有一些有识之士倾慕于儒家之学，如世祖太子真金、顺帝时宰相脱脱等。何况自世祖起，就重视使用包括汉族士人在内的各族知识分子，相形之下，较为先进的汉法律文化无时不在影响着蒙古统治者的政治作为和法制措施。

此外，前已提及，唐、宋律中的五刑、五服、十恶、八议等基本原则，全部被吸收在元朝的法规范中。元《刑法志》中的名例、卫禁、职制、盗贼、奸非、杂犯、捕亡等篇目也无不取自唐宋法典。所以，似不宜片面强调元朝"判例法"的形式，也不宜过度看待蒙古"习惯法"的内容，从整体上说，元朝法制仍属于中华法系的一个支脉。诚如元代

1　参阅有高岩《元代法律的特色》，载于日本《歷史と地理》，第34卷，第4、5号，第391—394页。

后期的学者吴澄对《大元通制》的评论中所说：

> 大元通制颁降于天下，古律虽废而不用，而此当为皇元一代新律矣。以古律和新律，文辞各异，意义多同。其于古律，暗用而明不用，名废而实不废。何也？制诏、条格犹昔之敕令格式也，断例之目，……一循古律旧题之次第而辑类，在律之必当从，虽欲违之而未能为也。岂非暗用而明不用，名废而实不废乎？[1]

可以这么讲，尽管元朝法制中包含了许多蒙古特有的习惯法的因子，但如果说它是唐、宋、金法制的部分延续，也有几分根据在！

7.4.2.2 民族身份等差立法

元朝版图大于汉、唐，境内民族相当复杂，而蒙古族人口既少，文化较汉民族又相对落后，政治简陋，形成少数统治。致终元一代，法令粗疏，始终没有制定出蒙、汉、回各族群通用的完整统一的刑法典。尤其，为永保蒙古贵族的统治权，采取身份等差立法原则，将族群分为四个等级：蒙古人、色目人、汉人、南人。蒙古人称为"国族"，约三四十万人，少数为贵族官僚，多数名列军籍；色目人泛指西域各族及西夏人，人口数也约三四十万；汉人泛指淮河以北，原来全国境内的北方汉族、契丹、女真人等在籍人口约一千万；南人则指南宋境内的南方汉族，在籍人口约五千万。各族群在任官及法律上待遇等差，蒙古最优，南人最下。

《大元通制》中在官制、军务、刑法等若干重要方面，蒙古人始终享有特殊待遇，例如：同犯财产犯罪，元代通例规定，"窃盗初犯刺左臂，再犯刺右臂，三犯刺项，强盗初犯刺项"。但蒙古人犯者，不刺[2]。再蒙古人所犯，有些罪案可以送至京城，由大宗正府审讯，后来虽逐渐

1　参阅吴澄《大元"通制"条例纲目后序》，收于《草庐吴文正公全集》，卷19，乾隆刻本。
2　参阅《元典章》卷49，《刑部》卷11，《诸盗·强窃盗贼通例》。另参阅《元史》，卷104，《刑法志三·盗贼》。

与汉人在同一司法部门接受审讯，但对蒙古人仍采用不同的法律[1]。例如：同犯杀伤人罪，律文规定杀人者死，但蒙古诸王以私怒杀人，仅判处杖刑和流放；蒙古人因争斗或酒醉杀死汉人，征烧埋银，断罚出征；反之汉人只要殴打蒙古人，即处予死刑；甚者，蒙古人殴打汉人，汉人不能还报，只能陈诉，否则予以严惩。又整个元代，法律都允许蒙古人一夫多妻及同姓通婚，收继婚也始终是合法的。

在元朝各种诏令圣旨条画、条格、断例中，都贯穿着四等级制，与元朝的"判例法"原则相一致，四等级制度并不是规定在哪一种专门法规范里，而是分散于各种法规和判例中。

其次，元代社会的民族等级区分，在蒙古时期业已存在。不过，从现存的史料看，元朝法规范公开宣布各民族的法律地位不平等，大约在大德年间（1297—1307）才确立下来。虽然，历史上一再交替出现大汉族主义和狭隘民族主义，从来难以实现真正的民族平等，如《唐律》有"化外人"的条款；辽用南北"两面官"制；金任官先女真，次渤海、契丹、汉儿的等级顺序，无不具有民族歧视的性质。但是，依据民族不同，把人民公然分成数个等级，而予以不同法律待遇者，唯元朝是有。

7.5 元代的刑制与司法机构

元代的统治者针对唐宋以来的"三法司"制度作出了取舍，有继受汉制的部分，也有维持蒙制的部分，建立起一种兼具蒙、汉特色的司法机制。

---

[1]　参阅蒙思明《元代社会阶级制度》（上海：上海人民出版社，2006年），第46—65页。

7.5.1 元朝刑制的变化

前面说过，元朝的刑法体系，始终未能成为一个统一而完整的有机体，而是包括了蒙古法、汉法以及部分回回法在内的多元素综合体。不同性质的刑事立法，有各自不同的施行对象，同时也在不同程度上相互渗透和影响。尽管如此，元朝刑法体系的主要部分，毕竟还是施行于此地的中原传统的刑法[1]。

7.5.1.1 五刑的变与不变

元代的刑制沿用古典中国的"五刑"，但有所变动。"五刑"系统见于《唐律》及唐以前一些朝代的法典，元代加入了一些新的元素，有些革新可说是元代法律宽仁的体现，但大部分是脱胎于草原游牧民族治国严苛的传统。

具体来说，元代的死刑分为二等，初为斩、绞，后以凌迟处死刑为正刑，遂有斩无绞。而流刑不限定流放距离，只将北人和非汉人迁往南方和将南人迁往北方。另新设"出军"（类似充军）和"迁徙"两种流刑，"迁徙"与唐代的"移乡"类似。徒刑，被杖刑所代替，从一年改杖六十七，至徒三年改杖一百零七。此外，元代政府试图改善监狱的状况，以免罪犯在等待判决期间患病或死亡，也宽待妇女、儿童和残疾人等。

据《元典章》记载，元代政府还试图限制严刑逼供，但收效并不显著。笞、杖以七为尾数，笞，七下至五十七下分为六等；杖，六十七至九十七分为五等[2]。

---

1 参阅姚大力《论元朝刑法体系的形成》，收于氏著《蒙元制度与政治文化》（北京：北京大学出版社，2011 年 4 月），第 280 页。

2 本来笞、杖以十为进，据蒙古旧俗，有"天饶他一下，地饶他一下，我饶他一下"之说，可见蒙古习惯法对元朝法律的影响。

7.5.1.2 刑罚上的另类制裁

元代政府试图将蒙古习惯法变为全国普遍适用的法律，最具深远意义的一项措施是"征偿制度"，即罪犯为弥补罪行，向受害人或其亲属作出物质赔偿。征偿制度起源于草原游牧民族私下复仇的习俗，经过契丹、女真和蒙古早期政权的几番改造，变成由国家决定赔偿数额，赔偿的财物归受害人所有。

反观《唐律》和其他汉法，将杀人、盗窃等罪刑视为对国家制定的道德准则的侵犯，因此国家有责任对罪犯进行惩罚，而无类此私人赔偿制。亦即汉法对罪犯施加应报式和警诫式的刑罚，而不是站在受害人的立场，勒令罪犯对受害人作出赔偿。蒙古人将草原游牧民族的赔偿习俗与传统汉法的刑罚结合起来，应用于全国所有民族，巧妙地把征偿制度变成了一个统一制裁模式。

具体以言，元代征偿制度的主要形式是所谓的"烧埋银"，又称"烧埋钱"，意指丧礼的费用（如替死者焚烧纸钱和其他物品）以及埋葬的费用等[1]。吊诡的是，烧埋银制度比较符合儒家思想中为亲属举行适当的丧葬仪式的要求；蒙古人的葬礼反而相当简单，有时仅仅将尸体遗留在草原上任其回归自然。元代法律将烧埋银制度与传统汉法的刑罚结合起来。杀人犯仍处以死刑，但是罪犯的家人另须负担被害死者的丧葬费用。《元史·刑法志》说："诸杀人者死，仍于家属征烧埋银五十两给苦主。"[2] 烧埋银归"苦主"所有，苦主即受害者亲属，也就是葬礼的负责人。

7.5.2 元朝的司法机构

基于"民族异制"的立法政策，元代对各民族等级设置不同的司

1　元人尚火葬，丧葬叫"烧埋"，"征烧埋银"就是以丧葬费用赔偿或补偿丧家。《元典章》，卷43，至元二年（1265）二月，元世祖忽必烈下令："凡杀人者虽偿令讫，仍征烧埋银五十两。若经赦原罪者，倍之。"
2　引自宋濂等《元史》，卷105，《杀伤》，第2675页。

法机关。一般的司法机关是审理汉人、南人的，而对蒙古人、色目人则设有特殊的机关。蒙古人、色目人犯有重罪，专由"宗正府"审理，还必须由蒙古人对罪犯进行判决和执行。

至于元朝的中央司法机关，不设大理寺，仅设刑部及御史台"二法司"。就元代的统治者看来，大理寺与刑部的职掌重叠，应无单独设置的必要；所以刑部权重，"掌天下刑名法律之政令，凡大辟之按覆，系囚之详谳，拏收产没之籍，捕获功赏之式，冤讼疑罪之辨，狱具之制度，律令之拟议，悉以任之"。刑部直接审理在京狱讼（系囚之详谳）和覆核全国死刑重案（大辟之按覆），接掌了唐宋大理寺的一些职权。

此外，元朝特设的司法机关是大宗正府，历代的大宗正府都是掌理皇族宗室事务，其涉及刑名，仅限于皇族，而元朝却以"大宗正府"兼理蒙古和汉人交涉事件。元初，大宗正府设断事官，曰"达鲁花赤"，后将其职权范围扩大到"凡诸王驸马投下蒙古、色目人等，应犯一切公事，及汉人奸盗诈伪、蛊毒厌魅、诱掠逃驱（驱，元代指华北地区的奴婢）、轻重罪囚"，悉掌之。

以宗正府掌刑名司法，几有代大理寺或京师缉捕衙门之势，名不副实。仁宗皇庆初年（1312），"以汉人刑名归刑部"，旋于泰定元年（1324）"复命兼理"，又以上都、大都所属蒙古人及军讼色目人"与汉人相犯者，归宗正府处断，其余路府州县汉人、蒙古、色目词讼，悉归有司刑部掌管"。此后，大宗正府的司法职能主要行于二都。

【问题思考】

1. 宋代的司法审判程序与唐代相比，有何特色？宋代之所以产生这种程序与独特的司法概念，其时代背景为何？试详加论述。
2. 长期以来，对于宋代的编敕，学界流行一种"以敕代律"的说法，认为"敕"完全取代了"律"的地位，《宋刑统》不再起任何作用，这种观点，你以为然否？有无别的看法？

3. 在中国法制历史上，元代法制有何特色？是否属于中华法系的支脉？
   又元代有无一部系统而完整的法典？理由何在？请析释其大要。

【参考文献】

1. 徐道邻：《宋朝的法律考试》，收于氏著《中国法制史论集》（台北：
   志文出版社，1975 年 8 月），第 188—229 页。

2. 戴建国：《宋代编敕初考》、《宋代审判制度考》，分别收于尤韶华主
   编《中国法制史考证》，甲编第五卷，《历代法制考·宋辽金元法制
   考》（北京：中国社会科学出版社，2004 年），第 77—107、226—
   267 页。

3. 柳立言编：《宋元时代的法律思想和社会》（台北："国立"编译馆，
   2001 年 1 月）。

4. 姚大力：《论元朝刑法体系的形式》，收于柳立言编《宋元时代的法
   律思想和社会》（台北："国立"编译馆，2001 年 1 月），第 83—128
   页。

5. 陈高华：《元朝史事新证》（兰州：兰州大学出版社，2010 年 10
   月），第 1—35 页。

近世篇

中国法文化的盘整与转化

8　明清社会与法制的发展

长安市上醉春风

乱插繁花满帽红

看尽人间兴废事

不曾富贵不曾穷

宋·陆游《一壶歌》

明清社会与法制的发展

公元 1368 年，布衣朱元璋崛起，扫平群雄，驱逐元统治者，建立了明帝国，至 1645 年南明政权亡，历 277 个年头。16、17 世纪的明帝国，可以说是当时世界上最大、最复杂的政治体制，在明中叶以前，不论在社会、经济、文化、思想各方面，都展现蓬勃的生机和崭新的面貌，是走向近代世界的中国王朝。

1644 年，原建立于中国东北地区的清政权，入主北京。清朝统治中国的 260 年间，其立国之初，是当时最有生气的新兴力量；其建立的多民族统一国家，是今天中国版图的基础；康、雍、乾号称盛世，人口益增、土地拓垦、物产盈余、边疆绥靖，它的综合国力实远胜于汉、唐。帝制中国社会，到了清朝，可以说已发展到巅峰状态。

明清由于人口快速增加，商业的经济规模也随之扩大，国内和海外市场的大量需求，带动了专业化的商品生产。江南地区的农村纷纷改种经济作物，使得长江下游和大运河沿岸的商业活动相当活跃。经济结构的改变，是否带来不一样的法文化风貌？而西教与西学的东来，是否也转动了传统中国法文化？

虽然传统上，我们都将明清帝国五个多世纪的专制统治，当成一个同构型甚高而又延续不断的历史时期，其实，两代之间的法文化，仍各自有其不同的风貌。

8.1 明朝法律的基本内容与特色

探讨明代法制，有几个值得关注的课题：洪武《大明律》和明之前的法典有何关联？唐明律之间有何转化？朱元璋为什么要制颁特别刑法《大诰》？它的主要内容是什么？律与例间的关系又是如何？

8.1.1 《大明律》与《明大诰》

明太祖初命李善长详定律令，于洪武元年颁行。后历经多次更修，于洪武三十年（1397）正式颁布《大明律》，是明初最重要的立法[1]。该律"立纲陈纪，法体汉唐，略加增减，亦参以宋朝之典"，被奉为"一代大法"，这说明《大明律》和之前的唐宋律典保持着密切的传承关系。

《大明律》之首，列有《五刑图》《狱具图》《丧服总图及分图》《服制》《例分八字之义》等，该律的实质内容和指导精神虽本《唐律》，然仍有所新创；它的体例也有相当的变革和突破，不再承袭《唐律》十二篇分目，而归其类为三十卷，"卷"可说是《唐律》十二篇的扩大和细分。图示如下：

篇　　名	内　　容
名例律，一卷	四十七条
吏律，二卷	职制十五条、公式十八条

1　参阅杨一凡《洪武〈大明律〉考》，收于杨一凡主编《中国法制史考证》（北京：中国社会科学出版社，2004年），甲编，第6卷，第11—14页。

续表

篇　名	内　容
户律，七卷	户役十五条、田宅十一条、婚姻十八条、仓库二十四条、课程十九条、钱债三条、市廛五条
礼律，二卷	祭祀六条、仪制二十条
兵律，五卷	宫卫十九条、军政二十条、关津七条、厩牧十一条、邮驿十八条
刑律，十一卷	盗贼二十八条、人命二十条、斗殴二十二条、骂詈八条、诉讼十二条、受赃十一条、诈伪十二条、犯奸十条、杂犯十一条、捕亡八条、断狱二十九条
工律，二卷	营造九条、河防四条

对于如是的编纂体例，明代学者邱濬（1420—1495）曾评说：

（律）且又分为六部，各有攸司，备天下之事情，该朝廷之治典；统宗有纲，支节不紊，无比附之劳，有归一之体，吏之所守而不眩于烦文，民之所避而不犯于罪戾，诚一代之良法。[1]

邱濬又认为，《大明律》四百六十条，"简而明、久而信"，"未尝他有所编类如唐、宋格敕者"。明人叶良佩也说："国家之法虽本于李唐之十二篇，然或芟繁定舛，因事续置，大抵比旧增多十二三，而祥德美意殆未易以言语殚述也。"[2] 或许，是当代人评当代事，明人所论，多称其善。

由于朱元璋极为重视这部律典的稳定性，把它视为"不可更改"的成法，"令子孙守之，群臣有稍议更改，即坐以变乱祖制之罪"。综观有明一代，此律自颁行之日起直至明末，除万历十三年（1585）合

1　引自邱濬《定律令之制》，《大学衍义补》（北京：京华出版社，1999 年），卷 103，下册，第 880—887 页。
2　参阅刘锦藻《续文献通考》（上海：商务印书馆，1936 年 3 月），卷 7。

刻颁行《大明律附例》时改动 55 个字外，未有变更。虽然，在嘉靖朝以后，将《问刑条例》附于律后，形成了律例合编体制，但 460 条律文作为明王朝基本大法的地位始终未曾动摇过。

附带一提的是，从洪武十八年到二十年间（1385—1387），朱元璋为进一步巩固其专制集权统治，为防止"法外遗奸"，乃采取"重典治乱世"的政策，另颁布了一部严厉惩治吏民的特别刑法——《明大诰》。所谓"大诰"，本是帝王对于臣民的告诫，语出《尚书·大诰》："陈大道以诰天下"，亦即"普遍告知天下之人"。《尚书》原文记述的是周公东征殷代遗民时，对于臣下的训导[1]。朱元璋颁布《大诰》，虽名为仿效周公以"当世事之善可为法、恶可为戒者著为条目，大诰天下"，实际上，是为了警诫臣民，永以为训，用重法严厉地镇压臣民的反抗和不服。

从《明大诰》的内容看来，共有四编二三六条[2]，主要摘录了朱元璋对于臣民"法外用刑"的案例，借以"警省奸顽"；其次，还采用结合案件或另列新条的方式，颁布了一些严峻法令；又在条目中掺入了朱元璋对吏民有关重典治国的大量"训导"。因此，《明大诰》形式上由十个条目所组成，实质上就是案例、法令、训导等三方面内容的综合分类。它虽说是为惩治吏民的，但防治重点，明显偏在惩治贪官污吏和豪强作恶的犯罪行为。

由于朱元璋对《明大诰》情有独钟，当时宣讲之风很盛，甚至还一度把它列为科举考试的内容之一。然而，毕竟过于峻酷，并不得人心，所以当朱元璋去世不久，就被弃而不行。

1　诰，说文；告也。犹今之"布告"也。书序云："武王崩，三医及淮夷叛；周公相成王将黜殷，作大诰。"《史记·鲁世家》与此说略同。

2　其中《大诰》七十四条，《大诰续编》八十七条，《大诰三编》四十三条，《大诰武臣》三十二条。据《明史·刑法志》说，《明大诰》有"揽纳户""保安过付""诡奇田粮""民人经该不解物""洒派抛（包）荒田土""倚法为奸""空引偷军""黥刺在逃""官吏长解卖囚""寰中士夫不为君用"等十个方面的条目。

8.1.2 唐、明律的比较

虽说《大明律》继受自《唐律》，但两相对比，仍有所变化，其可得而言者约如下述[1]：

（1）《大明律》的体例凡分为七，第一篇为《名例律》；第二篇至第七篇，则以"六部"为纲，依次为《吏律》《户律》《礼律》《兵律》《刑律》《工律》，这是帝制中国刑法编纂史上的一大变革，也是明王朝专制中央极权统治高度强化的标志。从 460 条律文内容看，删去了《唐律》原 502 条中的 146 条，剩下的 356 条再合并为 285 条，另新增 175 条。可见，两律之间虽有承袭关系，但多所变异；简言之《唐律》被《大明律》所承用者，约占 61% 左右。《明史·刑法志》称其"日久而虑精，一代法始定；中外决狱，一准三十年所颁"。

（2）从《明律·名例律》言，对论罪科刑的各种原则也有所更展，例如：扩大数罪并罚的范围、严格应议者及其亲属犯罪的议请范围和程序、减化官吏犯罪的辅助处罚手段等，此外，就"犯罪得累减"作了新的规定，有关公私罪、共同犯罪、故意和过失犯罪以及比附援引等方面也重加详尽和严密的规范。

（3）《大明律》在整饬吏治方面较唐代严格，特别在《吏律》中设立了"奸党"专条，严禁臣下结党和内外官勾结，违者重惩。

（4）为了适应当时商品货币关系的发展和社会经济的新变化，《大明律·户律》特别着重于赋税差役制的立法。例如：《唐律》视"占田过限"为惩治的重点，《明律》则侧重于"帑项钱粮"，并在刑罚上较《唐律》为重。此外，《大明律》中有关《钞法》《钱法》《盐法》《私茶》《匿税》《钱债》的规定，也颇具时代特色。

（5）《大明律·礼律》，基本上沿袭《唐律》而来，但部分条款较《唐律》处罚为轻。至于《大明律·兵律》内容虽多沿自《唐律》，刑

1　有关唐、明律的详细比较，参阅杨一凡《洪武〈大明律〉考》，第 26—33 页。

罚也互为轻重，但对军人犯罪的范围，比起《唐律》，规定得更为广泛而详尽。

（6）在《刑律》篇中，《大明律》贯彻了严"贼盗"罪、人伦罪的精神，扩大了谋反、大逆、谋叛罪的株连范围，对于恶逆及强盗、造妖书妖言、诬告、诈伪制书等方面的重罪处刑较《唐律》严厉。而对于风俗教化方面的犯罪，如和奸、重婚、亲属相盗等，则处刑较《唐律》为宽缓。

综上看来，《大明律》较之《唐律》"简赅"，但"宽厚不如唐"。其"简赅"只是在篇目和律条上的表现；从科刑上言，《唐律》"轻重适宜"，而《大明律》显然"重其所重，轻其所轻"。所谓"重其所重"，指凡是重大刑事犯罪案件，《大明律》都较《唐律》为重；"轻其所轻"，则指凡是有关伦理风化及民事法律关系，《大明律》都较《唐律》为轻。可见，《大明律》尽管在"体"方面继受自《唐律》，但在"用"上，则体现了朱元璋"重典治国"的理念。清末刑部尚书薛允升（1820—1901）评价《大明律》时，曾说：

> 明代则取《唐律》而点窜之、涂改之，不特大辟之科，任意增添，不惬于人心者颇多，即下至笞杖轻罪，亦复多所更改。揆其意，总在求胜于《唐律》，而不屑轻为沿袭，名为遵用《唐律》，而《唐律》名存而实亡也。[1]

至于唐、明律差异所在，薛氏又谓："大抵事关典礼及风俗教化等事，《唐律》均较《大明律》为重；贼盗及有关币帛、钱粮等事，《大明律》则又较《唐律》为重。"薛氏身为清人，贬斥《大明律》，意在当代，盖《清律》承自《大明律》，薛氏不便明言而已；贬斥《大明律》，当可意会；但评《大明律》于《唐律》"重其所重，轻其所轻"，可说相当中肯。

---

1 参阅薛允升《唐明律合编》（台北：台湾"商务印书馆"，1977年12月）"唐明律卷首"，上册，第1页。

8.1.3 《问刑条例》与《大明律》的关系

从明代初期起，在律、诰之外，因世事纷杂，与有律无明文时，往往取自上裁，著为事例，凡此事例中系经久可行者，编为《问刑条例》而行用于司法实务之中。在明代法制史上，《问刑条例》可说是继《大明律》之后极其重要的立法[1]，初为单行刊本，后亦附于各律条之后。对于《问刑条例》与《大明律》之间的关系以及"例"的作用，长期以来，学界有"例以辅律"和"例以破律"两种不同的评价。

主张"例以辅律"者认为，《问刑条例》与律保持一致的立法标准，万历时，大臣舒化特别强调："盖立例以辅律，贵依律以定例。"在此指导原则下制定的《问刑条例》，必然是"非以破律，实以辅律"。以弘治例而论，279 条中有 114 条属新增条款，131 条属补充条款，18 条属修正条款，只有 4 条是与律相抵触者。另外，还有 4 条与律文完全一致者，大概是为强调而重复。其中，除抵触条款者外，其余四类约 267 条或与原律文略有关连，或直接来源于律，或完全与律相同，要之，在内容上并未全然"破律"。

主张"例以破律"者则认为，条例的出现打破了《大明律》的独尊地位，使例得以"因缘而生"，进而"因例生例"，造成了立法上的混乱，影响了明律的正常运作。

实际上，终明一代，条例纷繁，法规范的实际效果也不尽相同。一般说来，之所以造成"以例代律"、"以例破律"之不良后果者，大多是那些属于君主个人恣意颁行的事例。至于凡经过统治者精心修订的条例，大多尚能坚持"以例辅律"的立法指导思想，似不宜把定例与那

1　明代中后期，《问刑条例》曾三次修订，即弘治十三年（1500）、嘉靖二十九年（1550）及万历十三年（1585）。详参赵姗黎《问刑条例考》，收于杨一凡主编《中国法制史考证》，甲编，第 6 卷，第 154—212 页。

些"冗琐难行"的条例一概而论[1]。话虽如此，由于《明史·刑法志》在记述明代条例时，只强调了"因律起例，因例生例，例愈纷而弊愈无穷"这一侧面，从而直认为它的实施引发了"以例破律"的消极作用，导致"人不知律"，"律则被视为具文"的刻板印象。

究其实，"律"与"例"的关系，原初之意，或正如弘治间议修条例时所论："例以辅律，非以破律。"嘉靖间也有臣工奏言："律者，万事之常法；例者，一时之旨意。"但是，其后，例愈修愈多，本来例因律起，却因例再生例，遂至例愈纷杂，且弊也无穷。

8.2 明朝的司法制度

传统中国法制文明极为悠远，自三代法理思想发轫，开启了司法审判体制的源头，到了明代，有因有革，风采独具。

8.2.1 中央司法机构

明代的中央司法审判机关以"三法司"为主，且进一步将其制度化，"三司推事"转变为"三法司会审"；刑部受天下刑名、都察院掌纠察、大理寺司驳正，权重在刑部。绝大多数的案件均由三法司审理，此外，也有其他中央机关得兼理司法审判者，如内阁、吏部、户部、礼部、兵部、工部、宗人府、五城御史、司礼监、锦衣卫等机关。或许可以这么说，三法司是狭义的中央司法审判机关，其他兼理者则属于广义的[2]。

如此看来，与唐宋相较，名称虽同而职权略有不同；唐宋以刑部覆

---

1 参阅杨一凡、曲英杰《明代问刑条例的修订》，收于《中国法律史国际学术研讨会论文集》（陕西：陕西人民出版社，1990年9月）。
2 有关明代中央司法审判机关之"三法司"，参阅那思陆《明代中央司法审判制度》（台北：正典出版社，2002年6月），第28—58页。

核大理寺的判决，明则以大理寺覆核刑部，视大理寺为慎刑机关。如以传统中国三法司的历史分期演变可分为形成期、确立期及发展期三个阶段，为明晰起见，图示如下：

历史分期（朝代）	三法司			备注
形成期 （两汉魏晋南北朝）	廷尉	御史台	尚书台 （三公曹等）	北齐时，廷尉改称大理寺
确立期 （唐五代宋）	大理寺	御史台	刑部	
发展期 （明清）	大理寺	都察院	刑部	

明朝中央司法机关正式以"三法司"相称，洪武十七年（1384），建三法司于南京太平门外钟山之阴，命之曰"贯城"。太祖欣然下敕言：

> 贯索七星如贯珠，环而成象名天牢。中虚则刑平，官无邪私，故狱无囚人；贯内空中有星或数枚者即刑繁，刑官非其人；有星而明，为贵人无罪而狱。今法天道置法司，尔诸司其各慎乃事，法天道行之，令贯索中虚，庶不负朕肇建之意。[1]

"贯索七星"和"天牢"，意即古代天文学上北斗七星的星象，它像珠圈一般贯串排列在空中，象征"牢狱"。朱元璋以"星象"喻法司和刑法，其实正此时，已诛胡惟庸，故党枝蔓未尽，大狱正在酝酿中，真不知此时星象又如何显示？

三法司的职责范围分述如下：

1　参阅《明史·刑法志二》。

（1）刑部：明代刑部权重，受理天下刑案重罪。刑部为各省之上一审级，且直接受理京师案件。刑部增设十三清吏司，分掌各省的刑民案件，加强对地方司法控制。

（2）都察院：历代称御史台，明改为都察院，职掌纠察百司，辩明冤枉，为天子耳目风纪之司。都察院参与司法的职能在于监督，重大案件参与刑部、大理寺会审，称为"三司会审"，而后报皇帝裁决。都察院之监察御史，除在京履行职责外，还受命往各省巡按，巡按御史号称"代天子巡狩"，其使命之一就是每到一地必先审录罪囚，察看有无冤滥。

（3）大理寺：明代大理寺已不再是审判机关，而是覆核机关，纠偏驳正，平反冤错。凡刑部所审狱讼，"皆移案牍，引囚徒，诣寺详谳"覆审，如囚不服或发现有情词不明或失出入，或引拟不当，抵牾律意等情况，予以驳令改拟或再审。如此三改不当者，奏请皇帝裁决。

8.2.2 诉讼制度

明代的诉讼制度由"起诉"及"审讯"两大部分所构成，其起诉制度基本上沿袭唐、宋之制，变化有限；而审讯制度则不然，甚有独特之处，这就是"会审"制的创立。明代诉讼，无论起诉或审理，两京和京外都不一致。在外实行自下而上的诉讼原则，户婚、田土、斗殴视为"细事"，由民间里老首先审理，不服才能告官；人命、奸盗、诈伪可以直接告官，但只能向本管官司告诉，不能越诉。两京诉讼直接由刑部、都察院透过通政司受理，或京师地方官府移送审理[1]。

明初定制，笞五十者，县决之；杖八十者，州决之；一百者，府决之，徒以上具狱送行省。洪武末又改为各布政司（省）及直隶府州县，审决笞、杖、徒、流、迁徙、充军、杂犯死罪解刑部审录，以后成为定

1　参阅尤韶华《明代诉讼制度考略》，收于《中国法制史考证》，甲编，第6卷，第213页。

制[1]。地方权限较前缩小，因为代表中央的行中书省撤销，徒以上案件就应径报刑部。死刑案件报刑部详议，大理按覆，决不待时之重囚，奏请裁决；都察院于审判中负监督纠察之责，这是一般性性质案件的审判程序。

明代有三种覆审方式，即审级覆审、上诉覆审、案件审核；此外，会审也是审理的一种方式。会审之制在明初洪武年间即已萌芽，明中期始形成制度或成惯例，各具特色；"会审"，即会官审录囚犯；目的是辨明冤抑，减少淹禁。其类型约述于后：

（1）九卿会审：亦称"圆审"。明代九卿，指吏、户、礼、兵、刑、工六部尚书及都察院左都御史、大理寺卿、通政使。凡重大案件，三法司审拟，而囚犯二次翻供不服者，则具奏会九卿鞫之。如审讯仍不服，则请旨裁决。

（2）大审：明中叶后，宦官干政，甚至参与司法。明宪宗成化十七年（1481）命司礼监太监一员会同三法司堂上官，于大理审录，称"大审"。此后，每五年大审一次；大审主要是清理疑狱，对象是监禁多年的囚徒。处理方式为：重囚情真罪当，监候秋后处决，矜疑免死充军，杂犯死罪以下减等发落。

（3）热审：明代实行的一种恤刑制度，目的是为防止天暑酷热而使狱囚病死狱中的一种清理刑狱方式。始于成祖永乐初年，宣宗宣德号称治世，热审屡屡行使。热审是每年小满后十余日，司礼监传旨下刑部，会同都察院、锦衣卫题请审录在押囚徒，最初只是笞杖轻罪予以决遣出狱，后来宽及徒流以下，可以减等输纳。

（4）朝审：明英宗天顺三年（1459），令每岁霜降后，三法司同公、侯、伯会审重囚，谓之"朝审"。英宗诏旨曰："人命至重，死者不可复生，自天顺三年为始，每至霜降后，但有该决重囚，着三法司奏

---

1 参阅《明史·刑法志二》。

请会多官人们，从实审录，应不冤枉，永为定例。"[1] 朝审是审录在京
的囚徒，对外则沿用明初以来的会官审录制度，令"刑部官及监察御
史分行天下，清理狱讼"。朝审和差官审录似不应属于审判程序，而是
覆核程序，这一制度到了清朝，演变成极具意义的秋审制度。

8.2.3 申明亭与民间调处

比较特殊的是，明代在县以下的乡里，还有一特设的申明教化的场
所，名为"申明亭"，始设于洪武五年（1372）。该亭主要用来张贴榜
文，明书犯法者的罪过，以警诫世人，使人知所畏惧而不敢为恶。一般
民事纠纷，也由里老在此受理、调解。洪武二十七年（1394）夏四月
壬午：

> 命有司择民间高年老人公正可任事者，理其乡之词讼，若户
> 婚、田宅、斗殴者，则会里胥决之。事涉重者，始白于官，若不由
> 里老处分径行诉县官，此之谓越诉也。[2]

而洪武三十一年（1398）颁布的《教民榜文》规定：户婚、田土、
钱债，均与水制、私宰耕牛、擅食田园瓜果等民事案件，属民间细事，
禁止径行诉官，必须先由本里老人、里甲断决。明时规定，凡不经乡理
调解而直接申诉至县的，都要作为"越诉"而被追究刑事责任。

其时，"天下邑里皆置申明、旌善二亭"，里老于其中调解纠纷。
调解制度是传统中国解决民间纠纷的一种方式，历来都颇受重视，但像
明太祖这样以国家法令来规定者，尚属罕见。《大明律》中还专设"拆

1　参阅（明）王樵《方麓集》，收于《影印文渊阁四库全书》（台北：台湾"商务印书馆"，1983 年，册
　　1285），卷 8，《审录重囚旨》。
2　引自《明太祖实录》（台北："中研院"历史语言研究所据北京图书馆校印红格钞本微卷影印，1962 年），
　　卷 232。

毁申明亭"一条[1]，犯者满流。这样的重罪，足见其用心。这或与朱元璋出身农家有关，他深知民间里老的作用和百姓告状的艰难。

8.3 清朝的立法素描

清初开国诸君，深知清人以武力取天下，但不能仅以武力治天下，为长治久安计，对法制规划十分重视。本来满洲兴起之时，所谓"民淳法简，大辟之外，惟有鞭笞"，颁布过名为"盛京定例"的法令，不过，它只是沿用蒙古习惯法的罚牲畜之类，所以在关外时期，清朝可说尚无一部系统性的法规范可言。甫一入关，为使新建立的政权免于无法可依，多尔衮即宣布"即令问刑衙门，准依明律治罪"，继而又进一步制颁新的法典。

清律大体上系继受明律而来，但有清一代的法规范，因陆续纂修条例而有相当程度的变化。

8.3.1 《大清律例》中的律与例

清朝立法，始于努尔哈赤，《清史稿·刑法志》提及，太祖之初"始定国政，禁悖乱，戢盗贼，法制以立"。经顺治、康熙、雍正，完成于乾隆，所谓"运际昌明，一代法制，多所裁定"。《大清律例》是清王朝最主要的基本法典，顺治元年（1644），清廷以"详译明律，参以国制，增损裁量"为指导原则[2]，着手制定成文法典，三年律成，并附以条例，定名为"大清律集解附例"，颁行全国。十三年，复颁满文版《大清律》。康熙二十八年（1689），复将康熙十八年（1679）纂修的《现行则例》附入《大清律集解附例》之中。雍正元年（1723），又

1　《大明律·刑律·杂犯》条规定："凡拆毁申明亭房屋及毁板榜者，杖一百，流三千里。"
2　引自清顺治三年（1646）《御制大清律序》。

命续修，三年书成，五年颁布《大清律集解》。乾隆五年（1740），再逐条修订后，更名为"大清律例"，于八年（1743）刊刻结束并颁行天下。

其后，虽历经修订，但仅增附于律后之条例，而律文则无多变动。清朝立法的特色，不仅是"律例"合纂，还在于修"例"不修"律"。历经顺治、康熙、雍正、乾隆近百年三四次大的修律活动，渐趋于定型。所谓"定型"，并不是不再发展，而是其律文保持相对的稳定，不再增损；而其"附例"则五年、十年定期纂修，不断删改续增，附例含"条例"和"事例"两类。

律和例，是清朝两种基本的法规范形式。"律"为纲，有较大的稳定性；"例"为目，性质较为灵活，用以补充"律"之不足，两者相互依存。据统计，康熙初年的旧例为321条，至康熙六十一年（1722）增至436条。雍正三年（1775）的《大清律集解》，附例为824条，但是，乾隆以后，例愈修愈多，律文自雍正后346条不再变化，而附例至乾隆四十三年（1778）增加到1508条。再经嘉庆、道光、咸丰、同治四朝，至同治九年（1870），陆续增至1892条。另外，还有为数极其庞杂的成案、说帖、驳案、省例等，这些也都是在司法实务上运用，而有待纂修的条例。

"律"与"例"联用是传统中国法典的一大特点，它以成文法为主体，以维持立法、司法的统一；又以"例"作为补充，以弥补"三尺律令，未穷化一之道"。这种律例合用既不同于当今以成文法为主的欧陆法系，又与以判例法为主的英美法系有所区别。以刑事的成文法言，"律"的主要任务是维护国家的统一，规范全体臣民的行为，区别"罪"与"非罪"等。"例"则根据不同形势的需要，因时、因地、因事，根据统治者的意志，对某些律文进行修改、补充、废止或创新，因而具有灵活性、便利性和适应性。

必须厘清的是，《大清律例》中的律本文及其附例之间的关系究竟为何？向来说法并不一致。一说是清朝"例"的地位优于"律"，也就是所谓的"以例代律，以例破律"。《清史稿·刑法志》上说：

> 盖清代定例，一如宋时之编敕，有例不用律，律既多成虚文。
> 而例遂愈滋繁碎，其间前后抵触，或律外加重，或因例破律，或一
> 事设一例，或一省一地方专一例，甚且因此例而生彼例；不惟与他
> 部则例参差，即一例分载各门者，亦不无歧异，辗转纠纷，易滋高下。

此说认为，清季的"例"在地位上凌驾于"律"之上，加之"例"
的内容极为繁杂，而且前后有相抵触者，且不断变化；清代又规定
"有例则置其律，例有新者则置其故者"，实际上，有例之律，已经没
有实际作用，属于具文。

而与此相对应的第二种说法则认为，律与例的关系表现为"律主
例辅，律例并行"的体制，此可从《清朝通志》中得知：

> 律以定罪，例以辅律。

以上两种说法究以何者为的论？又是否有其他第三种解释呢[1]？究
其实，律、例都是清代国家重要的法规范，二者也都同时规定在国家基
本法典《大清律例》之中；但是，"律"是国家最根本的法规范，是法
律的主体；"例"的产生原初是根据社会的变迁，为补律文之不足而
来。不过，实际上，正如《清史稿》上所说，到后来，已演变成"以
例代律、以例破律"的局面了。清代的袁枚（1716—1797）对于当时
律与例的冲突，也洞烛其弊地说：

> 律者，不世之法也；例者，一时之事也。万世之法有伦有要，
> 无所喜怒于其间；一时之事，则人君有宽严之不同，卿相有仁刻之

1　参阅王侃、吕丽《明清例辨析》，收于苏亦工主编《中国法制史考证》，《历代法制考·清代法制考》（北
京：中国社会科学出版社，2004 年），甲编，第 7 卷，第 179—215 页。

互异，而且狃于爱憎，发于仓卒，难据为准。[1]

8.3.2 会典和则例

除了律和例以外，清代另有会典及其事例、各部院衙门则例，以及少数民族地区的法规范，凡此构成了完整的清代法规范体系，可说已达相当完备的程度。而其中值得一提的，一是《清会典》的编制，另一是各部院衙门则例的制定[2]。

8.3.2.1 《清会典》

《明会典》，仿效《周礼》的体例编纂而成，它是"会要"与"典章"之义，记载了明代的官制和典章制度，是明朝重要的法制文献。清仿《明会典》，编修《大清会典》，始于康熙二十三年（1684），历六年成书，162 卷。全书以宗人府为首，以下依次为内阁、六部、理藩院、都察院、通政司、大理寺等寺院监司。雍正、乾隆、嘉庆、光绪分别重修，有清一代共修五部《会典》，为后世留下了清代典章制度相当有系统的史料。

《清会典》以机关为纲目，"以官举职，以职举政"，或云"以官统事，以事隶官"。在每一机关之下，开列其机关建制、官员职数、品秩、职掌、权限，并考其沿革及历年事例。乾隆起，典与例分编，有乾隆《会典则例》，嘉庆、光绪《会典事例》，典为纲，例为目，典述其要略，例则详其依据。嘉庆、光绪两朝又编有《会典图》，绘舆地、坛庙、服饰等图，定其典制。

《清会典》采辑"以各衙门开造文册（档案）为凭"，又兼采历朝实录、官书、政书、律例，取其皇帝的谕旨及臣工题奏获准的议案收

---

1 引自袁枚《答金震方先生问律例书》，收于《小仓山房文集》（上海：上海古籍出版社，1988 年 3 月），卷15。

2 有论者说"会典"和"则例"类似当今的行政法典，但有持不同见解者。

入，因此《会典》具有国家法律汇编的性质。乾隆明确规定"会典所载，皆系现行规条"。时人亦谓"《会典》乃当代宪章，与律令相表里"；"《会典》所载，皆百臣奏行之政令，诸司分裂之职掌"。如果从《会典》规范国家机关的职能角度言，颇为类似当今的行政组织法。

由于《清会典》是在广泛吸取历代行政立法成果的基础上编纂而成，特色独具，尤其，在体例结构上，相当程度地完善了传统"行政法"规范的编纂体制。《清会典》以六部为纲，典例分编，"典为经、例为纬"，"会典乃载大纲、则例乃定细目，一为永久不变之制，一为随时损益之法"。[1] 会典作为全面规范国家活动总纲，从总体上规定了国家的行政体例、机关设置与职责、官员的铨选与考核、行政活动程序等基本原则，用以调整整个国家组织活动和管理活动中的一切行政法律关系。

8.3.2.2 则例

清代除了会典之外，还有各衙门的则例。所谓"则例"，即事例，是由中央各部院衙门在执行政务的过程中所形成的各种事例，经整理汇编，由皇帝批准颁布实施，作为会典的施行细则和补充，与会典同具法规范效力；这是清政府为加强对国家机关管理，充分发挥各职能部门作用的又一重要行政立法措施。则例的名目繁多，就其性质可分为两大类：

（1）一般则例，即由会典编纂馆及各部院就一般行政事务编制而成，主要有《大清会典则例》《大清会典事例》《吏部则例》《户部则例》《礼部则例》《兵部则例》《工部则例》等，其中刑部并无专属本部之则例，因其所规定的有关内容已列入《大清律例》之中，无须另行编制。

（2）特别则例，系由各部院就其所辖的特定事务编纂而成。主要有《督捕则例》《八旗则例》《物料仿置则例》《六部处分则例》等。此外，还有《赋役全书》《学政全书》等，虽无则例之名，也是有关衙门的则例性质的规范，故属特别则例之列。

1　参阅《大清会典·凡例》，收于《近代中国史料丛刊》（台北：成文出版社，1991 年），三编，第 69 辑。

  各部院则例的内容均系皇帝谕旨和官员奏条的汇编，大都是各行政机构在处理日常行政事务和实施会典过程中所遇到的各种问题，经奏请皇帝裁可而"著为例"的。它不仅约束行政官吏，即对于一般人民，亦生效力；论者说："会典其大纲大法，而则例其细目法也，行政法之以例辅点，犹刑法之以例辅律也。"[1] 其不同之处，《大清律例》为律例合编，而则例与会典，从乾隆朝起两者分别编纂。如乾隆时编成会典八十卷，另编事例（即则例）九百二十卷。形成了以典为纲，以例为目的行政法规范体系，从而把所有国家机关及其日常活动全部纳入法的轨道，成为清朝"行政立法"的一大特色。

  如是看来，《会典》是大经大法，各衙门"则例"是本部门的规章。清代《会典》和"则例"的编纂，虽承继唐、明，但远胜于历代，由于各部院则例的大量广泛制颁，把清代行政立法推进到一个崭新的阶段。其作用主要表现在：

  （1）会典从总体上规定国家的行政体制，行政机关的组织与职责、官吏的铨选与考察、行政活动程序等；而各部院则例则根据会典的精神和原则，把各部院的职责范围，各部僚间的相互关系、官员的各自职责以及对职责所应承担的法律责任具体化、程序化。

  （2）由于会典"为永久不变之制"，则例"为随时损益之法"，具有很大的灵活性，透过各部院定期修订，则例内容可以不断得到充实和调整，因而更能适应社会变迁的需求，充分发挥行政法规治国治政的功能。

  （3）由于则例均系各部院"档案之择要汇存"，因而较之会典更具体、更及时、更真实地反映国家机关行政活动的情况，以至编修会典时很多条目均直接参考或取材于则例。

8.3.3 清朝的民族异法和五刑之制

  清廷政权以满人统领天下，满汉之间是否异法而治？有无种族歧视

---

1 参阅梁启超《中国成文法编制之沿革》（台北："中华书局"，1957年），第43页。

的立法与司法政策？其刑罚种类是否有所变化？

8.3.3.1 旗人的特殊法律地位与司法特权

清朝统治中国的两百多年间，为巩固皇权，在"以夷变夏"的立国方针下，严格实行满汉异制、民族异法，采取"区满人与汉人而歧视之"的种族主义法律政策；在制定旗人法律地位的各类条款时，也始终坚持旗人享有特殊法律地位和司法特权。

清朝实行八旗制度，满洲人民都编入八旗，太宗时期又收编了蒙古八旗和汉军八旗。清代一般所称"旗人"，包括满族和实际上已经满化了的蒙、汉八旗人。旗人是清朝统治的基础，八旗军队是清朝统治依靠的武装力量，所以赋予旗人法律上的种种特权。

《大清律例》虽同样适用于满人与汉人，但为优待满人，另专列"犯罪免发遣"条："凡旗人犯罪，笞杖照数鞭责，军流徒免发遣，分别枷号。徒一年者枷号二十日，每等递加五日；流二千里者枷号五十日，每等亦递加五日；充军附近者枷号七十日，近边、沿海、外边者八十日，极边烟瘴者九十日。"[1] 除真犯死罪者外，杂犯死罪也可以折枷。这种"易刑"的规定，使旗人可以免予离乡发配、免予苦役，致使一些旗人自恃地方官不能办理，因而骄纵滋事，地方官亦难于约束。又旗人初次犯窃罪止笞杖者，得免刺字，再犯依民人，以初犯论。比汉人之初犯即刺字，三犯即处绞候者，轻重自不相侔[2]。

以司法管辖权言，满人和汉人处于不同司法权之下，"理事厅"系专管旗人，条例上虽规定在外居住的八旗、汉军人等，与汉人一体编查保甲，所有民刑案件俱归所属州县办理，但州县与理事、同知、通判同居一城者，仍需由州县会同审理，理事等官非驻同城，方能由州县官自行讯办[3]。

旗人犯罪虽按《大清律例》定罪量刑，但在执行上则按"免发遣"

1　详参《大清律例》，《名例律》上，"犯罪免发遣条"。

2　详参《大清律例》，《刑律》贼盗中、"窃盗"，乾隆五十七年上谕，道光五年修改例。

3　详参《大清律例》，《户律》户役，"人户以籍为定"，嘉庆十九年修改例。

的规定处置。尽管清政府也知其弊，但为了维护统治民族的特权，也为了保持八旗驻防的兵力不损失，所以仍坚持这种不平等的法律政策。直迄清中叶以后，旗人分化，真正享有特权的是上层八旗贵族，而下层却沦落下去了。

8.3.3.2 五刑与法外之刑

《大清律例》以笞、杖、徒、流、死为正刑，不过，实际上刑制并不限于这五刑，另有一些法外之刑。示图如下：

五 刑 之 图		
笞 刑 五		
一十、二十、三十、四十、五十	笞者，谓人有轻罪，用小荆杖决打，自一十至五十，为五等，每一十为一等加减，今以竹板折责	
杖 刑 五		
六十、七十、八十、九十、一百	杖者，谓人犯罪用大荆杖决打，自六十至一百，为五等，亦每一十为一等加减，今以竹板折责	
徒 刑 五		
一年杖六十 一年半杖七十 二年杖八十 二年半杖九十 三年杖一百	徒者，谓人犯罪稍重，发本省驿处，应一切用力辛苦之役，自一年起加至三年止，为五等，每杖一十及徒半年为一等加减	
流 刑 三		
二千里杖一百 二千五百里杖一百 三千里杖一百	流者，谓人犯重罪，不忍刑杀，流去远方，终身不得还乡，自二千里加至三千里，为三等，每五百里为一等，加罪减概从徒	
死 刑 二		
绞 全其肢体	斩 身首异处	刑之极者

从以上的"五刑图"可以简要归纳出几点说明：

（1）笞、杖作为刑罚，自《唐律》以来，实际上主要是对官民违纪和过失的惩诫，是一种类似当今行政或民事的制裁方式。

（2）审讯时又有笞杖，作为刑讯的一种手段，与五刑之笞杖也难以区分。宋元以来的折杖法，明代的轻其轻罪，都使笞杖刑有趋于轻刑的走向。当然法司在审判时是否严格遵循，又是另外一回事，且笞杖作为刑讯也没有定数，轻责二十，重杖四十，州县官执法的板数是无须拘泥的。

（3）徒刑，清代定制"发本省驿递，其无驿县，分拨各衙门充水火夫各项杂役"。[1]

（4）流刑，分三等，初由各省巡抚衙门，按照里数，酌情发往各处荒芜或濒海州县。后来各省分拨流囚不均匀，不免有所挑拣。乾隆八年（1743）刑部纂辑了《三流道里表》，载某省某府流囚，按里数应发往何省何府安置，一一开列明白。

（5）斩、绞，法定的二种死刑，各分立即执行的"立决"，和暂缓执行、等待秋审的"监候"二种情况，乾隆五年（1740）律"五刑"条明确规定：凡律中不注监候、立决字样者，皆为立决，例中不注者即为监候。

除了法定正刑的五刑以外，死刑另有凌迟、枭首、戮尸等酷刑。清代凌迟，号称极刑，沿袭自《明律》，但条例所纂入凌迟者，多于明律例十余条。有关"凌迟"（左）与"枭首"（右）图示如下：

---

1 参阅《清史稿·刑法志》。

充军，始于明代，源于唐朝的加役流，宋代的刺配。充军，意为发配军营充役戍边，实际上是流刑的加重，分为附近、近边、边远、极边、烟瘴五等。充军定罪后由兵部发配，初时也有分配不均的问题，乾隆三十七年（1772）兵部制定了《五军道里表》，一如"三流"，远近均衡。除充军外，还有发遣、军台效力等，多用于缘坐案件，其中以文字狱等政治案件的流犯及官员犯罪者为多。

刺字和枷号，是清代常用的附加刑。"刺字"，即古代黥刑，凡盗贼刺字，后定例增多，凶犯、逃军、逃流、外遣、改发等都刺字。分别刺右臂、左臂、面颊。有的刺所犯事由，有的刺所配地方，还分别有满、汉文字。枷号，本是预防囚犯逃跑的械具，但清代广泛用作刑罚，原只限于旗人折枷代罪，后来也无旗、民之分。重枷有七十斤重，乾隆定制枷重至二十五斤，但实际上百斤重枷例有所见，枷号时间有枷半年、一年，以至永远枷号者。

8.4 清朝的司法制度

立法活动总归是白纸黑字而已，有清一代的司法实践状况如何？其所倚仗的司法制度又是如何？很值得观察。

8.4.1 司法机关——中央三法司

清代继受明代三法司的体制，中央司法机关有三，即刑部、都察院、大理寺，分述其职掌如下：

（1）刑部："掌天下刑罚之政令，凡例律轻重之适，听断出入之乎，决宥缓速之宜，赃罚追贷之数，各司以达于部，而肃邦纪。"具体说来，就是审核地方上的重案并向皇帝具题，审理发生在京师的杖以上的"现审案件",掌理地方上控案件与秋审事宜,主持司法行政与修订律例,以及审理中央官吏违法的案件。但刑部仅有权决定流刑案件,并需将判决送大理寺覆核,受都察院监督;刑部审理不当,大理寺可以驳回更审;如果刑部和大理寺发生严重违误,都察院有权弹劾。

要言之,清代刑部有三方面的职责:其一,在皇帝之下,行使最高审判权,包括核拟全国死刑案件,审理京师地区的大小刑案,批结全国军、流案件,办理全国秋审和朝审事宜;其二,司法行政职权,如造办"黄册"(命盗重囚、秋审等的统计册),即司法统计,狱政管理,赃款罚没,本部法司官员考核等;其三,立法方面职权,负责律例馆工作,主持律例修订,平时积累例案,开馆时纂修定拟。

(2)都察院:"掌司风纪,察中外百司之职,……凡重辟则会刑部、大理寺以定谳。"清代的都察院号称"风宪衙门",是法纪监察机关,主掌官员监察、谏议,有关司法职责是其职权的一方面,督察院所属十五道兼掌各省刑名。总的说来,清代的御史监察作用和影响,都远逊于明代。明代特兴的"代天子出巡"的巡按御史制度,清顺治十七年(1660)即被取消。清代实行"台谏合一",将六科合于都察院内,御史、科臣多看皇帝脸色行事,少有犯颜强谏或弹劾权臣之举。雍正后推行密折制度,每个大臣都有权密奏他人,但又得提防他人密奏,在一定程度上取代了都察院"天子耳目"的作用。

都察院参加司法审判事务,有二方面的职责:其一,会谳,即覆核拟议全国死刑案件,各省死刑案件由刑部受理后,奉旨核拟,而后将核拟意见送都察院参核,都察院副署其意见,再转交大理寺,大理寺副署后退回刑部,办理题奏,待皇帝批准;若京师死刑案件,则都察院、大理寺之司官与刑部司官先行会审,而后三法司堂官(长官)再行会审定谳,分别谓之"会小法"、"会大法"。其二,都察院参加秋审和朝审,执行覆奏的职责。

(3)大理寺:"掌天下之刑名,凡重辟率其属而会勘",为慎刑机关。实际上,大理寺参加核拟重囚也好,秋审也好,仅居于次要角色而已。

清代三法司的关系,清初大理寺卿魏管说:"持天下之平者(刑)部也,执法纠正者(都察)院也,办理冤枉者大理(寺)也。"一语道尽了刑部审判,都察院监察,大理寺覆核的制衡关系。不过,在实际分工上并非如此单纯,三个机关当中,刑部具主导作用,"外省刑案,统由刑部核覆。不会法者,院、寺无由过问,应会审者,亦由刑部主稿。在京讼狱,无论奏咨,俱由刑部审理,而部权特重"[1]。约言之,三法司中,都察院、大理寺并无司法审判实权[2]。从原初构想说,在覆核或会审时,都察院、大理寺都可以提出异议,也允许"一案两议"上奏,但实际运作上却绝少例证[3]。

8.4.2 刑名幕吏与司法审判

自隋唐科举发达后,传统中国职官多致力于经术而不太精稔律典。尤其,宋代以后科举出身的新科进士不太熟悉律令,担任地方行政首长时既缺乏处理地方事务的经验,又无法律、经济等专业知识,故其于从事司法实务工作时,往往须借重通律之吏。如此长期发展下来,到了明清,一般职官遂多受制于吏,而官为制吏,遂生佐官检吏的幕友[4]。因此,有关胥吏、幕友的法文化,有必要约略了解一下。

8.4.2.1 关于胥吏

胥吏、幕友作为明清衙门的重要组成分子,对司法实务运作的影响相当大。尤其,清代法律的适用多有"以例破律"的情形,而律与例

---

1 参阅昆冈等《钦定大清会典》(台北:新文丰出版公司,1976年),卷35、69、81。

2 《清史稿》曰:"外省刑案,统由刑部覆核。不会审者,院、寺无由过问,应会审者,亦由刑部主稿;在京讼狱,无论奏咨,俱由刑部审理,而部权特重。"光绪《大清会典》关于刑部职掌曰:"掌天下刑罚之政令,以赞上正万民,凡律例轻重之适,听断出入之孚,决又缓速之宜,赃罚追贷之数,各司以达于部,尚书、侍郎率其属以定议,大事上之,小事则行,以肃邦纪。"

3 史载乾隆二十六年(1761)秋审,发生过刑部、都察院一案两议之争,左副都御史窦光鼐不同意刑部的定拟,争辩相当激烈,结果受到乾隆斥责,认为窦光鼐"迂拙"不胜职,予以调离,皇帝还是支持刑部的意见。

4 参阅缪全吉《清代刑幕述要》(台北:中华法学协会、中国文化学院法律研究所印行,1967年),第5页。

间的差异，乃启胥吏、幕友上下其手的契机[1]。胥吏、幕友为谋个人私利，借职务之便，向双方当事人索贿之事所在多有，而一般百姓为免遭刁难，也往往被迫花钱消灾了事。清末笔记小说，例如《二十年目睹之怪现状》等，对此类现象已有大量记述。

清代各级衙门中，在编官员数均有额定，地方省、道、府、县，除正职外，法定辅助官员寥寥无几，中央各部院亦然。虽然中外衙门中都有超编的冗员，如帮办、候补、学习、额外等，终有限度，再者冗员也不见得能办事。所以，在衙门中随顺因缘产生一大批操刀笔、掌簿籍的文案办事人员，即胥吏。

胥吏，古已有之，《周礼》中有六官以下，各有府、吏、胥、徒一批，以后历代各有变化，但性质、职责大体相似。清代胥吏，又叫书吏、书差、书办，中央各部院的又称部办。书吏又有各种专业，如刑名、钱粮、算写、书启、挂号等等，但以刑名最为重要。各级地方衙门，刑名事务是其大端，所以离不开刑名书吏。刑部按覆全国刑案，工作繁剧，有部吏四百多人。刑名书吏负责收呈立案、堂审笔录、草拟差票、撰缮文稿、收贮档案等等。

清代胥吏不具品秩，不是朝廷命官，没有国家俸禄，也没有明确的任职资格和年限。他们大多是一些读过些书但举业不大的人，被官府所雇佣，拿取"工食银两"，另外，靠案件当事人收取各种"好处"费。胥吏往往长期在一个衙门供职，特别是地方州县衙门的胥吏，有终生为业者。

8.4.2.2 关于幕友

清代幕友，是清代地方衙门中特殊的一种人。汉晋唐宋，将军出征，往往有谋士应聘幕中，可看作清代幕友的渊源。但清代幕友不仅在军中幕下，主要是在地方各级衙门中，应主官之聘为幕，不是"幕职

1　参阅黄静嘉《薛著"读例存疑"重刊本序——对清代法制中"例"的问题之一些看法及重刊本规划之说明》，薛允升著、黄静嘉编校：《读例存疑重刊本》（台北：中文研究数据中心，1970 年），第 5—7 页。

官"，而是主官的"私人顾问"。清代盛行这种作法，一个地方官就任，必聘请幕友，少则三五人，多则十数人，督抚大幕往往有数十人者；幕友既是受聘，也就以"束修"为名接受主官的佣金。

清代幕友与胥吏性质不同，胥吏是衙门的办公人员，倚恃衙门；而幕友是主官的宾客，随主官而进退，故幕友的地位比胥吏高。做幕友也是一种职业，师徒相传授，称为"幕学"[1]。他们必须经过专门的幕业学习，具备他人所没有的法律专长；久居官府，熟谙官坊规矩；来自民间，洞察世故人情；机灵善变，老谋深算；对复杂分辨的事务性工作得心应手，游刃有余。而依其参与事务的不同，又可分为下列几类：

师爷　又称幕友、幕宾、先生等，是清代地方官的"参谋""助理"。他们受地方主官的雇佣，为主官出谋划策，并从中取得酬金。师爷不是国家官吏，没有品秩俸禄，但他们依仗地方主官之威，可自由出入衙门，办理地方公务。他们与主官的关系是宾主关系，用则行，不用则走。清代从督抚到州、县无不有师爷，只是多少而已。地方事务分为刑名、钱谷、书启、账房、征收等项目，所以师爷也分门别类，各有所管，其中又以刑名师爷最重，因为他们攸关人命。[2]

刑幕　刑名幕友的简称，即刑名师爷，是师爷中最引人注目的一种，专责狱讼。刑幕虽是地方官的刑名"参谋""助理"，而实际上却代理地方官行使司法权，他们常以地方主官的名义批语、制作讼词等[3]。因此，刑幕的品德和专业素养就直接影响到司法。清代刑名幕友的品流相当不一，当中，有仗义执言，疏财公允者，但也有不少长期把持成为"衙蠹"，甚或上下勾结，沆瀣一气者，司法风气之不良，也就不言可喻了。

刑书　刑房书吏的简称，地方衙门中从事司法辅助的小吏。具体工

1　详参夫马进《明清时代的讼师与诉讼制度》，收于滋贺秀三等著，王亚新、梁治平编《明清时期的民事审判与民间契约》（北京：法律出版社，1998年），第389—430页。

2　师爷大多来自浙江绍兴一带，故俗称为"绍兴师爷"。彼等父子相传，师徒相教，似乎有一种传统。为了传授做师爷的经验，有人还专门编写了《刑钱指要》等密传书，世代袭用，后继有人。

3　从现存顺天府档（存中国第一历史档案馆）、巴县档（存四川省档案馆）看，案卷上批词判语，也多为幕友所代拟，主官不过画个"行"字签罢了。不过清代幕友只在地方衙门有，中央各部院并没有。

作范围是：接受呈词、登记挂号、安排堂审、记录供词、制作文书、整理材料、保管档案等等。各地刑书的人员不等，但一般多于师爷，少则几十人，多则几百人，是地方司法中不可缺少的一支人力资源。

　　有清一代一向有"无幕不成衙"的说法，其时"各省的那些衙门，无论大小，总有一位刑名老夫子，一位钱谷老夫子"。何以刑幕、刑名书吏如此流行？这可能与那时的地方主官熟稔法律的不多有关，如是荫袭、捐纳而得，大多数不懂法律，即使是科举出身，也只是略知律条，精通者甚少，何况清例常变，所以须有一些熟悉律例者辅其司法。也因为当时地方的具体事物纷杂，主官不可能一人独揽，总要有些具体工作人员分担，尤其是司法工作比较繁杂和细致；所以，他们就随机而生，阵容也逐渐庞大[1]。从某种意义上说，清代的司法审判活动就是在刑名幕吏中进行的，如此一来，多多少少造成了国家权力向法定制度外的流逸。

8.4.3 诉讼审判制度

　　诉讼审判的程序攸关个人的权益甚大，有清一代不管刑事案件或民事案件，其司法实际运作面很值得观察。

8.4.3.1 刑事案件的逐级审转覆核制

　　清代刑事案件的审判采所谓的"逐级审转覆核制"，关于笞、杖轻罪由州县决断，徒刑由省级督抚审决，流刑和充军由刑部核覆批结，死刑则由刑部和三法司题奏，由皇帝作最终裁决。案件分级判决，但所有的案件审判程序均是由下而上，都须要层层上报覆核。具体来说，徒刑以上案件，在州县初审后，详报上一审级知府审理覆核，知府再转报上一审级按察司，如是，每一级都将不属于自己权限的案件主动上报，层层审转，直至有权作出判决的审级批准后才终审，于是，徒刑至督抚，

---

[1]　详参高浣月《清代刑名幕友研究》（北京：中国政法大学出版社，2000年1月），第1—29页。

流刑至刑部，死刑至三法司、九卿、皇帝。

逐级审转的程序都由州县开始一审，《清律》明确规定："凡军民词讼皆须自下而上陈告"，律之附例也规定："州县审理笞杖徒流人犯"，"州县承审命案"。如果按当今司法诉讼管辖权来说，州县既无权判决徒、流、死罪案件，也就无权受理。但是，清制必须由州县开始初审（当然皇帝亲自处理的钦案大狱例外），并且不是"预审"，而是正式的审判，要"拟律"，即严格具引有关律例条文的原文拟定其应得罪名。拟律又称"拟罪"，虽不立即发生法律效力，却是以后审判程序中不可缺少的基础。

州县初审后，知府、按察司、督抚、刑部、三法司也都同样"拟律"，逐级审转，无须当事人上诉，即开始第二审程序。律例并不限制当事人因"或有冤抑，审断不公"而上诉，但上诉与否，并不影响逐级审转的程序。

8.4.3.2 秋审制度

"秋审"是中央覆审外省死刑监候案件的会审制度，因于每年秋季举行，故名。用通俗的话讲，秋审，就是对部分死刑案件暂缓执行，等待来年秋天审录覆核，以决定生杀。清代秋审渊源于汉代录囚（虑囚）制度，直接沿袭于明代的"朝审"，发展完备，为一代刑制之要者。

死刑是剥夺犯人生命的刑罚，依照《大清律例》的规定，死刑条文高达四百五十多条，其中最多者为人命、强盗两大类，因而死刑案件一般称作"命盗重罪"，而死刑有"立决"和"监候"两种执行方式。立决，是立即执行，按程序至皇帝裁决后，"命下，钉封飞递各州县正印官或佐贰，会同武职行刑"，不在秋审范围内。监候，即押监缓刑，等候覆核，即入于秋审。当然，监候秋审的罪名都是情节相对轻者，才有可能缓刑免死。

秋审案犯，各省督抚于每年五月中旬以前，将本省监候秋后处决人犯，分别按其所犯性质、情节，区分成情实、缓决、可矜、可疑、留养承嗣等五类上报刑部[1]。每年秋天八月中下旬时，刑部各司将全国各省秋审本章整理覆核好，区分实、缓、矜、留，奏准，定于某日，在北京天安门外金水桥西朝房，会集九卿、詹事、科道及各院寺司监官员会审，是为"秋谳大典"。事实上，全国上千秋审案件要一天"审"完，势所难能，于是采变通方式，通常由刑部司员、部吏按招册"实、缓、矜、留""逐一唱报，公同审核定议后，分别缮册具提，后钦定"。若是奉旨入于情实者，还要向皇帝覆奏，初是三覆奏，乾隆时改为一覆奏，覆奏后还要奏请"勾决"，奉旨勾决者才下令处决。

奉旨缓决、可矜、留养承祀的案犯，秋审程序就此结束。可矜、留养的即已免死减等或责放，即属宽恤，死刑就不再执行。缓决案犯本年不执行死刑，仍然监押，等待明年再次秋审决定命运，如再次缓决就再等下年秋审，直到减等改判或改情实为止。

在秋审大典的前一天，办理京师刑部在押的监候死囚，称为"朝审"，程序与秋审同。

传统中国，虽历朝历代大都采取应报或警诫作用的刑罚政策，但在另外一面，也颇重视所谓的"慎刑"和"恤刑"的传统；清代秋审制度虽有流于形式之嫌，但总还是一种慎刑和恤刑制度，它最大限度地慎重对待了死刑的判处，在相当程度上减少了枉滥错杀，同时，也在向人民宣示皇帝的"好生之德"。遗憾的是，由于刑讯过度、拷掠致死，监狱黑暗、瘐毙囚犯者，也是法禁不能的。尤其清末，社会动荡，又有所谓的"就地正法"，不少人在法定程序之外就被处决了，凡此无不大大降低了秋审制度的正面意义。

8.4.3.3 民事和轻微刑案的调处及其法源依据

清代将田土、户籍、婚姻、财产、债务，以及赌博、斗殴轻伤等称为"民间细故"，由州县自行审理。用当代的话说，州县"自理"案件，即民事案件和一部分轻微刑事案件或违反社会秩序维护事件，此类

1　详参朱金甫、张书才主编《清代典章制度辞典》（北京：中国人民大学出版社，2011年7月），第491页。

案件按《大清律例》大多应处以笞、杖，所以，又称为"笞杖轻罪"案件。

百姓告状到州县衙门"喊禀"，但以书状为准，州县受理后，传齐原被两造及里甲邻右证佐，进行审理。虽然大部分的民间细故可以在律例中找到笞杖的依据，但是在审理时，州县对自理案件的审断基本上有两种形式：责惩后作出裁决或调处息讼。一般多采用后者，或再加以责惩。所谓"责惩"，即酌量笞杖，或加枷。而"调处息讼"，即调解，其程序如何，法律并无明文规定，大体有当堂调处撤诉、责令双方堂下自行调解、指定中正保人调处双方等。调处成功后，双方向州县具结不再争讼。调处的依据，可以不必受律例条文严格的拘束，有时甚至可依据伦理道德标准、风俗习惯、法理精神和人情义理等作出综合决断。

清代没有像明代设"申明亭"，但担任调处的主持人通常还是族长耆老、乡绅里甲有德行声望者。告状到州县的调处是"诉讼内调解"，还有更多的民间纠纷未经到衙门，就已经调处，是"诉讼外调解"。调处息讼运用家族、保甲组织的力量，将一些民间纠纷化解在基层，对传统中国社会秩序的稳定发挥了相当大的作用。

值得探讨的是，有关州县自理案件的审理，这一类的"听讼"，州县官到底是否严格遵循《大清律例》来审判？影响州县官或是审判者进行裁决的因素到底为何？向来，在学界有两种对立的见解，一是滋贺秀三（1921—2008）对于清代司法审判之中"情、理"重于"法"的主张；另一是黄宗智所主张，国家法律在判决中仍旧是占最重要的地位。

滋贺秀三透过清代各种判牍判语的整理后发现，州县官的裁决并非仅是依据国法所进行的，反而是以透过非实定性的情与理进行裁判为多[1]。他认为，此类"细事"不受到"官司断罪，皆须具引律例"的规定拘束，事实上州县审理此类案件，一般亦未引用《大清律例》的规

---

[1] 参阅滋贺秀三《民事的法源の概括检讨——情·理·法》，收于氏著《清代中国の法と裁判》（东京：创文社，1984 年），第 263—304 页。（中文版）参阅范愉译《清代诉讼制度之民事法源的概括性考察》，收于王亚新、梁治平编《明清时期的民事审判与民间契约》，第 21—22、29、38 页。

定加以处理。在传统中国"父母官型诉讼"的影响下，"听讼"的民事审判程序本质上是一种"调解"，被视为父母官的地方官除了必须洞察案件的真相，并拥有施加惩罚的权限，同时以劝谕或命令的方式，迫使当事人接受某种解决方案。即使形式上存在经由上控，获得翻案的可能，但是此类案件在"府"的审理方式，与在州县审理时并没有太大的差异，换言之，相对于重案的程序要求，这一类"细事"并不存在让当事人循制度性的对决，以及超然第三者对纷争裁定胜负的诉讼结构。申言之，滋贺认为清代中国州县自理案件的审判，与近代欧陆法强调胜诉和败诉般"竞技型的裁判"不一样，而是属于一种带有强烈调解色彩的审判，也就是一种"教谕式的调解"。

黄宗智则从四川巴县、宝坻及台湾《淡新档案》等素材的实证研究，认为在实际的司法运作中，州县官极少从事所谓的"调解"，绝大多数的案件都是依照《大清律例》的规定作出判决，因此他反驳了滋贺所提州县审判乃带有强烈调解色彩的"教谕式的调解"的说法。黄氏认为，成文法律与州县官的判决呈现高度的一致性，在这些民间细事案件，即使受上级审查的严格度相对较低，但仍存有当事人"上控"的危险，因此比较保险的做法，就是尽可能地按照律例断案；加上办案效率也是一种考绩压力，调解等旷时费力的工作反而吃力不讨好，遵照律例规定往往是最便捷的方式。

本书以为，传统法时期州县官审断户婚、田土、钱债等民间细事是否严格遵循国家实定法的规定？似未可一概而论，往往随案件性质及规范密度而有所不同。例如，各地商业交易习惯差异颇大的钱债案件，就比较强调因地制宜；而强制性质较大的"承嗣"案件，受到实定法的制约程度可能就相对要高得多；因此，从不同实证考察的材料类型，可能会得出不同的结论。

理论上，要真正了解传统审判制度的本质，不能单就官方表达或仅从实际运作来论断，两者是有机的结合，虽然审判是依据律例、规则而频繁地进行，但是，并不表示官方的"教谕"因此就不具重要性。究其实，传统中国的司法实践，追求的是个案的妥适性，律例在州县自理的轻微案件中，有时反而成为用来协助填补伦理规范的缝隙，并没有"非用"不可的拘束力。

【问题思考】

1. 唐明两代的主要基本法典，两者之间有何承转关系？内容上有何差异性？何以致之？试言其要。
2. 清代刑事审判是否具有所谓的"判决确定性"？在何种限度内存在？理由为何？
3. 清代法制的基本架构及其内涵精神各为何？又《大清律例》中的"律"与"例"两者之间的关系及效力究竟为何？
4. 传统中国社会所谓的"民间细故"系何所指？州县官处理民间细故案件是否要严格依照律例来审判？试以清代为例详加说明。

【参考文献】

1. 滋贺秀三等著、王亚新等编译：《明清时期的民事审判与民间契约》（北京：法律出版社，1998 年 10 月）。
2. 那思陆：《清代州县衙门审判制度》（台北：文史哲出版社，1982 年）。
3. 苏亦工：《明清律典与条例》（北京：中国政法大学出版社，2000 年）。
4. 林咏荣：《唐清律的比较及其发展》（台北："国立"编译馆，1972 年 8 月）。
5. 杨一凡：《洪武〈大明律〉考》，收于杨一凡主编《中国法制史考证》（历代法制考·明代法制考），甲编，第六卷（北京：中国社会科学出版社，2004 年），第 1—53 页。

现代篇

西潮冲击与新旧法文化的交替

9　晚清社会变迁与中国法律近代化

10　民国法制的继承与新创

修刑律力排众议，兴学校乐育群英，耗先生毕世苦心，身后只留公论在。
德望为中外所倾，学术则古今一贯，问国家百年大计，眼前尚有老成无。

——江庸挽沈家本对联

晚清社会变迁与中国法律近代化

清道光二十年（1840），鸦片战争以后的中国，国力日衰而西力东渐，国际地位一落千丈，中国面临被瓜分豆剖的岌岌危机。光绪二十六年（1900）八国联军之役，签订辛丑条约，列强侵华政策转趋缓和而改采"保全主义"，中国始免于被蚕食鲸吞；这时期的清廷，外仍沦为列强的俎肉，内临国民革命浪潮的冲击，日益处于风雨飘摇之中。朝野忧时之士无不以惶惑的心情，注视在新的环境下涌现出的新问题，为了扭转内外情势，为了补偏救弊，他们不得不在困境中寻找出路。

就古老而传统的中华法系来说，也面临空前的挑战，产生巨大且深刻的形变与质变，而属于旧文化所孕育的法律体系也随之而遽变。可以说，这是中西文明激荡与选择的大时代，从悠远的法制历史与广阔的比较法史看，这是中华法系解体的时代，也是中国法律迈入近代化的新纪元。请先看如下示意图：

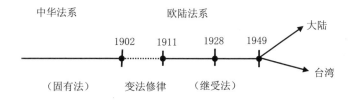

9.1 从固有法到继受法

从传统走向到近现代是一种"变"，要问的是，为何要变？如何变？变得又如何？具体来说，一个国家、一个民族何以要扬弃祖制家法而导入外来法？实施过程与配套措施如何搭配？继受之后的效果，是成？是败？在在值得深入考察。

9.1.1 法律继受的含义及其理论基础

就法史学的立场说，"法的继受"（die Rezeption，Reception）或称"法的移植"（transplant）乃指一个国家基于外来势力、内在社会结构的变异、外国法质量或内部意识的觉醒等因素，全盘或部分采用其他国家法律制度的一种法律现象[1]。也可以说，是一种由于与异文化接触所产生的文化变容过程，是文明化交换的特别表征。这种法文化转换的现象，通常显现出两个特征：一为强势法律文化区往弱势法律文化区的输出；另一为法的继受，有时系一种本土法律文化对外来法律文化抗拒与转化的过程[2]。

从社会变迁与法律变迁的关系说，社会学上有所谓"社会文化变迁"的意涵，乃指社会文化随着时间的推移，社会制度无不在更转发展中；同时，文化是从粗疏向文明的方向成长，从法社会学的角度看，也无非如此。法律变迁过程显然包括革故、选择与鼎新三个面向，这是一种法的进化，也是一种法律的更新。当然，晚清的社会变迁与法制改革，其现象是多方面的，其动因是极为复杂的。

---

[1] "法律继受"原本是法史学上的概念，最初仅用来说明罗马法排挤日耳曼法的过程；而今，"继受"这个名词，大多会附加"什么地方继受什么样的法律"。

[2] 参阅泽木敬郎《法の继受》，收于伊藤正己（编）《外国法と日本法》（东京：岩波书店，1973 年），第115—117 页。

从法律继受的观点看，继受外国法的原因，复杂多端，且彼此经常交错牵连，其学说约述如后：

（1）力的理论：认为继受外国法的原因，是由于列强或外国势力，挟其军事或政治、经济、文化等优势，迫使弱势国打开门户，不得不继受强势国的法律。

（2）规范饥渴理论："规范饥渴"，此一用语翻译自德文"Der Hunger Nach Normen"，主张继受外国法的原因，系由于本国法在量的方面有所欠缺，不足以提供解决冲突的模式，因此，必须从外国引进；而规范之所以欠缺，主要乃因经济发展或社会变迁所引起[1]。

（3）面子理论：强调继受"有头有脸"国家的法规范，可以使继受国获得颜面。所以，面子就是继受外国法的原因；特别是第三世界或发展中的国家，常企图借继受外国法律，以迎头赶上先进国家法律文明的发展。

（4）自觉理论：由于自身的处境及遭遇，感悟到再不采取变革，政权与法权恐将难以为继。

9.1.2 晚清继受外国法的动机与时代背景

如果，从西方近代法律思潮对东方传统法文化冲击的观点，回顾晚清法制近代化历程上所受的挑战及所处的情境，是为外部的观察；如果，进一步从中国文化自身的变动，考察传统旧律在近代化途程上不得不变的处境，则为内部的省察。为探索中国法文化变动的"内情"，为明了传统旧律在近代法律世界中的"处境"，自应将两者配合观察，才能对晚清法制的激变，得到比较完整的图像。

法制是文化结构体系中的一支，晚清法律制度与刑律兴起自隋唐以来空前的巨变，外在因素固可追溯到鸦片战争。当时，列强挟其武威，

1　参阅 Monfred Rehbinder 著、陈添辉译《从社会学的观点探讨外国法的继受》，刊于台北司法周刊社编《司法周刊》（一）（二）（三），1994 年 3 月 16 日、3 月 27 日、4 月 3 日。

用炮舰政策，把原本天朝大国自成法系的外壳摧毁，此乃源于"外发的压力"，甚至可以说，中国法律近代化的开端，是一种"防卫的近代化"。但言一时代法制的变迁，不能径从法律规范本身说起，必须从文化层层相关的因素中去体察；本节拟从当时清廷的内外情势、今昔法律文化价值的转换、社会结构的蜕变、时代的危机意识等方面，探讨晚清法制变迁的动因与开展。

9.1.2.1 领事裁判权的撤废问题

国势之衰弱，本属一种政治现象，对于具体的法律措施，并非绝对关联，但当国力颓废，内政不修之时，实际上，往往诱起他国设法攫取特权的种因。清代中叶以降，吏治腐败、武备不振、列强眈眈。自北方陆路东侵者是帝俄，从南方海路东入者以英国为首，而法、德、意、葡等相继而来；日本亦得英日同盟之助，随英国之后图谋中国。彼等胁迫清廷与之订立片面独惠的不平等条约，索取种种特权，其中以领事裁判权为最严重，而由英国开其端。1843 年十月，中英缔结《五口通商章程》，其中第十三条关于"英人华民交涉词讼"一款约定：

> 凡英商禀告华民者，必先赴管事官处投禀，候管事官先行查察，谁是谁非，勉力劝息，使不成讼。间有华民赴英官处控告英人者，管事官均应听诉，一律劝息，免致小事酿成大案，……倘遇有交涉词讼，管事官不能劝息，又不能将就，即移请华官共同查明其事。既得实情，即为秉公定断，免滋讼端。英人如何科罪，由英国议定章程法律，发给管事官照办。华民如何科罪，应治以中国之法。[1]

---

[1]　参阅 *The Maritime Customs Treaties, etc. between China and Foreign States Vol I.* 按此项条文所载，有四点值得注意者：（1）英商控告华民，由领事受理，然后移请华官共同查明；（2）华民控告英人，则由领事听诉；（3）英人有罪，由其领事依英国法律治罪；（4）华民犯罪，则依中华法律审判。由此显见英国在华侨民，因此豁免于中国之法权管辖。参阅《清末对外涉条约辑》（一），《道光条约》。另参王铁崖《中外旧约章汇编》（北京：生活·读书·新知三联书店，1957 年），第 1 册，第 42 页。

其后，列强接踵而至，迭相效尤，1844 年的《中法条约》与《中美条约》，1847 年的《中瑞挪条约》，亦均有相同性质的约定。1857年，英法联军攻陷天津，清廷败战。翌年，又有《中英天津条约》及《中法天津条约》的缔结[1]。当时，关于领事裁判权的约定，范围愈趋广泛，内容更加详明[2]。

领事裁判权制度，为法律上属人主义的体现，本非正常的国际法上及条约上关系。其结果，清朝主权日削，司法权沦丧。而细究其产生的原因，固由于列强具侵略野心，狃于西方文明先进的成见，但清廷当时本身司法制度及刑律的严重缺陷，理应先提出来检讨。

中国早期文明对于西方文化的启蒙与文艺复兴，自有其重大影响；中国的官制与法制，直到 18 世纪中叶，一直是西方人及东亚诸国借镜的对象，这也是事实。唯 18 世纪末叶以降，情势逆转，欧洲工业革命，彻底改变旧有的生产方式；经济上的自由主义，根本改变了经济的结构型态；政治上的人权运动，导致了法制的重大变革。反观，中国的政治与法律却一仍旧惯，犹昧于世界大势，仍固守着祖制家法，不知与时更转，就因执迷于这种闭塞与排斥，播下了中国近代史上后患不断的种因。

以刑律及司法制度来说，当时被在华外人抨击最甚的，莫过于刑律上的重法酷刑，尤其，缺乏独立的民事法典及诉讼法典，且无所谓的辩护制度；狱政的腐败与苛虐，更是引为把柄。清末身居香港，受到西学熏陶的何启（1859—1914）与胡翼南（1847—1916）曾痛陈时弊，剖析列强不肯放弃领事裁判权的原因：

> 吾则曰：在中国无平情律例，无公堂法司耳！且公平者，国之大本也；国之有公平，犹人身之有背骨，脏腑之有血气也。……今

1　详参王铁崖《中外旧约章汇编》，第 1 册，第 54—56、62—64、75—76、97—99、110—112 页。

2　此外，1858 年的《中美天津条约》，也有相同的约定。其后，欧美各国相继与清廷订立商约，纷纷援引所谓"最惠国待遇"的条款，取得领事裁判权。终晚清之季，曾在中国享有此等特典的国家，遍及欧、亚、美三洲，总计有十八国之多。

者中国之律例，其有平乎？无也！罪案未定，遽用刑威，何平之有？供证无罪，辄罹笞杖，何平之有？毙于杖下，意气杀人，何平之有？瘐死狱中，有告无诉，何平之有？凌迟枭首，死外行凶，何平之有？今者，中国之法司其有公平？无也，缙绅名帖，可逮无辜，何公之有？苞苴载道，上下皆同，何公之有？情面枉法，贫者无词，何公之有？吏胥勒索，富室倾家，何公之有？监牢刻酷，不得为人，何公之有？其不平不公也如是……故吾曰：其（外国）绝不肯从者，以中国无公平之故也！此由政令不修，因而风俗颓靡也。执此不悟，纵使中国兵威强于今日数十倍，亦不能尊纪纲于与国，等使权于列邦。[1]

光绪二十七年（1901）五月，两江总督刘坤一（1830—1902）、湖广总督张之洞（1837—1909）在奏疏中，也曾作过类似的陈述：

《大清律例》较之汉、隋、唐、明之律，其仁恕宽平，相去天壤。徒以州、县有司，政事过繁、文法过密、经费过绌，而实心爱民者不多。于是滥刑株累之酷，图圄凌虐之弊，往往而有，虽有良吏，不过随时消息，终不能尽挽颓风。外国人来华者，往往亲入州县之监狱，旁观州县之问案，疾首蹙额，讥为贱视人类，驱民入彀。

州县监狱之外，又有羁所，又有交差押带等名目，狭隘污秽、凌虐多端，暑疫传染，多致瘐毙，仁人不忍睹闻，等之于地狱，外人尤痛诋，比之以番蛮。[2]

证迹凿凿，领事裁判权之发生，固然危害中国的领土主权，破坏中

---

1 参阅何启、胡翼南《书曾袭侯（纪泽）先睡后醒论后》，见麦仲华辑《皇朝经世文新编》，卷21，《杂纂》，收入沈云龙主编《近代中国史料丛刊》（台北：文海出版社，1972年），第78辑、771册。

2 参照刘坤一、张之洞撰《江楚会奏变法》，《变法第二折》，两湖书院刊本，光绪辛丑（1901）9月（台北：文海出版社重印），出版年月不详。

国司法制度的统一，但如果只一味诅咒列强具侵略野心，而不深切自我反思，不但失之客观，也不利于汲取历史教训。事实上，领事裁判权之所以被列强加于中国，绝不单系晚清的经济、军事落后，也不仅是列强狃于文明先进的偏见，而确存有传统中国律例严重到不能适应近代社会的深刻问题在。

光绪二十八年（1902）以前，除了少数有识之士予以痛陈外，清廷对于领事裁判权之撤废，并未为何等积极努力过；迨至东邻日本着意改革其法律及司法制度，并于 1899 年达其撤废领事裁判之目的后，清廷始猛然向列强表明恢复司法权的意愿，唯列强则以中国法律及司法制度未臻完善为由，予以回绝。

庚子拳乱（1900）之后，各国依《辛丑条约》第十一条的约定，重订商约，清廷要求将废弃领事裁判权等事宜列入。1902 年《中英续议通商行船条约》第十二款约定：

> 中国深欲整顿本国律例，以期与各西国律例改同一律，英国允愿尽力协助，以成此举；一俟查悉中国律例情形及其审断办法，及一切相关事宜，皆臻妥善，英国即允弃其领事裁判。[1]

此为列强首次正式表明愿意放弃领事裁判权的附条件承诺，以上所引述约文，承诺放弃领事裁判权的条件，强调须中国法律与审判办法"皆臻妥善"，要求中国律例与东西各国法律"改同一律"；问题是，所谓"皆臻妥善"并无一客观衡量标准，如此，反变成列强拒绝撤废在华领事裁判权的法源根据，充其量仅系虚应的允诺。不过，紧接其后，清廷即频频谕令，积极策划修订法律事宜，以为撤废领事裁判权的准备。尤其，沈家本被奉派为修订法律大臣后，更是念兹在兹。沈氏在奏折中曾说：

1　参阅王铁崖《中外旧约章汇编》，第 2 册，1902 年 9 月 5 日《中英续议通商行船条约》，第 109 页。

西国从前刑法较中国尤为残酷，近百数十年来，经律学家几经讨论，逐渐改而从轻，政治日臻美善，故中国之重法，西人每訾为不仁。其旅居中国者，皆藉口于此，不受中国之拘束。夫西国首重法权，随一国之疆域为界限，甲国之人侨寓乙国，即受乙国之裁判，乃独于中国不受裁判，转予我以不仁之名，此亟当幡然变计者也。方今改订商约，英、美、日、葡四国，均允中国修订法律，首先收回治外法权，实变法自强之枢纽，臣等奉命考订法律，恭绎谕旨，原以墨守旧章，授外人以口实，不如酌加甄采，可默收长驾远驭之效。[1]

显然，列强附条件允诺放弃领事裁判权，是晚清变法修律的直接动因，也是一帖猛烈的催化剂，含有妥协与变革的双面意味。

9.1.2.2 欧日近代法典编纂的冲击

从人类文化发展史看，18、19 世纪的西欧，由于科技的突飞猛进，带动各国产业革命的快速发展，进而催化经济社会的遽变，而经济社会的变动，必然牵连法制的革新。如此，科技发达与法制革新相因相成，出现了史学者所称的"近代文明"。此期间，欧洲国家组织极度发展，学术思潮也有一日千里之势，而民智日开，个人主义勃兴，以争取个人权利，以充实其生活利益。

如从法典编纂史观察，西欧"近代文明"似又可视为"法典编纂文明"，这是西方法制滋生与育成的时代，因为过去的法制变动，或限于一时一地，或偏于一事一物，概起于偶然之举或因袭者为多。反之，近代西欧法制变革则为全面性、包括性与国际性的，几乎所有国家都参与法制改革与法典编纂的划时代事业。例如：18 世纪后叶的法国宪法，19 世纪初叶的法国民法典、商法典及刑法典，19 世纪中叶的英国各项立法改革，以及 19 世纪后叶的奥国、德国及瑞士诸国的法典编纂，皆

---

1 中国政府之正式提议撤废领事裁判权，始于 1919 年的巴黎和会。在当年会中，中国议和代表曾将领事裁判权撤废一事作为建议案之一。

为基于自由主义、个人主义及权利本位思潮下所立的法典，自此奠下市民法律体系的基础。

就在欧洲各国普遍受到近代民主法治思潮的洗礼，各项新式法典的编纂如雨后春笋般地出现，清廷却仍坚持其闭关的自守政策，用《大清律例》去维持其专制而传统的政治，无怪乎和西欧近代法律正面交锋后，就暴露其简略与窘境。直到 19 世纪后期，反帝国列强的声浪高涨，民族资本主义的萌芽，西方启蒙思想家学说的传入，民权、民主及法治等观念才日受重视。中国近代改革派的何启、郑观应（1842—1922）、谭嗣同（1865—1898）、梁启超（1873—1929）等人，首先论及要拯救清廷，要振兴工商，必须讲求民权和法治，或多或少也都主张要改革旧典与制定新律。当时，虽尚未能找到实现此一目标的明确道路，却也为清末的法制变革起了先导作用。

近代法典编纂运动虽导源于西方，而其影响却远被东方诸国。19世纪中叶以前的日本，与清廷类似，采取所谓的"锁国政策"。嘉永六年（1853），美国"黑船事件"始迫其开放通商口岸，以与美国等西方国家贸易[1]。就在西方商品大举登陆之后，列强摆出经济剥削和政治瓜分双管齐下的本来面目，其中自也包括滋生极大流弊的领事裁判权，造成外侨与日本人间严重的冲突。此时，是恶梦的开始，也是转运的契机。

明治初年，日本朝野认识到守旧不变，终非长计，乃共同发起富强的维新运动，扬弃固步自封的心态。于 1867 年，在政治上、经济上、法制上风驰电掣地推行新政与变革，政府率先鼓励穿着洋服、命令废止结发佩刀、采用阳历和电信邮政制度、建设铁路和购买汽船、实施西洋式学制和征兵制。而维新之初，司法、行政仍杂糅不分，各项法典无一完善，乃锐意以整饬司法、编订法典为事。计其司法制度，改进共分四期，始渐趋完善。至于编纂法典，事尤繁难，自明治八年（1875），司

1　参阅伊藤正己编《外国法と日本法》，第 184 页。另参阅 John K. Fairbank, Eduin o. Reischauer, & Albert M. Craig, *East Asia*, *The Modern Transformation* PP. 200—205。

法卿江藤新平（1834—1874）建议各法同时编纂以来，于二十年间次第公布。其刑法改正四次，民法三易稿而成，商法再易稿而成，民刑诉讼法亦屡经手续。起草过程中，或委诸法国人，或委诸德国人，而改正则托付给本国人。当时机关，或属司法省，或属内阁，大多以高等行政官、高等裁判官、大学法科教授及在野法律家组成；这种多元性的近代化改革，究其实，也可说是"西洋化"（Westernization）的开端。

日本变法绩效昭著，国势蒸蒸日上，致一败清朝，再败俄帝，绝非偶然。明治二十七年（1894），司法制度规模已具，于是首与英国改订条约，使英国侨民悉适用日本法律；其后，德、法、美、奥诸国相继撤废领事裁判权。明治三十二年（1899）以后，日本司法权，对内对外完全独立。这个不争的现实，对清廷举国上下，是刺激，也是鼓舞。而晚清的有识之士终亦体认日本富强之关键，不全在引进欧美科技，而在输入西方文物制度，尤在法律体系。中日历史文化和政情民俗既相仿，从而，日本维新的改革方式和程序，应可作为清廷的借镜。

事实上，日本的近代法制，虽是欧陆法系之法、德等国法律在日本的翻版，但其变法之初，规模宏大，推行有渐，即调查编订就长达十五年之久，方正式实施。而施行之初，先其浅近，徐为试验，稍滋弊端，立即改正，审慎迂回，逐渐推广，绝非所谓速取速成之功。沈家本潜心比较各国法制，试图寻找与中国国情相适应的法制改革之途，最后得出"日本法系本属支那法系，而今取法于德、法诸国，其国势乃日益强盛……唯日本特为东亚之先驱，为足以备呈明之采择"的结论[1]。乃决意仿效日本继受欧陆法制的经验，大量引进欧陆、日本等国的法律制度与各类新律；此后，所有的修律动向，莫不遵循欧日近代法典编纂的轨迹推进。

9.1.2.3 传统社会经济结构的转型

晚清社会的形变，基本上是从传统农业社会逐渐转向近代雏形的工

1　详参故宫博物院明清档案部编《清末筹备立宪档案史料》（北京：中华书局，1979 年 7 月），下册，《大理院正卿张仁黼奏摺》及《沈家本奏摺》。

商业社会。盖自西汉以来，采重农抑商政策，中国的传统社会是建立在农业上，社会结构系以农业为基础。多数农民，聚其家族，耕其田畴，既无可以无限发达的工业，也就无可以无限发达的商业。而中国的经济在根本上是一"自足的系统"，且相缘于此一自足系统的，则是一非经济性的文化。不论儒、道、释的哲理，以及依其所建构的社会制度、家庭组织、伦理道德、风俗习惯与典章律令，都是与农业性分不开的。

可是，自从西方文化进入中国社会以后，整个情势大大改观。必须强调，改变中国社会的基本力量，并非西方的枪炮兵船，而是西方的工业技能，侵入中国的西方文化在基调上是工商业，这个工商业性的西方文化迫使中国的社会结构与文化价值解体乃至崩溃。

说得具体些，鸦片战争前的中国社会，是一典型的农业社会。农业社会以家为组织的基本单位，由男耕女织的自耕而食与自织而衣，发展为家庭工业，再发展为家族性的合伙工业。这种重农抑商、家族本位、伦理本位的社会，在闭关自守时代，社会秩序尚称安定，也尚勉可维持其酌盈济虚，以有通无的自给自足生活方式。及至鸦片战争败战，海禁大开，列强于军事征伐之外，涌入大量的资本，继之以经济侵吞，一方面，从中国输出工业原料及劳动力，另一方面，又将机器制的商品，源源越过低额关税而主宰整个中国市场，使中国手工业窒息，广大的中国民众反成为被倾销的对象。从前家族的经济基础破产了、家族的意识形态幻灭了、家族的社会结构崩溃了。中国社会起了质的变化，这更替的社会并非纯粹意义上所说的"资本社会"，而是所谓"半殖民或次殖民地式"的社会。

此时，一般的知识分子憬悟到传统的农本思想，已不足以适应时代之需，转而提倡西方的新"农学"，以科学方法改良农业，并一反抑商的传统，倡行"重商学说"；也由于列强要求清廷开放重要的沿海港口与欧美通商，沿海沿江一带的工商业遂逐渐萌芽。

虽然工商规模还微不足道，却是中国由传统农本社会转向工商社会边缘的第一次大转变。而位于通商口岸大都市里的商人也相继组织商业行会。经济关系起了变化，社会结构亦随之变动，出现了"买办"的"官督商办"型态，资本主义社会的意识形态也次第渗入，原来的生活关系，传统文化思想的绝对价值几濒临破灭；西洋的法律规范、道德标准输入，被视为当然。由于传统中国法制无法适应如此遽变的经济关系和新兴的社会型态，因而使继受西方法律成为可能。

言法制者固不宜过度强调"经济决定论"（economy determinism）的说法，但社会的基础要因是经济构造，且经济情势足以影响法制，也是无须争辩的。所以，要理解晚清法制的变迁，对于清末经济情况，不能不有一基本认识。直言之，中国近代化的进程，具有经济需求，这是无庸置疑的。而表现于经济生活上，就其归趋而言，是要变农业社会为工商业社会，变自然经济体系为商品市场经济体系，变乡村文明为城市文明，变狭隘的地域性经济为世界联系性经济。可是，中国社会这一历史性的大转变，却并不是自然演变的结果，而是在列强借助炮舰与种种不平等条约下骤然强加给予的。

尤其，在新的历史条件下，传统法制至少遭到三种政治力量的非议：一是列强嫌弃它不能全面保护其在中国殖民地的利益；二是代表"买办阶级"的洋务派，在与列强交涉时，深感中国法律无法提供其必要的依据；三是民族工商业者长期受到传统法律的抑压，而无法成长，企图脱身与西方资本家同享法律周全的保障。在此种情势下，扬弃传统法制，继受西方近代法律与法制，就具备了必要性和迫切性。

要言之，由于中国社会经济结构的激变，由于外国资本主义经济的入侵，加上列强将其意识形态直向殖民地输入；当时的中国通商口岸，可以见到基督教广泛的传播、自由思想迅速地蔓延、权利观念日渐抬头；原本建立在专制自然经济基础上的旧法制，显然，已无法适应新出现的内外社会形势，亟须有新的法制来加以规整。因此，社会不同的利益团体从各自角度，提出修改旧律、制定新法典的要求，试图以近代六法的体系取代以刑律为主的旧律例；社会经济关系的遽变，不能不说是促使晚清修律的根本原因之一。

9.1.2.4 清廷救亡图存的危机意识

在清末一连串的救国自强运动中，虽以洋务运动兴起较早，主张取法西方，起初为国防船炮，继而为时务科技，以厚植国力，图谋自强。不幸的是，1894 年中日甲午之战，创巨痛深，数十年经营洋务的努力，毁于一旦，终而醒悟到——要挽救危局，海防时务乃为枝节，根本之道在于谋求政治与法制的变革。张之洞就说："不变其习，不能变法；不变其法，不能变器……西艺非要，西政为要。"又说："大抵救时之计，谋国之方，政尤急于艺……"[1]

就实质内涵而言，这种变法维新的主张较能洞悉清廷的积弊及西方、日本富强之道，既具充分理由与客观需要，又具深度与说服力，因而声势日隆，造成"戊戌变法"的局面，由光绪帝发布上谕，拟推行"废科举兴学堂""广开言路""肃清吏治""淘汰冗闲""改良司法"等新政措施。奈何清廷亲贵守旧势力牢固，竭力坚守祖制家法，绝不轻言变易，甚至执着于"宁可亡国，不可变法"的信念，而联合袁世凯发动政变，致使百日维新成为泡影。

戊戌变法失败后，国内革命运动日益高涨，民主宪政思潮愈加蓬勃，清廷为图苟延残喘，不得不变通手法，粉饰开明变革，借以疏缓反对势力，兼以应付列强迫压。在形势比人强的状况下，清廷乃"兴戊己两年初举之而复废之政"，宣布"变通政治"，从事一系列渐进性、全面性的法制革新。光绪二十六年十二月，清廷《饬内外臣工条陈变法》称：

> 世有万古不易之常经，无一成不变之治法。穷变通久见于大易；损益可知著于《论语》。盖不易者三纲五常，昭然如日星之照。而可变者令甲令乙，不妨如琴瑟之改弦。伊古以来，代有变革。即我朝列祖列宗，因时立制，屡有异同，入关以后，已殊沈阳

1　参阅王树柟编《张文襄公全集》，《劝学篇序》及《外篇说学第三》，收入沈云龙主编《近代中国史料丛刊》，第 84、85 辑。

之时。嘉庆、道光以来，岂尽雍正、乾隆之旧。大抵法积则敝，法敝则更，要归于强国利民而已。自播迁以来，皇太后宵旰焦劳，朕尤痛自刻责，深念近数十年积习相仍，因循粉饰，以致成此大衅。现正议和，一切政事，尤须切实整顿，以期渐图富强。慈训以为取外国之长，乃可补中国之短，惩前事之失，乃可作后事之师。至今之学西法者，语言、文字、制造、机械而已，此西艺之皮毛，而非西政之本源也。居上宽、临下简、言必信、行必果，我往圣之遗训，即西人富强之始基。中国不此之务，徒学其一言、一话、一技、一能，而佐以瞻徇面情、自利身家之积习，舍其根原而不学，学其皮毛而又不精，天下安得富强耶？

在诏书的结语，两宫要求臣下提出新政建议，措词相当严正：

> 总之，法令不更，锢习不破，欲求振作，当议更张。着军机大臣、大学士、六部九卿、出使各国大臣、各省督抚，各就现在情形，参酌中西政要，举凡朝章国故、吏治民生、学校科举、军政财政，当因当革，当省当并；或取诸人，或求诸己；如何而国势始兴，如何而人才始出，如何而度支始裕，如何而武备始修；各举所知，各抒所见，通限两个月，详悉条议以闻，再由朕上禀慈谟，斟酌尽善，切实施行。[1]

来年三月，特设"督办政务处"，处理各地所呈具申改革之奏文，并任命庆亲王奕劻、李鸿章、荣禄、昆岗、王文韶、鹿传霖等人为督办政务大臣，而以刘坤一、张之洞为参预。该处议定开办规条云：

> 变法大纲有二，一则旧章本善，奉行已久，弊窦丛生；法当规

1 详参朱寿彭《光绪朝东华录》，光绪二十六年（1900）12月丁未，收入《续修四库全书》（上海：上海古籍出版社，1997年），史部，编年类383—385。另参阅沈桐生《光绪政要》，卷26，12月，《饬内外臣工条陈变法》，收入沈云龙主编《近代中国史料丛刊》，第35辑，345册。

复先制，认真整理。一则中法所无，宜参用西法，以期渐致富强；法当摒除成见，择善而从，每举一事，宜悉心考求。[1]

同年八月，两江总督刘坤一与湖广总督张之洞，会奏名噪一时的《江楚会奏变法三折》，奠定清廷变革的方向。其中第一折，筹拟变通政治人才四条：一、设文武学堂，二、酌改文科，三、停罢武科，四、奖励游学。第二折，筹议整顿中法十二条：崇节俭、破常格、停捐纳、课官重禄、去书吏、去差役、恤刑狱、改选法、筹八旗生计、裁屯卫、裁绿营、简文法。关于"恤刑狱"一条，又酌拟与法制改革有关者九项：禁讼累、省文法、省刑责、重众证、修监羁、教工艺、恤相验、改罚锾、派专官等具体建议。第三折，筹议采用西法十一条：广派游历，练外国操，广军实，修农政，劝工艺，定矿律、路律、商律、交涉刑律，用银元，行印花税，推行邮政，官收洋药，多译东西各国书等。刘、张二氏的奏议与清廷的"新政"适相吻合，深得慈禧太后容允，于是下旨称：

> 自经播越，一载于兹……推积弱所由来，恨振兴之不早……尔中外臣工，须知国势至此，断非苟且补苴所能挽回厄运，惟有变法自强为国家安全之命脉，……舍此更无他策，……昨据刘坤一、张之洞会奏，整顿中法以行西法各条，其中可行者，即着按照所陈，随时设法，择要举办，各省疆吏亦应一律通筹，切实举行。[2]

经此浩劫，慈禧太后似假又真，终于觉悟到非变法自强，不足以保全；而必须面对现实，以应变局，以求权位永固。

1　详参《光绪政要》，卷 27，3 月，《特设督办政务处》。
2　参阅王树枏编《张文襄公全集》，《奏议》，卷 54。

9.2 法律西化过程中的配套措施

清廷变革法制的政策既定，但引进外来新法，修订本国旧律，从法律继受的角度言，非有充分的技术条件配合绝无法完成，因为它并非如同白纸黑字般的翻译而已。在继受过程中，除了要有消化外国法的能力，还必须有一连串立法技术的相关配合措施。难能可贵的是，在外国法导入的过程中，清廷采取了一系列颇具前瞻性的因应对策。

9.2.1 修订法律大臣沈家本衔命修律

时势造就人才，人才也趁机开创新局；是什么样的时代给了沈家本机会？沈氏又如何掌握住这千载难逢的变革契机？

清廷变法修律被正式列入议事日程是光绪二十八年（1902），当时慈禧和光绪都已由西安回到北京。该年二月初二日，诏谕军机大臣：

> 中国律例，自汉唐以来，代有增改。我朝《大清律例》一书，折衷至当，备极精详。惟是为治之道，尤贵因时制宜，今昔情势不同，非参酌适中，不能推行尽善。况近来地利日兴、商务日广，如矿律、路律、商律等类，皆应妥议专条。着各出使大臣，查取各国通行律例，咨送外务部；并着责成袁世凯、刘坤一、张之洞，慎选熟悉中西律例者，保送数员来京，听候简派，开馆编纂，请旨审定颁发。总期切实平允，中外通行，用示通变宜民之至意。[1]

放眼天下，几经挑选，袁世凯、刘坤一、张之洞等人乃荐举旧律泰斗沈家本（1840—1913），与拥有英美法学博士学位并具有英国大律师

1　参阅《大清德宗景（光绪）皇帝实录》（台北：华文书局，1964年1月），卷495。

资格且娴习外国法制的伍廷芳¹（1842—1922），出任修订法律大臣。同年四月初六日，谕内阁：

> 现在通商交涉，事益繁多，着派沈家本、伍廷芳，将一切现行律例，按照交涉情形，参酌各国法律，悉心考订，妥为拟议，务期中外通行，有裨治理。俟修定呈览，候旨颁行。

时任刑部左侍郎的沈家本与出使美国大臣四品卿衔的伍廷芳，被任命兼充修订法律大臣，沈、伍两人就在清廷日薄崦嵫的岁月里，受命于多事之秋，嗣因伍廷芳在膺任修律的四年中，频应外交上的差遣，而其他诸修律大臣，也屡有更易，唯独沈家本兢兢业业，与晚清的修律及立法相始终²。有关沈家本（左）与伍廷芳（右）的图像如下：

沈家本，字子惇，号寄簃。清归安县（今浙江省湖州市）人。同

1 　伍廷芳（1842—1922）号秩庸，广东新会人。咸丰十一年（1861）毕业于香港圣保罗书院（St. Paul's College），光绪二年（1877）再毕业于伦敦林肯法律学院（Lincoln's Inn），获英国"出庭律师"（barrister）资格，即应香港政府之聘，为法官兼立法局议员。1882 年充当直隶总督北洋大臣李鸿章幕僚，1896 年候补道任出使美、西、秘等国。1902 年召回，以后补四品京堂任修订法律大臣（1902—1906），会办商务大臣、外务部右侍郎、刑部右侍郎等职。1907 年再度出使美、墨、秘、古，两年后被召回。1912 年民国成立后，任南京临时政府司法总长，1916 年任段祺瑞内阁外交总长，1921 年 5 月，孙文在广州就职非常大总统，伍氏为外交部长兼财政部长，1922 年兼任广东省长，同年病逝。主要著作有《中华民国图治争议》《美国费城大书院演说》等。详参张云樵《伍廷芳与清末政治改革》（台北：联经出版社，1987 年 4 月）。

2 　光绪二十八年起至光绪三十二年间（1902—1906），修订法律大臣沈家本、伍廷芳。光绪三十二年起至宣统三年间（1906—1911），为沈家本、俞廉三、英瑞（满族）。宣统三年（1911）2 月以刘若曾取代沈家本。详参钱实甫编《修订法律大臣年表》，出自《清季新设职官年表》（北京：中华书局，1961 年 7 月），第 57 页。

治三年（1864）进入刑部为郎中，次年考取举人，光绪九年（1883）中进士，均留任刑部。历充刑部直隶司、陕西司、奉天司主稿兼秋审处坐办、律例馆、协理提调、管理提调等。年轻时就以律鸣于时，是同治、光绪时期清朝刑部最为出色的司员之一。光绪十九年（1893）出任天津知府，以宽大为治，用律能与时变通，而为时人所称道，后调任保定知府。从光绪二十八年到宣统三年止（1902—1911），历任清王朝刑部右侍郎、左侍郎、修订法律大臣、大理院正卿、法部侍郎、管理京师法律学堂事务大臣、资政院副总裁等职。在此期间，他为中国法律的近代化，为东西法律和法学的交融付出无尽的心力，堪称为"中国法律近代化之父"。

晚清沈家本的修律活动，可以说，是戊戌变法失败后变法维新思潮的折射，与清廷的"预备立宪"和维新派的"立宪运动"交织而成。而观有清末季，始则自强，继则变政，终而有立宪之议；变法修律，就是在这种因缘下乘势开展的。

由于沈氏家学深厚，初入仕途即任职刑部郎中，历宦四十余载，又大都侧身刑曹；外放期间，更有直接审理地方刑案的阅历，因此，得以遍览历代律典、王章、刑狱档案，深入研究和考证传统中国法律发展的源流、衍变及其优劣。丰富的司法阅历，也使他深谙清帝国法制的应兴应革处，对于晚清极为频繁的立法活动，更有直接而显著的影响[1]。

受命为修订法律大臣伊始，沈氏首先展开对《大清律例》的全盘翻修，修编为《大清现行刑律》；又积极延聘日籍法学专家参与各类新律草案的研拟，如《刑事民事诉讼法（草案）》、《刑律草案》、《大清刑事诉讼律草案》、《大清民事诉讼律草案》及绝大部分的《大清商律草案》、《大清民律草案》等，并会同商部拟定《破产律》，会同民政部制定《违警律》。此外，为确定京师各级审判权限，制定《大理院审判编制法》，拟定《法院编制法》，全力引进各国先进的法制。在沈氏主

1　有关沈家本的生平事迹，参阅黄源盛《晚清修律大臣沈家本》，收于氏著《法律继受与近代中国法》（台北：台湾政治大学法学丛书55，2007年3月），第87—120页。另参阅李贵连《沈家本年谱长编》（台北：成文出版社，1992年9月），第1—401页。

持变法修律的短短十年里，尤开研究西法的风气，大量引进近代西方法学的观念，开创中国单行法编纂体例的先河。

9.2.2 修订法律馆的成立

光绪二十八年，决定先成立编纂法典的专门机构，经过多番筹备，于光绪三十年四月初一日（1904 年 5 月 15 日）正式成立"修订法律馆"。草创之初，体制简单。此后，光绪三十二年七月，有"急为立宪之豫备，先行厘定官秩"之谕，随即设立"考察政治馆"，为筹划此事的机构，德宗复下诏更定官秩。据《清史稿·职官志》记载："修订法律馆，大臣无定员，特简兼任提调二人；总纂、协修各六人；庶务处总办一人；译员、委员无恒额，兼以谙法律人员充之。"

光绪三十三年七月，"考察政治馆"改为"宪政编查馆"，言明在"资政院未设以前，暂由军机大臣督饬原派馆提调，详细调查编定，以期次第施行"。此后，修订法律大臣的奏议及法案，均由"宪政编查馆"议覆请旨。并于同年九月五日，奏请改派沈家本、俞廉三、英瑞充修订法律大臣。参考各国成法，体察中国礼教民情，会同参酌，妥慎修订，奏明办理[1]。沈家本等随即奏准修订法律大概办法三端：参考各国成法，必先调查；任用编纂各员，宜专责成；馆中需用经费，宜先筹定。又请准派法部右参议王世祯、法部候补郎中董康充修订法律馆提调。

同年十一月，沈家本奏请裁可《修订法律馆办事章程》凡十四条，对馆中的人事、组织详加规定，兹录第一条及第三条如下：

第一条　馆中职掌分别三项如左：

一、拟订奉旨交议各项法律。

---

[1] 详参钱实甫编《清季新设职官年表·修订法律大臣年表》，第 57 页。

二、拟订民商诉讼各项法典草案及其附属法，并奏定刑律草案之附属法。

三、删订旧有律例及编纂各项章程。

第三条　馆中设译书处，掌编译各国法律书籍。

此外，于第十一条中规定："仿照各部设咨议官之例，甄访通晓法政、品端学粹之员。分省延请，不必到馆办事，专备随时咨商，俟选定后，开单具奏请旨施行。"第十二条规定："馆中修订各律，凡各省习惯有应实地调查者，得随时派员前往详查。其关于各国之成例，得随时咨商出使大臣，代为调查，并得派员前往详查。"第十三条规定："馆员编订及调查各件，应随时刊印成书，存馆备查，并得择要进呈。"

在人事方面，馆中二科设总纂一人，纂修、协修各四人，调查员一至二人；译书处设总纂一人，译员不定额。编案处，掌删订旧有律例及编纂各项章程，设总纂一人，纂修、协修各二人。另设庶务处，掌文牍、会计及一切杂务。一切就绪后，沈家本随即积极网罗人才。遴选谙习中西律例司员，分任纂辑，并延聘东西各国法律名家以为顾问。后又调聘归国留学生，担任法典及法学书籍的翻译工作。

最值得一提的是，沈氏器识恢宏，延揽新进不遗余力，一时法界菁英毕集一堂。兹列其中部分人士的简历如下，以昭当时盛况之一斑[1]。

修订法律馆光绪三十三年（1907）奏调法学菁英一览表

姓名	学历
严锦镕	美国哥伦比亚大学政法科
王宠惠	天津北洋大学堂法科、美国耶鲁大学法学院法学博士、获英国大律师资格

1　详参《大清光绪新法令》（上海：商务印书馆，1909年），第3册，《修订法律大臣奏开馆日期并拟办事章程折　附章程》。另参《政治官报》，1907年12月6日，《奏调通晓法政人员折》，此处所录仅为其中部分名单。

续表

姓名	学历
陈箓	法国巴黎法律大学毕业、法政科进士
章宗元	美国加利福利亚大学理财科、法政科进士
李方	英国康柏立舒大学法律科、法政科进士
章宗祥	廪贡生、日本东京帝国大学法科毕业
曹汝霖	日本东京大学法学院、法政科进士
陆宗舆	日本法政速成科
吴振麟	日本帝国大学法科
范熙壬	日本帝国大学法科
江庸	日本早稻田大学高等师范部法制经济科毕业、法政科举人、法政科进士
许同莘	日本法政大学
汪有龄	附生、日本法政大学法政科毕业
张孝栘	日本法政大学法科毕业
高种	日本中央大学法律科毕业、法政科举人
熊垓	日本东京法学院
程明超	日本京都大学法政科、法政科进士
朱献文	日本帝国大学法科大学、法政科进士
汪荣宝	南洋公学堂，日本早稻田大学法政科

综上以观，修订法律馆的重心是以"编译律书"及"编纂新律"为主。不过，沈家本深知编纂新律时机并未成熟，故一方面参照泰西诸国法制，研拟新刑律及各类新律草案，以期法制的全面更新；一方面则奏请将《大清律例》交刑部先行删节，以备过渡之需，如此双管齐下，循序渐进。

9.2.3 外国法律法学文献的编译

清季译书事业堪称繁盛，无论数量或内容，成效可观。大体说来，甲午（1894）战前，以译泰西书籍为主，尤重英、法文人才的培养。唯太过囿于富国强兵之策，所务尽属西洋格致及军事、工业之学。综观当时的编译事业，无论京师同文馆或江南制造局，均侧重于工艺、科技，鲜有涉及政治或法律者。经甲午败战，创巨痛深，船坚炮利政策显已失灵，有识之士对时局多所感悟，乃转以图谋政教、社会制度的变革。

康有为（1858—1927）曾提出："变法者须自制度法律先为改定"，就在此种思潮冲激下，译书范围终渐扩及法政、经济、社会等领域。更因朝野钦羡明治维新的成就，译书重心渐趋势于日本，以为"日本维新以后，以翻译西书为汲汲，今其国人于泰西各种学问，皆贯串有得，颇得力于译出和文之书"。[1] 京师同文馆乃于光绪二十二年（1896）添设东文馆；翌年，梁启超亦创办"大同译书局"于上海，专以翻译日本书籍为主，而辅以西文，且以政学为先，而次始及于艺学。

单就西方法学法律的输入来说，自 1864 年美国传教士丁韪良（William A. P. Martin, 1827—1916）译出《万国公法》后，维新派的译书机构相继出版了十八部外国法律法学著作。及至 1895 年维新运动失败后，法律法学输入骤增，民间译局遍及各省；法律译著，充塞书坊。概言之，清末西方法律法学的输入，可分为两个阶段，自 1862 至 1895 年为第一阶段，从 1895 到 1911 年为第二阶段。

前已提过，沈家本对于西方法制的长短了然于心，深深企盼能早日废除领事裁判权，洗刷保和会上被列为三等国的羞辱。他于 1902 年膺任为修律大臣后，除积极筹办修订法律馆外，更倡言"欲明西法之宗旨，必研究西人之学，尤必编译西人之书"、"欲究各国之政治，必先

1　参阅张静卢《中国近代出版史料》（上海：群联出版社，1954 年），初编，第 5 页。

考各国政治之书。非亲见之，不能得其详；非亲见而精译之，不能举其要"。尤秉持"参酌各国法律，首重翻译"的理念，推崇日本明治维新时"君臣上下，同心同德，发愤为雄，不惜财力，以编译西人之书，以研究西人之学"的务实精神。为此，沈氏极力延聘欧、美、日归国留学生，并透过正式外交途径，广购各国最新法典及参考各书，斟酌取舍，进行大规模的法学法律文献翻译，这是修订法律馆开馆以来一项极其重要的工作。

由于翻译人才难得，沈家本对修订法律馆中曾留学日本或欧美的归国学生倚臂颇深，并给予相当优渥的待遇。据当时曾任职修订法律馆纂修的江庸（1877—1960）回忆说：

> 前清修订法律大臣沈公家本，实清季达官中最为爱士之人。凡当时东西洋学生之习政治、法律归国稍有声誉者，几无不入其彀中。法律馆于两大臣下，虽设有提调、总纂、纂修、协修等名目，然薪俸之厚薄，则不以位置之高下为标准。总纂薪金倍于提调，纂、协修之专任者，其薪金又倍于总纂。盖以初筮仕之学生，其资格不足以充提调、总纂。使之专致力于编纂事业，非厚俸不能维系之也。[1]

沈家本也深知翻译为制定新律的基础，故推动翻译工作极为审慎。他说："译书以法律为最难，语意之缓急轻重，纪述之详略偏全，抉择未精，舛讹尽见。"在其后"法律学堂"的三年课程中，均列外国语文为必修课目，可见其重视之一斑。沈氏又一向治学严谨，鉴于先前日本译述西洋各国法律多尚意译，致讹误过多，终改归直译；唯恐翻译失实，除对传统中国旧律用语作谨慎考订外，又要求译员"力求信达"，且对每件译文，沈氏均亲与译者逐句逐字，反复推敲，务得其解。唯绌于经费，终未能多聘通才，故润色删订之功，仍嫌不足。

1　参阅江庸《趋庭随笔》，收于沈云龙主编《近代中国史料丛刊》，第9辑，第61—62页。

　　光绪三十一年（1905）三月，沈家本对修订法律馆开馆近一年以来所完成的外国法翻译，曾作统计。计有《德意志刑法》《德意志裁判法》《俄罗斯刑法》；日本方面则有《日本刑法》《日本改正刑法》《日本陆军刑法》《日本海军刑法》《日本刑事诉讼法》《日本监狱法》《日本裁判所构成法》等。法学著作有《日本刑法义解》及校正中的《法兰西刑法》等，显然，初期翻译较偏重于刑法，且以日本为多。

　　光绪三十三年五月，沈家本对翻译工作又作了一次统计，陆续再译出《法兰西刑法》《荷兰刑法》《意大利刑法》《法兰西印刷律》《德国民事诉讼法》《普鲁士司法制度》《日本新刑法草案》等。法学著作则有《日本刑法论》《监狱访问录》《法典论》《监狱学》《狱事谭》及《裁判所编制立法论》等多种。又已译尚未完成者有《德意志民法》《德意志旧民事诉讼法》《比利时刑法论》《比利时监狱则》《比利时刑法》《美国刑法》《美国刑事诉讼法》《瑞士刑法》《芬兰刑法》以及《刑法之私法观》等十种。此阶段的翻译，仍以日本为多，且以刑法为重，唯种类和原著国都较前宽广，此与当时正草拟《大清新刑律》有关。

　　光绪三十三年的下半年，中央官制更改，修订法律馆随之改组，沈家本续任修订法律大臣；从同年十一月正式开馆，至宣统元年（1909）十一月止，在近两年期间，又译出《德意志民法总则》《奥国亲属法》《法兰西民法总则》《民法身分法》《民法亲属》《失踪法》等。另译有日本奥田义人所著《继承法》《奥国民事诉讼律》《德意志强制执行法及强制竞卖法》《日本法律辞典》等；尚未完成者有《民法总则物权债权》、《德意志改正民事诉讼法》及《破产法》等。此阶段，修订法律馆已着手研拟《大清民律草案》，故译著以民法为多，且以法、德为蓝本。

　　综上所述，在沈家本主导下的晚清法律翻译事业，就国别言，偏重日本法学，日本译著约占48%。在诸法中，侧重刑法典，高达14种，若加上其他刑事法的相关著作，则约占译书总数61%；这两个重点与沈家本修订《大清新刑律》的时空背景息息相关。而究其大量翻译日本法律文献之因，一为鉴于日本维新的成功，实肇基于大量法律文献，且日本的近代化是从法律体制的改革开始，晚清中国的近代化亦应追步日本，先改革传统旧律体制。另一时人以为日本与中国属"同文同种"，"和文迻译，点窜便易成书"，且扶桑三岛，一苇成航，游学日本，人才济济。所以，翻译日本书籍蔚成风尚；日本法律法学书籍涌入国内，充斥书肆坊间，遍及学堂官府。

此种大规模而有计划地翻译外国法律和法学著作，几经反复推研，业绩丰硕，不但引进西方近代法律思想，为传统法律文化注入一股新血；同时，也为当时修订新律提供了方向，为继受欧陆近代法律开辟了生路。

9.2.4 新式法律学堂的创设

光绪三十一年，清廷采纳张之洞、刘坤一、袁世凯之议，诏令废除千年科举制度后；在百事待举，全国上下一片变革声中，教育政策乃由通才趋于专才，从少数转向普及。尤其，透过奖励政策，一些深具旧学根基的传统士绅及大批后起青年相率投入新式学堂。于是，中国知识分子的结构发生了变化，中国文化体系由此逐渐偏离传统的轨道。

就法学教育言，晚清法政学堂及法律学堂的兴办与法律的修订同步展开，既承受科举制度下吏才培养的历史传统，也担负起教育新司法人才的时代任务；而立下近代政治、教育、法律相互配合的创举。沈家本在数十年的司法阅历中，深刻体悟到法律学的重要与奥妙。他说：

> 律者，民命之所系也，其用甚重，而其义至精也。根极于天理民彝，称量于人情事故，非穷理无以察情伪之端，非清心无以祛意见之妄。设使手操三尺，不知深切究明，而但取办于临时之检按。一案之误，动累数人；一例之差，贻害数世，岂不大可惧哉？是今

之君子所当深求其源而精思其理矣。[1]

正因为法律之义，如此之精；法律之用，如此之妙，沈氏旷观百世，默验治乱之源，对历代以来有法而不守、有学而不用的颓风，长声浩叹；更屡屡上奏清廷，呼吁国人，要重视法学、研习法律，要深求其源，精思其理，绝不可草率从事。他指出：

> 清明之世，其法多平；陵夷之世，其法多颇；则法学之盛衰与政之治忽，实息息相通。然当学之盛也，不能必政之皆盛，而当学之衰也，可决其政之必衰。……自来势要寡识之人，大抵不知法学为何事，欲其守法，或反破坏之；此法之所以难行，而学之所以衰也。是在提倡宗风，俾法学由衰而盛，庶几天下之士，群知讨论，将人人有法学之思想，一法立而天下共守之，而世局亦随法学为转移，法学之盛馨香祝之矣！[2]

此外，细数有清一朝，迄沈家本为止，讲究律学而为世所推重者，不过数人而已；为扭转当时朝野对法学"国无专科，群相鄙弃"的态度，沈氏极力主张设"律博士"，他说：

> 夫国家设一官以示天下，天下之士方知从事于此学，功令所垂，趋向随之，必上以为重而后天下群以为重；未闻有上轻视之而天下反重视之者。然则律博士一官，其所系甚重而不可无者也。法律为专门之学，非俗吏之所能通晓，必有专门之人，斯其析理也精而密，其创制也公而允。以至公至允之法律而运以至精至密之心思，则法安有不善者？及其施行也，仍以至精至密之心思，用此至公至允之法律，则其论决又安有不善者？此设官之微意也，议官制

1　参阅沈家本《沈寄簃先生遗书·甲编》（台北：文海出版社，1964年9月），《寄簃文存》，卷6，《重刻唐律疏议序》。

2　参阅沈家本《沈寄簃先生遗书·甲编》，卷3，《法学盛衰说》。

者其主持之。[1]

沈家本重视法律之识，进而重视法学教育之情，跃然纸上；尤其，列法律为专门学科，更见其前瞻性与开创性。在主持变法修律期间，沈氏已有乏才之患，而面对礼教派对制订《大清新刑律》的重重阻挠，对法律人才的培养更感迫切，他曾语重心长地说：

> 夫法之善者，仍在有用法之人，苟非其人，徒法而已！……有其法者，尤贵有其人矣。大抵用法者得其人，法即严厉，亦能施其仁于法之中；用法者失其人，法即宽平，亦能逞其暴于法之外。此其得失之故，实笃乎宰治者之一心，为仁为暴，朕兆甚微。若空言立法，则方策俱在，徒虚器耳。[2]

这句话实在道出了千年传统中国社会，整个"法制"和"法治"的关键所在。

此外，沈家本对当时部分人士借口审判官程度不足而反对改革，也颇不以为然。他说："不为国家培养人才，而但议新法之难行，犹七年之病，求三年之艾；及今畜之，庶几可及，不然，病日深，而艾终不可得，奈何？"为了造就司法人才，也为他日审判之预备，沈氏极力赞同伍廷芳所提出的主张："法律成而无讲求法律之人，施行必多阻阂，非专设学堂培养人才不可。"乃于光绪三十一年三月，会同伍廷芳奏请设立"法律学堂"，疏云：

> ……出洋游学，毕业法科者，虽不乏人，而未谙中国情形，亦多扞格。伏思为学之道，贵具本源，各国法律之得失，既当研厥精微，互相比较；而于本国法制沿革，以及风俗习惯，尤当融会贯

1　参阅沈家本《沈寄簃先生遗书·甲编》，卷1，《设律博士议》。

2　参阅沈家本《沈寄簃先生遗书·甲编》，《历代刑法考》，"刑制总考四"。

通,心知其意。两汉经师,多娴律令;唐宋取士,皆有明法一科。在古人为援经饰治之征符,在今日为内政外交之枢纽,将欲强国利民,推行毋阻,非专设学堂,多储人才不可。日本变法之初,设速成司法学校,令官绅每日入校数时,专习欧美司法行政之学,昔年在校学员,现居显秩者,颇不乏人。……宜略仿其意,在京师设一法律学堂,考取各部属员,住堂肄习。毕业后,派往各省,为佐理新政,分治地方之用。[1]

尤其难得的是,沈家本等对法律专业人才的培养不遗余力,但出洋留学所费不赀,人数不能多,故正式建请在京师设法律学堂,以专其责。又鉴于全国区域辽阔,各省冗员特多,无法担任各项新政的推行,尤无法办理交涉事宜,故另以奏折提出人才充实的良策:

> 在各省已办之课吏馆内,添造讲堂,专设仕学速成科,自候补道府以至佐杂,凡年在四十以内者,均令入馆肄业;本地绅士,亦准附学听讲。课程一切参照大学堂章程内法律学门所列科目,及日本现设之政法速成科办理。选派明习法律人员及外国游学毕业者,充当教员,分门讲授,令学员在堂录写讲义。定六个月为一学期,三学期毕业。[2]

同年七月,奉旨依议而行,法律学堂即开始筹建,各省亦按奏定办法执行。翌年九月,法律学堂正式成立,沈家本被派兼充该学堂“管理大臣”,由董康、曹汝霖、王仪通、许受衡、周绍昌等人担任“提调”;“监学”则由吴尚廉、熙桢、张元节、林诒喆担任。在《法律学堂章程》的“设学总义章”中规定:

---

1 详参沈桐生辑《光绪政要》(五),卷31,《修订法律大臣伍廷芳、沈家本奏请设立法律学堂》,第2105页。
2 同上。

本学堂以造就已仕人员，研精中外法律，各具政治智识，足资应用为宗旨。并养成裁判人才，期收速效。所定课程，斟酌繁简，按期讲授，以冀学员循序渐进，届时毕业。[1]

从此章程可知，法律学堂开办之初，系直隶于"修订法律馆"，作为专门研修法律实务，培养司法人员的场所。此与当时专门以造就法政通才为主，而隶属学部管辖的"京师法政学堂"有所不同。但光绪三十三年九月后，"法律学堂"从"修订法律馆"移属法部，名称也随之改为"京师法律学堂"[2]。

在课程安排上，分为两类：一类是普通课程，为三年期。其科目有大清律例及唐明律、现行法制及历代法制沿革、法学通论、经济通论、国法学、罗马法、民法、宪法、刑法、商法、民事诉讼法、刑事诉讼法、裁判所编制法、国际公法、行政法、监狱学、诉讼实习、大清公司律、大清破产律、国际私法、财政通论、外国文、体操诸门。此外，另须撰写卒业论文。

另一类为速成科，纯为应法律实务人才之急需而设。为期一年半，其科目有大清律例及唐明律、现行法制及历代法制沿革、法学通论、宪法大意、刑法、民法要论、商法要论、大清公司律、大清破产律、民刑诉讼法、裁判所编制法、国际法、监狱学、诉讼实习等。

一切规划就绪，沈家本深知讲座若不得其人，则讲学徒托空言；至于教席从何而来，有主张聘用留学英美者，有建议延揽日本学人者，也有要求聘用仕学馆毕业生者。而沈氏似较属意敦聘日本法学专家并中国留日法政科毕业生，乃派员前赴东瀛，访求知名之士，重金礼聘来华，在法律学堂设外国教席者，有冈田朝太郎、松冈义正、志田钾太郎、小河滋次郎、岩井尊文等法学名流。国人担任教席者有吉同钧、姚大荣、

1　参阅《大清法规大全》（三）（政学社印行，台北：宏业书局重印，1972 年），卷 15，第 144 页，《教育部·修律大臣订定法律学堂章程》。

2　光绪三十三年 5 月，沈家本曾奏读将京师法律学堂改归学部管理，并入京师大学堂法政专科，清廷原已同意。嗣因京师大学堂法政专科"甫经预备"，一时难以立即归并。因此，迄至宣统时期，京师法律学堂仍然单独举办。

汪有龄、钱承锗、江庸、张孝栘等，均为中外一时之选，郁郁多士，群聚一堂，昕夕讲贯，短短几年，"毕业者近千人，一时称盛"，培育出第一批兼通中外的法律人才，为近代中国法学教育奠下了根基。

9.2.5 日本法学专家的延聘

日本于甲午（1894）、甲辰（1904）两役力克中、俄，跃居世界强国之林后，明治维新的成效已然大著。清廷于痛定思痛之余，激起仿效日本维新的浪潮，留日学生的派遣、官绅的出国考察、法律学堂的创设，固为此番浪潮激荡下的杰作，而礼聘日籍教师的来华任教，也随此潮流逐波而至。光绪末年，应清廷之聘前来的日籍人士高达六百余人，其中从事法政、经济之教职者约四十五人[1]。

清廷汲汲于仿效日本，日本各界也自认对欧西法制早已继受有成，而心存优越之感。更甚者，自甲午后，居心叵测的日本官绅们，对于大肆扩张势力到中国大陆的阴谋，日益积极，舆论也多认为：

> 今日之支那既渴望教育，机运殆将发展，我国先事而制其权，是不可失之机也。我国教育家苟趁此时，置喙于支那教育问题，握其实权，则我他日之在支那，为教育上之主动者，为知识上之母国，此种子一播，确定地步，则将来万种之权，皆由是起焉。[2]

事实上，日本对清朝教育的关切，也渐渐暴露在后来侵略中国的企图上。当时，沈家本是否洞识该阴谋，无法征辨。撇开这层政治因素不谈，沈氏确实体认到环球学说日新月异，要深入甄采西法之长，单靠翻译西方和日本典章律著终嫌不足。因此，与伍廷芳等主张派员赴日考察，并力邀日本法学者或法律专家来华任教及协助编纂法典。光绪三十

---

[1] 详参吉野作造《清国在勤の日本人教师》，载日本《国家学会杂志》，第23卷第5号，明治42年（1909）。

[2] 参阅《新民丛报》第3号，《国闻短评》，第76页。引自黄福庆《清末留日学生》（台北："中研院"近代史研究所专刊［34］，1983年6月），第8页。

一年九月，奏请派刑部候补郎中董康，刑部候补主事王守恂、麦秩严等人赴日调察法制刑政，并分赴各裁判所，研究鞫审事宜，按月报告，以备采择。原拟邀聘法学博士梅谦次郎（1860—1910）前来担纲修律总顾问，然梅氏时正受命致力于韩国法典的编纂事宜，无暇他顾，乃推荐其弟子冈田朝太郎来华。此外，尚邀请松冈义正、志田钾太郎、小河滋次郎、岩井尊文等日本法学专家。彼等来华后，除担任法律学堂的教席外，并多参与实际的法典编纂工作，对晚清修律事业及法学教育作出了重大贡献。兹分述如下：

冈田朝太郎（1868—1936），日本刑法及刑事诉讼法学者，1891 年毕业于东京帝国大学法科，续入大学院专攻刑法。明治二十六年（1893）任该校讲师，翌年，升任助教授。1897 年由日本文部省选派留学德、法，更转学于意大利。明治三十三年（1900）学成归国，即任东大法科教授。次年，获法学博士学位，刑事法学方面著作等身，有"明治期刑法学巨星"的雅称[1]。附冈田相片及当年所签订的合同书如下：

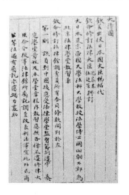

光绪三十二年（1906）九月间，冈田应清廷之聘，担任清政府修订法律馆调查员，并参与《大清新刑律》《大清刑事诉讼律》《大清违警律》《大清法院编制法》等法律草案的起稿，同时兼任京师法律学堂

1　有关冈田朝太郎的学术生平，详参《大正人名辞典 II》上卷，オ-167，日本国书セソタ，1989 年。另参黄源盛《冈田朝太郎与清末民初刑事立法》，收于氏著《法律继受与近代中国法》，第 121—157 页。又参阅小林好信《岡田朝太郎の刑法理論》，收于《刑法理論史の総合的研究》（东京：日本评论社，1994 年 3 月），第 177—213 页。

及京师大学堂、京师法政学堂教习，讲授刑法、刑事诉讼法、法学通论及法院编制法等科目。

冈田氏来华之前，在日本明治政府的法典编纂事业中，于梅谦次郎、富井政章等"法典调查委员"属下，名为"整理委员"，积有丰富的法典编纂经验。据传冈田氏抵达北京时，《大清刑律草案》已由中国人之手，完成总则的全部与分则的十分之九。唯冈田氏审阅后，认为该草案主要系参酌明治十三年（1880）公布之《日本旧刑法》而成，应修应改之处极多，建议重新起稿，乃征得沈、伍两修律大臣的应允，重新起草法案。事实上，冈田氏在先前参与日本近代法典编纂过程中，对有些刑法立法原则与技术有其个人独特见解，终因囿于现实，未能于日本法典中实现而耿耿于怀。乃趁此参与清廷法典编纂良机，尽可能将其个人理念落实在《大清刑律草案》中。冈田氏于大正四年（1915）聘期届满返回日本，续任早稻田和明治等私立大学的法学教授，并仍从事民国修律馆嘱托之事。

松冈义正（1870—1939），日本民法及民事诉讼法学者，1892 年东京帝国大学法科毕业，大正五年（1916）四月，获法学博士学位。历任日本东京地方裁判所判事、东京控诉院、大审院各判事，著作甚丰[1]。光绪三十二年十一月，时任东京控诉院部长法官的松冈氏应清廷之聘，赴北京充清政府修订法律馆顾问，并担任北京法律学堂民法、民事诉讼法及破产法教习。同时负责民律中的《总则》、《债权》及《物权》等三编起草工作，另协同朱献文、高种等起草民律中的《亲属》《继承》两编。宣统三年完成该草案，即所谓《大清民律草案》，为中国法史上第一部民事法典草案。另草拟《大清民事诉讼律草案》，同时，与冈田朝太郎共同参与《法院编制法》的起草。

志田钾太郎（1868—1951），日本商法学者，1894 年七月，东京帝国大学法科大学毕业，旋入大学院，专攻公司法及保险法。1898 年至

1　松冈义正著有《破产法讲义》（1903）、《民法论总则编》（1907）、《特别民事诉讼法》（1916）、《新民事诉讼法注释》全 6 卷（1929—1939）、《民法论 物权法》（1930）等书。参阅伊藤隆、季武嘉也（编）《近代日本人物史料情报辞典》（3）（东京：吉川弘文馆，2007 年），第 222—223 页。

1902 年经文部省选派赴德法两国留学，继续钻研商法，其间，曾以日本委员身份，列席巴黎万国保险会议。归国后，任学习院教授。明治三十六年（1903），获法学博士，同年，兼任东京帝大法科大学教授，著作颇丰。光绪三十四年（1908）十月，应聘来华为修订法律馆顾问，担任京师法律学堂商法讲座，并负责起草《大清商律》，完成其中《商总则》及《商行为》两编。志田氏共留京四年，1912 年七月返国后，再任明治大学等校教职。

小河滋次郎（1861—1925），日本监狱法学者，东京帝国大学毕业，嗣留学德国柏林大学。归国后，供职内务省，再转任司法省管理监狱等要职。其间，曾以日本委员身份，列席巴黎万国监狱会议，并负责起草《日本监狱法》及其施行法。明治三十九年（1906），获法学博士，为"累进制度"、"死刑废止"及"执行犹豫论"（缓刑论）的先驱理论者，著书多种。光绪三十四年（1908），时任日本司法省监狱事务官的小河滋次郎，受聘来华为修订法律馆顾问，同时于京师法律学堂讲授监狱学，并兼狱务顾问，参与改良清朝监狱制度事宜，草拟《大清监狱律草案》，留京两年，于 1910 年返回日本。

岩井尊文，日本国际法相关领域学者，明治三十六年（1903），毕业于东京帝国大学法学部"独（德）法科"，历任日本海军主计中尉、大尉等职。明治三十八年（1905）受清廷之聘，赴北京充任京师法律学堂教席约三年，讲授国法学、国际公法等课目。期满返日，登录执业律师。1909 年，赴德国柏林大学研究商法、刑法，并考察欧美各国法律实务，返国后继续执行律师业务。

晚清开馆修律之际，财政支绌，修订法律馆的经费并不充裕，但对于冈田等顾问的聘用，为防流弊，妥订契约；也尽可能地给予优渥的待遇。而彼等终也不负所托，完成了历史性的阶段任务。可以这么说，晚清法学教育乃为适应时代需要而生，有助于国民法律意识的觉醒与提升。此辈日籍法学专家，名额虽有限，但对于打破闭塞，播植新法律思想，开创中外法学交流，的的确确迈出相当重要的一步。不过，此举并不意味着晚清的各项修律活动，其主导权完全操控在日籍顾问之手；比较贴切地说，他们只是起了"指导"与"领航"之功。

9.3 晚清变法修律中的礼法争议

在漫漫传统中国法制长廊里，凡有关法政思想的问题，无不显现出儒、法两家观点的呶呶争辩；时至有清末造，再度出现划时代意义的"礼法之争"。

这次的礼法争议，乃指清光绪二十八年以迄宣统三年变法修律期间，清廷内部主张应维持旧律伦理纲常的"礼教派"，和主张应继受西方近代立法原理原则的"法理派"，双方就修订《刑事民事诉讼法》草案及大清新《刑律草案》根本理念的一次大论争。表面上，这是关于法律歧见的争执，实际上，是如何对待纲常名教的对立。在近代中国法制史上，是属于中学与西学、旧律与新法争议的范围，乃为中西法律文化根本不同的冲突；甚至可以说，是传统中国农业社会法律体制与西方近代工商社会法律体制的正面交锋。

礼教派是以军机大臣兼掌学部尚书的张之洞、京师大学堂监督劳乃宣（1843—1920）、法部尚书廷杰（1838—1911）、宪政编查馆一等咨议官陈宝琛（1848—1933）等传统功名出身的人士为代表，以维护传统伦常礼教为职志；法理派则是以主张变革的修律大臣沈家本为首，宪政编查馆特派员杨度（1874—1932）、资政院法典股副股长汪荣宝（1878—1933）、宪政编查馆编制局局长吴廷燮（1865—1947）以及日及修律顾问冈田朝太郎等人均参预其间，彼等以沟通新旧，折中各国良规为己任。礼法双方，自成派系，广拉后援，相互批评，在宪政编查馆覆核《刑律草案》时，即已引起轩然大波；甚至在资政院审议期间，还出现肢体冲突，由院内争执到院外，借由舆论而传播到全国，成为影响晚清新旧思想何去何从的一次大论战。

本节主要针对这段往事，先做史实的摘要述说；于次两节中，再从历史及法学的观点，对礼法争议深入评价，以明其在法文化史上的意义。

9.3.1 争辩之一：采用陪审制、律师辩护制可行乎？

清季原无单独的诉讼法典，光绪三十二年四月，修订法律大臣沈家本、伍廷芳等模范列强，仿效西法，采取实体法与程序法分别编纂的体例，编成大清《刑事民事诉讼法》草案，奏请试行，这是中国法律史上第一部单行的诉讼法规，全文共五章，二百六十条，另附颁行例三条[1]。

综观该草案，显然受到英美法教育下伍廷芳意见的影响，其特点有三：（一）就晚清当时现实的社会情况，商定简明诉讼法，先行试办，性质上为一时的过渡性立法；（二）独立于实体法之外，并区分刑事规则、民事规则与刑事民事通用规则，分别作不同的规定；（三）仿效英美法的诉讼理念，采用陪审制、律师辩护制及公开审判制度。其中，沈家本对于"陪审制"和"律师辩护制"相当重视，指出：

> 考欧美之规制，款目繁多，于中国之情形未能尽合，谨就中国现时之程度，公同商定简明诉讼法，分别刑事、民事，探讨日久，始克告成。惟其中有为各国通例，而我国亟应取法者，厥有二端：一宜设陪审员也。诚以国家设立刑法，原欲保良善而警凶顽。然人情诪张为幻，司法者，人知识有限，未易周知；宜赖众人为之听察，真伪易明，若不肖刑官或有赌纵曲庇，任情判断及舞文诬陷等弊，尤宜纠察其是非。拟请嗣后各省会并通商巨埠及会审公堂，应

1　《总纲》主要规定刑民诉讼共同适用的制度及其区别，另外规定诉讼时限、诉讼场所、处罚措施等。《刑事规则》主要规定逮捕、拘传、搜查、传唤、关提、拘留、取保、审讯、执行各刑及开释等程序。《民事规则》主要规定传票、起诉、审讯、拘提、查报、监禁、查封、和解、诉讼费用等方面的程序。《通用规则》主要规定律师、陪审员、证人、上诉环节。中外交涉案件处理规则规定涉外案件依当时对外条约审理。

延访士绅富商民人等，造具陪审员清册，遇有应行陪审案件，依本法临时分别试办；如地方僻小，尚无合格之人，准其暂缓，俟教育普被，一体举行。庶裁判悉秉公理，轻重胥协，舆评自无枉纵深故之虞矣。一宜用律师也。按律师一名代言人，日本谓之辩护士。盖人因诉对簿公庭，惶悚之下，言词每多失措，故用律师代理一切质问、对诘、覆问各事宜……中国近来通商各埠，已准外国律师辩案，甚至公署间亦引诣顾问之列。夫以华人讼案借外人辩护，已觉扞格不适，即使有交涉事件，请其申诉，亦断无助他人而抑同类之理，且领事治外之权，因之更行滋蔓，后患何堪设想！[1]

该草案奏进后，清廷为求慎重，于同年四月谕旨："刑事民事诉讼各法拟请先行试办一折，法律关系重要。该大臣所纂各条，究竟于现在民情风俗能否通行，着该将军、督抚、都统等体察情形，悉心研究，其中有无扞格之处，即行缕析条分，据实具奏。"结果却引来阵阵的挞伐声浪[2]。

仔细分析彼等反对意见，不外乎以"条文繁多、不符地方实情、实行不便"等理由为主，率多奏请延期施行。其中，尤以时任两湖总督的张之洞批击最烈，认为：

综核所纂二百六十条，大率采用西法，于中法本原似有乖违，中国情形亦未尽合，诚恐难挽法权，转滋狱讼……盖法律之设，所以纳民于轨物之中；而法律本原，实与经术相表里，其最著者为亲

1　参照《大清法规大全》，卷11，《法律部》，法典草案一，《修订法律大臣沈家本等奏进呈诉讼法拟定先行试办折》。

2　参阅《大清德宗景（光绪）皇帝实录》，卷558，第5117页。至于反对之声出自：热河都统廷杰奏："刑事民事诉讼法，边地骤难试办，并择扞格难行数条，请旨饬下法律大臣，再行复议，下所司知之。"广西巡抚林绍年奏："新纂刑事民事诉讼各法，广西尚难通行，盖俗悍民顽，全恃法律为驾驭，间以不测示恩威；若使新法遽行，势必诪张百出，未足以齐外治，先无以靖内讧，下所司知之。"直隶总督袁世凯奏："新纂民事刑事诉讼法，内有扞格者数条，请饬再议，下法部，再行复议。"浙江总督张曾敭、甘肃巡抚联魁等也上奏表达窒碍难行。详参《大清光绪实录》，卷564、565。另参照《大清德宗景（光绪）皇帝实录》，第5166、5180页等。另有关此部分，主要而精详者，可参阅赵彬等纂辑《刑事民事诉讼法驳议部居》（北京：北新书局，光绪三十四年〔1908〕5月），日本：东京大学东洋文化研究所藏书。

亲之义。男女之别，天经地义，万古不刊。乃阅本法所纂，父子必异财、兄弟必析产、夫妇必分资；甚至妇人女子，责令到堂作证。袭西俗财产之制，坏中国名教之防，启男女平等之风，悖圣贤修齐之教，纲沦法斁，隐患实深。

尤其，痛诋陪审制和律师辩护制之不可行，指出：

> 束身自好之绅士，必不肯至公堂；纵责以义务，科以罚金，必有甘受惩罚而不愿涉足公门者。其肯到堂陪审者，非干预词讼之劣绅，即横行乡曲之讼棍。以此辈参列陪审，岂能助公堂秉公行法耶？[1]
>
> 若果不察情势，贸然举行，而自承审官、陪审员以至律师、证人等，无专门学问、无公共道德，骤欲行此规模，势必懦冤抑，强暴纵恣，盗已起而莫惩，案久悬而不结。[2]

张之洞并建言"目前审判之法，只可暂订诉讼法试办章程，亦期于民情风俗一无阻碍而后可"、"先编各项法律，然后再议刑事民事诉讼法，庶可收变法而不废法之效"。[3] 奏折之后，并附张之洞对该法中五十九条条文的批驳。

该奏折开启了清末变法修律中"礼法之争"的先声，后来，因资政院忙于审议大清新《刑律草案》的修订，争议焦点始逐渐转移重心。实际上，此一《刑事民事诉讼法》草案本系作为"过渡"之用，非为垂诸久远。而在其后的数年间，与该法案有关的各种相关情况也发生重大变化，显然已无法适应时事的推移，终遭搁置。

---

1 参阅王树枬编《张文襄公全集》，卷 69。
2 详参《张文襄公全集》，卷 69。关于各大臣之反对意见，参阅《大清光绪实录》，卷 564、565。
3 参阅光绪三十三年（1907）七月二十二日张之洞奏《遵旨复议新编民事刑事诉讼法折》，载张之洞《张文襄公奏议》，收在《续修四库全书》，第 511 册，《吏部·诏令奏议类》（上海：上海古籍出版社，1995年）。

9.3.2 争辩之二："准礼制刑"的立法原则可变乎?

光绪三十三年（1907）八月、十二月，沈家本等先后奏上修订法律馆编纂之《刑律草案》按语。同时，在"敬陈修订大旨"中指出："旧律之宜变通者，厥有五端，即更定刑名、酌减死罪、死刑唯一、删除比附、惩治教育。"并采撷近代西方的刑事立法体例，分《总则》与《分则》两编，共五十三章，三百八十七条。草案近半之条文中，附有"沿革"与"理由"两栏，前者详述自汉律或《唐律》以来的衍变，后者解析外国立法例和学理上的立法根据；尚有部分条文更添加"注意"栏，针对法条文义深奥之处进一步阐明与举例，以免横生讹误[1]。

由于《刑律草案》与固有的《大清律例》两相对照，不论在立法精神还是内容上均大相径庭，随即招致礼教派内外臣工纷纷驳斥。首先发难者又是张之洞，他以学部名义覆奏新刑律草案有妨"因伦制礼，准礼制刑"的立法原则，驳论如下：

（1）中国制刑以明君臣之伦，草案对于侵犯皇室之罪处罚过轻。

（2）中国制刑以明父子之伦，草案蔑视父子伦常。

（3）中国制刑以明夫妇之伦，草案无妻妾殴夫条却从凡人之例。

（4）中国制刑以明男女之别，草案缺无夫之妇犯奸治罪条。

（5）中国制刑以明尊卑长幼之序，草案对卑幼殴杀尊长无加重之条。

张之洞另对《总则》中有关刑罚体系的变革、废除比附之制及刑事责任能力年龄等规定，也多所抨击。并指出，为撤废领事裁判权而谋法制近代化，固值赞同，但绝不能听许蔑弃中国的礼教。强调"今日改律之要，当删繁减轻"，尤其，《刑律草案》"有关伦纪之处，应全行改正。总以按切时势而仍不背于礼教为主，庶几收变法之益而不贻变法之害"[2]。

1　详参黄源盛辑纂《晚清民国刑法史料辑注》（台北：元照出版社，2010 年 7 月），上册，第 35—202 页。

2　参阅《光绪东华录》，光绪三十四年 5 月辛卯，《学部奏之条》。另参阅刘锦藻《清朝续文献通考·刑考六》（台北：新兴书局，1963 年 10 月），卷 247。

据当时参与修律的董康（1867—1947）称：张之洞先以"刑法内乱罪，不处惟一死刑"，指责法理派袒护革命党，"欲兴大狱"。被人阻止后，复以"奸非罪章"无和奸无夫妇女之治罪明文，指为败坏礼教。其后，各省督抚类皆随声附和，批驳之声纷至沓来。清廷根据学部及部院督抚大臣的意见，于宣统元年（1909）正月二十七日下谕：

> 惟是刑法之源，本乎礼教，中外各国礼教不同，故刑法亦因之而异，中国素重纲常，故于干名犯义之条，立法特为严重。良以三纲五常，阐自唐虞，圣帝明王，兢兢保守，实为数千年相传之国粹，立国之大本。今寰海大通，国际每多交涉，固不宜墨守故常，致失通变宜民之意，但只可采彼所长，益我所短，凡我旧律义关伦常诸条，不可率行变革，庶以维天理民彝于不敝。该大臣务本此意，以为修改宗旨，是为至要。[1]

显然，清廷严明宣示纲常是"立国大本"，是"国粹"，修律务必以纲常为宗旨，恺切表明维护纲常礼教的坚持态度。

其后，沈家本和修订法律馆相关人员在修正过程中，采取变通的办法，对"有关伦纪各条，恪遵谕旨，加重一等"，复送交法部。法部尚书廷杰不以为足，认为"中国名教必须永远奉行勿替者，不宜因此致令纲纪荡然"。乃在正文后面加上《附则五条》，明确规定："大清律中，十恶、亲属容隐、干名犯义、存留养亲以及亲属相奸、相盗、相殴并发冢、犯奸各条，均有关于伦理礼教，未便蔑弃。中国人犯以上各罪，仍照旧律办法惩处。危害乘舆、内乱、外患及对于尊亲属有犯，应处死刑者，仍用斩刑。卑幼对尊亲属不能使用正当防卫之法。"

这次的修正案，定名为《修正刑律草案》，宣统元年（1909），由修订法律大臣沈家本会同法部尚书廷杰联名上奏[2]。

---

1 参阅《清末筹备立宪档案史料》，下册，《修改新刑律不可变革义关伦常各条谕》，第856页。
2 有关《修正刑律草案》的详细内容，请参阅黄源盛纂辑《晚清民国刑法史料辑注》，上册，第203—272页。

9.3.3 争辩之三：罪刑法定主义可采乎？

"比附援引"在传统中国礼法一元化的特殊政治环境中，无异于立法的延长，虽或对于律条的过度定著性有其调节功能，然由于历史的经验，沈家本着眼于近代刑法的人权保障机能，极力反对类推适用，主张删除比附援引旧制。在他主导草拟的《刑律草案》第十条中，采撷欧、日等国立法例，明确规定："凡律例无正条者，不论何种行为，不得为罪。"并详陈其立法理由：

> 本条所以示一切犯罪须有正条乃为成立，即刑律不准比附援引之大原则也。凡刑律于无正条之行为，若许比附援引及类似之解释者，其弊有三：第一，司法之审判官得以己意，于律无正条之行为，比附类似之条文，致人于罚，是非司法官直立法官矣；司法立法混而为一，非立宪国之所应有也。第二，法者与民共信之物，律有明文，乃知应为与不应为，若刑律之外，参与官吏之意见，则民将无所适从。以律无明文之事，忽援类似之罚，是何异以机阱杀人也。第三，人心不同，亦如其面，若许审判官得据类似之例，科人以刑，即可恣意出入人罪，刑事裁判难期统一也。[1]

此外，近世刑事立法例，关于"时的效力"有二，一为比较新旧二法从其轻者处断，此即"从轻主义"；一为不分新旧二法概从新法处断，此为"从新主义"。中国旧律关于"时的效力"问题，并未作确切的规定，直至《明律》始于《名例律》之"断罪依新颁律"目称"凡律自颁降日为始，若犯在颁降以前者，并依新律拟断"。是采"从新主义"。《清律》承《明律》之旧，但增入夹注："如事犯在未经定例之

1　参阅光绪三十三年《刑律草案》第十条的立法理由，详见端方《大清（光绪）新法令》，第19册，商务印书馆。

先，仍依律及已行之例定拟。其定例内有限以年月者，俱以限定年月为断。若例应轻者，照新例遵行。"可见，清朝虽有比较"新旧二法从其轻者"之例，然律的本文，仍有犯在以前并依新律拟断的规定。因此，与之相悖的行为，虽然发生在律文颁布之前，但在颁布之后事发到官者，仍依照新律断罪；这显然正面否定了罪刑法定的原则，盖所谓"新律"其实是一种"事后立法"，依照新颁之律断罪，就是使新律的效力溯及既往。

依近代刑事立法思潮，"禁止溯及既往"乃为罪刑法定主义所派生的一大原则，此原则明示国家刑罚权对于人民权益的干预，一定要在有预见与能预见的条件下，方得为之，唯有如此，才能确保刑法的安定性，刑法的人权保障机能也才能获得维持。唯沈家本在此一观点上，有其独到看法，他说：

> 旧律与新律岂能无轻重互异之处，而概依新律者，非但谓遵王之制也。法律为人人所当遵守，既定而颁行之，则犯罪不论新旧，断罪自当一律，不得再有参差，致法律失信用之效也。若如旧说，例应轻者，照新例行，新例严而犯在前者，应照旧例，其参差孰甚哉？[1]

可见，沈氏较倾向于采"从新原则"。但在《刑律草案》，系采取折衷方式——"原则从新，例外从轻"，即第一条规定："凡本律自颁行以后之犯罪者，适用之。若在颁行以前未经确定之审判者，俱从本律处断。但颁行以前之律例不为罪者，不在此限"。此条第一项明确采用刑法不溯及既往原则，因此，新刑律施行以前之行为，纵在新刑律虽酷似有罪之行为，亦不得据新律之规定而罚之。第二项前半指犯罪在施行前，审判在施行后，即对于新律颁行后"未经确定审判者"，采取"从新原则"。第二项后半，"但颁行以前之法律不为罪者"，则从旧，亦即

1　参阅沈家本《沈寄簃先生遗书·甲编》，《历代刑法考》。

采"从轻原则"。此与上述第十条规定采用律无正条不处罚之原则,实相辅而行。

宣统二年十一月初一日(1910年12月2日),资政院第一次常年会第二十三次议场开议,政府特派员杨度到场说明《刑律草案》的立法宗旨,特别提到如下一段:

> 此次国家改定新刑律,其理由有二种:一种是国内,一种是国际。所谓国内之理由者,何也?向来,旧刑律因历唐宋以至于今日,有数千年之沿革,现在必须改变是什么缘故?因为旧律与现在预备立宪之宗旨有不相符合之地,而其不合宪政的地方很多,不能详说,就其大概言之,凡判断案件,旧律用援引比附。[1]

然而,正如沈家本所感喟的,"断罪无正条,用比附加减之律,定于明而创于隋。国朝律法承用前明,二百数十年来,此法遵行勿替。近来,东西国刑法皆不用此文,而中国沿习既久,群以为便,一旦议欲废之,难者蜂起"。当时支持比附援引旧制的礼教派人士,对此纷纷提出强烈质难:

其一,比附固易起意为轻重之弊,但由审判官临时判断,独不虞其意为轻重乎?引律比附尚有依据,临时判断,实无限制。……类似之例不能援以罚人,而轻重之权衡,可操之问官,诚恐任意出入将较比附尤为严重。

其二,律例所未载者,不得为罪,则法不足以禁奸,盖民情万变,防不胜防,若律无正条,无论何种行为不得为罪,则必刑律草案三百八十七条尽数赅括,毫无遗漏而后可。否则,条目不足以尽事变,适足以开奸人趋避之门。迩来人心不古,犯罪者择律例无正条者,故意犯之,且以一人之心思才力,对付千万人之心思才力,非以定法治之,诚不足以为治。

---

1 详参李启成点校《资政院议场会议速记录》(上海:上海三联书店,2011年4月),第301—302页。

其三，比附类似之文，致人于罚，则司法、立法混而为一，非立宪国所应有，不知无此法而定此例者，方为立法，若既有他律，而比附定拟，则仍属司法，非立法也。如以比附为立法，则于本律酌量轻重者，又与立法何异？

要之，在礼教派看来，比附援引是"任人"，罪刑法定是"任法"。相形之下，"任人之弊在官，任法之弊在吏；任人之弊在国家，任法之弊在奸民。两害相权取其轻，不如任人也。"针对上述礼教派的咄咄逼难，沈家本不惮词费，逐一加以辩驳：

其一，对于第一点质难，即对所谓"引律比附尚有依据，临时判断实无限制"的论点，沈氏指出："定律凡数百条，若不问情事之何如，而他律皆可比附，将意为轻重，所欲活则出生议，所欲陷则与死比……充其所至，舞文弄法，何所不可？尚何限制之有？若草案所定，本条之内，限以几等以上，几等以下，过此以往，即不得稍越范围，其所以限制审判官者为何如？乃反谓引律比附，尚有依据，临时判断，实无限制，然乎？否乎？"对所谓"类似之例不能援以罚人，而轻重之权衡可操之问官，诚恐任意出入将较比附尤为甚"。沈家本反驳道："立一法自有此法一定之范围，有此范围，司法者即不能任意出入，故于本律酌量轻重，则仍在范围之内，可以听司法者操其权衡，若以他律相比附，则轶乎范围之外，司法者真可任意出入矣，孰得孰失可不烦言而解。"

其二，对于第二点质难，沈家本说："人之情伪，变幻万端，谓此数百条律文即足以尽人之情伪，诚非立法者所敢自信。然谓无比附而人多幸免，似亦不必虑也。尝考自唐以来至于本朝律文，虽时有出入，而罪状则大略相同。……家本自甲子岁筮仕西曹，于今四十余年矣，所见案牍，难以万计，其案情之千奇百怪，出于情理之外者，往往有之；而罪状之出于律例之外，情轻者或亦时有，不过科以不应，情重者则未曾一睹。盖律文经千数百年，此千数百年风俗递有变迁，而罪状之可名者，未见出乎律例之外，是皆由千数百年经验而来，非出于一二人之曲见，故历代虽多损益，亦不过轻重出入，而大段未尝改也。人之幸免者，殆亦绝无仅有矣。"当然，持有限之科条，想驭无穷之情伪，事实上有其困难，但"法律之用，简可驭繁，例如谋杀，应处死刑，不必问其因奸因盗，如一事一例，恐非立法家逆臆能尽之也"。沈氏根据实例，指出："即不用比附之法，亦各有本罪可科，何至逍遥法外？为有司者亦何至穷于断狱乎？"又说："犯法以难执法，必奸民之尤，此等人平时当有以制之，彼自不敢轻于犯法。否则纵有千百正条，在彼方且巧以尝试，岂区区比附，即能制其死命哉？"

其三，对于第三点质难，沈家本反驳说："既云无此法而定此例方为立法，乃无此法而即用此例，是司法者自创之矣，不且与立法者相混乎？"[1]

而为弥补废除比附援引后可能出现律条不足的情形，沈家本也提出下列主张和具体措施：

其一，主张"刑罚相对法定制"。近代刑事法的论罪科刑，有其刑度，法官得依法定刑而为伸缩，致宣告刑有为高度刑者，有为低度刑者；而论罪的范围，亦得本于时代环境的需要，就法条为扩张或限缩的解释，故罪刑法定自易严格遵守。而旧律条文，每罪所科之刑，除另有加减例，与今为同外，皆系一刑，并无"度"之可言。何况定律均从简要，科条有限，而天下情伪无穷，刑既为一，罪亦难为伸缩解释，正律自不足以泛应，欲达罪刑法定要求，戛戛乎其难矣！因此，沈氏主张在法定刑中规定量刑幅度，并规定从轻、减免的条款，俾审判官得以在法定刑范围内，斟酌犯罪事实、性质、情节的不同，而灵活适度科处刑罚。即"于各刑酌定上下之限，须审判官临时审定，并别设酌量减轻。宥恕各例，以补其缺，虽无比附之条，至援引之时，亦不至为定律所缚束"。如此，一方面可避免"无此法而即用此例……司法者即不能任意出入。故（虽）于本律酌量轻重，仍在范围之内，（自）可以听司法者

1　有关《刑律草案》实行"罪刑法定"与否的论争，参阅黄源盛《传统中国"罪刑法定"的历史发展》，收于《法律继受与近代中国法》，第326—338页。

操其权衡"。从而使司法保有其应有的裁量弹性。

其二，允许自然解释。"自然解释"为论理解释之一种，亦称"当然解释"，系指依规范目的衡量，某事实较之法律所定者，更有适用的理由，而径行适用该法律的解释方法而言。沈家本在大清《刑律草案》补笺中说："本律虽不许比附援引，究许自然解释。自然解释者，即所犯之罪与法律正条同类，或加甚时，则依正条解释而用之也。同类者，例如正筑马路，正条只禁马车经过，则象与骆驼自然在禁止之列。加甚者，例如正条禁止钓鱼，其文未示及禁止投网，则投网较垂钓加甚，自可援钓鱼之例定罪也。"可知，自然解释显在容许之例，自不必著为明文。

其三，及时立法为因应社会情事变迁所引发的新事物。沈家本明确指出："与其就案斟酌，临时鲜有依据，何如定立专条，随时可资引用。"并强调宜根据时代的进化，不断补充"律之当议增者"。事实上，在沈氏主持变法修律期间，确曾制定出大量的单行法规。而且，在《刑律草案》中增加关于侵害帝室、内乱、外患、泄漏机务、妨害公务、逮捕监禁者脱逃、藏匿人犯及湮灭证据等多项新的罪名，借以填补废除比附援引后所出现的空隙。

此外，沈家本相当赞同光绪三十四年（1908）四月，经宪政编查馆核定奏准施行的《大清违警律》，其中第二条，"凡本律所未载者，不得比附援引"的规定，认为"《大清违警律》与大清《刑律草案》互相衔接，《大清违警律》已奉旨施行，则大清《刑律草案》不便更有异议，致法典不能统一"。可见，沈家本不但主张"罪刑法定"，也主张"行政罚法定"，他对人权保障所付出的努力是相当积极的，而透过沈氏的坚持，渊源流长的中国比附援引旧制，从此步入历史性的更新阶段。

9.3.4 争辩之四：无夫奸存乎？废乎？

清末变法修律，在沈家本领衔下，透过日本修律顾问冈田朝太郎的协助，继受欧陆近代法制，数易其稿而成的《钦定大清刑律》（俗称"大清新刑律"），因采撷近代欧陆刑法的立法体例，与传统刑律相较，不论在编纂体例还是实质内容上均有明显的转向。而其立法过程，更是曲折迂回，颇有可观。其中，又以"无夫奸"应否定罪及如何处罚的问题，争辩尤烈。

观乎中国旧律，自唐以降，有所谓"礼教立法"原则贯穿其间，为维护礼教风纪，以刑律处罚违反伦理道德的"奸非"行为，是属必然，兹列唐清律中相关规定的简表如下[1]：

罪名		《唐律》	《清律》
和奸	无夫	一年半	杖八十
	有夫	二年	杖九十

礼教派人士对于《刑律草案》只列有夫和奸罪，独缺无夫和奸之条，闻之震怒，认为此举"失之过矣"，大举反对，以为漠视礼教，又是张之洞首先发难，随即引发在京各部院，以及在外各督抚的猛烈非议[2]。礼法双方或主礼教、或张法理，相互责难，久久不已。

9.3.4.1 法理派的新理

在 1906 年至 1911 年间，《大清新刑律》由预备草案起以迄正式颁

1　《大清律例》中《刑律·犯奸门》规定："凡和奸，杖八十；有夫者，各杖九十；刁奸者，杖一百。强奸者，绞；未成者，杖一百，流三千里。"凡犯和奸罪者，同女同情，故同坐罪。妇人无夫者，杖八十；若有夫而与人和奸，则奸妇、奸夫各杖九十。

2　详参高汉成《签注视野下的大清刑律草案研究》（北京：中国社会科学出版社，2007 年 2 月），第 64—168 页。

订止，凡历七稿，其中，主张"无夫奸"应予除罪化者，主要有沈家本、杨度、汪荣宝、吴廷燮以及冈田朝太郎等人，在"礼法之争"过程中，彼等被称为"法理派"。

担纲《刑律草案》起草的沈家本，基于法律与伦常礼教应有所界分的理念，在光绪三十三年十一月奏进该草案中，说明"奸非罪"的沿革、理由时，说道：

> 奸非之罪，自元以后，渐次加重，窃思奸非虽能引起社会国家之害，然径以社会国家之故，科以重刑，于刑法之理论未协。例如现时并无制限泥饮及惰眠之法，原以是等之行为，非刑罚所能为力也。奸非之性质亦然，惟礼教与舆论足以妨闲之，即无刑罚之制裁，此种非行，亦未必因是增加，此本案删旧律奸罪各条，而仅留单纯之奸非罪也。[1]

其后，又在《修正刑律草案》中表明：

> 国家立法期于令行禁止，有法而不能行，转使民玩法而肆无忌惮。和奸之事，几于禁之无可禁，诛之不胜诛，即刑章具在，亦只空文，必教育普及、家庭严正、舆论之力盛、廉耻之心生，然后淫靡之风可少衰。……防遏此等丑行，不在法律而在教化，即列为专条，亦无实际。[2]

冈田朝太郎也从刑法发达、法典进化的历史考察。他认为，在刑法和刑法观念不发达的时代，由于未划清个人道德与社会道德的界限，将教育与法律混淆为一，故世界各国都以和奸行为为有罪而处予刑罚。中

---

[1] 引自《大清法规大全》，《法律部》，卷12，《修订法律大臣沈家本奏进呈刑律分则草案折（并清单）》，第2050页。

[2] 参阅沈家本《沈大臣酌拟办法说帖》，收于劳乃宣《桐乡劳先生（乃宣）遗稿》。引自沈云龙主编《近代中国史料丛刊》，第877—1060页。

世纪欧洲各国，对正当婚姻之外的性行为的规定，不但条目多于中国，处刑也重于中国；18 世纪末，"道德、宗教、法律之混淆达于极点。其反动力，遂有划清界限之说"，法、德两国首先对法典进行修改，延至19 世纪，"所有一般法律思想，无不以属于道德范围之恶事与属于宗教范围之罪恶，盖置诸法律之外"。在这种思想指导之下，刑法对奸非罪的处罚主要有：公然实施，致污善良风俗；以强暴实施，对于无完全承诺能力之人而实施，破坏正当婚姻之效力，足以诱引奸淫之恶习。"其余如单纯和奸、纳妾、调奸等罪，东西各国刑律中殆至绝踪。"《刑律草案》之所以不采无夫和奸为有罪，其所本正导因于此[1]。

除沈家本、冈田朝太郎外，法理派人士有关无夫奸应除罪化的言论，大致上可归纳出如下几点[2]：

其一，于立法上不便。国家对于国内女子"犯奸"之事，通常采取三种办法：为维持社会风化起见，有夫之妇无论和奸、强奸都在禁止之列，此为第一种办法。然欲全国妇女都坚贞节操，即国家亦有所不能；例如娼妓，各国都无禁止之法，非不知与风化有关，因事实上不能断绝，故不仅不禁止，且为法律所允许，此为第二种办法。至于无夫妇女与人和奸，国家对此既不禁止，亦不允许，全采放任，是为第三种办法。就"无夫奸"的立法而论，一是刑罚的轻重不易掌握，重刑显属不妥，然轻微处分，终不足禁制男女之私情，则仍属无益之规定。二是娼妓娼妇，其初亦处女，寻常和奸处罚而允许娼妓营业，法理上无法解释；禁绝娼妓，又属能言而不能行之空论，故不能不采第三种办法。

其二，于检举上、司法上两相不便。就举发而言，刑法若设此种罪名，将导致贫贱者不能免缧绁之罪，而富贵者则搜索无从，往往幸逃在外，与刑律四民平等之原则恰相背驰。或者不分贵贱老弱，凡有秽行风闻，一律追捕处罚，这一来，便将使人为一时一事而丧失终身之名誉幸

1　参阅《冈田博士论刑律不宜增入和奸罪之罚则》，引自李贵连《沈家本传》（北京：法律出版社，2000 年 4月），第 324—327 页。

2　关于下列诸点，详参杨度的发言，见《资政院第一次常年会第二十三号议场速记录》，载于李启成点校《资政院议场会议速记录》，第 306—307 页。

福，实与"社会上死刑"无异，更有甚者，将使一家一族为社会所不齿。至于司法上不便，和奸必须搜求证据，由于这种犯罪，往往于秘密之秘密中行之，证据极少，搜求证据非常费力，稍有怠忽，将导致审判恣意，于审判上实有不便。

其三，于外交上不便。晚清刑律变革，原为撤废领事裁判权的预备，新律若与各国法律原理原则不同，不仅无法得列强之赞成，将来一生交涉，必多阻力。因为各国刑法大多没有此条，如将此条加入正文，将来如中国男子、女子与外国人和奸，中国要按法律办理，外国人势必不受裁判而有所借口，则于撤去领事裁判权有所借口。

其四，于礼教上不便。无夫奸不列入正条之罪，正所以养社会之廉耻，欲以维持风教。对于家庭父慈子孝之间，也是一种维持的方法，父母对于子女绝不欲蒙以耻辱之名，使其终身无婚嫁之望，刑律即有此条，亦形同虚设。所以国家对此种事并不是不理，因为在教育之范围，而非在法律之范围。即不与父母以制裁之权，亦不过恐其伤父子之恩，而所以养社会之耻，因其于宗族的名誉、本身之名誉、子女之名誉均有关系。父母若有此制裁之权，恐其耻愤之时，不及计较，事后悔之不及，反以伤父子之恩，不如不与以此权，使其秘密不宣，反于礼教不悖，所以不加入正条。

其五，道德与法律应适度分离。中国历来法律和道德常相混同，所谓的"家法"即可代表国家法律，对家族成员任意施刑，严重违背近代法律原则。按照新的法律原理，道德不可与法律相混，刑法关系国家，道德关于个人。申言之，刑罚之效力所不能及而属于教育范围内之行为，便不能不舍刑罚而注重教育。刑罚效力不如治疗效力之大者，则舍刑罚而施以治疗。最后，刑罚已经宣告，但是如果暂不执行能更有效地使犯人反省自新，便应施行缓刑。这三种方法，均为"刑期无刑"的政策，是一种适宜预防。以此而论，寻常无夫和奸行为，不过是违犯道德而已，并未害及社会；退一步说，即使害及社会，也不应据此而列入刑法、动用刑罚，道理很简单，"刑罚者必就其性质与其分量，及其他社会一切之状态，而以其效力之能及与否为断"。刑罚效力不如教育效力之大，就不应动用刑罚。解决无夫和奸行为，关键在于养成家庭严正之风、普及智育德育、办好新闻杂志、造就社会舆论、涵养公众廉耻之心，习俗自会转移。

　　总的来说，法理派的论点除了着眼于无夫奸之事非法律所能为力，应归属礼教、道德、舆论、教育的范畴外；也提及习惯为任意法所采，刑法为强制法，不应有此习惯者从习惯之文；另外，令人耳目一新者，法理派还大胆提出此事攸关情欲自由，非可强抑，确属前卫之言。

9.3.4.2 礼教派的旧义

　　在《刑律草案》审议过程中，强力主张无夫奸不得退出刑律的人士，被归类为"礼教派"，主要有张之洞、劳乃宣、陈宝琛等人[1]，其中言论最激烈者，要推时任京师大学堂监督的劳乃宣，他撰写《修正刑律草案说帖》《声明管见说帖》等专论，对于法理派的诸种论调，深深不以为然，逐一加予批驳，并遍示京内外，一时附和之者，如蜂而起。劳氏质难道：

> 　　推其意……盖谓法律具在，而犯者依然，是乃道德之教化未至，非法律所能禁，法律既为无用之文，不如去之。然则有杀人之律，而仍有犯之者，乃仁之教化未至也，将并杀人之律而去之乎？有盗赃之律而仍有犯盗者，乃义之教化未至也，将并盗贼之律而去之乎？鸦片烟之罪、赌博之罪，亦与奸罪同一教化未至也，何以不去乎？无夫和奸之罪，因禁之无可禁，诛之不胜诛，遂以专待于教化为词而去之矣；有夫和奸之罪，同一禁之无可禁，诛之不胜诛也，何以不纯任教化而仍科以罪乎？以子之矛陷子之盾，法律与道

1　礼法之争并未因《钦定大清刑律》的颁布而落幕，宣统三年（1911）二月，京师大学总监刘廷琛再起锣鼓，上书清廷，痛劾法理派。详参《清末筹备立宪档案史料》，下册，第887—888页，宣统三年2月23日，《大学堂总监刘廷琛奏新刑律不合礼教条文请严饬删尽折》。

德教化无关之说，不攻自破矣。[1]

此外，劳乃宣分别从法律与礼教相表里、社会治安等观念，再加批驳，认为："天下刑律无不本于礼教，事之合乎礼教者，彼此自相安无事。其不合礼教者，必生争端，一生争端，必妨治安，故以刑治之，以泯争端，即以保治安。谓法律与礼教两不相涉，教育与用刑全不相关，皆訿言也。"中国风俗，家庭关系与西方国家不同，中国社会传统赖以生存的根基是女德，"无夫奸"的行为，会引起家长的羞愤、家族的悲剧与社会的不安。劳氏说：

> 在室之女犯奸，为家门之辱，贻笑于人，其父母视为大耻，其忿怒尤甚于夫之于妻。寡妇犯奸，其舅姑亲属之耻与怒，亦等于父母之于女，断无不生争端，不妨治安之理。若不明定罪名，民心必不能服，地方必不能安。今使有处女、寡妇与人通奸，为其父母、舅姑所捉获，事发到官，官判以无罪而两释之。吾恐其父母、舅姑之羞愤无以自容，强者将割刃，弱者将自裁；合境之民亦将哗然不服矣。果能无害于治安乎？凡有害于治安之事，即应治以刑法之事，故中国法律无夫妇女犯奸一端，万不可不编入也。[2]

针对法理派提出有关增入"无夫奸"治罪条文，必受外人指摘，从而影响撤废领事裁判权之说，劳乃宣也加以驳斥：

> 出礼入刑，中外一理。无夫妇女犯奸，在外国礼教不以为非，故不必治罪；而在中国礼教则为大犯不韪之事，故不能不治罪，此理至明，无待巧辩。今谓"此最为外人着眼之处，如必欲增入此层，恐此律必多指摘"。不知此亦最为中国人着眼之处，如不增入

1　引自劳乃宣《修正刑律草案说帖》，收于劳乃宣《桐乡劳先生（乃宣）遗稿》。
2　引自劳乃宣《修正刑律草案说帖》，收于劳乃宣《桐乡劳先生（乃宣）遗稿》，第877—1060页。

此层，此律必为中国人所指摘。畏外国人指摘，独不畏中国人指摘乎？况外国无此律无害治安，中国无此律有害治安乎？因避外人指摘致损本国治安，窃恐得不偿失也。且中国自定法律，何以畏外国人指摘乎？[1]

综观上述劳乃宣对于无夫奸之存废见解，约可整理出下列诸点：

（1）法律与道德相为表里，无夫奸必须由法律明确规定为犯罪行为。

（2）无夫奸不治罪，必然会破坏社会治安。

（3）中国立法应以国内治安为主旨，不应随外人的指责为转移。

（4）刑律正文中增列无夫奸此一条款，不会妨碍领事裁判权的撤废。

除了劳氏之外，当时，宪政编查馆一等咨议官陈宝琛也为文，大力支持礼教派一方，他指出："法律之范围，固不能与礼教同论；而法律之适用，不能不以事实为衡。斟酌夫国情民俗而因革损益于其间，有时舍理论而就事实，亦立法之公例也。"陈氏特就无夫奸罪规定之有无，洋洋洒洒论其事实上之利害如后[2]：

其一，对于法理派谓无夫奸非法律所能为力，不关规定有无之说。陈氏道："中国于无夫奸之为罪，深入人心；虽非纯借法律之力，而究因律有明文，乡曲细民益知此事之不可犯，是于道德之外，多一法律以为后盾，未始非无形之补助也。夫使中国旧律所本无，则人情相与淡忘，诚亦无所关系。以数千年固有之律法，一旦革除之，谨饬之士不知律意所在，或且疑为诲淫；无知之氓莫明法理之原，遂直视为弛禁。甚谓国家崇尚新法，贞节不重，佻达无伤，一歧百误，堤决流倒，有非首议之人所能预料者。盖社会之情形，率源于历史之沿袭，不借其历史以为引导，遽以新理想行之，必与其社会不相副，与社会不相副之法律，

1　引自劳乃宣《声明管见说帖》。
2　参阅陈宝琛《陈阁学新刑律无夫奸罪说》，收于劳乃宣《桐乡劳先生（乃宣）遗稿》，第953—963页。

无益有害。故无夫奸之规定，在中国有之，无赫赫之功；无之，则滋烈烈之害者，从来之国情民俗使之然也。"

其二，有关法理派无夫奸之防范，在于教育与舆论之说。陈氏指出："去刑律之规定，而责实礼教养成，舆论使人怀耻而不怀刑，其收效有在于刑律之外者，观于法律无罚浮浪之科条，而在乎强制劳动；亦无禁高利贷之效果，而在乎经营经济，其理均也。独是礼教舆论与刑律相为更迭之际，不能不视其速率之迟速以为权衡。夫以中国数千年圣经贤传之渐渍，犹有逾礼越畔阳奉而阴违者，礼教舆论之为功缓而难见如此，当此礼教舆论之力未有加于前时，而先自抉其藩篱，荡逾俪越之风，岂可复遏？窃恐当法律甫革之时，遂无余地以事礼教之修明、舆论之成立。而一瞬之间一落千丈，于法律则明纵之，而欲以礼教舆论逆挽之，不亦难乎！"

其三，对于法理派所谓法律与道德应有界分之说。陈氏认为："道德事项不规定于法律之中，诚以道德领域与法律范围有若鸿沟之不相逾越，特是道德领域之大小与法律范围之大小，果以何者为衡？夫制定法律必斟酌国民程度以为损益，以西国之民，教育之普及、职业之发达，又有公园及种种娱乐场之疏荡其心志，而逾越道德，非礼苟合之事，犹有所闻。若以教育未普及、职业未发达、种种娱悦心志之艺术营造之未设备，而遽以此事让之道德之领域，则以不侵道德范围之法律，适以破道德之范围法律。即不任过立法者之胶柱，独不职其咎乎？故法律与道德区域之大小，实不可不准诸时地事物之蕃变，国民程度未至也，不得不缩小道德之领域，以扩充法律之范围。或者日后吾国文明发达，德育日进，有无事此条规定之希望，而今尚非其时也。"

其四，对于法理派所谓情欲自由，非可强抑之说。陈氏道："果充其说，则似有夫奸之规定亦可无庸，而各国初未敢尽弛其闲者，可知情欲自由不可无限制矣。它若刑法有幼年奸之规定，民法有婚姻年龄之限制，何尝不以法律干涉情欲乎？固知外国所以无无夫奸之规定者，盖出于彼族之习惯，而非确有不可易之情理存也。"

从上述诸点看来，礼教派人士对于法理派一方的说法，逐一批驳，力道也相当强劲。

9.3.4.3 "无夫奸"礼法之争平议

《修正刑律草案》交宪政编查馆后，先由编制局校订审核。该局局长吴廷燮支持法理派，在编制局的校订新刑律意见书中，对礼教派予以驳斥：

> 古今圣人立论，均为礼先刑后，旧律本圣人之意，无夫和奸仅处五刑中最轻之刑，目的系保全犯者之名誉。刑法之用，譬诸药石，药石之投，纯视乎疾之轻重。若其疾并非药石所能为功，自不能不别筹疗济之方。犯奸之行为，全恃平居之教育，固非刑罚可获效也。各国均有其独自之风俗而形成之礼教，且范围一切，他国礼教不赖刑律维持，何以中国定要执刑罚之簪策，迫礼教之进行？如是，素称夙秉礼教之中国，又自处何等地？因之，无夫奸不应列入刑律正文。[1]

结果，宪政编查馆虽未于"正文"中增列"无夫奸条"，但仍于附加的《暂行章程》中增此一条，以为折中调停。其按语谓："各国新定刑律均无无夫奸处罚之明文，诚以防闲此种行为，在教育不在刑罚也。但中国现在教育尚未普及，拟暂照旧律酌定罚例。"[2]

礼法双方互不让步，对于宪政编查馆的折中调和也都不满意，乃进入资政院议场继续辩论。宣统二年（1910）十二月初八日，资政院第三十七次院会，讨论新刑律第二百八十九条关于"无夫奸"之条文（即原草案第二百七十八条），争辩持续达五个多小时，双方仍无法取得共识，议长乃宣布分两次表决，结果：

1　参阅宪政编查馆《编制局校订新刑律意见书》，引自李贵连《沈家本与中国法律现代化》（北京：光明日报社，1989年9月），第163—164页。

2　参阅劳乃宣《桐乡劳先生（乃宣）遗稿》。

（1）无夫奸，主张有罪者用"白票"，主张无罪者用"蓝票"，以白票七十七对蓝票四十二可决，主有罪者获胜。

（2）无夫奸是否纳入《暂行章程》，用起立法，经二次正反表决，赞成者占多数，礼教派全胜。[1]

最后，在《大清新刑律》正文第二百八十九条定曰："和奸有夫之妇者，处四等有期徒刑或拘役。其相奸者，亦同。"而于《暂行章程》第四条规定："犯第二百八十九条之罪为无夫妇女者，处五等有期徒刑、拘役或一百圆以下罚金。其相奸者，亦同。前项犯罪须妇女尊亲属告诉乃论，但尊亲属告诉，事前纵容或事后得利而和解，其告诉为无效。"此举否定了法理派"无夫奸"不定罪的主张。

唯根据资政院第一次常年会第四十一号议场速记录，资政院中因"无夫奸"问题表决之后，法、礼两派议员公开决裂，由于法理派议员对于议事规则之运用较为熟稔，更利用他们在法典股的优势地位，经更改议事日程，最终导致《大清新刑律》不能全部完成三读立法程序，只是议决将《总则》上奏，如此一来，处于《分则》中的"无夫奸"条文自然无法议决，礼教派在议场上于"无夫奸"法条上的胜利终究还是未能列入新刑律正文中，而仅附加于《暂行章程》五条之内[2]。

证诸往古刑律历史，特别是"和奸罪"的犯罪类型，刑罚手段的伦理性通常表现在两方面：一为是否该动用刑罚，往往受到一定伦理因素的牵制；二是在确定刑罚轻重之际，也受到一定伦理因素的制约。此外，因男女身份而同罪异罚，通奸犯罪章中，男子通奸的处罚并不分有妻、无妻；女子则分有夫、无夫而异其处罚。有夫奸处刑较无夫奸为重，之所以如此，除了社会道德的非难外，主要系自唐代以来，受到礼教立法的影响，视贞节为良好的性道德，而在父权、夫权当道的社会文化建构下，妇女的"贞操"远较男性的"忠贞"受到重视。

刑法所以防民，亦将以宜民，所谓"宜民"，讲白些，就是适于时

1　参阅李启成点校《资政院议场会议速记录》，第 39 号，第 666—669 页。

2　参阅李启成点校《资政院议场会议速记录》，第 41 号，第 714—715 页。另参阅李启成《君主立宪的一曲挽歌——晚清资政院第一次常年会百年祭》，载于《中外法学》，2011 年第 5 期，第 894—895 页。

用。晚清在社会急遽的变迁下，旧的价值体系频频受到挑战，而新的核心价值尚未确立，面对未来社会秩序的维护与规范的重建，究竟该何去何从？礼法两派人士显然都陷入了迷思。从比较法史的角度观察，传统中国自有法，是为"家族伦理法"；西方近代自有法，是为"个人权利法"，各自有其产生的时空社会背景，这无关乎谁"先进"谁"落后"。只是，当两种不同法价值观撞击在一块，自会迸出火花来。而晚清修律过程中的"无夫奸"存废论争，正提供了我们走出伦常礼教与法律秩序分合界限的迷惘[1]。

事实上，对于"无夫奸"的争议，主要或源于双方对法律与伦常礼教的规范领域及功能看法的歧异，但在此表面的分歧下，双方观念其实仍有交集之处。这场论战，对于法理派而言，其主张废止无夫奸的理由，并非在于无夫奸不应受制裁，而在于无夫奸是否应当作为犯罪行为而受到刑罚的制裁，以及无夫奸纵列入刑律，似仍难以期望有效禁绝此一行为等；此种论述，实际上并未直接挑战传统男女礼教及家族的观念与价值，而且也不反对以刑律以外的方式制裁无夫奸；换言之，法理派对于当时支配统制男女及婚姻关系的传统宗族礼法，并未图骤然加以撼动或否定，但为何仍遭遇礼教派如此强大的反对与攻讦？是否系肇因于礼教派对于旧有"礼主刑辅"观念牢不可破的坚持，因而将此一论证视为传统礼教价值的大攻伐？

9.3.5 争议之五：子孙违犯教令入律乎？删除乎？

在传统中国农业社会，家父长的权威维系着家属的秩序，家父长与家属之间是为主从的关系，一切权力都集中在父祖的手中……包括经济权、婚姻权和惩戒权。而儒家向来主张教导人以孝悌之道，父祖拥有所谓的"教令权"，倘若子孙有违反、触犯父祖的教训命令行为，或对祖

1　详参黄源盛《从无夫奸到通奸的除罪化——以晚清民国刑法为例》，收于《甘添贵教授七秩华诞祝寿论文集》（台北：承法出版社，2012年4月），下册，第89—128页。

父母、父母，力堪扶养而不扶养者，历代刑律都用刑罚来加以惩治，此即指"子孙违犯教令"而言。《唐律·斗讼》"子孙违犯教令条"（总348 条）已有明文处罚规定："诸子孙违反教令及供养有阙者，徒二年。"明、清时代则改为杖一百。

《刑律草案》未列"子孙违犯教令"条，礼教派人士认为此条原为"教孝"而设，自不容全行删去。劳乃宣指出：

> 旧律子孙违犯教令者，杖。屡次触犯，呈请发遣者，发遣；祖父母父母呈请释回者，亦有释放成案。子孙治罪之权，全在祖父母父母，实为教孝之盛轨。草案未列此条，殊非孝治天下之道。[1]

沈家本对此则称："违犯教令，出乎家庭，此全是教育上事。应别设感化院之类，以宏教育之方，此无关于刑民事件，不必规定于刑律中也。"[2] 针对沈氏的辩解，劳乃宣再加驳斥：

> 周官八刑，一曰不孝之刑，俄国刑法亦有呈送忤逆之条。谓违犯教令全是教育之事，无关刑民事件，殆不其然。感化院之类，天下千余州县，一时何能遍设？若子孙触忤祖父母、父母，官府无惩治之法，若祖若父无呈送之所，实为大拂民情之事。且律中即有此条，于收回裁判权决无干碍，何也？呈送出其祖其父，若外国人不以子孙违犯为罪，尽可不来呈送；此条存于律中，于彼固无妨损也。此条甚有关系，仍应照增，万不可删。[3]

《修正刑律草案》交宪政编查馆后，先由编制局校订审核，编制局的校订新刑律意见书指出，礼教属家族主义，保护人权是国家主义，世

1　劳乃宣主张补其文曰："凡子孙违犯祖父母、父母教令及奉养有缺者，处拘役。屡次触犯者，处一等有期徒刑。皆祖父母、父母亲告乃坐，如祖父母、父母代为求请减少期限或宽免者，听。"参阅劳乃宣《修正刑律草案说帖》，收于氏著《新刑律修正案汇录》。
2　参阅沈家本《沈大臣酌拟办法说帖》。
3　参阅劳乃宣《声明管见说帖》。

界立法的发展趋势，都由家族主义进至国家主义。中国唯有行国家主义，保护人权，才能使人民"群策群力"，使国家"渐图恢复，不致受灭亡之实祸"，否则就会"民气消阻，振起无由"。《刑律草案》删去旧律中的子孙违犯教令条，其隐寓保护人权之意，维持家族主义，而使渐进于国家主义者，用心良苦[1]。

又宪政编查馆大臣和硕庆亲王奕劻等奏折也说：

> 旧律所谓违犯教令，本与十恶之不孝有别，故罪止十等罚。历来呈控违犯之案，大抵因游荡、荒废不务正业而起，现行之违警律于游荡不事正业本有明条，足资引用。如有殴詈父母、或奉养有缺情形，则新刑律原案之暴行胁迫遗弃尊亲属，此次拟增之侮辱亲属各条，皆可援引，无虞疏漏。[2]

结果，"子孙违犯教令"一条，宪政编查馆虽肯定劳乃宣等"维持礼教之苦心"，但又以《违警律》和新刑律都有足资援引的类似条文，而不再列入新刑律正文。

由于资政院年度闭会，对此条在议场未及讨论。其后，日籍修律顾问冈田朝太郎与松冈义正分别著论对劳乃宣的立论予以反驳。

冈田朝太郎提出此条不入刑律的理由：（1）律文所用"教令"字样范围过广，不能辨识入于罪之行为与出于罪之行为。（2）祖父母、父母教令权限未经明定，若其所命彼此不一致时，不能判断子孙行为之有无犯罪。（3）若将一切违犯教令之行为科以刑罚，是逾越刑法范围而侵入伦常范围者；若斟酌取舍，或罚或不罚，殆将刑律视为具文，理论与实务两不合宜。（4）祖父母、父母在民法上分别享有亲权以及惩戒权，于其权内本可督责子孙之行为，无须用刑事之制裁。总之，祖父母、父母之于子女，于伦常有教令之力，于人道有慈爱之情，于法律有

1　宪政编查馆：《编制局校订新刑律意见书》。引自李贵连《沈家本与中国法律现代化》，第163—164页。
2　《宪政编查馆大臣和硕庆亲王奕劻等奏为核定新刑律告竣折》，引自刘锦藻《清朝续文献通考》，卷245，《刑考四》，"刑制"。

惩戒之权，不宜借刑律之威力也[1]。

松冈义正也认为此条应入民律，而不应规定于刑律。理由略谓：子有恶习，得据惩戒而矫正之。故各国民律，概准亲权人（即父母）在养育及教育之必要范围内，自行惩戒其子。或经审判衙门之许可，送入惩戒场（日本民法第 882 条、法国民法第 375—382 条、意大利民法第 222 条、西班牙民法第 154—157 条、荷兰民法第 357—359 条、德国民法第 1631 条等）。送入惩戒场办法及惩戒制度，各国不同。若以日本言之，审判衙门据亲权人之申请，准以六个月以下之范围内，将服亲权之子（独立营生计之成年人不服亲权），送入惩戒场。亲权人如欲缩短在场期间，可以随时申请。惩戒场以各府县之感化院充之。民律中所以设此项规定者，因此非国家刑罚权之发动，乃亲权之作用故耳[2]。

此条争议结果，最后未列入《刑律草案》中。

9.3.6 争议之六：卑幼对尊长能否适用正当防卫?

"正当防卫"是指对于现在不法的侵害，为防卫自己或他人的权利，而对侵害者实施反击的必要行为，这种行为因为"正当"而可"排除违法"。正当防卫在传统旧制，散见于各类法规之中，如《唐律·贼盗》（总 269 条）："诸夜无故入人家，笞四十。主人登时杀之者，勿论。若知非侵犯而杀伤者，减斗杀伤二等。其已就拘执而杀伤者，各以斗杀伤论，至死者，加役流。"《大明律》于笞四十改为杖八十，加役流改为满徒，《清律》同。

《刑律草案》第十五条规定："凡对于现在不正之侵害，出于防卫自己或他人权利之行为，不为罪。逾防卫程度之行为，得减本刑一等至三等。"该条附加"注意"说："法国刑法及日本现行法等，惟遇有杀

1　参阅冈田朝太郎《论大清新刑律重视礼教》，载《法学杂志》，第 3 期。收录于王健编《西法东渐——外国人与中国法的近代变革》（北京：中国政法大学出版社，2001 年 8 月）。
2　参阅《松冈判事书劳提学新刑律说帖后》，载《法政浅学报》，第 17 期。

伤情事，乃照特别不论罪之例办理，然苟使防卫行为出于至当，则一切皆应不问其罪，故本案纂入总则之中，且不以何等行为为限，凡系防卫所必要之行为，于审判上一切皆不论罪。"[1]

由于上述条文，对加害人的身份未作出限制规定，部院督抚大臣在签驳中纷纷提出意见。法部尚书廷杰在《修正刑律草案》《附则》中加入"凡对尊亲属有犯，不得适用正当防卫之例"，以此限制第十五条正当防卫加害人的范围。宪政编查馆核订时，将其列入《暂行章程》第五条，原文未加更动。

宣统二年（1910）十一月初一日，宪政编查馆特派员杨度在解释此一条文时说："因为刑律本有正当防卫之例，今既对尊亲属不得适用，是谓防卫不正当，而尊亲属无论何种行为，皆为正当。"但天下情伪复杂，既有父而不慈者，也有为子而不孝者。父子之间的行为"坐定父之一面必正当，子之一面必不正当"，即宋儒学说天下无不是的父母意思。国家刑法"是君主对于全国人民一种之限制，父杀其子，君主治以不慈之罪；子杀其父，君主治以不孝之罪，既此不偏为为人子者，立法亦不偏为为人之父者，立法必要面面俱到，始为公平"。所以，不列入新刑律正文中。然而，为顾全中国的风俗习惯，而为沟通新旧刑律交替之媒介，杨氏赞同在《暂行章程》中，仍按旧律，加入卑幼不得使用正当防卫之条[2]。

资政院法典股在审查草案时，认为《暂行章程》并无存在理由，全部予以删除。因此，此条不但未如礼教派之意加入正文，连过渡性的使用也被取消。但在院会议决本条时，劳乃宣又提出修正案，他认为："对于尊亲属，小杖则受，大杖则走，子孙不可有正当之防卫。"图将此条"移改"至刑律正文第二章正当防卫之次，并附加说明理由：

> 对于尊亲属有犯，则伦纪攸关，不可概论。故次条云不得适用

1　参照光绪三十三年《刑律草案》第十五条，"注意"。详见《大清光绪新法令》，第19册。
2　参阅《资政院第一次常会第二十三号议场速记录》，收于李启成点校《资政院议场会议速记录》，第307—308页。

正当防卫之例，至为精当。但列入《暂行章程》按语谓，推行新旧之间最为适用，则不可解。伦纪无新旧之可言，岂守旧时代当论伦纪；至纯乎维新时代，即断不可论伦纪乎？断移列入正文之内，不可作为《暂行章程》。[1]

法理派对于劳氏之论不以为然，认为："子弟在幼稚时代，尊长得干涉其行为。"这是尊长对卑幼的管束，而不是侵害。针对礼教派小杖则受，大杖则走，尊长可以殴打甚至杀死卑幼的论调，他们指出："法律订定之后，子弟有不法行为，国家有法律代为管束，用不着尊亲属杀之。"反对私刑制度，要求将家庭父子之间的行为，纳入国家法律的范围，而不容许超越国家的范围另行立法。因此，子孙不得使用正当防卫，不应另立项目，写入刑律。

宣统二年十二月六日，资政院第三十五次院会继续审议新刑律，由于双方各执所见，互不让步，礼教派提议将劳乃宣的"修正案"径付表决，结果，赞成者仅二十人，关于子孙对尊长的正当防卫权，法理派获胜。虽然如此，最后仍在《暂行章程》第五条规定："对尊亲属有犯，不得适用正当防卫。"法理派赢了面子，却失去了里子。

9.4 晚清西法东渐中国法律的重大转折

20 世纪初顷，清廷在内煎与外压双重交迫下，力图变法、锐意修律，进行了一场前所未有的法制大变革，近代西洋法律思潮与传统中华文化在此相会，冲击激烈而壮观。此其间，领衔变法修律而著有功名者，当推沈家本。沈氏以其精湛的旧律修为，局大格大的创进胆识，长达两千余年的中华法系，在他手里，终于走出老迈窠臼，代之而起的，是大规模欧陆异质法的粉墨登场。

1　参阅劳乃宣《新刑律修正案》。

9.4.1 从中华法系到欧陆法系

回眸清末继受外国法的历程，晚清实施变法修律之际，对于继受的对象，究宜采英美法系，抑或采欧陆法系？从文献上看来，并未产生激烈的论辩，似乎也顺理成章地在原则上决定采用欧陆型的成文法制。纳闷的是，当时与沈家本共同受命膺任修订法律大臣的伍廷芳，不但熟习英美法，而且具有英国大律师的资格，观其所受的法学训练，系属英美式而非欧陆式的，何以未发生本位思维的实质影响？在我看来，可能原因如下：

其一，在当时世界各大法系中，要属欧陆法系为最强势的法律文化，而以普通法（Common Law）及判例法（Case Law）为主的英美法系，本质上系基于经验主义与实证主义的分析哲学思维而来，是一种由下而上的自发性法律秩序，实际上较不适合作快速而有效的立法继受。

其二，中华法系自战国时代李悝的《法经》以迄清季的《大清律例》，本有法脉相承的律典编纂文明，而以成文法典为核心的欧陆法典，本质上就是一种自上而下的理性设计法律秩序，它蕴含着法典的权威，比较符合中国人的法律生活感情。

其三，晚清之所以要变法修律，有很大因素是受到日本明治维新继受欧陆法成功的启迪，两国地理相邻，政体民情最为接近；而在所邀请来的外籍修律顾问中，又以日籍人士为主，这些顾问所熟稔的是日本继受欧陆法的经验，很自然地，清廷步上了"以日为师"的后尘。

其四，伍廷芳当时常须分身于外交事务，真正负责修律的时间相当有限，是以修律之事，始终由沈家本一手主导。而从各种修律的记录或结果考察，在起草近代化的法典时，伍廷芳除了在程序法尚曾企图引进一些类似英美法的程序规定[1]，对于实体法上之采取欧陆法的路线，事实上一直没有异词，也从未强烈主张应采取英美法过，致晚清法律近代化的主要法典，自始系一面倒地采取欧陆法系统。

9.4.2 由刑律为主到六法分列的法典编纂体例

传统中国律典，民事与刑事规范混同、实体法与程序法杂糅的编纂形式，显然已不合近代以来各国编纂法典的体例与近世最新的学说，必须加以改造，沈家本曾指出：

> 法律之损益，随乎时运之递迁，往昔律书体裁虽专属刑事，而军事、民事、商事以及诉讼等项错综其间。现在兵制既改，则军律已属陆军部之专责，民商及诉讼等律，钦遵明谕特别编纂，则刑律之大凡自应专注于刑事之一部；推诸穷通久变之理，实今昔之不宜相袭也。[2]

为此，在晚清变法修律期间，一反过去"重刑轻民"的传统，掌理立法事业的修订法律馆，其工作顺序，大体言之，先刑法、次民商，除了旧刑律的删修与新拟刑律持续不断外，从光绪二十九年到宣统三年间（1903—1911），在五位日籍修律顾问的倾心竭力指导下，制颁和草拟一系列的民商法典和程序法规，如《法院编制法》《钦定大清刑律》《钦定大清商律》《大清刑事诉讼律草案》《大清民事诉讼律草案》以及《大清民律草案》等，近代六法编纂体例俨然成形。从此，刑法、民法、军法开始分离，实体法与程序法也判然有别。

1　光绪三十二年（1906），修订法律大臣沈家本、伍廷芳等模范列强、仿效西法，采取实体法与程序法分别编纂的体例，编成《刑事民事诉讼法》草案，奏请试行。这是中国法律史上第一部单行的诉讼法草案，全文共五章，260 条，实行西方的陪审制、律师制和公开审判制。上奏后，立即遭到以张之洞为首的礼教派之反对。张之洞于光绪三十三年 7 月，上《遵旨复议新编刑事民事诉讼法折》，大加挞伐，全盘否定，清廷从张氏之议，该草案未及审议，即告废弃。见王树枏编《张文襄公全集》，卷 69。
2　引自《修订法律大臣沈家本等奏进呈刑律分则草案折并清单》，收于《大清法规大全》，卷 12，《法律部》。

9.4.2.1 关于《法院编制法》

光绪三十二年十一月，清廷为预备立宪，先行改革官制，大理院即上奏："中国行政司法二权向合为一，今者仰承明诏，以臣院专司审判，自应将裁判之权限、等级区划分明，次第建设，与法部截然分离，方合各国宪政之制度。"[1] 而为明确大理院权限编制及权责，同年十二月，法部编成《大理院审判编制法》，并经奏准颁行。该法共分五节四十五条，第一节《总纲》，第二节《大理院》，第三节《京师高等审判厅》，第四节《城内外地方审判厅》，第五节《城谳局》。要言之，《大理院审判编制法》的规定，包括：（1）以法律条文确立了司法独立原则（第六条）。（2）首次法定区分民事与刑事案件分别审理（第三条）。（3）首次建立检察制度（第十二条）。（4）规定合议制审判。（5）实行四级三审制，区分大理院、京师高级审判厅、城内外地方审判厅及城谳局等四级。

光绪三十三年九月，修订法律馆为适应各地方推行四级审判制的需要，又在暂定施行于京师地区的《大理院审判编制法》的基础上，编成《法院编制法》草案奏呈，历经宪政编查馆两年多的核议，到宣统元年十二月二十八日（1910年2月7日），清廷终于正式颁布《法院编制法》，并下谕内阁：

> 立宪政体必使司法行政各官权限分明，责任乃无诿卸，亦不得互越范围。自此次颁布《法院编制法》后，所有司法之行政事务，着法部认真督理，审判事务着大理院以下审判各衙门，各按国家法律审理。从前部院权限未清之处，即着遵照此次奏定各节，切实划分。其应钦遵逐年筹备事宜清单筹办，各级审判厅，并责成法部会同各省督抚，督率提法司切实筹设。应需司法经费，着该部会同度支部随时妥筹规画，以期早日观成。至考用法官，尤关重要，该部

---

[1] 参阅光绪三十二年10月27日《大理院奏审判权限厘订办法折》，收于《光绪朝东华录》（台北：文海出版社，1963年），三十三年6月己巳条。

堂官务须破除情面，振刷精神，钦遵定章举办。嗣后各审判衙门，朝廷既予以独立执法之权，行政各官即不准违法干涉。[1]

《法院编制法》是日籍修律顾问冈田朝太郎（1868—1936）参照日本所制定的《裁判所构成法》为蓝本，草拟而成。[2] 凡十六章，一百六十四条。最值得一提的是，该法颁布的同时，另行颁布施行《法官考试任用暂行章程》。而该法第十二章"推事及检察官之任用"，在第一〇六条中明确规定："推事及检察官应照法官考试任用章程，经两次考试合格者始准任用。"此举开启近代中国新式司法考试的大门。其后，清政府于宣统二年进行了第一次法官考试，录取法官五百余人，分派至各省实习[3]。

于该法之末，就施行期间亦予明确规定："本法自颁行后，各省应遵照逐年筹备事宜清单所定年限，一体施行。"而据筹备事宜清单安排，从"筹办各省省城及商埠等处各级审判厅"到"乡镇初级审判厅一律成立"，尚需八个年次。不过，历史情势毕竟现实，清廷还来不及全面推行《法院编制法》，国祚已终。

9.4.2.2 关于《大清民律草案》

在清末所拟定的各种法案，其中最重要者，要属宣统三年（1911）九月完成的《大清民律草案》，这是中国法制史上第一部民法草案，于光绪三十三年，先由修定法律馆招聘欧、美、日留学生分科治事，延聘日本大审院判事松冈义正担任起草工作，并遴派馆员分赴各省采访民俗习惯，在依据调查之资料，参照各国之成例，斟酌各省报告之表册，撰次成草案，反复详为校阅，并逐条添附案语，前三篇草案历时八月完

1　参阅宣统元年 12 月 28 日《颁行法院编制法谕》，收于清史馆编《大清宣统正纪实录》（台北：华文书局，1968 年），卷 28。

2　《法院编制法》最初稿，为"手写本"，系由日籍修律顾问冈田朝太郎拟稿，曹汝霖译，沈家本与刘若曾修订后交宪政编查馆审查的草案，共 15 章 40 条。该手写稿本目前典藏于中国政法大学图书馆。

3　参阅李启成《宣统二年的法官考试》，载于《法制史研究》（台北：中国法制史学会，2002 年），第 3 期，第 197—226 页。

成，由修订法律大臣俞廉三等上奏覆核[1]。

此次《大清民律草案》之编定，强调四大立法宗旨：（1）注重世界最普通之法则，（2）原本后出最精之法理，（3）求最适于中国民情之法则，（4）期于改进上最有利益之法则。亲属、继承后二编，因"关涉礼教"，迭次谕旨会同礼学馆订立，而主稿亲属法者为朱献文、章宗元；主草继承法者为高种、陈箓。《亲属法草案》和《继承法草案》，在沈家本辞去修订法律大臣后不久，即由俞廉三等汇入《大清民律草案》，共分总则、债权、物权、亲属、继承五编，凡一千五百六十九条。拟作为议案，奏交资政院议决。

仔细翻阅其内容，《债权》《物权》两编各详划其区域，并以继受欧陆法为多，如能力、买卖、利率、时效等项，大都采用当时普通之制，有关法人及土地债务诸规定也仿自各国新制；至于《亲属》《继承》两编，虽采用新法，唯虑及人事法缘于民情风俗，自不能强行规抚，乃酌量变通，或本诸经义、或参诸道德，以维民彝于不敝，仍不忘情于传统伦理观念，例如沿用宗法制度，亲等采寺院计算法，以期与旧服制图相近，乃至家政统于家长等项，固有法色彩遗韵犹存[2]。

9.4.2.3 关于商事立法

至于清末商事立法，按其发展状况，大致可分为两个阶段。第一阶段从光绪二十九年到光绪三十三年（1903—1907），主要由商部负责，制颁部分应急的商事法规。如光绪二十九年十二月，奏准颁行的《钦定大清商律》，分《商人通例》九条及《公司律》一百三十一条两部分。光绪三十年的《公司注册试办章程》十八条及《商标注册试办章程》等。此外《破产律》也由商部起草，脱稿后送沈家本、伍廷芳共同商定，于光绪三十二年四月奏准颁行，共六十九条。

1　宣统三年九月初五日，《修订法律大臣俞廉三等奏编及民事前三编草案告成善册呈览折》。参阅《清末筹备立宪档案史料》，下册，第911—913页。另参阅岛田正郎《大清民律草案の编纂》，《清末における近代法典の编纂》（东京：创文社，1978年10月），第57—72页。

2　参阅《修订法律大臣俞廉三等奏编辑民律前三编草案告成缮册呈览折》，收于《清末筹备立宪档案史料》，下册，第911—913页。

第二阶段，从光绪三十四年到宣统三年（1908—1911），主要法典改由修订法律馆主持起草，各单行法规则由农工商部、邮传部等有关部门拟定。光绪三十四年，修订法律馆延聘日本法学博士志田钾太郎起草商律，自宣统元年起陆续脱稿。共分《总则》《商行为》《公司律》《票据法》《海船律》等五编，计一千零八条，是为《大清商律草案》（或称"志田案"）。但由于该草案依照宪政编查馆拟定之计划须于宣统五年始能颁布，宣统七年才能施行；而当时通行的《钦定大清商律》又过于简略，无法因应工商业发展的急需，乃由农工商部于宣统二年再提出《改定商律草案》，以备取代《钦定大清商律》，作为过渡之需[1]；唯仍未议决，即归废弃。

9.4.2.4 关于程序法规

沈家本等不仅积极从事各类实体法的草拟，也十分重视程序法。而制定诉讼法的动议，始于光绪三十一年四月，沈家本、伍廷芳等对御史刘彭年保留刑讯的批驳。刘彭年以中国各种法律未备，特别以无诉讼法为由，反对禁止刑讯。伍、沈等驳斥其意见后，并拟变通诉讼制度，冀以撤废领事裁判权，乃向清廷建议制定诉讼法，俾全国各地审理案件有法可循[2]。

（1）《刑事民事诉讼法》草案

光绪三十二年四月，由伍廷芳主编的《刑事民事诉讼法》草案告成，沈家本等奏《进呈诉讼法拟请先请试办折》上称：

> 法律一道因时制宜，大致以刑法为体，以诉讼法为用；体不全，无以标立法之宗旨；用不备，无以收行法之实功。二者相因，不容偏废。……查中国诉讼断狱附见刑律，沿用唐明旧制，用意重

---

[1] 参阅徐立志《清宣统二年商律草案考》，收于《中国法律史国际学术讨论会论文集》（西安：陕西人民出版社，1990年9月），第462—474页。并参阅岛田正郎《大清商律草案的编纂》，第31—56页。

[2] 参阅《修律大臣伍廷芳等覆奏御史刘彭年奏禁止刑讯有窒碍请再加详慎折》，见刘锦藻《清朝续文献通考》，卷244，刑考三。

在简括，揆诸今日情形，亟应扩充以期详备。泰西各国诉讼之法，均系另辑专书，复析为民事、刑事二项，……以故断弊之制，秩序井然，平理之功，如执符契。[1]

这部《刑事民事诉讼法》草案，采撷西方英美立法例，分总纲、刑事规则、民事规则、刑事民事通用规则、中外交涉案件等五章，二百六十条。沿袭两千多年规范混同的法律编纂形式，至此，才开始尝试实体法与程序法分别立法。

（2）《大清刑事诉讼律草案》

事实上，晚清对于刑事程序法方面的立法努力未曾中断过，沈家本等于宣统二年，在冈田朝太郎的协助下，完成了清末最完整的一部《大清刑事诉讼律草案》，共分六编，凡五百一十五条，在每一条文之后都附有或长或短的"理由"和"按语"。该草案告成后奏呈朝廷，阐明刑事诉讼法律的重要性：

> 查诸律中，以刑事诉讼律尤为切要。西人有言曰："刑律不善，不足以害良民，刑事诉讼律不备，即良民亦罹其害。"盖刑律为体，而刑诉为用，二者相为维系，固不容偏废也。[2]

究其实，此一草案主要是参酌日本明治二十三年（1890）的《刑事诉讼法》研拟而成[3]，沈氏在奏折中特别强调借鉴各国通例，尤其是日本刑事诉讼学通行的理论，对草案的修订要旨作出深刻而透辟的论证，同时，从学理上逐条加具理由，疏释析理。

在奏折中，沈家本首将刑事诉讼的程序分为"纠问"和"告劾"两种，沈氏根据当时世界各国通例，认为刑事诉讼应当扬弃昔日的

1　参照《大清法规大全》，卷11，《法典草案一》，《修订法律大臣沈家本等奏进呈诉讼法拟定先行试办折》。

2　参阅沈家本奏疏，《大清刑事诉讼律草案》，修订法律馆原本，上海政学社影印。又据查悉：该草案曾由修定法律馆于宣统二年（1910）印刷，线装一函一册，目前典藏于国家图书馆普通古籍阅览室。

3　有关"日本刑事诉讼法略历"，参阅汪庚年编辑《法学汇编》，第12册，《刑事诉讼法》（京师法律学堂讲义，宣统三年［1911］5月），第32—33页。

"纠问式"，而改采"告劾式"，因为后者可使"审判官超然屹立于原告、被告之外，权衡两至，以听其成，最为得情法之平"。沈氏同时论证建立公诉制度的必要性，认为"犯罪行为与私法上之不法行为有别，不法行为不过害及私人之私益，而犯罪行为无不害国家之公安"，而"公诉即实行刑罚权以维持国家之公安者也，非如私诉之仅为私人而设"，因此认为，提起公诉之权应专属于代表国家之检察官。

沈氏进而提出，为了达到"摘发真实"的目的，必须确立三项基本的诉讼原则：一是"自由心证"，证据之法，中国旧用口供，各国通例则用众证；众证之优于口供，无待缕述。即证据之证明力不由法律所预定，而宜悉凭审判官自由取舍，以防事实皆凭推测，真实反为所蔽；二是"直接审理"，即凡该案关系之人与物，必行直接讯问调查，不凭他人申报之言词及文书辄与断定；三是"言词辩论"，即于原被两造之言词辩论而折中听断，自经辩论之后，于被告之一造，亦可察言观色，以验其情之真伪。

刑事诉讼既采"告劾式"，则原被两造待遇即应同等。沈氏认为，这种待遇同等，非地位相同，指诉讼中关于攻击防御，俾以同等便利而言。因为原告之起诉既为谙习法律的检察官，而被告若系无学识经验之人，何能以之对待？故特许被告人用辩护人及辅佐人，并为搜集有利证据，与以最终辩论之权，庶两造势力不至有所盈朒。

沈家本也一向推崇"审判公开"原则，认为此制实为"宪政国之第一要件"，盖"公开法庭，许无关系之人旁听，具瞻所在，直道自彰，并可杜吏员营私觖法诸弊。"此外，沈氏亦主张"当事人无处分权"，认为"民事诉讼乃依私法上请求权，请求私权之保护者，当事人于诉讼中均得随时舍弃。惟刑事诉讼乃依公法上请求权，请求国家科刑权之适用者，其权固属国家，虽检察官不得随意处分，被告更不待言。是以近日各国立法例，除亲告罪外，不准检察官任便舍弃起诉权，不许犯人与被告人擅行私合并在诉讼中撤回公诉"。当事人既无处分权，自然采用干涉主义，沈氏认为，"民事诉讼当事人有处分权，审判官不得干涉。至刑事诉讼，当事人无处分权，审判官因断定其罪之有无，应干涉调查一切必要事宜，而不为当事人之辩论所拘束"。对于"审级制度"，沈氏主张采用三审制度，"即法院编制法所定，不服第一审，可以提起控告而请求第二审之审判；不服第二审，可以提起上控而请求第三审是也"。

此一《大清刑事诉讼律草案》酌采当时各法治国先进立法通例，实足以弥补传统中国旧制之所未备；上奏后，清廷即发交宪政编查馆覆核，唯未及正式颁行，清室已覆。而花果飘零，竟为其后新成立的民国政府大理院屡屡以"诉讼法理"加以援用。

（3）《大清民事诉讼律草案》

前已提及，《大清刑事民事诉讼法》草案，由于寓有浓厚的英美法色彩，与传统中华法制的精神过于冲突，受到各地督抚大臣的强烈反弹；为期与其他欧陆法色彩的法律草案在风格上保持一致，清政府决定另行起草分立的民事诉讼律和刑事诉讼律。

主张诉讼法的编纂采用"民刑分立"的体例，始于 1907 年 12 月 18 日沈家本奏呈的《修定法律馆办事章程》，这是促成《大清刑事民事诉讼法》草案最终成为弃案，而单独制定《大清民事诉讼律草案》的直接依据。该章程第十四条规定"本馆分二科"，第二科即掌管民事、刑事诉讼律的调查起草工作。《大清民事诉讼律草案》由日本修律顾问松冈义正主草，历时三年完成，基本内容、体例和用语大致上是以1890 年日本的《民事诉讼法》为蓝本，共分四编，800 个条文。

《大清民事诉讼律草案》虽未及颁行，清廷已倾，仍具有重大的历史及时代意义：

其一，该草案突破了传统诉讼法制的既有格局，它不仅改变了诉讼法附属于实体法的传统，还改变了民事诉讼律附属于刑事诉讼的旧制，从而宣示中华法系从规范混同走向实体法与程序法分别的崭新局面，揭示一个全新的近代中国法律体系的开端。

其二，在近代中国立法史上，《大清民事诉讼律草案》是帝制中国历史上第一部法典化的民事诉讼法，标志着近代中国民事诉讼法开始走向独立化和近代化，拓宽了中国法典传统的路径，较之以往的相关立法，技术日趋成熟，终成为后来者依循的主要方向。申言之，该草案虽然没有在清末付诸实践，但被民国初期北洋政府所沿用，其结构模式的生命力并没有因政权的覆亡而消失，相反地，作为民事诉讼法制近代化的开拓工作，它比《刑事民事诉讼法》草案较符合中国既有的传统，也较符合诉讼法制自身发展的历史规律。

其三，该草案在价值理念上，体现出时代发展的精神风貌与法律准则。它不仅明确了民事诉讼制度在国家社会中的地位和作用，还贯穿了西方法制关于保护私权的精神。同时，它又融合本土传统与外来资源，既有采撷，又有变通，展现了法案草拟者良苦用心[1]。

9.4.3 由家族伦理义务本位到个人自由权利本位

19、20 世纪之交，晚清中国社会已被深深卷入西方资本主义的旋涡，闭关自守已为海禁大开取而代之，国际通商交涉事益频繁，涉外法律案件日益增多，尤面临列强鲸吞瓜分和国家沦亡的严重危机。修律大臣沈家本从其改制图治，拯救清廷的立场出发，提出不能再墨守旧章，宜随世运而移转，而须甄采西法的主张。

如果，以当今的标准言，传统中国旧律并未涉及"人格尊严"的问题，尤缺"人权保障"的观念。而身处社会急遽变迁的年代，职掌变法修律重责大任的沈家本，深刻比较当时中西法制的发展以后，清晰地意识到当时世界法制发展的趋势，明确提出"生命固应重，人格尤宜尊"的修律大方向。于是，将西方人格尊严及人权尊重的"人格观"，列为改革旧律的一项基本原则。

沈家本首先将伦理意义上的"人格"与法律意义上的"人格"区

1　参阅陈刚主编《中国民事诉讼法制百年进程》（北京：中国法制出版社，2004 年 10 月），卷 1，第 132—138 页。

分开来，以法律意义上的"人格"作为改革旧律的基础。在 1907 年拟定《刑律草案》时，沈氏毅然将"无夫奸""子孙违犯教令"等罪名删除，在 1906 年的《刑事民事诉讼法》草案中，虽被张之洞批评为"袭西俗财产之制，坏中国名教之防，启男女平等之风，悖圣贤修齐之教"，[1] 而这正是沈家本将伦理的"人格"从法律中分离出来，向"人权"的法律基础迈出的第一步。此外，沈氏也指出：

> 凡人皆同类，其人而善也，茂林翘秀也；其人而恶也，丛拨荒芜也。法之及不及，但分善恶而已，焉得有士族匹庶之分？……使人但知士族匹庶之分，而不复知善恶之分矣，此大乱之道也。[2]

针对当时律例中的身份差等规范，沈家本提出了一系列的改革措施。在《刑律草案》中，沈氏采撷西洋各国新立法例，憧憬"法律之前，人人平等"的境界，除若干涉及皇权及身份伦理关系，碍于时代局限，仍保持固有的差等规定外，大致上已遵循"法律平权"的方向，出现崭新的面貌。最主要乃简化犯罪类型，摒弃伦理身份决定罪责的原则。例如，旧律中有关官秩、服制等不平等规定，以家天下为根据的八议、议请减赎、官当、赎罪，以及以尊尊、亲亲、长长和以家长制、家族主义为基础的十恶不赦、犯罪存留养亲等旧制，均在修正或扬弃之列；有关满汉之间及良贱之间的法律地位也大致上渐趋于平等。

要言之，近代西方法律，尤其欧陆法系，大致上均有一个抽象理论的体系，讲求立法技术，严格依据法律的构成要件，以实定法作为裁判及保障个人权利的标准，其价值也普遍受到世人的重视，而这些正是传统中国法文化中所相对欠缺的。晚清中国社会在西潮席卷下，法律的实质内容也渐渐由家族、伦理、义务本位走向个人、自由、权利本位，而其中最显著，莫过于从伦常身份差等的法律秩序尽可能倾向平等人权的

1　参阅王树枬编《张文襄公全集》，卷 69，第 49 辑，482—485 册。
2　参阅沈家本《刑制总考三》，收于氏著《历代刑法考附寄簃文存》（北京：中华书局，2006 年），第 34 页。

立法原则；以新法中的"人权尊严"代替旧律中的"家族伦理"，以新法中的"法治思想"取代传统律例的"礼教立法"。

沈家本生于传统礼教社会，浸润于传统法律文化既深且厚，从法律思想层面看，"德主刑辅""明刑弼教"等观念，在他的法律观中仍多所表现，在不少学术论著与技术性的理论中，也常夹杂着仁义纲常的因素，含有"以礼为体，以法为用"的烙印。因此，或有以为沈氏为"中体西用"或"托古改制"论者。不过，必须明察的是，此其中已渗入时代新的内容，特别是在修律过程中，沈家本以一种新的思维感情来处理"法律与伦理道德"的关系问题。其所谓的"道德"已不完全等同于传统的礼教伦常，而注重的是，尊重人格和个人尊严的西方近代道德观念。沈氏在《大清新刑律》中，不主张处罚无夫奸，也不主张将直系尊亲属列为正当防卫对象的例外，显然已走出传统礼教的桎梏，偏离家族主义的轨道，而多少带有自由主义和个人主义的倾向。

9.5 晚清继受外国法的历史与时代意义

在中国二千多年的法文化时光隧道里，晚清这十年的变法修律，只不过是历史中的一瞬。但是，就法制而言，这十年的变化却是空前的，超越了任何一个帝制王朝，沈家本是这次变法修律活动的主导者，在旧律的改造和新律的创制上，都立下深刻非凡的业绩。

虽受制于时代背景，局限于政治立场，他功未竟而被迫身先退。但无论如何，沈氏的法学思想与法制改革不能说完全失败，他在这段时期中的付出也是功不可没的。因为他替近代中国开启了一扇新的法制思想之窗，一个新的变革架构，他的许多理念与作为，深深影响后来民国法制的发展。

当然，每一历史事件都蕴含其特殊价值，于论成败得失，言沈家本的法制改革，尤其是刑事立法的近代化，自有其深刻的历史及时代意义在。

9.5.1 从法律继受的观点

继受外国法，一方面固由来于外国势力的凌逼，情非得已，这是中国旧律转为近代欧陆法律的政治理由，也是继受法产生的偶然性；但从另一方面看，传统中国旧律，由于凝固性太重，不曾求变，反而阻挠了社会的进步，丧了民族生长发育的活力。而观乎法律文化的发展，法律虽具有民族历史的特性，然过分强调法的历史性和民族性，而轻忽立法者适时合理的造法活动，亦非的论。

我们认为，继受外国法不一定就是"媚外"，也不一定就是"自卑"。德国法制史上，曾多次继受外国法，如今执欧陆法系的牛耳；日本法制史上，也有过三次大规模继受外国法的经验，如今身列东亚法治先进国。继受之初，遭遇阻力，抗拒自难避免，几经适应，终能推动社会进步之功。晚清部分礼教派人士，眼光不够深远，认为继受他国法制，有伤民族自尊，甚至会"刑法出，孝节亡"，显然无知于法律发展的法则，忽略了"法教"的积极意义[1]。

事实上，沈家本等修订《大清新刑律》，其取舍标准纵或以外国为主；但从具体内容看，《大清新刑律》所采撷的，像法典体裁编制及立法技术的改进，罪刑法定主义的确立，划分伦常礼教与法律责任的界限，扬弃身份差等的立法模式，贯彻刑罚人道主义及刑事政策的关注等等；凡此，所删除者固为中国旧律的特色，但去其不善者，有何不当？

虽然体制上，采德国抑或日本的立法例，但也并非完全不顾中国历世相沿之礼教民情等法律价值观；对于重要的伦常法益，仍标明于法典加以规范，例如"关于帝室之罪"，仍本"春秋之义，首重尊王"而列为《分则编》首章；又如对直系尊亲属间的犯罪类型，或加重其刑，也很能表扬传统的孝悌之义。甚至对于本支亲属、配偶及同居亲属间的窃盗行为，得免除其刑，也还保留传统法上"缌麻以上相盗减等"的遗意；至于旧律上的"犯罪相为容隐"，《大清新刑律》也仍存有相类

1　参阅王伯琦《近代法律思潮与中国固有文化》（台北：法务通讯社，1981年），第68页以下。

似的规定。

不过，也必须一提者，在礼法之争的过程中，礼教派所言者，虽不合于近代法理，未免囿于明刑弼教之说，当今法学家或许会一笑置之；然亦毋庸过度怀疑其"用心"，渠等也并非完全食古不化、盲从反动之辈。沈家本自己就曾很坦荡地说过：

> 方今学之大势分为两派，守旧图新，各执其是，分驰并骛，时加倾轧，世方以为患，而非患也！旧有旧之是，新有新之是；究其真是，何旧何新？守旧者思以学济天下之变，非得真是，变安能济也？图新者思以学定天下之局，非得真是，局莫可定也。[1]

从清末变法修律过程中的"礼法之争"看来，在各个阶段，或有秩序纷乱、咄咄相逼之时，而今回头再看，却可认为是彻底解决中国法律文化新旧之争的契机。当时报载：

> 中国向有新旧相争之说，然皆一面之起落，而非两面之交绥；若今日则势渐紧，军机处之与资政院，尚在文字，新律与旧律则肉迫矣，由是而进，新旧之胜负方能解决。[2]

我常想，传统中国政治法律文化中最欠缺者，莫过于对于异己的不能容忍，以至于倾轧排斥，无所不用其极。如仅就《大清新刑律》制定过程中，资政院议场秩序而论，议会的喧吵或无秩序，并不足为奇[3]，甚至因议员争持不下，而大打出手的火爆场面，在当今民主法治

---

1 参照沈家本《沈寄簃先生遗书·乙编》（台北：文海出版社，1967 年 12 月），下册，《枕碧楼偶存稿》，卷 5，《浙江留京同学录序》。

2 《时报》，宣统二年，11 月 28 日，二版，时评，"新旧之争"。其后，白票党组成"帝国宪政实进会"，蓝票党组成"政学公会"，继续保持对立状态，其影响自非浅显。详参张玉法《清季的立宪团体》（台北："中研院"近代史研究所专刊，1971 年）。

3 详参《资政院争论新刑律之怪剧》，载《申报》，1911 年 1 月 14 日；另参汪荣宝《汪荣宝日记》（台北：文海出版社，1991 年），第 739 页。

国家的议会殿堂中，也时有所见，我们不能因此而否定当时礼教派与法理派对"礼法原则"的各自坚持，否则，即有失平允。

要言之，由于《大清新刑律》的礼法之争，从宪政编查馆的赞成、反对二大派，演化成资政院中的蓝票党、白票党，终而引起新旧思想的激烈冲突，可说反应社会变迁过程中，意识形态解构与价值重建的阵痛现象。舆论媒体的造势，院会秩序的混乱乃势所必然。资政院议员与舆论媒体，对于传统行为标准的取舍，透过理智与情感的交锋争辩，担任了审判与抉择的角色，对于中国的法律文化，在由传统过渡到近代的转型期，着实扮演着从根翻起的深耕作用。

9.5.2 从体制内改革的局限性观点

综观清廷变法修律的指导原则，前后几经转折。光绪二十八年，沈家本、伍廷芳奉命修律之初，因庚子八国联军压境，慈禧、光绪为缓和列强各方压力，下达谕旨中有"将一切现行律例，按照交涉情形，参酌各国法律，悉心考订，妥为拟议，务期中外通行，有裨治理"之语。这时，清廷向世人所宣告的法律改革，乃是与各西国改同一致，何等坚定！何其干脆！此时，沈家本从事法制近代化的修律工作，自然进行得较为顺利。

到了中期，列强放弃鲸吞、瓜分中国的计谋，转而采取"以华制华"、"以华治华"的策略，慈禧等又骄恣如故。其后，清廷的谕旨中，屡屡更换修律宗旨，在"参酌各国法律"的同时，还必须"体察中国礼教民情"，紧接着又强调"中国素重纲常"，"实为数千年相传之国粹，立国之大本"，"凡我旧律义关伦常诸条，不可率行变革，庶以维天理民彝于不敝"。凡此，固暴露出清廷因循敷衍的苟安心态。不过，从另一角度看，这也不能完全归责清廷缺乏"修律诚意"；毕竟，在长达十余年的修律活动中，投下的人力物力也是历来少见的大手笔。如果真要彻底检讨，主要是当时内外枢臣的舆情声浪，左右了当局的决定。

不幸的是，此举反而大大助长礼教派的保守势力，而愈使沈家本等修律工作障碍重重。

面对这些困难，沈家本仍本其变易历史观，通观全局，体察国情，把握 20 世纪初期世界法律思潮趋向，坚持折中中西、沟通新旧。一方面，利用列强与清廷间的利益矛盾，重申旧律不改，列强必将不肯放弃领事裁判权等，企图使礼教派让步；另一方面，则与礼教派公开展开论战，甚至不惜冒"勾结革命党"酿成大狱之风险，为新律辩护；这种乘势而变，力挽狂澜的精神，的确为晚清法制改革展现一线生机。

然而，历史终究是冷酷而现实的，衡诸世界各国法制通例，法律政策或律典的具体改革，往往要在改变政体之后，始能顺利进行。就变法革新的历史进程而言，沈家本等着手推动的修律工作，出自清廷本身垂危挣扎之际，显然为时已晚。因为自鸦片战争之后，先进的有识之士，提出变法革新的口号已几十年，其间又经历了 1860 年的自强运动，以及 1898 年的戊戌变法等自救机会；孙文领导的民主革命也已轰轰登场，而无论当时的维新或革命，实际上，都远未触及具体法律领域的变革。

身为清廷修律大臣的沈家本，能在清末以合法的身份，进行一系列法律的具体变革，这是一种特殊情势下的产物，正因为如此，他纵然有心，却无力贯彻，也不可能越出专制皇权所能容允的范围。所以，沈氏无论删修旧律还是制定新法，都要多方折冲。以废除奴婢制度言，沈氏当然想彻底务净，但碍于朝廷内外保守势力的压力，在某些细节问题上不得不采取"变通"作法，以图达到改革的目标。难怪他无奈地说：

> 倘朝廷大沛殊恩，仿照西国赎奴之法，普行放免，固为我国家一视同仁之盛举。即不然，不强之以放赎，而但变通其罪名，此亦修法者力维之苦心，举世所当共谅者也。[1]

可以想见，沈氏在诸多问题上，有其势不从力、力不从心的难言之

1　参阅沈家本《删除奴婢律例议》，收于氏著《历代刑法考附寄簃文存》，卷 4，第 2043—2047 页。

隐。尤其，在礼法争议中，一再的退让和妥协，新刑律被迫一改再改，不断加入义关纲常名教之条；最后，还被加上一个很大的礼教性附款——《暂行章程》，甚至沈氏本人也不得不辞去修订法律大臣之职。这是时代的因缘，是政治立场的局限，不是沈家本个人能力的问题。历史也证明，向专制政体谋求开放改革是不容易的；如果不改变政权的实质，如果不从政治中心根本变革，徒求法制的改良，戛戛乎其难哉！

9.5.3 从社会变迁与法律变革的观点

晚清法制变革的年代，正好要跨越传统与近代的临界点，因此，社会变迁与法制变革交互影响的痕迹斑斑可见。而历史上的变法论争，往往症结所在，就是守常与变法观念的冲突。

沈家本肯认先秦儒家"礼法时移"及法家"法与时转"、"治与世宜"的主张。认为，以法理而论，古人立法原有至理。唯环球学说日新月异，世界各国举凡政令、学术、兵制、商务，几有日趋同一之势。旧律显然无法适应激变的形势，事变愈多，法理愈密。改弦更张，必须既探讨旧法理，也应研究新法理；否则，就不能采撷精华，折中新旧，而有补于世。秉此理念，沈氏提出了自己的变法修律主张，认为"法律之损益，随乎时运之递迁，……推诸穷通久变之理，实今昔之不宜相袭也"。"法律之为用，宜随世运为转移，未可胶柱而鼓瑟。"中国法律尤须寻绎"易传"的趋时之义。

为了破除"祖制家法"不能更易的禁忌，沈家本阐述康、雍、乾三朝多次修改律例的成事。又根据"物竞天择"的近代进化论和日本明治维新的史例，强调中国如欲继续生存于万国之林，就必须变法修律。他指出：

> 今者五洲悬绝，梯航毕通，译寄象鞮，交错若织，列国政教之殊途，质文之异尚，使节所至亦既见之，且往往能言之。此固天地

气运日开，为前古未见之变局，人不得而诋为虚妄矣！惟是智力日出，方有进无已，天演物竞，强胜乎？弱胜乎？不待明者而决之。然则处今日之变，通列国之邮，规时势，度本末，幡然改计，发愤为雄，将必取人之长以补吾之短。若者益、若者损、若者先、若者后，不深究其政治之得失，又乌乎取之？[1]

历史的演进，既根源于时势的形成与变动，时势不断变化，历史也就不断变异，因此，顺势而变与因革损益，自是自然之理。一代之法典，缘一代之政体而生，事为昔人所无者，不妨自我而创。沈家本等变法派人士在继受外国法的过程中显然掌握了"顺势而变"与"因革损益"的"会通改制"思想精义。

在修律方法上，沈家本始终坚持参考古今，博稽中外的"会通改制论"，憧憬并力行"折衷各国大同之良规，兼采近世最新之学说，而仍不戾乎我国历世相沿之礼教民情"的理想境界。大同良规、最新学说和礼教民情，此三者在沈家本的思想中，是一个"综合完整体"，这是沈氏对待中西法学的基本态度与方法。

论者曾说，当一种古老的传统文化面临西方近代文明挑战时，它可以有两种截然不同的选择：

一种选择是，在吸收这种异质更先进文化中的营养的同时，对传统文化的结构、规范、思维方式进行一系列的自我更新和建设性的转化；这意味着，以两种文化的有机融合来作为对于挑战的响应。另一种选择是，把西方文化作为历史上似曾相识的异端和旁门左道来加以排斥，以此来实现纯洁的传统文化的自存与民族自卫的双重目标。[2]

1　参阅沈家本《历代刑法考》，卷6，《政治类典序》。
2　参阅萧功秦《儒家文化的困境》（台北：五南出版社，1982年10月），第209页。

就晚清继受外国法的过程看来，当时礼教派人士如张之洞、劳乃宣、廷杰、刘廷琛等，就因解不开继受欧陆及日本法律的"结"，常本其"中学为体、西学为用"的"华夷思想"，有意无意地诠释、运用欧陆法学，试图将中国的法律发展为具有西方法律的形式，却含有中国法律实质精神的"综合体制"，看来似比较倾向于第二种选择。而沈家本等法理派人士，为缓和礼教派的抗拒，并谋减少阻力，也曾有系统地整理传统法制相关史料，考定历代法制沿革，推阐法典义例，博审中外古今律例轻重之因；并不时赋予旧法制新的法理。所不同者，沈氏等显然试图重铸传统法制中的"近代西洋因素"，以达其"改制"的目标，明显倾向于第一种选择。

要言之，沈家本理性地打破"传统"与"近代"的两极观，强调传统中国法律必须接受近代化的批判与改造，清廷才有法制近代化的可能，而开拓出"会通改制"的变法修律方向，创造中国法制一个新的生命；因此，沈家本被尊为"中国法律近代化之父"，洵非过誉。而透过继受外国法过程中所产生的礼法两派相互辩论所撞击出的火花，更使我们了解中国法律的近代化与现代化有什么样的可能性，这或许就是双方的贡献吧！

【问题思考】

1. 一个国家或一个民族何以愿意放弃自己的"祖制家法"而继受外来的法律？其可能原因有几？理论学说为何？试以晚清的法律近代化历程为例，列举具体的历史事件详予说明。

2. 在晚清继受外国法的过程当中，何以未导入英美法而继受了欧陆法？可能原因有哪些？试就所知，详陈以对。

3. 晚清法律近代化，所延聘的外籍修律顾问，何以清一色以日本专家学者为主？试举其中一人为例，说明此等人物对近代中国法律有何影响。

4. 在晚清法律近代化的过程中，曾出现过激烈的"礼法之争"，两派人士究竟在争什么？请列举其中一事为例，详加申述。又对此次的争议，你如何评价其历史及时代意义？

5. "礼"与"法"在传统中国社会各有何功能？试以"无夫奸"为例，说明传统中国旧律中究持"礼法合一"乎，"礼法分离"乎？时至晚清变法修律之际，对此一课题有何争议？论争的焦点何在？试深入剖析其相关事理及法理依据，并详加评论。

【参考文献】

1. 王伯琦：《近代法律思潮与中国固有文化》（台北：法务通讯社，1989 年 6 月）。

2. 李贵连：《沈家本年谱长编》，（台北：成文出版社，1992 年 9 月）。

3. 黄源盛：《晚清修律大臣沈家本》，收于氏著《法律继受与近代中国法》（台北：元照出版社，2007 年 3 月），第 87—120 页。

4. 黄源盛：《西法东渐中无夫奸存废之争》，收于氏著《法律继受与近代中国法》（台北：元照出版社，2007 年 3 月），第 231—283 页。

5. 黄源盛：《从无夫奸到通奸的除罪化——以晚清民国刑法为例》，收于《甘添贵教授七秩华诞祝寿论文集》（台北：承法出版社，2012 年 4 月），下册，第 89—127 页。

6. 黄源盛：《晚清民国禁革奴婢买卖的理念与实践》，载于《政大法学评论》（台北：台湾政治大学法学院，2013 年 9 月），第 134 期，第 47—113 页。

7. 李启成点校：《资政院议场会议速记录》（上海：上海三联书店，2011 年 4 月）。

10

民国法制的继承与新创

世界上任何一个民族、任何一个国家或任何一个地区的文化，除由于独创外，大都是因相互影响的结果。在各个不同的历史发展阶段，两个以上的个体彼此接触之后，对于外来的文物制度，加以选择、吸收。就这样，文化因接触而传播，同时，也在它文化的激荡下，创造出自己独特的文化，法文化的发展也不外乎此。

从形式上观察，姑不论清末以前源远流长的传统中国法时期，仅以晚清民国立法史的时代区分来看，约略可分为：自清光绪二十八年以迄宣统三年（1902—1911）的法典蜕变期；民国建元以至十七年（1912—1928）的北洋政府法典过渡期；十七年国民政府立法院成立以迄三十八年间（1928—1949）的法典整建期。

法律与政治的关系，古往今来都纠缠难分，书写法制历史，极难完全避免"本位思考"的羁绊，本讲次希望能尽量跳脱意识形态的框架，针对清末民国的社会变迁与法律文化，从立法继受的宏观视野，验往证今，除了回顾华人社会"六法全书"的生成、确立及其消长外，试图探寻政权更迭与法律体系的承转关系，并思索若干纠结的法文化问题。

10.1 民初北京政府时期的过渡性法制（1912—1928）

或许，天命真的无常，晚清变法修律的改革理念还来不及落实，清帝国的国祚已尽，所有的后续，只能到民国时期来寻绎了！民国初年，政权更替频繁，就刑事与民商事等法律虽先后设"法典编纂会"、"法律编查会"及"修订法律馆"等机构，负责赓续起草各类法案，但毕竟兹事体大，一时难有所成。法院审判根据的法源性为何？理论与实际的运作又如何？是一个相当有趣且值得关注的课题。

10.1.1 晚清法律近代化的承接与整合

晚清修律大臣沈家本（1840—1913）所领导的继受外国法工程，志虽未竟，而业绩已有，留给其后的北洋政府颇多回旋空间。

10.1.1.1 刑法

民国肇建，实在太过匆匆，一切法制建设自无法齐备，刑法援用蜕变自宣统二年十二月（1911 年 1 月）所颁布的《钦定大清刑律》（俗称"大清新刑律"）为据，经过削删与国体相抵触的部分，改成《暂行新刑律》，而与民国三年新公布的《暂行新刑律补充条例》合并为刑事基本法。此项刑律既冠以"暂行"字样，本系一时权宜之计，并非垂为永制，何况律条之中，存有不少不合时宜者，为众所指摘，北洋政府乃于民国四年（1915）、七年（1918）及八年（1919）分别草拟刑法第一、第二次修正草案及改定第二次刑法修正案，但终未能成为正式的法律[1]。

---

[1]　参阅黄源盛以下诸文：（1）《民初暂行新刑律的历史与理论》，载《刑事法杂志》，第 41 卷，第 6 期，1997 年 12 月，第 56—89 页。（2）《民国四年修正刑法草案撷遗》，载《刑事法杂志》，第 42 卷，第 6 期，1998 年 12 月，第 52 页。（3）《民国七年刑法第二次修正案及其改定案述评》，收于氏著《民初法律变迁与裁判》（台北：台湾政治大学法学丛书 47，1990 年），第 251—286 页。另参阅黄源盛纂辑《晚清民国刑法史料辑注》（台北：元照出版社，2010 年 7 月），上册，第 361—864 页。

整体而言，《暂行新刑律》源自《钦定大清刑律》，不仅深受当时日本明治维新后刑法典的影响，尤为原起草人冈田朝太郎（1868—1936）个人的独特见解所左右，立法背后的刑法理论摇摆于主观主义与客观主义之间。例如：采取罪刑法定主义，摒弃传统律例中的比附援引制；废除旧律因官制服制、伦理身份而在罪刑上有所等差的规定，除直系尊亲属外，罪刑趋于平等；法律与伦理道德间的分际也试图厘清，部分"礼教性条款"尽量不予入罪；此外，采取行为人的主观性格衡量刑事责任，以矫正原来过度倾斜客观具体的现象；在刑事政策上则撷取刑罚人道主义理念，废除一切重法酷刑，改采目的刑中的特别预防理论，注重犯人的教化更生等等。

虽说《暂行新刑律》是由《钦定大清刑律》删修而来，但两相对照下，仍有不少差异，主要为：

（1）删去"侵犯皇室罪"全章十二条条文，不再拳拳于维护君主专制体制，且未另增设"侵犯大总统罪"的规定，使大总统与普通公民同视，较符合共和国体与民主政体，也体现了身份平等的立法精神。

（2）将《钦定大清刑律》所附加的《暂行章程》中有关危害乘舆、内乱、外患、对尊亲属有犯、强盗、发冢等罪加重处刑，无夫奸科罪以及卑幼对尊亲属不得援用正当防卫等五条规定，悉予废除，淡化了刑法中的纲常礼教色彩。

这些改变，在当时的历史情境下，的确具有积极的意义，也正因如此，其后，即使孙中山在广州另成立了倡议护法的军政府，仍愿意宣布适用《暂行新刑律》。

10.1.1.2 民法

自晚清变法修律以来，虽有宣统三年（1911）《大清民律草案》的拟订，唯因尚未完成立法程序，清室已倾，也无正式民法法典可言。民国成立以后，政府曾咨请参议院同意以该草案作为民事审判的法源依据，然参议院决议："民律草案，前清时并未宣布，无从援用。嗣后凡关民事案件，应仍照前清现行律（大清现行刑律）中规定各条办理。"[1]
而民国以来的制定法亦只限于少数单行民事法令，显然不足以因应社会
变动的需要。因此，民初遇有法律缺而不备时，大体上是依据下列方式
加以援引法源：

（1）清宣统二年四月间所颁行的《大清现行刑律》中不与共和国
体相抵触的民事相关部分。

（2）民事习惯与当作法理的民法草案及判例等。

（3）民国成立以后所公布的民事特别法令。

由此看来，民国初期民事纷争的审判法源，系由《大清现行刑律》
中的"民事有效部分"、民事特别法、习惯以及包含判例、民法草案、
外国立法例、学说见解等所组成的法理。综览民初十余年间继续适用
《大清现行刑律》"民事有效部分"的主要内容，有服制图、服制、名
例、户役、田宅、婚姻、犯奸、钱债、市廛、斗殴、河防等[2]。吊诡的
是，《大清现行刑律》终究是一部刑法典，刑法典如何能换装成民事审
判的法源依据？颇值得深究。

除上述外，清末《大清民律草案》第一条，本于瑞士及日本民法
的立法例，规定："民事，本律所未规定者，依习惯法；无习惯法者，
依条理。"然终北洋政府时期并未颁行一部完整的民法典，该草案并无
法律的效力，值此成文法简略不备，而民事纠纷日益纷繁之际，法院判
断案件自苦无所依。于是，当时的最高审判机关——大理院，于民国二
年上字第64号判例采撷该条的法意，载明"判断民事案件，应先依法
律所规定，法律无明文者，依习惯法；无习惯法者，依条理"[3]。以示
法院应适用的法则及适用时的先后次序，然其所谓的"法律明文""习
惯""条理"，究竟其意义为何？实质如何？其所适用的次序是否绝对

1　参阅司法行政部民法研究修正委员会主编《参议院咨》，《中华民国民法制定史料汇编》（台北："司法行政
　部"印行，1976年），下册，第2页。

2　详参《法令辑览》（北京政府印铸局编，1917年4月）；另参阅《中华民国民法制定史料汇编》下册，第
　3—32页；谢振民，《中华民国立法史》（台北：正中书局，1948年），第896—898页。

3　有关该号判例的详细内容，参阅黄源盛纂辑《大理院民事判例辑存·总则编》（台北：元照出版社，2012
　年12月），第7—12页。

不容许有例外？皆不无探讨的余地。

10.1.1.3 程序法

传统中国，历朝历代的诉讼法规，大抵专注重于刑事诉讼，而以之准用于民事讼争，且实体规范与程序规范常相混用。光绪三十三年（1907）十一月，法部奉旨颁行《各级审判厅试办章程》，共五章一百二十条，乃有单行诉讼法规之始[1]，然民刑仍未详加分划，诸多不备。民国成立，本无诉讼律之制订，经司法部先后于民国元年、八年呈准援用宣统二年《大清民事诉讼律草案》中的第一编管辖各章与回避、拒却及引避章，其余部分则仍适用上述《各级审判厅试办章程》，大理院则酌采近世民事诉讼法理，以资准据。

民国二年十月，袁世凯当国，司法部将宣统元年的《各级审判厅试办章程》略加修改，即呈准施行。四年，司法部又将清末的《法院编制法》修正刊行。此外，另行公布了《地方审判厅刑事简易庭暂行规则》、《县知事审理诉讼暂行章程》以及《县知事兼理司法业务暂行条例》等，作为建立各级司法机关的法律依据。

及至民国十年（1921）七月，大总统令公布《民事诉讼条例》，民事程序法始开始运行。同年三月，南方的广东军政府也重新修正清末的《大清民事诉讼律草案》，公布《民事诉讼律》，施行于军政府所辖各省，显见当时适用的民事诉讼法规，南北并不相同。值得一提者，民初北洋政府时期，民法法典及其他民事实体法尚未颁行，而民事程序法反而先行上路，实为中外法制历史上罕见的特例。

至于刑事诉讼方面，也是以沈家本与冈田朝太郎于宣统二年所主导草成的《大清刑事诉讼律草案》为蓝本，由于该律尚未完成立法程序，清廷已覆；于是，北京政府司法部于民国元年、三年、四年、七年不断

---

[1]　有关《法部奏酌拟各级审判厅试办章程》，详参《大清法规大全》（四）（台北：考正出版社，1972年），卷7，《法律部之审判》。

请求暂行援用该草案的某些部分，而以"诉讼法理"作为法源依据[1]。北京政府的修订法律馆则另着手草拟刑事诉讼法典，编成后，于民国十年十一月以教令公布，定名为"刑事诉讼条例"，并明令于民国十一年一月实施。虽下令全国法院一律施行该法，实际上只施行于北京政府统治辖下的各省。除普通刑事案件的程序法之外，北京政府另制定《陆军审判条例》、《海军审判条例》及《审理无领事裁判全国人民民刑事诉讼章程》等。

10.1.2 法制不备下的司法运作实况

观察上述北洋政府时期的立法与修法，可以看出几个特点：

其一，承续性，除立宪模式有根本的转变外，刑事、民事、商事、民刑事诉讼等立法，基本上都是在清末草案的基础上删修，但成正式法典者少。

其二，借鉴性，清末立法的外籍修律顾问主要仰仗日本学者专家，立法草案参考蓝本间接来自欧陆法，直接则借助日本法；北洋政府时期的修法则在借鉴德国、日本法的基础上，还参考了法、英、美等国家的立法例。

其三，自主性，清末的立法草案，原始创意基本上出自日本法律专家顾问的手笔，立法过程中，虽也体察"中国民情"，但总体上仍被批评"参酌各国法理"者多，"考虑本国风土民情"者少；而北洋时期的修法，原则上是由国人自行起草，过程中也逐渐意识到"体察中国民情"的必要性，对于民事"习惯"良窳的取舍也颇为注重。

事实上，立法、修法总归是白纸黑字，重要的是，法律具体落实的状况如何，根据民国十五年（1926）各国调查团"治外法权委员会"（The Commission on Extraterritoriality）在中国实地调查司法状况的《法

---

1 详参黄源盛《大理院刑事判决述评》，收于氏著《民初大理院与裁判》（台北：元照出版社，2011 年 3 月），第 296—298 页。

权会议报告书》中所述[1]，民初法制仍被指摘存在着诸多缺点，其中，属于立法定制本身者，主要为国家根本大法的不存在以及民刑法典的未臻完备；而属于司法方面者，有法院与监所为数过少及司法经费无保障，其间军人干涉司法，严重影响司法独立尤受瞩目[2]。

前面提过，辛亥之役，政体已更，泰西法律思想源源不绝地输入，法律文化也鸭子划水式地在进展中，然民国开基以来的十数年间，政潮迭起，干戈扰攘，举凡北洋政府百政，史家笔下绝大多数认为"堕落沉沦"，当然也就无暇顾及法律蓝图的再造；以致草草危局，未见一宪法以昭显国人之目，未见一统一法典传布国人之眼前。民事方面的规范，且尚沿袭《大清现行刑律》"民事有效部分"而适用之，法制始终未能焕然一新。虽然如此，民国成立之初，各种力量相互角力，百家思想缤纷争鸣，尤其令人意外地，司法方面却仍有一片生机，颇有可观者；恐怕不是单就一句"军阀混战、生灵涂炭"就可轻轻带过？

值得再三留意的是，民初中国法律变革之际，民商法典尚未制定公布，形式成文法典又不完不备，并存在诸多欠缺及问题。立法程序上和技术上的困难，致使民法缺乏统一性，如此一来，又造成民事司法的困境。立法机关未能完成的任务，等于推委给司法机关，特别是大理院。民国初期，大理院面对的是这样的民事法律多元化的局面，《大清现行刑律》民事有效部分、民事特别法、民商事习惯、外国立法例与民法学说，甚至义理与伦理道德规范等都可以作为裁判的依据，而每一种规范又都各自为标准，却又无法涵盖全部民事法律关系，不足以建立统一民事法律体系；杂乱无章的法律规范和日滋纷繁的民事案件，置大理院于困厄之境，却也为大理院"司法兼营立法"提供了历史性的契机。兹示大理院（左）及大法庭（右）图像如下：

1　详参《法权会议报告书》，收于《东方杂志》，第24章，第二节1，1927年2月。
2　参阅杨日然《清末民初中国法制现代化之研究——国民政府改革法制之背景及其经过》，收于氏著《法理学论文集》（台北：月旦出版社，1997年），第277—295页。

　　而历史的际遇往往是偶然的，自清末官制变革，以迄民初北洋政府时期，大理院为全国最高司法审判机关，大理院院长有统一解释法令必应处置之权，大理院有指挥、监督各级审判之柄，在近代中国法制变革过程中，一直居于特殊的优越地位，对于近代司法乃至民国立法产生深远的影响。为了克服法制不备的困境，大理院推事诸君选择并运用"判例"与"解释"的方式，担负起"准立法"的双重任务，以维护近代中国法制变革的过渡，表现称得上是可圈可点，此可由当年大理院的判决书及解释例窥见其实况。

　　据统计，从 1912 年到 1927 年间，北洋政府大理院汇编的民刑事判例约达 2800 案，解释例则有 2012 案[1]；其中，不乏论证精彩而中肯的案例，实在难得。仅列大理院民事判决八年上字原本一则如下：

1　有关判例部分，参阅黄源盛《大理院裁判书的整编始末——犁斋灯深理旧案》，载于《法令月刊》（台北：法令月刊社，2012 年 9 月），第 54—82 页。另参黄源盛纂辑《大理院民事判例辑存·总则编》（台北：元照出版社，2012 年 3 月）、《大理院民事判例辑存·亲属编、承继编、债权编、物权编》（台北：犁斋社，2012 年 6 月、7 月、10 月、11 月）、《大理院刑事判例辑存·总则编、分则编》（台北：犁斋社，2014 年 1 月）、《景印大理院民事判例百选》（台北：五南出版社，2009 年 4 月）。至于解释例部分，参阅郭卫《大理院解释例全文》（台北：成文出版社，1992 年 6 月）。

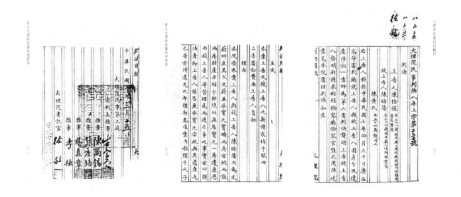

至于大理院判例在法学方法上的运用，可得而言者有下列诸端：

10.1.2.1 《大清现行刑律》如何换装成民事审判的法源依据？

民国建立以后，于元年（1912）公布的《暂行新刑律》，实际上，施行至民国十七年（1928）六月方才寿终，是北洋政府统治时期始终适用的刑法典。有趣的是，同样制颁于宣统二年间的过渡性传统刑法典《大清现行刑律》，在这段期间内，不但没有完全消失于法制舞台上，反而以另一种形式活跃于民国初期的司法实务中。

国体新建，政府曾咨请参议院同意以《大清民律草案》作为民事审判的法源依据，然参议院决议：

> 民律草案，前清时并未宣布，无从援用。嗣后，凡关于民事案件，应仍照前清现行律中规定各条理办理。[1]

由上述文件看来，清代施行的一切法律，除与共和国体抵触者外，概为民国政府所承受。而这项承受，其后亦经大理院三年上字第 304 号判例所确认：

1　参阅《参议院咨》，收于《中华民国民法制定史料汇编》，下册，第 2 页。

　　本院按：民国民法法典尚未颁布，前清之现行律，除制裁部分及与国体有抵触者外，当然继续有效。至前清现行律虽名为《现行刑律》，而除普通刑事部分外，关于特别刑法、民商事及行政法之规定仍属不少，自不能以名称为刑律之故，即误会其已废。[1]

　　从编制体例观察，《大清现行刑律》"民事有效部分"，依然沿袭《大清律例》的旧制，律文以门相率，门下分条，条例附于相关律文之后。或许想问，《大清现行刑律》毕竟是一部刑事法典，刑事规范如何转换成民事规范而被援用？当时既未将"民事有效各条"一一抉出，纂辑成书，则何者有效？何者失效？援用时是否会取舍互异而疑义滋生？

　　实际上，刑法规范大部分是所谓强行的命令或禁止规定，而依近代民法理念，民事法律行为如果违反强行规定，效力或属无效，或得撤销。因此，这些原本属于刑事规范的条文，自然而然地顺势转化成民事的规定而被适用。换言之，在民国初年，若民事法律行为是属于《大清现行刑律》所不禁止的行为，例如"不坐"，则转成为"有效"；至于被禁止的行为，通常被认定为"无效"或"得撤销"的法律效果。例如，大理院八年上字第832号判例即指出：

　　民国民律未颁布以前，现行律关于民事规定除与国体有抵触者外，当然继续有效；即其制裁部分，如民事各款之处罚规定（例如处某等罚罪亦如之等语），亦仅不能据以处罚，关于处罚行为之效力仍应适用，以断定其为无效或得撤销。故若引用该律文以判断行为之效力，而不复据以制裁当事人，则其适用法律即不得谓为错误。[2]

---

[1]　参阅黄源盛纂辑《大理院民事判例辑存·总则编》，第18—25页。

[2]　参阅黄源盛纂辑《大理院民事判例辑存·总则编》，第86页。

如是，由原先的刑事规范转换成民初用来断定私法关系的民事规范，看来其承转适用也有其法理脉络可寻，并非过于突兀。

《大清现行刑律》"民事有效部分"，施行至民国十八年（1929）十月中华民国《民法》公布施行后，才被废止。因此，如果说，它是民初大理院时期的"实质民法"，实在有它的道理在。申言之，它虽无民法典或民事法之名，然实为民事有效的实定法规范；从而，在理论上，位阶高于习惯法及条理。

从实证的角度看，我们屡屡见到大理院运用《大清现行刑律》的实例，在为数相当多的大理院判决（例）上，在征引某一"民事有效部分"时，每有"查现行律例""查现行有效之前清律例""按现行律载"等之类的用语，足以支持此项说法。据初步统计，《大清现行刑律》"民事有效部分"几乎每一门每一条都有被大理院适用过，且有些条文还是一再被援用，显见其重要性之一般[1]。尽管如此，"民事有效部分"终归不是以权利为本位的近代意义式的民事法律规范。灵巧的是，大理院推事们常以权变的方式，用尽心力，企图将传统的刑律条文，透过新的法学解释方法，使其与近代法学理论相结合；甚至时而将律文"旧瓶新装"，以解决新时代所产生的社会纷争问题。此外，我们也可以清楚地发现，在大理院的判决（例）中，常有意无意地将当代民法私权利的观念导入。虽然《大清现行刑律》是帝制中国最后一部传统的刑法典，然而，大理院却常透过近代欧陆法概念来阐释其内涵，结果造成权利观念得以蕴含于刑律条文之中。

10.1.2.2 大理院判例性质是否属英美法系的判例法？

以近代法言，一般所谓"判例"，系指特定审判机关对于特定案件所下的判决，且具有先例的拘束力者。申言之，即最高法院的判决，可以为先例，足资下级法院之援引者是。至于"判例法"，则为具有先例

---

[1] 详参郑爰诹编辑《（清）现行律民事有效部分集解》（上海：世界书局，1928 年 10 月）。另参阅黄圣棻《大理院民事判决法源之研究》（台北：台湾政治大学法律学研究所硕士论文，2003 年 7 月），第 50—98 页。

的拘束力之判例所累积而成的法。

这里比较关心的是，判例是不是，或者应不应该成为一种法源？换个说法说，"判例"是否即"法律"的问题？关于此点，历来学者见解纷歧。

前已提及，近代中国第一部民法典是于 30 年代前后，由南京国民政府的立法院所制颁。因此，在大理院存立的十六余年间，就民事案件，并无一部独立的民法典可资为审判的依据。从而，大理院在审理具体案件时，外观上看来，似系"任由"法曹依其所信，就该案件为落实社会正义所应适用的具体规范与法理，形成"心证"而下判决，致有学者以之模拟于英美法系国家法制下"法官造法"（Judge-made Law）的情形，且遽认为依大理院所制作的判例性质，系属于英美法系的判例法（Case Law）者[1]。此一说法是否的当？在近代中国法制变革过程中，是否真正出现过世人所称道的英美法系国家的"判例法"？

要探讨大理院时期的"判例"性质，是否属于英美法系的判例法，恐怕得先说明判断的标准是什么。一般来说，一个重要的标准是，判例法必须符合两个要件：一为它是主要的法源，另一为它与其他主要的法源系处于平行而不是等级的关系[2]。究其实，传统观念中，英美及欧陆两大法系的理论基础及其方法论并不相同。前者审判法源以判例为主，重视程序法优位，拥有独特的法律分类与概念，在方法论上强调逐步验证归纳的过程；而后者的审判法源显然偏重成文法典，在法律体系方面

---

1 胡长清："纵谓自民元迄今（新民法实施），系采判例法制度亦无不可。"参阅氏著《中国民法总论》（上海：商务印书馆，1934 年），第 36 页。另戴修瓒："……然民商事等成文法典，多未颁行。当新旧过渡时期，不能无所遵循，大理院乃酌采欧西法理，或参照习惯，权衡折衷以为判例。各法原创略其中，一般国人亦视若法规，遵行已久。论其性质，实同判例法矣。"参阅郭卫编辑《大理院判决例全书》，戴修瓒，"序言"，1931 年 6 月。另外，大理院推事郑天锡也说："大理院判决殆采取盎格鲁萨克逊判例之法术，虽言理处，不无差异，然其准备法律规条之方法则一也。"参阅氏著《大理院判例汇览》，"序言"（北京，1920 年），第 3 页。

2 John Henry Merryman 在其经典名著 The Civil Law Tradition 第四章 The Sources of Law 说：欧陆法系国家的法源有一个等级（hierarchy of sources of law），依次是宪法、法律、规章和习惯（constitution, legislation, regulations, and custom），而判例不是主要法源；英美法系国家的法源，主要是法规、判例和习惯（statutes, judicial decisions, and customary practices），就形式而言，法规（如美国某些州的州法）的权威性犹在判例之上，但在实践时却是平行而没有等级的。参阅 John Herry Merryman, *The civil law tradition: an introduction to the legal systems of western Europe and Latin America* (Stanford, Calif.: Stanford University Press, 1969)。

拥有相同的分类，法律基本概念具相类似性，在方法论上注重并趋向于井然有序完整体系的演绎过程。可以这么说，在英美法系国家法曹判案时，所探求者是应适用之具拘束力的判决先例；而欧陆法系法曹判案时，所探求者为应适用之成文法典及其附随的法律解释。而世人对于此两大法系的优劣曾经争论不休过，如今两大法系之间，固仍存在基本性的歧异，此涉及历史、文化与民族性诸般因素，尚难遽期其统合；但因在操作面已有相互借镜并获致若干折中与调和，孰优孰劣？似乎已不再是那么绝对的了[1]。

当今，要再厘清的倒是，民初大理院真否实行英美法系的"判例法"？大理院的"判例"性质该如何予以"定性"？这也是一个众说纷纭的问题。

关于大理院"判例"的性质，历来说法不一，有判例法说、习惯法说、司法解释说以及独立法源说等[2]。理论上，我认为宜采"条理说"为妥。

表面上看，民元至十七年以来，下级审判厅均奉大理院判例为准据，论实际情形，可以说具有法律的效力，大理院即不啻兼有最高立法的任务。不过，严格说来，大理院的"判例"仍不可与英美法系的"判例法"体制相提并论，理由如下：

（1）大理院的判例是成文法典的补充形式，仅为法院裁判时所表示的法律上见解，并非法规的本体。它一般不能与成文法典的原则和规定相违背，否则无效。易言之，民初时期的民事法源有一个"等级"关系，依序是法律、习惯法、条理，判例充其量只是成文法典原则与规

1　参阅黄静嘉《民初大理院及平政院之裁判档案之整理与研究》，收于氏著《中国法制史论述丛稿》（北京：清华大学出版社，2006年7月），第322页。

2　主张习惯法者，有曾任大理院院长的余棨昌等，余氏谓："判例法乃广义习惯法之一。其所以与一般之习惯法异者，盖一般之习惯法渊源于一般人民自己所为之惯行，而判决法乃渊源于法之判决。"详参余棨昌《民法要论总则》，（北京：北平朝阳学院，1933年），第28页。主张司法解释说者有张生，张氏认为"大理院民事判例"不具有法源性，而"判例要旨"才具有法源性，同时认为把民事判例及其要旨定性为判例法、条理或习惯法均不妥当，从而主张大理院民事判例要旨其性质应为"司法解释"。详参张生《中国近代民法法典化研究》（北京：中国政法大学出版社，2004年5月），第66—73页。而采独立法源此说者，有黄圣棻《大理院民事判决法源之研究》，第152页。

定的具体解释、价值补充和漏洞填补，意即仅属第三顺位的"条理"而已，此可从大理院于开院未久，即宣告"判断民事案件，应先依法律所规定，法律无明文者，依习惯法；无习惯法者，依条理"的原则明显看出端倪。且于判决中，于征引某一"民事有效部分"时，每有"查现行律例""查现行有效之前清律例""按现行律载"等文字，足以证明此种说法。而英美的判例法，"判例"是主要的法源，与其他法源系处于"平行"，不是"等级"的关系，具有不受限制和制约的法律效力。

（2）在英美法系国家法院对于先前判例的运用，常将个别判例的内容区分为不具拘束力的内容（obiter dicta），及具有拘束力且有关法律原则与内容的阐述（ration decidendi），而且在汇编判例时，也会将各该判例内的法律原则阐述撮出摘要，作为重要的参考。而民国初期由于成文法体系的存在，以及法律赋予审判官较大的自由裁量权和类推适用的权利，在判例的适用上，并不一味地遵从"先例拘束原则"（stare decisis），判例虽然被下级法院广泛援用，但并未严格受制于既判力的拘束。

（3）民国初期的判例，只有大理院可以颁布，所颁布的判例汇编仅录"判例要旨"，并非登刊判决全文。而又不分主旨、傍论，似乎凡认为关键文句，可成为抽象之原则者，即将之摘录为判例要旨。此仍系抽象的结论，与条文、解释所差无几。反观同时期的其他国家，无论系用判例法的英美法系国家，或以判例补充成文法的德、日法系国家，其所颁布的判例汇编，殆多就该项判决的原案，同时宣布其系争事实、双方所持法律上的理由，而最后乃表明法院所认定的结论以为判决。故所谓"判例"也者，实应指包括基本事实或重要事实在内的整个案例而言，绝非仅止于从判决理由中摘取要旨数句，更易数字，即予"着成"[1]。必如是，建立在"事实"平等原则判例规范的合法性基础才能显现；也唯有如此，方能由案件的内容推知法律与社会的呼应实况。

所以，我的结论是，大理院的判例，从理论上言，宜属欧陆法成文体系下的"条理"性质；虽从实际面看，它具有创新规范、阐释法律及漏洞补充等准立法机能，或者可以说，有"司法兼营立法"的"准立法功能"倾向，但这是特殊环境下所形塑而成的反射作用，并不能说它就是等同于英美法系的判例法。

10.1.2.3 大理院在民初法制上的历史意义

扬弃两千多年来的固有法制，引进外来的异质欧陆法，在刑事法方面，因有成文律典传统可循，或尚可安之若素，但在民事法方面则属万事起头难；当下观察，大理院适时适分地扮演司法机制的角色，在法史学上的意义相当特殊：

其一，晚清变法修律乃至民国肇建，尝欲步日本后尘，创立法典，自媲德法，然屡修屡废，至十七年尚无所成。十余年来，民事法"立法"的枢纽，乃寄望于司法机关，大理院民事判例实为该期间"私法"重要的审判根据。从内容上看，大理院十六余年来在权衡中西法理所取得的经验和成就，已为其后创制民法典奠下扎实的基础；许多具有指标性意义的民事判例原则，不仅为南京国民政府的立法院创制"民法"时所采用，司法实务上也直接成为私法审判的依据。可以说，倘若没有大理院十多年来的努力，立法院显然无法在初建的短短两三年内就颁行如此庞大的民事法典。

其二，大理院法曹的出身与能力迥异于当时的下级法院，菁英毕集[2]；判决书的制作体例与文体深受外来法律文化的影响，其中尤日本为最，而从目前所留存下来的判决（例）看来，可读性相当高。大理

1　事实上，依据《大理院编辑处规则》第六条第二项规定：《大理院公报》"登载判例解释，其要旨及全文一并登载，无要旨可以摘记者，则无庸摘记"。可惜该公报只于1926年3月、6月、9月发行三期而已。有关大理院"判例要旨"之著成，其详参阅杨仁寿《序文——踏破芒鞋，散尽千金的果实》，收于黄源盛《民初大理院与裁判》，第1—2页。

2　有关大理院推事的学习经历，详参黄源盛《民初大理院与裁判》，第64—82页。

院推事既然大半以上都具有国外的学历背景，不论是长期留学或是短期游学，彼等对于西方近代法学的概念自然耳濡目染。由于当时的民法学太半系透过日本间接输入，而日本无论早期的继受法国法或中晚期的继受德国法，都是属于罗马法传统下的法律体系，因此，大理院民事裁判中整个法学概念的思维几乎为欧陆法系所笼罩。从其判决（例）中不难发现，所谓意思表示、法律行为、物权行为、债权行为、撤销权、同意权等概念，对于当今的法律人而言，自是相当熟悉，而这些概念在传统中国法律体系中，却是陌生的语境。非常奥妙的是，这些欧陆法学新概念经常被大理院的推事们用来诠释传统中华法系下《大清现行刑律》里的律文，而运作起来似乎也还算顺畅。

其三，大理院在民国八年（1919）之前，可以说，几乎大多数的判决都可以作为"判决先例"，然而自其后，开始进行"判例要旨汇览"的编辑工作，所谓"判例要旨"系指业经编辑选录的判决先例，而这样的制度也几乎影响其后国民政府判例制度。所不同的是，在民法典各编于 30 年代陆续颁布之后，由于成文法成为民事审判的主要依据，判例的功能也就相对弱势化。

其四，民初由于民事、刑事审判法源截然二分，而民商法典未能实时订颁，民事纠纷案件又层出不穷，究该如何应对？让人意外的是，继中华法系倾圮之后，值司法方向迷茫之际，大理院的推事诸君凭着睿智与胆识，在一片荒野法林中摸索前进，倒也建立出一套独特的司法运作模式。而从我们多年整编的大理院民事判例全文看来[1]，就司法机制转型期而言，如何从"民刑混沌"过渡到"民刑殊途"，要想探究民事审判的法源依据，其重心显然不在"民事法典"的有无，而是要由"司法实践"中去寻绎！

1　详参黄源盛辑《大理院民事判例辑存·总则编、债权编、物权编、亲属编、承继编》（台北：元照及犁斋社分别印行，2012 年）。

10.1.3 民初"百姓告官"可乎?

专制政体长达两千余年的传统中国,"政统"虽迭有递嬗,"律统"却在三纲五常等礼教观念的支配下,有所谓的身份差等之分,官尊民卑的观念似深层幽灵,漂浮常存。

历代王朝虽都企图营造强而有力的国家行政管理制度,也设有专官以查民冤,并惩酷吏苛政,如御史台、都察院等,但凡此皆以维系皇令的执行、整饬朝纲为目的,并无权力分立及国家归责的观念;人民有冤,仅能以举发人的身份申诉,无法与官吏立于平等地位而对簿公堂,当然也就无所谓"百姓告官"的行政诉讼概念。尤其,如此广土众民,诉讼极为不便,对于官府又心存畏惧,官官也层层相护,百姓常憔悴于虐政,而有屈难伸。

时势造就制度,制度因人为而立;清末的立宪运动,拟定新的官制,气象的确为之一新,唯未及落实,清廷气数已尽。民国匆促肇建,在《中华民国临时约法》中虽加入了开创性的行政诉讼制度,但当时并未设置任何配套机构。直到民国三年(1914),袁世凯以大总统教令公布《平政院编制令》,平政院始正式成立,与大理院、审计院立于平行地位,而相应的行政诉讼审判机关也才真正地建立与运作,平政院的成立,是中国正式实行行政诉讼制度的创举。

"行政诉讼"系指人民对于行政官署违法侵害其权利的行为,得向特定机关请求救济的一种特殊制度。其主要作用,或侧重防止、纠正行政官署的违法处分,以维护法规的尊严;或重在人民权利、法益的保障。考其渊源,应属近代立宪国家权力分立思想以后的产物,盖行政乃相对于立法与司法而言,唯有在行政、立法与司法三者间采取分立与制衡的概念下,行政始有违法可言,也才有产生行政制度诉讼的可能。

不幸的是,民国初期,兵连祸结,几无宁岁;而"法治"之声虽洋洋盈耳,曾几何时,法治之效未彰,徒闻舐法之人,遍于朝野。平政院乃审理行政诉讼的唯一机关，其重心在代表国家最高行政首长行使行政监督权，职权既大，责任也重。在上无道揆、下无法守之际，而有平政院的创设，可以说，不无表现与民更始，厉行法治之意，是一件值得大书特书的法制史事。

虽有批评平政院绩效不彰，甚至聊备一格者，然而，透过我多年搜索整编而成的《平政院裁决录存》[1]，经过一番实证分析后，发现平政院于民国开基伊始，行政争讼制度才萌芽之际，于法治与法制均未建全的年代里，专理行政诉讼十又四年，其间并无重大流弊，评事中虽较欠缺法律专业人才，但皆属富于行政经验之有学养人士，事简而专责，遇事亦无迟滞，能有此绩效，已属难能；更重要的是，它为下一阶段的国民政府时期的行政诉讼制度奠下了根基。

天下大势，本属分分合合，民国十七年，南北一统，平政院随北洋政府走入历史；国府定都南京，凡政治、外交、军事尚有一贯政策与计划，独于司法，则付阙如。嗣后虽公布《训政时期约法》，设立五院，于司法院下设行政法院与最高法院，唯并无行政诉讼的相关规定，直迄民国二十一年（1932）十一月，始公布《行政法院组织法》及《行政诉讼法》，次年六月，行政法院也才正式设立，自此，行政诉讼制度乃又步入另一新的里程。

10.2 南京国民政府时期"六法全书"的成形与实际
（1928—1949）

民国十七年，国民政府完成北伐，全国宣告统一，随即展开一连串的宏图擘画，此时，三民主义是一切建国工程的最高指导原则，法制建

1　详参黄源盛纂辑《平政院裁决录存》（台北：五南出版社，2007 年 9 月），其中内含平政院有关行政争讼的裁决计 187 案，另有平政院审理纠弹事件裁决书共 13 件。另参阅黄源盛《平政院裁决书整编与探讨》，收于氏著《民初大理院与裁判》，第 354—398 页。

设自也不例外。

大体说来，南京国民政府法律体系的建立和发展经历了三个阶段，前期从南京国府建立到抗战爆发（1928—1937），中期为对日八年抗战（1937—1945），后期为第三次国共内战（1945—1949）[1]，本节拟仅着重在第一阶段的立法建制。在这段期间内，国民政府对于前北洋政府时期的法制，有承袭、也有新创，具体收割了自清末民初变法修律以来的部分成果。

10.2.1 "六法全书"法典编纂事业的全面开展

"六法全书"一词的渊源说法不一，大致上是来自日本的汉语，其之始也，泛指宪法、民商法、刑法、民事诉讼法、刑事诉讼法及法院组织法等，是现时日本及中华民国对常用法律工具书普遍采用的名称，因其内容包含常用的六类法律，故名。及今，以台湾来说，则以"行政法"取代"法院组织法"。仅示民元所出版的"六法全书"图片二张，并择要叙述各法的立法经过及其特色如后。

1　1945年，在日本投降、抗战胜利后不久，国民党军队与共产党军队即在全国各地不断发生公开冲突，尤其是山东、河北等地区，双方由局部战斗，演变成全面战争，最后导致国民党政权在大陆彻底溃败，退至台湾及沿海若干小岛。

10.2.1.1 宪法

1911 年，辛亥武昌一役，清室倾覆，民国建立。清帝逊位，各省代表集会武昌，通过《中华民国临时政府组织大纲》。民国元年一月，临时参议院成立，以该大纲的内容未尽完备，乃议决制定《中华民国临时约法》以代之，其内容除政府各机关的组织职权外，明定司法权的独立，行政采责任内阁制，国务员副署总统之命令，负行政上的责任，参议院有弹劾权，同时对于人民的基本权利与义务，也明文规定，是为民国有成文宪章之始。

《中华民国临时约法》制定后，孙中山辞大总统职，参议院选举袁世凯继任临时大总统，旋复议决中央政府迁北京，并制定《国会组织法》及《参众两院议员选举法》，依法选举两院议员，于二年二月分别选出，齐集北京，中华民国第一届国会于民国二年四月八日成立，举行开议典礼，五月一日分别选举正副议长。依照《临时约法》第五十三条规定，由参众两院各选举宪法草案委员三十人组织宪法起草委员会，集会于天坛祈年殿。至同年三十一日完成宪法草案，此即《天坛宪草》，全文十一章，共一百一十三条，实行责任内阁制，大总统任免国务员须经国会同意，且无权解散国会。唯自袁世凯于民国二年十一月四日下令解散国会，《天坛宪草》制宪事业，因而中断，之后虽有所谓"袁氏约法""安福国会议宪""曹锟制宪"，均属非正式制宪。

1928 年，国民政府在南京之时，虽有诸多法典修纂颁定，然仍处于训政时期，并未有一部正式的宪法见世，是以民国二十年（1931）六月公布的《中华民国训政时期约法》为当时的根本大法。其内容分总纲、人民之权利义务、训政纲领、国民生计、国民教育、中央与地方之权限、政府之组织及附则八章，此为临时过渡的性质。其后，国民党为结束训政，于二十一年经国民党第四届第三次中央执行委员会议决，依照《建国大纲》规定，交由立法院起草宪法。立法院于民国二十二年一月延聘宪法学者三十七人，成立"宪法起草委员会"，从事起草事宜。于二十五年（1936）五月三日由立法院三读通过，同年五月五日，由国民政府公布中华民国宪法草案，是为《五五宪草》，全文分八章共一百四十七条，其特点，以国民大会执掌中央政权，以总统及五院分掌中央治权。行政院院长对总统负责，总统对国民大会负责。

随后，虽爆发中日战争，制宪工程并未因而停摆，1939 年成立"宪政期成会"、1943 年成立"宪政实施协进会"，均以《五五宪草》为讨论对象，以期制定合乎国情的宪法。第二次世界大战结束后，国民政府广邀其他政党，在重庆召开"政治协商会议"，拟定出十二项原则，世称"政协十二原则"，成为宪法的主要内容，于 1946 年十二月二十五日制定完成《中华民国宪法》，翌年元旦公布、十二月二十五日施行。

10.2.1.2 民商法

有关民法典的编订，国民政府察觉宣统三年（1911）的《大清民律草案》及民国十四年（1925）的《民国民律草案》已不足以因应时需，乃由立法院重加起草；聘法国学者宝道（Georges Padoux）为顾问[1]，以德国《民法》为主要继受对象，其中，于民国十八年（1929）四月最先完成《总则编》，共分七章，一百五十五条，并附详细的说明书如下：

> 谨按民法为人民日常生活之准绳，民法总则编又为民法共同适用之规则，其直接关系个人之福利，间接关系国家之繁荣者，实为巨大。我国频年扰攘，虽尝有两次民法草案，而因循至今，迄未成为法典。际此全国统一，训政开始，领事裁判权之收回，亦将实现。亟应从速编订统一之民法，而总则编为一切民事法规之根据，

1　宝道（Georges Padoux, 1867—？），法国人，1889 年毕业于巴黎大学；1890—1896 年任职于法国外交部；后又任突尼斯政府秘书长（1896—1904）、暹罗政府法律顾问（1905—1914）。1914 来中国任北京政府审计院顾问，1919 年任司法部顾问，曾一度担任华洋义赈会副会长；1928 年后任国民政府立法院、司法院和交通部法律顾问；他熟谙中国国情，广泛参与了中国近代法典之编订，并撰写或发表了有关中国法的大量报告、建议和论著。参阅王健谱《西法东渐——外国人与中国法的近代变革》（北京：中国政法大学出版社，2001 年），第 541 页。

尤应首先编订，以资适用。惟其编订之方针，关系綦大，既不应骛新炫奇，又不当拘常泥旧，允宜审慎精详，以公平正谊为旨归，以党义国情为尺度，必能切合社会现实之要求，而为新时代新主义之法典。[1]

其后《债编》《物权编》二编于同年十一月公布，《亲属编》《继承编》两编则公布于次年十二月，直到民国二十年（1931）五月五日整部民法才全部施行。观其内容，于《债编》中强调"注重公益"，对于债务人的利益特加保护。立法的基础在于"全民族利益的增进"，例如经济上弱者或善意第三人的保护、诚信原则的确立等均属之。其他如权利滥用之限制、契约自由之限制、损害赔偿上原因责任主义之采用、耕作地终止租赁之限制，及因不可抗力致收益损耗时之田租减免等，皆足以具体体现立法的实质精神。

于《物权编》，同样强调以社会利益为重，采取各国法理之长，并企图保存固有的习惯，例如所有权固该尊重，而为社会公益起见，同时亦予以相当之限制；而不动产典权是中国固有的习惯，乃设"典权"一项，至于"质权"的部分仅规定动产及权利质权，而未规定不动产与土地质权，系虑及中国固有习惯并无后两种类型，毋庸全盘继受德国民法典的规范。

《亲属编》《继承编》部分主要系确立男女平等之原则，注重社会的公益，保障弱势者的权利。例如亲属分为配偶、血亲、姻亲三种，泯除父系、母系亲等的差异，改采罗马法计算亲等。废除妻之限制能力的规定，厘定夫妻财产制、夫妻互有遗产继承权。废止宗祧继承制及嫡

1　立法院于民国十六年四月十三日第 19 次会议开二读会将《民法总则草案》提出逐条讨论，是日未及议毕，复于四月十六日、十七日继续开会讨论将全案条文完全议决，大致照原案通过，唯删去三条，各条文亦间略有修正。四月二十日，立法院于第 20 次会议开三读会，结果二读会通过之各条文略有文字上之修正，原第六章与第七章互易，条文次序亦递次变更，《民法·总则》全编遂以通过。五月二十三日公布，并自同年十月十日起施行。《民法·总则》之立法理由，据原起章说明尽列举有下列四点：（1）习惯适用之范围，（2）社会公益之注重，（3）男女平等之确定，（4）最新编制之采用。以上详参谢振民《中华民国立法史》，第 910—916 页。

子、庶子、嗣子、私生子之名义，确立法定继承人及指定继承人之划分、男女继承平等原则、限定继承之承认、遗嘱方式之厘定、特留分财产之规定等。女子无论已嫁未嫁，均有遗产继承权及代位继承权。家长不论性别，家以共同生活为本位，置重于家长之义务。凡此诸端，对传统律例中的礼教名分、身份差等、家族宗法观念均产生相当大的冲击，有着脱胎换骨的气象。

于今观昔，这部民法典理念清晰，立法虽采用不文不白的用语，但颇简赅显豁，形成相当典雅的法律文体，堪称是难得的佳作。

有争议的是，民法与商事法究宜采"民商合一"？抑或"民商分立"？此乃涉及私法体系建构中无可规避之立法政策的抉择。前述民律第一次及第二次草案，仿德国及日本的立法体例，皆按"民商分立"的原则起草。最终，国民党中央政治会议183次会议于民国十八年六月召开，基于国内外的法制历史，为了适应社会变迁的需要、有利于世界各国的经济交往、顺应世界的最新立法趋势、有助于理顺法典编纂体例、贯彻法律之前人人平等，以及为了避免司法实践中法律适用可能产生的分歧与混乱等因素的考虑，乃采取当时尚不多见的"民商合一"立法例，编定民商统一法典[1]。

其后，立法院遵照这项决议，在编纂民法时，将通常属于商法总则之经理人及代办商，商行为之交互计算、行纪、仓库、运送营业及承揽运送均编入《债编》内，其他商事法之不能合并者，则分别制定单行法。形式面上采"民商合一"制。而自民国十八年至二十年间也另陆续公布了《公司法》《票据法》《海商法》《保险法》等四大商法，在进行法律汇编时，将其附于民法典之后[2]。揆诸实际，商法以发展工商企业、促进国民经济为目的，为追随世界潮流及社会变动之需，可能要随时修订，毕能肆立，采民商合一编例，其商事特殊部分另订单行法，

---

1 参阅《民商法划一提案审查报告书》，中央政治会议第183次会议议决，民国十八年六月五日送立法院，同年十一月二十二日《民法·债编》即制定公布。

2 《公司法》公布于民国十八年十二月二十六日，《票据法》公布于民国十八年十月三十日；《海商法》公布于民国十八年十二月三十日，并自民国二十年一月一日施行；《保险法》公布于民国十八年十二月三十日。

单行法之修改，不至于牵一发而动全身，自有其优点。

10.2.1.3 刑法

在刑事立法方面，民国十六年十二月间，国民政府司法部就前述民国八年北洋政府时期所草拟的《刑法第二次修正案》详加研究，斟酌损益，编成《刑法草案》，于十七年三月经立法院三读通过，定名为《中华民国刑法》（现称"旧刑法"）。从内容上看，旧刑法的颁行，舍弃如北洋政府时期《暂行新刑律补充条例》这一类的附属品，传统农业社会的意识形态，在制度上已绝大部分消失了[1]。其中，引进了近现代刑法的诸多特色，诸如：

（1）最新立法例的采撷，在时的效力方面采从新从轻原则；注重犯罪的因果关系，加重结果犯之行为人有无责任，以能预见结果者为限；累犯有普通、特别之别；杀人有谋杀、故杀之分；界定故意与过失的定义；明文限制正当防卫与紧急避难行为的适用范围。

（2）于刑罚政策方面，参酌当时的刑事思想——目的刑、教育刑思想以及国民党的政纲政策、社会的实际情形等，分别在第七六条规定量刑酌科的注意事项、第七七条增加科罚金时须斟酌犯人资力的规定、第九〇条准许拘役及罚金之缓刑、第九三条改执行未满三年不得假释的限制为二年等。

（3）就法典编纂体例言，与民元的《暂行新刑律》两相对照，也有所更张，例如骚扰罪与妨害秩序罪同为妨害秩序；妨害水利、交通、卫生者，同为妨害公安，《暂行新刑律》各引为一章，"旧刑法"则合并之。杀人与伤害，犯罪之结果不同；窃盗与强盗，被害之法益不同，而《暂行新刑律》合为一章，"旧刑法"则分别定之。其最为扼要者，刑期长短，各按犯罪情形，分别规定，废去等级制度，使司法官不得任意高下。至于科刑之轻重与加减，则仿德国、瑞士最新立法例，胪列法官应行注意事项，以为酌科标准。删除过失加重之例、增列专科罚金之

1　参阅蔡枢衡《刑法学》（南京：独立出版社，1947 年），第 119—120 页。

条、改易科罚金之数、其应并科罚金者，不问其曾否得利；以及徒刑年限之缩短、责任年龄之改定，皆视行为人之个性资力以为区别，期与刑事政策能相互呼应。

不过，从另一角度看，"旧刑法"中依然承袭了《钦定大清刑律》及《暂行新刑律》的刑法理论，受到近代刑法学派主观主义的影响深刻，在立法政策指导思想面，一方面体现了先前所继受的日本刑法理论，同时依然留存着传统中国强调主观犯意或恶性的伦理观，例如有关"伦常条款"仍多所遗留[1]。

"旧刑法"施行不到几年，以其内容不乏窒碍难行与疏漏之处，各地法院请求司法当局解释者，纷至沓来，函电往复，颇费时日；最关重要者，乃传统中国刑律有"轻犯"可以"赎罪"的律条，而"旧刑法"并未采短期自由刑得易科罚金之制，致各地监狱轻犯雍塞，既有乖教育刑的宗旨，也背离刑政的潮流。尤其，特别刑法复层见迭出，中央乃有划一之议；又因民法各编颁布，发现刑法与民法条文互有矛盾之处，为思解决，乃于民国二十三年（1934），由立法院参酌各国最新立法例及刑法理论，重加改订，图以迎合时代潮流，于民国次年一月一日公布施行。观乎此一新刑法典，立法精神已由客观事实主义倾向于主观人格主义；由社会化一般预防，转侧重于个别化特别预防的刑事立法政策；在立法技术层面上也多所更易。

具体说来，相较于"旧刑法"，民国二十四年的刑法有下列具体的革新，属于《总则编》者有：①新旧刑法有轻重时，增中间时法的规定。②增列保安处分专章，注意于社会安全的防范。③规定消极行为与犯罪事实之因果关系，促起防止的注意。④恢复短期自由刑得易科罚金的制度。⑤拘役或罚金，均得易以训诫。⑥科罚金者，在犯罪所得利益额内，法官有酌量加重之权。⑦是否宣告缓刑，法官有裁量之权，并得责付保护管束。⑧情节较为严重之连续犯得加重其刑。⑨轻微罪犯显可

---

1 参阅黄源盛《民国十七年的旧刑法与司法实践》，载于《辅仁法学》第47期（台北：辅仁大学法学院出版，2014年6月），第1—50页

悯恕者，得免除其刑，以与不起诉之规定相配合。⑩未满十八岁人，与已满八十岁人，不得处死刑、无期徒刑，以示矜宥。⑪公务员依其所属上级长官命令之职务上行为，明知其违法者，不得阻却违法。假借职务上之权力、机会犯罪者，一律加重其刑，以期澄清吏治。

至于《分则编》则有下列的改变：①增订重利罪及挑唆包揽诉讼罪，以惩治所谓的土豪劣绅。②增列滥行拘捕罪及凌虐人犯罪，以整饬法治。③有配偶而与人通奸者，夫与妻均同等受罚，以明男女平等。④暴露、散布传染病菌致生公共危险者，有花柳病、麻风病，传染于人者；凌虐幼童，或以他法妨害其身体发育者，均增设处罚之规定，以保障民族的健康。

10.2.1.4 民事诉讼法

国民政府统一南北之初，一方面，最高法院继续援用民国十年（1921）北洋政府时期所颁布的《民事诉讼条例》，另一方面，由司法部重新起草《民事诉讼法》，送法制局修正后，经立法院议决，先将第一编至第五编第三章于民国十九年（1930）十二月公布，第五编第四章人事诉讼程序，则俟民法《亲属编》《继承编》两编制定后，于二十年二月续行公布。二十一年一月，又公布《民事诉讼法施行法》，于同年五月施行；全国民事诉讼法之适用，至是始告统一。

其后，司法行政部依据法院司法实践的经验，认为尚有修正之必要。再拟定修正案，分为九编，送立法院议决，于民国二十四年二月公布；同年五月公布新《民事诉讼法施行法》，七月施行。三十四年（1945），司法行政部为简化诉讼程序，根据法院试行结果，又拟具修正民事诉讼法意见四十四项，经立法院议决，修正条文共三十八条，于同年十二月公布施行。其中，《民事诉讼法》的条文，大多采用当时各国通行的立法原则，如公开审判、言词直接审理、自由心证及当事人进行诉讼等最新立法例[1]。

1　参阅汪楫宝《民国司法志》（台北：正中书局，1954 年），第 26—29 页。

10.2.1.5 刑事诉讼法

刑事诉讼法的修订沿革，大致与民事诉讼法相同。民国十七年，司法行政部、最高法院、法制局，会商起草《刑事诉讼法》。经中央执行委员会常务委员会审查通过，同年七月公布，同时公布《刑事诉讼法施行条例》，均于是年九月，与《刑法》同时施行。民国二十三年，司法部拟具刑事诉讼法修正草案，送立法院审议。于二十四年一月公布，同年四月，公布新《刑事诉讼法施行法》，同年七月施行。三十四年，司法行政部又拟具修正刑事诉讼法意见二十三项，经立法院裁决，修正条文四十七条，于同年十二月公布施行。

观乎《刑事诉讼法》的立法原则，如国家诉追主义、职权厉行主义、实体真实主义、辩护制度、附带民事诉讼制度及废止诉讼费用以及如公开审判、言词直接审理、自由心证等，也多酌采当时先进法治国家的立法通例[1]。

10.2.1.6 法院组织法

在法院组织方面，北洋政府时代的法院分初级审判厅、地方审判厅、高等审判厅、大理院四级，采四级三审制。1914 年，裁撤初级审判厅，于地方审判厅内设简易庭，仍为四级三审。1927 年，国民政府改地方审判厅为地方法院，高等审判厅为高等法院，大理院为最高法院，仍于地方法院设简易庭。至 1930 年废简易庭，改行三级三审制。1932 年十月公布《法院组织法》，各级法院相继改组或重新组织。最高法院设于南京，无分院。其旧址相片如下图：

1　参阅汪楫宝《民国司法志》，第 29—31 页。

　　值得注意的是，这个时期内对于"检察制度"的存废有所论争，传统中国的刑事诉讼向来由被害人或利害相关人告讼，晚清法制改革，才引进近代西式的检察制度，而于1910年颁布的《法院编制法》中正式确立了检察体制。该法于第十一章"检察厅"中规定："各级审判厅中设置各级检察厅、大理院分院、高等审判分厅及地方审判分厅分别配置总检察厅、高等检察分厅及地方检察分厅，检察厅为司法行政机关。"民国成立后，仍沿袭清末的检察制度，不过，其间几经变化，反映到法学理论界，也无可避免地引发存废之争。此外，对于是否实行"陪审制度"，"审级制度"究宜采用"四级三审制"抑或"三级三审制"，也多所争议。

10.2.2 党国训政体制下的立法特征

　　综上所述，国民政府时期的"六法全书"，从体例形式到实质内容已渐趋成熟，而该时期的法典编纂也可以归纳出以下几点特征：

　　其一，这个阶段的立法，大多在清末民初的法律草案基础上增删而成，主要是继受欧陆法系国家，如德国、瑞士、日本等国的法律，从法律思想、立法原则、法典体例到法律用语，无不深受外来文化的影响；一方面确保了法律实施的延续性，另一方面也降低了立法成本。

　　其二，比较能观照法律体系间的整合与配套，例如《刑法》修订后，《刑事诉讼法》也随之修改，并同时公布。《民法》亲属、继承两编制定后，《民事诉讼法》及《民事诉讼施法》才陆续公布施行。

　　其三，"党治法制"的色彩浓厚，1927年南京国民政府成立后，国民党逐步掌控全国政权，厉行"以党治国"。此一时期的立法与司法几乎全操在执政的国民党手中，1928年三月，国民政府所公布的《立法程序法》规定："中央政治会议得议决一切法律，由中央执行委员会之国民政府公布之。"同年十二月，立法院成立，但国民党中央以《训政纲领》为根据，仍然掌控着立法权；每一部法律都需经过国民党中央政治会议议决后才进入正常的立法程序，而当时立法的最高原则是要把三民主义的内涵或精神尽量包含在各法典中，训政时期的法以实行三民主义为目的，这是国民政府"训政时期"的特有的现象。

耐人寻味的是，国民政府立法院成立以后，不到几年工夫，即制颁如此诸大法典，采的全是当时各国最新的立法例，整套是欧西近代的法律意识，其制定过程，何以如此顺遂？虽有零星争议，何以未再引起如晚清制订《钦定大清刑律》时，礼教派与法理派两方般激烈的争辩？难道说，经过了十多年，国人已能泰然接受二度西潮？是"貌合神离"？还是"形式的偶合"？

南京国民政府结束了北洋时期纷乱的政局，执政的国民党显然握有主导权，在"以党训政"的纲领下，在施政上，较北洋政府时期具有效率，先后所颁布的各项法典，也颇能注意到法律体系间的配套与整合，这段期间如果称其是国民政府的"黄金十年"也不为过。其间虽发生清党、剿共等事件，唯国民政府励精图治，各项法制建设仍有所成[1]；而"六法全书"的完成，可说最是具体代表作。然而，由于此时期内仍有过多特别刑法的订颁，其背后是否暗藏着党派压迫与独裁专制？人权是否得到应有的保障？吏治是否清明？官员能否廉洁自持？法律正义是否能得以伸张？仍值得再加探究。

10.3 民国法律文化的几点省思

民国以来的立法继受与变革，无论是采欧陆模式、日本模式抑或英美模式，或多或少都有其各自的历史与时代意义；而任何一种法文化的引进，一般也都有一个选择、抗拒、改造与融合的过程。尤其，在这过程中所产生的种种正向或乖离现象，值得我们认真面对。

1　张玉法曾说："……在国民政府艰苦建国的十年中，不管法律的增修和司法的改良，都有显著的进步。"详参阅氏著《中国现代史》（台北：东华书局，1994年），页494。

10.3.1 政权转替与法统的"变动性"问题

政权更迭之际，历史的真相最易失去。从史实观察，"政统"与"法统"两者间，在传统中国的政治及法制历史上有其玄妙的互动关系，汉《九章律》承自《秦律》，《宋刑统》来自《唐律》，《清律》继受《明律》。而清廷云亡，民国继起，法规范、法制度断绝乎？存续乎？

辛亥之秋，武昌起义点燃的革命之火，让清廷如朽木般地倒下；民国肇建以后，以孙文为首的南方政权亦深谙唯有建立民主法治的宪政体制，方为谋求长治久安之道，唯时局更加纷扰，继受西法的脚步又趋缓慢。当时南北两方政局混沌，临时大总统孙文于元年三月十日令云：

> 现在民国法律未经议定颁布，所有从前施行之法律及新刑律，除与民国国体抵触各条，应失效力外，余均暂行援用，以资遵守。[1]

人世间，新鲜事似乎不多，历史总是在重复或循环中前进；国民政府成立以后，进入所谓的"训政时期"，根据国民党中央政治会议第一二〇次会议决议，于民国十六年（1927）八月十二日发布通令：

> 一应法律，在未制定颁行之前，凡从前施行之各种实体法、诉讼法及一切法令，除与中国国民党党纲、主义或与国民政府法令抵触外，一律暂准援用。[2]

洎乎民国十七年（1928），成立立法院，仍延续清末民初继受西方法制的立法事业，权衡国情，斟酌损益，在 30 年代前后，逐渐制颁民刑及各类法典，确立"六法全书"的完整版型。事实上，这个时期的

1　参阅《政府公报》（台北：文海出版社影印本），第 1 册，第 279 页；第 2 册，第 29 页。六月初八日司法部令第 39 号。

2　引自北洋政府《临时公报》，中华民国元年四月记事，收于中国国民党中央委员会党史史料编纂委员会编《中华民国史料丛编》A20（台北：中国国民党中央委员会党史会，1968 年）。

立法，即有赖晚清所草创的各种法规及草案，以及民初北洋政府与广州军政府时期所研拟删修的法律草案，为其重要的凭借。

10.3.2 超前立法与"法教"问题

从立法继受的观点，法典律条固可以循着理想而制颁，不过，社会是有惰性的，尤其，像中国这样的一个古老的国家，广土众民之外，更有其悠久的历史文化与传统包袱，一旦要改弦更张，来适应新法律所创造的一切，当然不是一蹴可及之事。因此，对于清末民初乃至国府时期在大陆的"六法体制"，论者有以"超前立法"称之，认为这是落后的社会却想拥有先进法治国家法规范的"浪漫情怀"，注定命运多舛。

诚然，立法固应参酌世界新思想、新潮流，重视合理的造法活动，但仍须兼顾到本国国情；因为，法规范是具有多面性的，非仅于斗室中、议堂上斤斤辩论，即为毕事；仍应参以历史性、民族性，乃至本土固有的伦理观念，衡以实际的社会经济状况而产生；否则，法律虽定，不易施行，勉强为之，于国情冲突，引起抗拒，甚至屈从，人民失掉尊敬法律的心，又岂是立法的本愿？

从另一个角度看，长期以来，有许多法规范之所不能发挥真正的效力，不能成为具有实效性的行为规范，是因为没有在观念上建立稳固的基础。这种现象不独在华人社会如此，在其他各国，也在所难免，尤其，在社会急剧动荡之际，更不足为怪。历史法学派所说的"法律既不是自然存在的，也不是人为的，而是自然长成的，无可创造"，就某个历史阶段的现象言，固属有理，但所谓"非长成的或创造的法律"，假以时日，也未尝不能在社会大众的意识上生根，而长成甚至开花结果。换句话说，法律或国家政策的制定，若能超越民众的法律感情，多少有引领与转化法文化的作用。法学者王伯琦（1909—1961）曾说：

我们的行为规范，虽不是立法者可以制造的，但立法者制成的

法律，对于社会大众的意识，确有莫大的启示作用，从而足以加速
促成其意识之成熟。……早熟的立法，在其一时的效力方面，或许
要打些折扣，但在启迪人民意识方面，却有极大的作用，我们不妨
称之为"法教"。尤其在一个社会需要有重大的变革之时，此种立
法上的手段，更为重要。[1]

例如"无夫奸"的除罪化，在清末认为是蔑视礼教的严重性课题，
在草拟《大清新刑律》的过程中，礼教派与法理派双方人士为此呶呶
争辩，至民国成立，将附加的《暂行章程》一废，也就渐渐不成问题
了。即使民国二十四年（1935）的《中华民国刑法》第二三九条规定：
"有配偶而与人通奸者，处一年以下有期徒刑。其相奸者亦同。"这条
法律，当时也有人认为根本无法落实，但至少没有人敢公然批评其不
当，男女平等的原则，在大众意识上似已渐渐生了根。有趣的是，一百
年前为"无夫奸"是否该除罪化而争议，近些年来，在台湾，有关通
奸除罪化的呼声似乎也愈来愈大[2]。

在民事法方面，例如一夫一妻制、夫妻财产制、配偶的继承权、女子
的继承权、父母对于未成年子女权利义务的行使及负担、子女人格及财产
的独立、配偶人格及财产的独立，凡此，在民国二十年以迄三十八年
（1931—1949）期间，常引人质疑，甚至认为将成具文，但一般说来，至少
尚不致引起激烈的抗拒。而事实证明，逾一甲子以来，上述所揭示的民法
上诸大原则，已逐渐可以为社会大众所接纳，而落实于司法实践中。

民国三十五年（1946），美国哈佛大学法学院院长的庞德（Roscoe
Pound，1870—1964）应当时司法行政部之聘为顾问，同时兼教育部的
法律教育委员会顾问。他盛赞民国新法典的完美，各国的最新立法律，
几已收罗殆尽。甚至说过：

1　参阅王伯琦《近代法律思潮与中国固有文化》（台北：法务通讯杂志社，1981年），第68—69页。
2　参阅黄荣坚《论通奸之除罪化》，收于氏著《刑罚的极限》（台北：元照出版社，1999年），第1—7页。
徐昌锦《通奸罪除罪化：案例研究与实证分析》（台北：五南出版社，2006年），第219—235页。黄源
盛，《从无夫奸到通奸的除罪化——以晚清民国刑法为例》，收于《甘添贵教授七秩华诞祝寿论文集》（台
北：承法出版社，2012年），下册，第89—128页。

以后中国的法律不必再一意追求外国的最新学理，中国的法律
已极完美，往后的问题，应当是如何阐发其精义，使之能适应中国
的社会，而成为真正的中国法律。[1]

于今检视，此番评论，前段言及立法，虽不无"溢美"之词；但
后段说到司法实践，语重心长，相当恳切，可以说有先见之明。

为了解决超前立法所形成的特殊社会困境，"法治教育"或许是另
一种引领法文化进行变迁的方式。简单地说，继受本土所不熟悉的先进
法制，使法规范走在本土法律文化的前端，民众通常是先抗拒，而后才
将缓慢适应予以接受，终至被转化，甚至被同化；然而，国民在成长过
程中接受的传统法律观念，却最容易深印在脑海中终身不变，而不断与
外来的继受法产生冲突。其实，文化价值的转化总是最为艰难，最是需
要时间。与其对超前立法排斥、抗拒，倒不如下定决心，由"法教"
入手，透过"法治教育"的完整实施，使现代法治观念在官与民的心
灵逐步奠下根基，自然而然地成为其社会生活的准则，法律继受这条路
才会走得扎实。

10.3.3 传统法律文化与近代法律思潮的"调和"问题

确切而言，"立法继受"并不只是立法者的一次立法行为而已，而
是长期社会变迁与法律变迁的适应过程[2]。其成败，应可在嗣后的法律
适用及国民法律生活意识的落实程度上得到验证；在法制西化过程中，
晚清民初乃至国府时期新法的创制是受内外之力逼迫而来，这是一种强
制性的继受，不得不选择放弃以家族、伦理、义务为主的本土法律意

---

1 参阅张文伯编著《庞德学述》（台北：中华大典编印会，1967 年），第 162 页。另参阅王伯琦《近代法律思潮与中国固有文化》，第 54 页。据王氏书上所说，此段话是他亲闻庞德的发言所得。

2 参阅 Anfred Rehbinder 著、陈添辉译《从法社会学观点探讨外国法的继受》，刊于《司法周刊》（台北：司法周刊社），1994 年 3 月 16 日、3 月 27 日、4 月 3 日。

识，并接受个人、自由、权利为本位的西方法律思想，严格说来，这并不是心甘情愿的。

以民国十八年（1929）后国民政府立法院制定完成并先后颁行的《民法》各编为例，如何将民族固有法意识及欧西近代法律思潮两相兼顾，是件很不容易的事。当时参与立法的吴经熊（1899—1986）曾论说：

> 全部民法已由立法院于最近两年中陆续通过，并正式公布了！此后中国已为一个有民法典的国家了，这是在法制史上何等重要何等光荣的一页！但是，我们试就新民法从第一条到第一二二五条仔细研究一遍，再和德意志民法及瑞士民法和债编逐条对校一下，倒有百分之九十五是有来历的，不是照张誊录，便是改头换面！这样讲来，立法院的工作好像全无价值了，好像把民族的个性全然埋没了！殊不知内中还有一段很长的历史，待我分解一下吧：第一，我们要先明白，世界法制，浩如烟海，即就其荦荦大者，已有大陆和英、美两派，大陆法系复分法、意、德、瑞四个支派。我们于许多派别当中，当然要费一番选择工夫，方始达到具体结果。选择得当就是创作，一切创作也无非选择；因此，我们民法虽然大部分以德、瑞民法作借镜，也不能不问底细就认为盲从了……俗语说的好，无巧不成事，刚好泰西最新法律思想和立法趋势，和中国原有的民族心理适相吻合，简直是天衣无缝！[1]

这或许是吴氏期勉国人的强烈愿力，诚然，新民法确有其优点，但也未必皆与国情相应；尤其对于最后两句"刚好泰西最新法律思想和立法趋势，和中国原有的民族心理适相吻合，简直是天衣无缝！"是否果如其然？仍有讨论的空间。但我还是相当赞同"选择得当就是创作，一切创作也无非选择"这种说法。不过，不能回避的是，中国法律文化传统悠远，一脉相承，继受西洋法制，如果单从政治及技术层面着

---

[1] 引自吴经熊《新民法和民族主义》，收于氏著《法律哲学研究》（上海：上海法学编译社，1933 年）。

手，显然无法克尽其功，势必经过"文化重整"的阶段。虽自隋唐以迄明清，中华的法律文化曾是东亚地区的先驱者，它向周边辐射的结果，也曾几度形成先进且成熟的东亚法文化圈。然而，昔日的光彩却成为嗣后法律继受的负担，沉重的历史包袱，伴随着大部分地区仍属极度落后的农业经济，另掺杂了晚清民初社会经济和政治构造间的错综矛盾，新的法律文化和现实国民性间，存在着深大的"泥泞"。在这泥泞中，法律近代化这条路显得相当坎坷崎岖。

可见，法律纵然可以在一夜之间继受改变；问题是，继受后的法律，其实践性如何？欧陆的近代"六法"乃经过数百年的理论变迁、实际运作，逐渐茁壮而成。至于晚清民初的近代立法，则是仓卒成事，并未经历此生根、成长的阶段，短期内要从传统"控制弹压式的法"转成近代欧陆"保障规范机能式的法"，自不易达成。在法律执行面上，要从具体道德规范的实践，转向抽象法律原则的逻辑推演，也有困难。尤其，本国的法学理论、法律政策与官民之间法的观念等方面无法配合时，更易出现立法理想与行法实际之间的巨大鸿沟。

以南京国民政府来说，南北一统后，新政权建立，由于对外要废除不平等条约，撤废列强在华的领事裁判权，收回司法主权，开展民族革命；对内要打破旧的法律传统，实行民主革命。在"革命"浪潮的推动下，全面开始创建成文法运动，自1926年至1936年，先后完成了刑法、刑事诉讼法、民法、民事诉讼法及宪法草案的创制及颁布施行，初步型塑了"六法体系"，中国法典近代化的进程初步完成。这个时期，法律创制的力度大、节奏快、成果丰、变革多，法律文本的系统详备程度之高，在中外法律史上难得一见。

不过，法律创制的超高效率，并不等于司法实践的顺畅。近代中国法律基本上是外来的产物，继受过程尽管可以简短，但在地化过程则相对漫长，立法与司法容易产生脱节，两者的时效存在严重的"时间差"。法律传统无法一刀两断，法律制度又要与时俱变，消弭此等间距，一方面须透过社会变迁，筛汰不合国风、民情或时宜的法条，另一方面要透过司法主体的高度智慧及巧妙运作，将传统司法与近代司法原则相融合，调整法律对社会生活的适应性，也使社会生活尽量与现代法律导向趋同。如此，方能衡平先进法律与实际生活之间的脚步，弥合其间的脱节，推进社会平稳变迁。

仔细想来，晚清民初、南京国民政府时期，对于近代欧陆法或他法的继受，可以使我们得到这样的启示：改变中国法文化的契机，完全在中国的古圣经义或传统伦常礼教中去寻找，是不够的，必须要敞开大门，汇纳世界其他先进法律文化，注入非中国法文化的精神，加以比较、选择与吸收，截长补短，才能产生新的法律文化。

我们也得承认，之所以要继受外来的法律，绝不单单只是政治、经济、军事落人之后，也确实存在着一个传统中国法律已无法适应当代社会的快速变迁问题，承认西方近代法律的相对先进性，就可以给予清末民国输入欧陆乃至英美法律一个适当的疏译。因为洞察并承认西方法律文化的理性成分，而加以引进、继受，将促进我们本身法律文化的滋长，进而有利于消除历史的、现实的隔阂，加速文化交流，并在交流中省察自己的不足，实时调整规范重建的政策定向。

当然，清末民国以来法制的近代化，追求的是先进的独立、平等与合理的法制，在这些追求当中，势必要对传统加以整理、评鉴、批判，甚至大部分的扬弃，但绝不是、也不必对传统的全面否定。再明白的说，清末民国时期与台湾的法制近代化，是传统与近代挂钩接榫的历史运动，所意含的不只是消极地对传统巨大的摧毁，也不是简单的剪裁与拼凑；而是要在学习他国法制模式的同时，也能多加省视本身的文化感情与社会的客观现实，唤起国人自尊与理性开拓的精神，进而一步步地转化传统，使新生的法律可以运作，可以展现出活性化的一面。

10.3.4 法治社会乖常现象与法律"在地化"问题

清末民初乃至 1949 年前的中国，法律形式上虽已渐趋近代化，但时局犹混沌纷乱，大部分地区仍封闭贫瘠，司法组织不够健全，法学教育未能普及，官民对"法治社会"的价值认同不足，中国社会也从未经历西方近代个人主义与自由法制的洗礼，而清末民初又适逢西方社会高唱"由个人而社会"，由"权利而义务"之际，不免防碍国人对西方法制基本理念的认识与接受；更因拂拭不去传统法律文化的阴影，对继受的西方民主法治及其实定法，或做同语异义的扭曲，甚或束诸高阁，遂使西方法律或法学的继受，变形变质，徒具形骸。

从实际社会面考察，辛亥革命以后，北洋政府时期长期处于战乱，袁世凯当政的时代，外忙于应付帝国主义的侵略，内眩于镇压政敌，根本无暇有计划地从事法制建设。袁氏去世之后，各派军阀轮番主政，但大部分的精力用在政权的维护上，也无暇有计划地发展法制建设[1]。

自民国十八年以迄三十八年间（1929—1949），中国战乱依旧频仍，各地区间经济发展极不均衡，沿海与内地相差甚远；民国初期原属地方割据之局，嗣后南京国民政府成立，其有效控制的区域也很有限，各地区的法制系统与法律生活，有相当程度的歧异。因此，除若干较发达且为国民政府所能控制的地区，审检及法制运作较上轨道外，大多数落后地区，就庶民百姓而言，现代法律的保障并非普遍有效存在，新法典的实施状况并不如预期。尤有进者，执政者常为图利自己，滥用法律与司法充当排除异己，或巩固其政权的统治工具，致使这套继受自欧陆、日本的法制，长期无法正常成长，不能发挥法制应有的社会规范功能；人民对于法制与司法既未能建立起信赖感，更不会以崇法、遵法为荣，反而以能够规避法律规范为能事，造成司法正义不张与社会公义的沦丧。

在法学发展上，1949 年以前的中国，于立法时，往往着重于外国立法例的引介与导入，然于法律用语上，部分立法中未免使用过多的"舶来词"，专门术语往往生涩隐晦，谈不上信、达，遑论雅俗共济。而司法裁判文书，对一般百姓而言，更是望而生畏，人民对法律有了严重的疏离感。尤其，对于此等继受自外来的法律，一旦移植国内，其实

---

1 参阅张玉法《中国现代史》（台北：东华书局，1994 年），第 573 页。

际的运作状况如何，社会的适应性又如何，往往欠缺配套考虑。此一方面，固可归咎于长期以来媚于外国的先进法律文化所致；另一方面，实也因为国内法学长期疏于法社会学或法政策学的研究。

近些年来，法律在地化的呼声渐高，然则，何谓"在地化"？如何"在地化"？众声喧哗当中，有想法但却无法提出令人满意的办法，以致理想法治社会的建立，始终可望而难以企及，甚至乖常现象层出不穷，总是无法走出法律文化转型的阵痛期；尤其吊诡的是，一边向往"法治社会"，恭维法治观念，另一边实际生活却对法律规范充满不信任，不是拒斥、就是屈从，法治正义观一直无法深入民心，孰令致之？

相较于西方的近代法治清神，大都是"由下而上"自发性的成长，因而大致已能内化成为民众的国民意识；反观华人社会，1949 年以前的中国导入欧西法制，是在外力与内压的情境里"由上而下"地输入异质法文化。这种异质法的强制继受，功过参半，其实，这也是法律继受国最难以克服的困境。

事实上，法制本无绝对的良恶，立法政策端在人为，或以弥补过去的缺点，或随世界法学新潮流而改进，要随社会进化程度而决定。作为一法律继受国，我们固不应以法律本土化为名而闭关自守，甚至自外于世界；但该如何使法律在地化，成为人民真正认同的社会规范，可说是法学界最沉重的使命了[1]。遗憾的是，无论晚清还是民国，此份"使命"，距理想目标仍然遥远。

当然知道，不必刻意拒斥异质的强势法律文化，今后的我们，仍然需要向文明法治先进国家学习，做大量的法规范、法制度的比较，但继受的目的不应仅局限于外国法的重现，而宜更加重视社会实际经验的相互观摩；外国法学的新理论也仍值得引进，这不但不妨碍法律的在地化，反而会是一大助力才是。

---

[1] 参阅苏永钦《台湾的社会变迁与法律学的发展》，收于法学丛刊杂志社编《当代法学名家论文集》（台北：法学丛刊杂志社，1996 年），第 576—577 页。

【问题思考】

1. 从民国的法制历史，可分为哪几个阶段？请选择其中一个你最感兴趣的时期，详加论述该阶段法律文化的特质，并说明其历史与时代的意义为何？

2. 自晚清变法修律，继受外国法以来，迄今已逾百年，何以一个理想"法治社会"的建立，在华人社会还很遥远？是否能在传统中国法文化中找到病因？

3. 民国初期（1912—1928）的"大理院"，在近现代司法审判史上有何特色？其最具历史意义者为何？

【参考文献】

1. 杨日然：《清末民初中国法制现代化之研究——国民政府改革法制之背景及其经过》，收于氏著《法理学论文集》（台北：月旦出版社，1997年1月）。

2. 黄源盛：《晚清民国刑法史料辑注》（台北：元照出版社，2010年7月）。

3. 黄源盛：《法律继受百年——历史观点下的"六法全书"》，载于《法制史研究》（台北：中国法制史学会、"中研院"历史语言研究所主编，2011年12月），第20期，第113—160页。

4. 黄源盛：《民初大理院与裁判》（台北：元照出版社，2011年3月）。

5. 黄源盛：《最高法院判例辑存·民事编、刑事编，1928—1934》（台北：犁斋社，2014年1月）。

6. 黄源盛：《晚清民国民法史料辑注》（台北：犁斋社，2014年12月）。

结语

庐山烟雨浙江潮

未到千般恨不消

及至到来无一事

庐山烟雨浙江潮

宋·苏轼《观潮》

清末以前的中国社会，由于地处东亚大陆，特殊的地形、气候及丰富的天然资源，使得中国很早就跨进了文明历史的门坎。经济上的自给自足、政治上的闭关自守、天朝大国无所不有的观念，以及宋代以后海禁政策的执行等，使得中国一直享有一种"光荣的孤立"；也使得过去两千多年的传统社会，几乎与世界其他著名的法文化隔绝，而近乎一种平衡、稳固及少变的深层结构。

　　可以说，中国的成文法，始终是靠本身的传统历史与社会环境长成而发展的，长期的孤立化，既未感受外来法文化的影响，也就得不到外国文明的刺激与调剂，其法规范与法制度的进展不但有限，甚至陈陈相因、保守僵化，终至陷于长期的停滞。

　　晚清在列强外逼及内在革命的严峻形势下，被迫放弃祖制家法，无奈地宣布变法修律。自此，西方近代法制规范、法律思想得以源源输入中国，终于使延续两千余年的中华法系洞开大门，开始与世界其他法系衔接。这种法律继受，时也！势也！因缘际会下，恐是不可避免的，也是必要的。问题是：如何根据国情采撷西法？如何认识外国法制合于国用者？尤其，在急遽的社会变迁中，法律应如何因应新旧文化价值的冲突？为了合理主导社会变迁的方向，又该如何处理"超前立法"或"超文化立法"的可能性？

当然，要真正解决这些问题，本是极其艰苦、曲折和漫长的历程。有清末季，修律大臣沈家本等法理派人士，纵然在清廷缺乏立宪及变法修律的"完全诚意"下，假戏真唱，扬弃旧律中不合时代社会需要的束缚，以撤销领事裁判权为鹄的，以革新法制为职志，广泛继受了欧陆及日本近代的新法制；其中颇多的立法理念，是筑基于工商业社会的经济基础、个人自由主义的社会基础，而这些都不是晚清社会的实情，当时的民族工商业并未能得到应有的发展，政治社会环境与可以实施西方个人权利为本位的体制条件，相去仍很遥远。

尤其，遗憾的是，当时，西方文化是随着军事上的胜利，以强迫的方式输入中国，东西方文化第一次大规模的会面，竟出之于"兵戈相向"的形式，这就中国的近代化而言，实在是很大的不幸。因为，一方面使晚清政府惊惶仓卒，不知所措；一方面又使清廷在受羞辱之余，对西方文化产生反感与拒斥，这种不正常的心理，久久难以消除。虽然，有识之士体认到不得不进行法律近代化，然而主其事者既迫于内外情势，又囿于本身政治立场，固陋之士又竭力反对抵制，于是，许多力量被抵销、空转。我常这么想，晚清中国法律近代化之所以困难重重，原因固多，而主要在于谋求近代化的过程中，一直未能与传统取得协调，从而，也就未能获得传统的协助，甚至相互干扰，牵制了近代化的脚程。

现在乃过去所蜕化，又所以孳孕未来；一世纪以来法律继受的经验告诉我们，法文化的变迁，本身就是法律规范、法律制度、法律思想、法律意识和司法实践等因素同步发展的过程；法制的变革和建设，涉及各种社会关系和不同团体的利益衡量。因此，要改革旧法制、建立和健全新法制，绝不能孤立地进行，必须与其他政治、社会、经济乃至教育文化改革相互配合，而且要费很大的力气才能改变这些观念。

所谓"变法难，变法的观念更难"，国家法律不外是一套价值系统的体现，徒法不足以自行，而行法用法除了法律逻辑的推演之外，更脱离不了文化价值观念与人民法律情感的作用。在法制改革或立法活动中，如果，执政当局与普罗百姓没有相应的新思想、新观念的转变；如果，不排除旧思想、旧观念的干扰；如果，不在信念中树立个人尊严与价值，进而确实了解法律与个人权利自由及民主法治关系之不可分，那么，新的法律就很难产生；即使产生，也难以真正得到落实。因为，法的继受并不只是法典骨架的移植，法的本身必须适应一个社会的生活，才能长出灵肉。

凡事常须回头看，"不知来，视诸往"。百年来的法律继受，虽有所成，但仍须经再转化，不应犹停留在"嫁接"的阶段；必须透过具体的实践，汲取法制改革的经验与思维，方能以本土为主体，就引进的法学理论与异质规范进行反思。其实，传统与现代之间并不是那么地泾渭分明，也没有所谓的楚河汉界，它有断裂、也有延续，尤其在官民的法律意识面向上，更是如此。

检讨过去，无非是为了策励将来，如何联结既往的经验，以把握当下？如何进而提升国际的视野，思考自我与他者之间的关连？如何融入全球化的社会变迁与法律变迁中，而能圆融地运作？或许这才是我们要永续经营的！

附录

附录一　帝制中国法文化纪事

附录二　民国初期法制大事年表

附录三　关键词索引

附录四　黄源盛作品一览表

禅山静寂白云中
秋水春山未许同
惟有松风吹别调
夜深素月已濛濛

民国·虚云《庐山午夜松风》

附录一 帝制中国法文化纪事

朝代		起迄	中国法制大事	外国法制大事
黄帝 少皞 颛顼 帝喾		2690B.C. ∣ 2590B.C.	相传黄帝统一中原，以兵定天下，此刑之大者。又复划野分州、制六书、作甲子、垂衣裳	
			相传蚩尤作刑曰法	
尧			相传唐尧始制五刑	
舜		2333B.C. ∣ 2184B.C.	相传皋陶造律、獬豸决狱 舜典：象以典刑，流宥五刑、鞭作官刑、扑作教刑、金作赎刑。	
三代	夏	2183B.C. ∣ 1751B.C.	相传夏有乱政，作《禹刑》，设二相，置五官（其一为司寇）	2123—2200B.C. 古巴比伦《汉谟拉比法典（Code of Hammarabi）》，全文计282条，系刻于2.25米高之石柱上。 1320B.C. 希伯来《摩西

朝代		起迄	中国法制大事	外国法制大事
				十诫》 （The Command－ments）
	商（殷）	1751B.C. | 1046B.C.	相传商有乱政，作《汤刑》	
	西周	1046B.C. | 771B.C.	相传周有乱政，周武王作《九刑》 周公制礼 司寇吕侯作《吕刑》	
三代	东周 春秋时代	770 B.C. | 476 B.C.	鲁昭公六年（536B.C.）郑子产铸刑书。鲁昭公二九年（513B.C.）晋赵鞅、荀寅铸刑鼎，将法律公诸于世 敬王十三年（507B.C.）郑国邓析编著《竹刑》	
	东周 战国时代	475 B.C. | 221 B.C.	406B.C. 魏李悝编纂《法经》六篇，被视为中国成文法典之始 386B.C. 秦国任用商鞅，定变法之令，改李悝《法经》为秦律	450 B.C. 罗马《十二铜表法》（Dodicl Tavole）
	秦	221B.C. | 206 B.C.	221B.C. 秦始皇统一全国后，规定命为"制"，令为"诏" 213B.C. 秦始皇定《挟书律》，下令焚书；欲学法令者，须以吏为师	

续表

朝代	起迄	中国法制大事	外国法制大事
西汉	206 B.C. — 25B.C.	206B.C. 刘邦入咸阳，与民"约法三章"，悉除秦苛法 206B.C. 萧何据前代律令，删除连坐重罪，增"户""兴""厩"三律，成《九章律》 惠帝四年（191B.C.），省法令妨吏民者，除秦《挟书律》 吕后元年（187B.C.）除"三族罪"及"妖言令" 文帝十三年（167B.C.）废"收孥相坐法"，并除肉刑 武帝元光五年（130B.C.）诏张汤、赵禹定律令。其后，张汤作《越宫律》，赵禹作《朝律》，皆务求深刻严厉 武帝太初元年（104B.C.）司马迁受宫刑案	约200 B.C. 年印度摩奴法典（Laws of Manu）
东汉	25 — 220	光武帝（刘秀）制定《律令故事》三卷 章帝（刘炟）陈宠撰《辞讼比》十卷 献帝建安元年（196）应劭定《律令》，作《汉仪》	

续表

朝代		起迄	中国法制大事	外国法制大事
三国	魏	220 — 265	曹丕称帝，实行"九品中正制" 文帝受禅，继承父志，复议肉刑 太和三年（229）魏明帝下诏刑律限用郑玄章句，不得杂取他家说法，并置律学博士。陈群等人编《新律》十八篇	
	蜀	221 — 263	诸葛亮、法正造《汉科》	
	吴	222 — 280	吴定《科条》	
西晋		265 — 317	武帝泰始四年（268）晋颁《泰始律》二十篇，《令》四十篇，《故事》三十卷 张斐律解、杜预律本，史称《张杜律》	
东晋		317 — 420	武帝咸宁六年（280）颁布《户调式》	

续表

朝代		起迄	中国法制大事	外国法制大事
南朝	宋	420 ┃ 479	孝武帝（刘骏）议改律令 昭帝泰始四年（468）诏定"黥刖之刑"	
	齐	479 ┃ 502	武帝永明九年（491）诏定《永明律》	
	梁	502 ┃ 557	武帝时，诏王亮等"参定律令" 蔡法度上《梁律》二〇卷、《令》三〇卷、《科》四〇卷	529 年《查士丁尼法典》（Codex Justinianieus） 533 年《查士丁尼学说汇纂》（Digesta Justiniani, Pandectae）
	陈	557 ┃ 589	武帝时令范泉等"参定律令"。制《律》二〇卷、《令》四〇卷	
北朝	北魏	386 ┃ 534	太武帝神䴥四年（431）诏崔浩改定律令，是为《神䴥律令》 孝文帝太和元年（477）定《太和律令》 孝文帝太和九年（485）颁布《均田令》 宣武帝正始元年（504）诏群臣"议定律令"，《北魏》二〇篇成定本	

朝代		起迄	中国法制大事	外国法制大事
北朝	西魏	535 — 556	文帝大统七年（541）颁六条诏书 文帝大统十年（544）苏绰编《大续式》，为施政总纲之法规	
	东魏	534 — 550	孝静帝兴和三年（541）制《麟趾格》，颁于天下	
	北齐	550 — 577	文宣帝天保元年（550）复位东魏《麟趾格》 武成帝河清三年（564）颁布《北齐》十二卷，《新令》四〇卷，实行"均田制"。厘正五刑，并创十恶之制	
	北周	557—581	武帝太宁三年（563）颁《大律》二五篇	
隋		581 — 618	文帝开皇三年（583）定《开皇律》十二卷、五百条。炀帝大业三年（607）更定新律，成《大业律》	604年日本颁《十七条宪法》

朝代	起迄	中国法制大事	外国法制大事
唐	618 | 907	武德七年（624）修定律令，是为《武德律》 贞观十一年（637）房玄龄等人制定律令格式，是为《贞观律》，十二卷五百条。《贞观令》二十七卷、《贞观格》十八卷、《贞观式》三十三卷 高宗永徽二年（651）修订律令格式，颁行《永徽律》十二卷、《永徽令》三十卷、《永徽留本司格》十八卷、《永徽散颁天下格》七卷、《永徽式》十四卷 永徽三年（652）长孙无忌汇撰《唐律疏议》，为现存最完整之《唐律》版本 永徽四年（653）颁行《永徽律疏》三十卷 玄宗开元二十五年（737），颁新修律令格式、开元二十六年（738）定《六典》 文宗开成四年（839）定《开成格》 宣宗大中七年（853）定《大中刑律统类》	701 年日本颁行《大宝律令》 718 年日本颁行《养老律令》 833 年日本颁行《令义解》 868 年日本颁行《贞观格式》

朝代		起迄	中国法制大事	外国法制大事
五代	后梁	907 — 923		
	后唐	923 — 936	庄宗同光二年（924）编纂《同光刑律统类》	
	后晋	936 — 947		
	后汉	947 — 950		
	后周	951 — 960	世宗显德五年（958）编纂律格敕，定为《大周刑统》，与律疏令式并行	
北宋		960 — 1127	太祖建隆四年（963）纂成《建隆重详定刑统》三一卷，简称《宋刑统》，诏令"模印颁行"，为中国第一部镂版印刷的成文法典 仁宗天圣七年（1029）定《天圣令》《天圣编敕》 神宗熙宁二年（1069）王安石编修《三司令式》，以王安石为参知政事，推行新法	1042 年安南李氏王朝颁行《刑书》

朝代	起迄	中国法制大事	外国法制大事
南宋	1127 — 1279	高宗绍兴元年（1131）定《绍兴重修敕令格式》 宁宗嘉泰二年（1202）修成《庆元条法事类》八十卷	
辽	907 — 1125	兴宗重熙五年（1036）编成《重熙新定条例》	
金	1115 — 1234	世宗大定元年（1161）定《军前权宜条例》 章宗泰和三年（1202）颁行《泰和律议》《泰和令》	
元	1206 — 1368	1206 年成吉思汗建立大蒙古国，颁行《大札撒》 世祖至元二十八年（1291）编定《至元新格》，命刻版颁行，使百司遵守 英宗至治二年（1322）将世祖以来之制诏律令，集为《国朝典章》十篇 英宗至治三年（1323）颁行《大元通制》，其内容有诏制、条格、断例三大纲 顺帝至正五年（1345）增订条格，号曰《至正条格》	1215 年英国《大宪章》 1230 年安南陈氏王朝颁行《国朝刑律》 1230 年德国《萨克森宝鉴》（Sachsenspiegel）法律书籍问世 1232 年日本颁《贞永式目》（御成败式目） 1336 年日本颁《建武式目》

朝代	起迄	中国法制大事	外国法制大事
明	1368 — 1644	洪武三年（1370）诏定"科举法"，应试文仿宋经义，尤重段落承合，谓之"八股"，通称"制义" 洪武七年（1374）颁行新《大明律》，凡三十卷，六百零六条 洪武十三年（1380）置中书省，废丞相等官 洪武十八年（1385）颁《御制大诰》 洪武二十二年（1389）刑部请将《大明律》重新编类，以吏、户、礼、兵、刑、工六部分类，凡三十卷，四百六十条 洪武三十年（1379）正式颁行《大明律》，命子孙守之，不得更改 宪宗成化二十三年（1487）邱濬奏《大学衍义补》 弘治十三年（1500）颁行《问刑条例》 武宗正德四年（1509）将从前之条格编成综合性法典，是为《正德会典》 世宗嘉靖二十八年（1549）修成《嘉靖会典》 神宗万历二年（1574）"律"与"条例"合一 万历十五年（1587）修成《万历会典》	1517 年宗教改革 1532 年德国颁《卡洛利那刑法典》（Constitutio Criminalis Carolina），正式名称为《查理五世的刑事审判令》 1585 年朝鲜时代的《经国大典》生效施行 1600 年英国东印度公司成立

续表

朝代	起讫	中国法制大事	外国法制大事
清	1616 | 1911	世祖顺治四年（1647），颁布《大清律集解附例》 圣祖康熙二十九年（1690）完成《康熙会典》，其后四次修订，皆因年号命名为《雍正会典》《乾隆会典》《嘉庆会典》《光绪会典》 世宗雍正五年（1727）颁行《大清律集解》及《大清律例增修统纂集成》 乾隆五年（1740）重修律例，成《大清律例》四七卷 仁宗嘉庆六年（1801）增修《钦定大清律例》 德宗光绪二十八年（1902）设修订法律馆，任命沈家本、伍廷芳为修订法律大臣，启动继受外国法工程 光绪二十九年（1903）颁行《钦定大清商律》 光绪三十二年（1906）延聘冈田朝太郎、松冈义正、志田钾太郎、小	1673年法国路易十四颁《商事条例》 1689年英国权利法典 1786年琉球仿效《大清律》编成《科律》 1787年美国《美利坚联邦宪法》 1789年法国大革命及《人权宣言》 1789年美国《人权法案》 1793年法国第一共和宪法 1799年法国《拿破仑宪法》 1804年法国拿破仑《民法典》 1807年法国拿破仑《商法典》 1850年德国《普鲁士宪法》 1861年德国《普通商法典》 1863年德国《萨克逊民法》 1867年法国《公司法》 1868年日本《假刑律》 1870年日本《新律纲领》

朝代	起迄	中国法制大事	外国法制大事
		河滋次郎、岩井尊文等人为修律顾问，起草刑律、民律、商律、民事诉讼律、刑事诉讼律等法案 光绪三十四年（1908）颁布《钦定宪法大纲》 宣统二年（1911）修颁《大清现行刑律》、新颁《钦定大清刑律》 宣统三年（1911）公布《宪法重大信条十九条》	1871 年《德意志帝国宪法》 1871 年《德意志帝国刑法典》 1873 年日本《改定律例》 1880 年日本"旧刑法"，1882 年施行 1882 年日本《治罪法》 1877 年德国《法院组织法》《民事诉讼法》《刑事诉讼法》 1889 年日本《明治宪法》。 1890 年日本《民法》《行政裁判法》《商法》《法院构成法》《刑事诉讼法》《民事诉讼法》 1896 年美国《统一流通证券法》、德国《新民法》 1897 年德国《新商法》 1898 年日本《民法典》《治安警察法》 1899 年日本《商法典》 1890 年德国《民法典》《商法典》 1906 年美国《统一买卖法》 1907 年日本《刑法典》

附录二 晚清民初法制要事年表

自光绪二十八年至民国十七年止（1902—1928）

汉历 （干支）	公元	法令颁布	人事组织	法制记事
光绪 二十八年 （壬寅）	1902		四月，清廷任命沈家本、伍廷芳为修订法律大臣	二月，清廷下诏变法修律
光绪 三十年 （甲辰）	1904	一月，奏颁《钦定大清商律》，分《商人通例》及《公司律》两部分		五月，设置"修订法律馆"，从事翻译各国法规、编纂新律
光绪 三十一年 （乙巳）	1905			设置"考察政治馆"
光绪 三十二年 （丙午）	1906	商部起草《破产律》，送沈家本、伍廷芳共同商定，四月奏准颁行 奏进《刑事民事诉讼法》草案，因遭部院督抚大臣之反对，遂搁置 十二月，颁布《大理院审判编制法》	十一月，沈家本转任大理院正卿。	诏示预备立宪官制改革 九月，刑部着改为法部，专任司法；大理寺着改为大理院，专掌审判

汉历（干支）	公元	法令颁布	人事组织	法制记事
光绪三十三年（丁未）	1907	十一月，颁行《各级审判厅试办章程》	四月，沈家本调任法部右侍郎，张仁黼为大理院正卿 九月，清廷任沈家本、俞廉三、英瑞为修订法律大臣	八月，"考察政治馆"改为"宪政编查馆"，为清廷预备立宪而设立之临时性机构
光绪三十四年（戊申）	1908	修订法律馆延聘日本修律顾问志田钾太郎，起草《大清商律草案》（含《总则》《商行为》《公司律》《票据法》《海船法》五编），未及议决		宪政编查馆和资政院提出"宪法大纲"与"逐年筹备事宜"
宣统元年（己酉）	1909	闰二月，颁行《大清国籍条例》《禁烟条例》 十二月（1910年2月28日），颁布《法院编制法》		
宣统二年（庚戌）	1910	四月，颁行《大清现行刑律》 十二月，颁布《钦定大清刑律》（1911年1月）	沈家本任资政院副总裁，总裁为溥伦	资政院正式开议

汉历（干支）	公元	法令颁布	人事组织	法制记事
宣统三年（辛亥）	1911	八月，俞廉三奏进《大清民律草案》，未颁行 十一月，公布由资政院起草的《宪法重大信条十九条》	沈家本回任法部左侍郎，以大理院少卿刘若曾为修订法律大臣	
民国元年（壬子）	1912	三月，南京临时政府颁布《中华民国临时约法》 三月，《暂行新刑律》公布施行 六月，公布《法庭旁听暂行规则》 七月，公布《司法部官制》《法典编纂会官制》 八月，公布《暂行新刑律施行细则》 九月，公布《律师暂行章程》 十月，公布《覆判暂行简章》	一月，南京临时政府成立，设司法部，伍廷芳任司法总长 三月，政府迁都北京，王宠惠任司法总长、许世英任大理院院长 七月，王宠惠去职，许世英继任司法总长	一月，孙中山于南京就任中华民国临时大总统 三月，袁世凯于北京就任临时大总统。成立大理院。北京监狱落成 五月，大理院正卿改为院长，裁撤少卿一席 七月，成立"法典编纂会" 十二月，举行"中央司法会议"，发表《司法计划书》
民国二年（癸丑）	1913	一月，公布《监狱规则》《商事公断处章程》 十二月，公布《律师惩戒会暂行规则》	九月，司法总长许世英去职，梁启超继任	举行司法人员甄拔考试

汉历（干支）	公元	法令颁布	人事组织	法制记事
民国三年（甲寅）	1914	三月，公布《平政院编制令》《商人通例》《公司条例》 四月，公布《县知事兼理司法事务暂行条例》及《县知事审理诉讼暂行章程》《吗啡治罪法》 五月，袁世凯公布《中华民国约法》以取代《临时约法》、公布《行政诉讼条例》 七月，公布《诉愿法及行政诉讼法》《官吏犯赃治罪法》 十一月，公布《惩治盗匪法》 十二月，公布《暂行新刑律补充条例》《私盐治罪法》《监狱官制》《覆判章程》《大理院处务规程》	一月，设文官惩戒委员会 二月，司法总长梁启超去职，章宗祥继任 三月，设平政院 四月，裁撤各县初级审检厅及各县审检所，恢复县长兼理司法制	二月，裁撤"法典编纂会"，设置"法律编查会"，开办"司法讲习所"订定法官任用程序
民国四年（乙卯）	1915	九月，公布《司法官考试令》 十月，公布《司法官惩戒法》《清理不动产典当办法》		订定荐任简任法官资格

续表

汉历 （干支）	公元	法令颁布	人事组织	法制记事
民国 五年 （丙辰）	1916		六月，司法总长章宗祥去职，张耀曾继任 八月，改由次长江庸代理部务	北京政府首次举行司法官考试 举行第二次中央司法会议 六月，平政院肃政厅裁撤
民国 六年 （丁巳）	1917	四月，公布《地方分庭组织法》《县司法公署组织章程》	六月，司法总长张耀曾去职，江庸继任 七月，江庸去职，林长民继任 十一月，林长民去职，复由江庸继任 设察哈尔各蒙旗审判处五所	中国对德奥宣战，取消其领事裁判权
民国 七年 （戊午）	1918	一月，公布《文官惩戒条例》 七月，公布《修订法律馆条例》 八月，公布《法律适用条例》	三月，司法总长江庸去职，朱深继任 七月，设修订法律馆	七月，"法律编查会"改为"修订法律馆"

汉历 （干支）	公元	法令颁布	人事组织	法制记事
民国 八年 （己未）	1919	五月，公布《大理院办事章程》 六月，公布《各县承审员考试暂行章程》《法院书记官考试暂行章程》《监狱官考试暂行章程》 十月，公布《审理无约国人民民刑诉讼章程》		十二月，《大理院判例要旨汇编》出版
民国 九年 （庚申）	1920	八月，公布《科刑标准条例》《处刑命令暂行条例》《东省特别区域法院编制条例》《审理无领事裁判权国人民民刑事诉讼章程》 十二月，公布《无领事裁判权国律师出庭暂行章程》，修正公布《大理院办事章程》	七月，司法总长朱深去职，董康继任 设东省特别区高等及地方审判厅，审理俄侨诉讼	中国停止承认俄国在华使领，并取消其领事裁判权

汉历 （干支）	公元	法令颁布	人事组织	法制记事
民国 十年 （辛酉）	1921	三月，公布《官吏犯赃治罪条例》，广东军政府公布《民事诉讼律》及《刑事诉讼律》 七月，北京政府公布《民事诉讼条例》 八月，公布《民事公断暂行条例》 九月，公布《甄拔律师委员会章程》 十一月，公布《刑事诉讼条例》	十二月，司法总长董康去职，王宠惠继任，未就职，由次长罗文榦代理部务	中国代表在华盛顿会议重申撤废领事裁判权之要求，议决各国组织调查团来中国调查司法 签订中德协约，承认取消领事裁判权 订定京外地方审检厅法官员缺序补办法
民国 十一年 （壬戌）	1922	一月，公布《刑事简易程序暂行条例》 五月，公布《登记通则》《不动产登记条例》 八月，公布《不动产登记条例施行细则》 九月，公布《诉讼费用规则》及《刑事诉讼费用负担准则》	八月，张耀曾继任 司法总长 九月，张耀曾去职，徐谦继任 十一月，徐谦去职，许世英继任	

汉历（干支）	公元	法令颁布	人事组织	法制记事
民国十二年（癸亥）	1923	五月，公布《商标法》及其施行细则	一月，司法总长许世英去职，王正廷继任。同月王正廷去职，程克继任	三月，广州大元帅府成立，设置大理院为最高审判机关，并配置总检察厅 十月，曹锟公布《中华民国宪法》，史称"曹锟宪法"
民国十三年（甲子）	1924		一月，司法总长程克去职，王宠惠继任，未就职由次长薛笃弼代理部务 九月，张国淦继任司法总长 十月，张国淦去职，张耀曾继任 十一月，张耀曾去职，章士钊继任	十二月，《大理院判例要旨汇编续编》出版
民国十四年（乙丑）	1925	十月，公布《大理院编辑处规则》	七月，司法总长章士钊去职，杨庶堪继任 十二月，杨庶堪去职，马君武继任 国民政府在广州成立设司法行政委员会	七月，国民政府在广州设立大理院及总检察厅 十月，北京大理院增设编辑处，职掌编印公报、判例要旨汇览、解释例要旨汇览等

汉历 (干支)	公元	法令颁布	人事组织	法制记事
民国 十五年 (丙寅)	1926	一月，公布《法官考绩条例》 三月，公布《民事协助办法》	三月，司法总长马君武去职，卢信继任 四月，卢信去职，次长王文豹代理部务 七月，罗文干继任司法总长 国民政府设惩吏院及审政院 上海公共租界会审公堂改组为上海临时法院	五月，各国调查团到中国调查司法，发表《法权会议报告书》 八月，议定收回上海会审公廨暂行章程 开办司法储才馆 国民政府首次举行司法官考试
民国 十六年 (丁卯)	1927	七月，公布《律师章程》 八月，公布《甄拔律师委员会章程》 十一月，公布《惩治盗匪暂行条例》 十二月，公布《司法印纸规则》 国府奠都南京后，颁《国民政府组织法》	六月，司法总长罗文干去职，姚震继任 国民政府奠都南京，设司法部，王宠惠任部长 十一月，司法院成立，院长王宠惠、副院长张继 十二月，裁撤各级检察厅，设特种刑事临时法庭	一月，北京政府开办"司法储才馆"，梁启超任馆长 三月，国民政府在武汉成立最高法院，广东大理院改为最高法院广东分院 四月，南京国民政府正式成立 十一月，国府南京最高法院成立 十二月，南京最高法院接收武汉最高法院

汉历（干支）	公元	法令颁布	人事组织	法制记事
民国十七年（戊辰）	1928	三月，国民政府公布《中华民国刑法》《暂行反革命治罪法》 四月，公布《司法官官俸暂行条例》《法院书记官官俸暂行条例》《监所职员官俸暂行条例》 五月，公布《禁烟法》 六月，公布《刑法施行条例》 七月，公布《刑事诉讼法》、《刑事诉讼法施行条例》及《看守所暂行规则》 八月，公布《特别刑事法令刑等计算标准条例》《惩治土豪劣绅条例》 九月，公布《民事涉外案件报部办法》《覆判暂行条例》 十月，公布《管收民事被告人规则》《监狱规则》《共产党人自首法》 十一月，公布《司法院组织法》、《司法行政部组织法》及《最高法院组织法》、《惩治绑匪条例》	一月，姚震回任司法部部长 二月，姚震任大理院院长 三月，蔡元培兼代司法部部长 十一月，司法院成立，院长王宠惠	六月，北京大理院闭院，为南京最高法院所接收 九月，国民党三中常会通过《训政纲领》，以为《国民政府组织法》之依据 十一月，司法院成立，为国民政府最高司法机关，设最高法院、行政法院及公务员惩戒委员会

附录三　关键词索引

一画

一准乎礼 52、94、221、253

二画

二年律令 173、176、181、182、184、199、203、214

十恶 90、94、95、96、112、114、222、223、226、235、237、238、240、242、250、254、278、281、363、382、396

八议 90、94、114、126、223、238、239、240、250、278、281、396

人治 144、145、146、164、213

七出 57、91、92、114、267

七杀 89

九卿会审 98

九章律 8、50、54、81、84、163、172、174、175、176、177、178、179、205、219、220

三画

三司 98、99、100、101、258、262、298、300

三纲五常 234、337、343、422

三法司 98、99、100、101、103、283、298、299、301、312、313、314、317、318

大元通制 8、276、277、278、279、282

大不敬 94、201、202、203、204、222、235、236、237

大明律 8、67、68、95、292、293、294、295、296、297、302、303、322、383

大理寺 98、99、100、101、103、109、258、262、263、265、270、272、286、298、299、300、301、312、313、314

大清民律草案 342、348、356、387、389、390、408、409、414、426

大清刑事诉讼律草案 342、387、392、394、410

大清现行刑律 88、342、409、412、414、415、416、421

大清律例 8、78、95、303、304、305、307、308、309、310、318、320、321、322、330、333、340、342、345、353、362、370、386、415

大清律集解附例 303

大清新刑律 348、349、351、355、370、379、383、397、398、399、400、407、437

小河滋次郎 353、355、357

义务本位 73、90、96、97、254、395、396

义刑义杀 122、123

子孙违犯教令 96、238、241、380、381、382、396

习惯法 2、32、41、42、53、54、55、56、57、58、59、60、71、149、150、155、173、281、282、284、285、409、416、418、419

四画

天人合一 74、79

天人感通 74、76、79、80、86、89、244

天命 41、74、76、77、120、121、122、130、132、407

天道 74、75、77、78、79、128、129、130、131、132、133、135、228、229、230、254、299

夫权 65、91、170、237、379

开皇律 50、218、219、222、223、237

无夫奸 185、370、371、372、373、374、375、376、377、378、379、380、396、397、405、408、437

无讼观 108

元典章 277、279、280、282、284、285

不义 94、135、203、222、235、236、237

不孝 90、95、109、122、183、184、185、194、198、202、222、235、236、237、242、243、381、382、384

不应得为条 113、244、245

不道 94、221、222、235、236、237

不睦 94、112、222、235、236、237

五刑 49、50、76、77、78、79、94、126、129、222、223、226、231、237、259、265、266、267、278、281、284、292、308、310、311、378

五服 76、90、93、94、221、232、267、278、281

比 180

比附援引 105、110、111、112、113、180、245、295、364、366、367、368、369、408

内乱 94、222、235、236、237、238、363、369、408

冈田朝太郎 353、355、356、358、370、371、372、382、383、389、392、408、410

父权 65、66、170、237、379

文字狱 209、312

六法全书 8、406、424、433、434、435、444

户律 83、84、95、177、293、295、309

六赃 89

五画

平政院 32、418、422、423

平政院裁决录存 423

北齐律 81、83、84、219、221、222、232、237

旧刑法 356、429、430

申明亭 302、303、320

令 179、180、231、232

外儒内法 232、233

永徽律疏 69、217、224、225

议功 90、238、239

议贤 90、238、239

议亲 90、223、238、239

议故 90、238、239

议贵 90、238、239

议宾 90、238、240

议能 90、238、239

议勤 90、238、240

礼本刑用 228、232、234、235、246、249、251、253、254

礼主刑辅 228、249、380

礼刑合一 30、228、249、251、253

礼法争议 358、359、402

礼教立法 94、241、249、370、379、397

民刑不分 73、82、114

以德配天 74、121、122、248

六画

式 15、174、231、233

刑书 13、70、94、112、126、152、153、154、155、156、157、158、162、164、223、239、316、317

刑名幕吏 314、317

刑部 46、59、69、98、99、100、101、102、103、109、262、263、265、272、279、282、286、296、298、299、300、301、302、307、311、312、313、314、315、317、318、319、341、342、345、354

刑幕 314、316、317

至元新格 277

至正条格 277、279

师爷 316、317

则例 303、305、306、307、308

伦理本位 93、95、96、335

伊斯兰法系 61

名公书判清明集 19、267、273、274、275

问刑条例 13、294、297、298

兴律 84、177

约法三章 172、173、174、176、186、213、214

七画

志田钾太郎 353、355、356、391

劳乃宣 358、371、374、375、376、378、381、382、384、385、404

李悝 50、54、81、158、159、161、162、163、165、168、171、175、179、259、386

杨鸿烈 5、51、66、67、71、72、83、201、208、209

折杖法 259、265、266、311

条格 277、278、279、280、281、282、283

宋刑统 8、193、258、259、260、261、265、266、267、268、286、435

张孝栘 345、353

张家山汉墓竹简 8、181、182

纲常名教 166、235、358、402

八画

规范混同 70、81、163、224、387、392、394

刺配 265、266、312

明大诰 292、294

明会典 67、85、306

明德慎罚 121、122、123、248

罗马法 61、62、63、326、421、427

罗马法系 60、61、64、71

图腾 41、42、45

服制图 94、390、409

京师法律学堂 3、342、353、355、357、392

宗法制度 50、64、65、66、90、92、93、120、122、124、390

宗祧继承 92、93、427

审转覆核制 317

实学 10

法经 50、54、81、83、84、159、160、161、162、163、165、168、171、175、177、179、219、259、386

法律答问 168、169、170、171、191、203

法统 435

法教 398、436、437、438

法理派 358、363、370、371、372、374、375、376、377、378、379、380、385、400、404、434、437、448

法源 13、59、62、79、87、108、111、169、183、186、228、230、239、245、319、320、331、407、408、409、411、414、416、417、419、421

诛心 186、207、208、209、212、213

九画

奏谳书 19、176、181、182、183、184、185、214

春秋决事比 207

春秋折狱 185、186、189、190、204、205、206、207、208、209、210、211、212、213、214

封诊式 168、169、170、171

科 185

秋审 98、302、311、313、314、318、319、342

复仇 41、51、52、53、285

律博士 269、350、351

重罪十条 222、237

钦定大清刑律 8、89、370、374、387、407、408、430、434

钦定大清商律 387、390、391

应用法学 7、9

亲亲 51、90、94、120、124、125、157、192、193、197、198、202、396

养老律令 69、459

胥吏 279、314、315、316

十画

泰始律 50、219、220、221、232

秦律杂抄 168、169

晋铸刑鼎 154、156

恶逆 78、194、221、222、235、236、237、238、242、243、296

格 223、224、225、227、245、255、258、259、260、262、280

热审 301

修订法律馆 343、344、345、346、347、348、353、355、356、357、362、363、387、388、391、392、407、411

唐律疏议 77、78、92、178、219、226、227、230、233、235、237、253、256、258、350

家族本位 90、95、335

烧埋银 283、285

凌迟 265、266、267、284、311、330

准礼制刑 362

诸法合体 73、82

调处 54、88、302、319、320

继受法 68、398、421、438

十一画

理论法学 7、9

基础法学 7、9、10、24、35

敬天保民 121

都察院 98、100、101、109、298、299、300、301、306、312、313、314、422

虚学 10

厩律 83、84、178

矫制 199、200、201

御史台 46、99、101、258、262、263、264、265、286、299、300、422

康有为 346

商人通例 390

清会典 46、85、90、280、306、307、314

谋大逆 93、94、97、222、235、237、238、254

谋反 93、94、97、182、226、235、237、238、254、296

谋叛 93、94、97、193、222、235、236、237、238、254、296

断例 277、278、279、280、281、282、283

断罪无正条 366

陪审制 359、361、387、433

十二画

趋利避害论 138

超文化立法 447

超前立法 436、438、447

朝审 301、302、313、318、319

暂行章程 378、379、384、385、389、402、408、410、437

暂行新刑律 8、407、408、414、429、430

铸刑书 126、152、153、154、156、162、164

铸刑鼎 155、157、158、162

答布 41、43、44

尊尊 51、90、94、120、124、125、192、396

编敕 13、258、260、261、262、281、286、287、305

隆礼重法 144

十三画

罪刑法定 105、110、111、114、204、205、211、255、

365、367、368、369、398、408

十四画

幕友 59、314、315、317

幕学 316

睡虎地秦墓竹简 8、168、214

十五画

德主刑辅 80、135、140、142、206、397

二十一画

灋 45、46、47、50、150、182

附录四　黄源盛作品一览表

书名	内容简介
民初大理院与裁判	自清末官制变革，以迄民初北洋政府时期（1912—1928），大理院为全国最高司法审判机关。大理院院长有统一解释法令必应处置之权，大理院有指挥、监督各级审判之柄，在近代中国法制变革过程中，一直居于特殊的优越地位，对于近代司法乃至民国立法产生深远的影响。本书对于中央司法机关如何由传统蜕变到近代，大理院的里与外、人与事处境为何，散逸各处的裁判史料该如何整编，又该如何进行裁判实质问题的探讨，在法制不备的年代，大理院如何发挥"司法兼营立法"的功能……凡此均有开创性的深刻着墨。另附有相关重要事项及史料文献之整理表列共九处，深具参考价值

书名	内容简介
汉唐法制与儒家传统	在两千多年漫漫的中国法制长河中，汉、唐是两个相当关键的时代，它对于传统中国法文化的形塑与发展有着承先启后的深刻历史意涵。本书由两大部分构成，"上篇"侧写两汉经义折狱，"下篇"探究唐律立法原理，并以儒家传统贯穿，尤其是礼，勾勒出汉唐法律文化的绝代风华，是一部综合史学、经学与律学的学术专论。作者沉潜法史多年，用古雅而流畅的笔调，深入汉唐法制中的春秋折狱、原心定罪、礼刑关系、不应得为、轻重相举、责任能力、判文的法理与文采等重要议题。全书结构坚实，兼重案例与实例，时而以当代法学观念今古相互诠释，穿越时空的阻隔；而推理与论证又层层推进，读来亲切爽然，为近年来罕见的法史学佳构
法律继受与近代中国法	本书作者沉潜法制史学近三十年，以其厚实的旧学根底，缜密的法学思维，用典雅而流畅的笔调，勾勒出近代中国法制与思想的常与变。全书共分为五篇十一章，焦点几乎全围绕在"固有法与继受法"这个主轴上，用意无它，乃试图从近代法制变迁中窥探中国法律文化的转折及其新动向；特别侧重在传统法文化的常与变，分析其不变的原因与蜕变的因缘及其发展轨迹。晚清民初外国法的继受，是华人社会亘古未有之变局，自有其历史与法学的内涵与深度；而历史不是断言，只是例证；法律不应只是空具躯壳，更须有其灵魂；重新回顾这段法制史实，相信会给予我们相当多的经验与启迪。本书有文采，有史学，有法学，是一本多年来罕见的法史学力作

书名	内容简介
中国传统法制与思想	本书汇集作者年青时期探讨中国传统法制与思想的文字凡十五篇:《墨子法理思想》、《荀子的礼法思想方法》及《韩非的历史观及其法理思想》等,属于中国法理思想的源头。《董仲舒春秋折狱》及《两汉春秋折狱案例》是中国法制历史上极具争议性的课题,谈儒学与法学如何协调,形成所谓的"儒家思想法律化",进而深入了解春秋折狱的流变及其弊端,并给予评价。《唐律中的礼教法律思想》,试图道出法律与伦理相混同之所谓"礼教立法"的蕴义;至于《唐律刑事责任的历史考察》,则想探讨矜恕恤刑原则在旧律中的体现。《中国法律的传统与蜕变》、《晚清法制近代化的动因及其开展》、《从传统身分差等到近代平权立法》、《传统中国罪刑法定的历史发展》以及《民初暂行新刑律的历史与理论》等,乃企图从近代法制变迁中窥探中国法律文化的转折及其新动向
中国法史导论	本书系中国法史教课讲义,采取"轻其所轻、重其所重"的书写方式,有选择性地集中讲述其中几个核心课题。自先秦以迄民国,以"历史时期"区分为经;从法律规范、法律制度到法律思想、司法实践乃至法律意识,以"问题导向"解析为纬,兼采"变"与"不变"的静态与动态观察法,期能既通达也能扼要,俾读者展卷了然,尤盼有助于提升年轻学子的人文素养

书名	内容简介
平政院裁决录存	本书为黄源盛教授编纂，历经十余年的资料收集与精心校注，是一部内容丰富，目前海内外罕见的法制史料集，收录北洋政府时期平政院审理案凡 200 件，其中，行政诉讼裁决案 187 件，纠弹案 13 件，并收录该院历任院长及评事 35 人的简历，及相关法规 11 种，约 50 余万字。平政院（1914—1928）的成立，是中国正式采行行政诉讼制度的创举，处在传统与近代、固有与继受的新旧法制更迭时期，在近代中国行政法制的发展史上具有重大意义。历来研究者多苦于资料难寻，本书填补此一空白，对有志于此一领域的研究者将大有助益
景印大理院民事判例百选	在长达两千多年的传统中国法制长廊里，尽管王朝递嬗，立法频仍，但始终未曾出现过一部独立的"民法典"。民国初期的法律之所以不能及时制颁，也无法适用于全国，一方面，固与国权不能统一，政府权力基础不稳固有关；他方面，也因为各省军阀任意制定"法规"，干涉司法所致。北洋政府时期的大理院，在如此恶劣的大环境里，针对当时成文法大量欠缺和诸多不完备的情势，能不畏其难，大胆采用判决先例补充方法，肩负起"司法兼营立法"的双重任务，不仅维护了法制更迭的过渡，而且推动了近代中国法制的前进，诚属不易；而"制定法"与"判例"如此巧妙的结合，亦属民国法制的另类异彩。当下观察，在继受外国法初期，大理院所扮演司法机制的角色，在法制史上的意义相当特殊。本书特精选大理院民事判例百则，除有划时代之历史意义外，亦为读者研究的最佳书籍

书名	内容简介
晚清民国刑法史料辑注 （上、下册）	本辑注以立法史料的整编为主，以法律历史的注释为辅。先透过原始档案与出版文献，搜寻散逸在海内外各处的一手立法资讯，再进行多层次的辨析与梳理。在内容的编纂体例上，以时间为纬，按史料生成之先后进行排序；以类别为经，划分为"法典与草案"和"立法相关文献"两大部分。第一部分收录经颁布（含未实际施行）的刑法典（含施行条例、施行法）八部以及历次刑法草案八部，合计十七部。第二部分汇辑与各部法典、草案之制定与完成具有密切关系的谕旨、奏折、说帖、呈文、议事记录、审查意见等凡三十四篇
大理院民事判例辑存 （总则编、债权编、物权编、 亲属编、承继编）	本辑存搜录大理院自民国元年改组时起，以迄民国十七年六月闭院时止之民事判例全文；每一判例均经摘录"判例要旨"，列有"相关章节"或"相关法条"；"判例全文"另附加新式标点，以利阅读。本辑存共分五编。每编之首附有黄源盛教授所撰写的导言《大理院司法档案的整编与研究》，以明其搜集、整序之由来及目前研究之状况；另列有全辑五编之总目，于每编之末置有"关键字索引"，载明其在本编中之页数。本辑存从搜集史料，乃至标点整编，历十有余年，备极艰辛，是目前海内外有关大理院时期最完整、最翔实的裁判文书

书名	内容简介
大理院刑事判例辑存（总则编、分则编）	本辑存搜录大理院自民国元年改组时起，以迄民国十七年六月闭院时止之刑事判例全文；每一判例均经摘录"判例要旨"，列有"相关章节"或"相关法条"；"判例全文"另附加新式标点，以利阅读。本辑存共分二编：总则编与分则编，每编之首附有黄源盛教授所撰写的导言《大理院裁判书整编始末》，以明其搜集、整序之由来及目前研究之状况；另列有全辑二编之总目，于每编之末置有"暂行刑律补充条例"，并附有"大理院刑事判例年字号索引"、"关键字索引"，载明其在本编中之页数。本辑存从搜集史料，乃至标点整编，历十有余年，是目前海内外有关大理院时期最完整、最翔实的裁判文书
最高法院判例辑存·民事编、刑事编（1928—1934）	本辑存搜集国民政府最高法院自一九二八年以迄一九三四年的刑事判例凡一百四十七案。另搜集国民政府最高法院自一九二八年以迄一九三四年止的民事判例全文，凡一〇八案。此司法档案的整编对于法制档案文献保存及实务运作，均具有深刻的历史与时代意义。刑事编另附有黄源盛教授所撰写的导言《民国十七年的旧刑法与司法实践》
晚清民国民法史料辑注	本辑注之汇纂，范围涵盖光绪二十八年（1902）至民国十八年（1929）间各部民法草案、法典、立法理由暨相关之官方立法史料，并收录民国十八年《民法》的历次修正沿革及其理由。在编辑体例上，以时间为纬，按史料生成之先后进行排序；以类别为经，划分为"法典与草案"和"立法相关文献"两大部分